财政部规划教材
全国财政职业教育教学
委员会推荐教材
全国高等院校财经类教材

财务税务管理一体化实验教程

（第二版）

李静敏　蒙丽珍　主　编

中国财经出版传媒集团
经济科学出版社
Economic Science Press

图书在版编目（CIP）数据

财务税务管理一体化实验教程/李静敏，蒙丽珍主编．—2 版．—北京：经济科学出版社，2020. 9
ISBN 978 -7 -5218 -1802 -4

Ⅰ．①财…　Ⅱ．①李…②蒙…　Ⅲ．①财政管理 - 管理信息系统 - 高等学校 - 教材②税收管理 - 管理信息系统 - 高等学校 - 教材　Ⅳ．①F810

中国版本图书馆 CIP 数据核字（2020）第 159701 号

责任编辑：黄双蓉
责任校对：齐　杰
责任印制：王世伟

财务税务管理一体化实验教程
（第二版）
李静敏　蒙丽珍　主　编
经济科学出版社出版、发行　新华书店经销
社址：北京市海淀区阜成路甲 28 号　邮编：100142
总编部电话：010 -88191217　发行部电话：010 -88191522
网址：www. esp. com. cn
电子邮箱：esp@ esp. com. cn
天猫网店：经济科学出版社旗舰店
网址：http：//jjkxcbs. tmall. com
北京季蜂印刷有限公司印装
787 ×1092　16 开　23. 75 印张　550000 字
2021 年 2 月第 2 版　2021 年 2 月第 1 次印刷
ISBN 978 -7 -5218 -1802 -4　定价：85. 00 元

前言

在中国一直有着“财税不分家”之说，“财务税务管理一体化”不仅是未来财务管理软件的发展方向，也是未来财务管理人才的培养方向。在信息网络化的今天，经济管理类专业的学生需要掌握会计信息化、税务信息化、管理信息化的技术，不但要掌握相关信息系统的操作应用，而且要掌握各系统之间的互联互通，数据之间的无缝挂接技术，从而在工作岗位上具备与其他行业、其他部门沟通的能力，快速、正确地处理事务的能力以及快速准确地提供或者获取信息的能力，提高工作的效率和质量。要实现以上目标，经济管理类专业的学生在校期间需要进行“财务税务管理一体化”的跨专业的综合实验学习，并且需要有一本跨专业的综合实验教材，及与之配套的可用于实验教学的实验教学软件予以指导。本教材正是为了适应“财务税务管理一体化”复合型、应用型人才培养要求而产生的。

本教材为财政部规划教材，基于航天信息股份有限公司的 Aisino. ERP A6 企业管理软件研发，由广西财经学院、航天信息股份有限公司产学研合作完成。第一次出版时间为 2013 年 5 月，至今已有七年时间了。这期间，我国全面实施营改增，金税工程三期全面推广，国地税机关合并，我国财税制度发生了巨大变化。为了更好地满足教学需求，我们根据近年来我国财税制度改革及税务信息化发展的最新情况，对本教材的第一版进行了修订，引用的法律法规截至 2020 年 6 月底。

本教材配套使用航天信息股份有限公司的 Aisino. ERP 企业管理软件（实验教学版）开展教学。航天信息股份有限公司 Aisino A6 企业管理软件以“财税互联、实时管理”的产品理念，将企业的财务、业务性管理与涉税工作进行高度集成，实现财务、业务、税务等系统的无缝整合。企业可以根据各种往来款业务模型，将各类业务票据与认证、开票等税务子系统进行数据挂接，为企业日常的核算管理工作提供各类信息语言，使企业真正构建独享的财税门户，高度实现企业与税务部门相关业务的互联互通。航天信息股份有限公司为本教材提供配套的实验教学软件及相应的技术支持及师资培训服务，协助高校建立“财务税务管理一体化”实验室，开设“财务税务管理一体化实验”跨专业的综合实验课程。

本教材分为三个实验模块，第一个实验模块为财务管理信息化实验，第二个实验模块为增值税管理信息化实验，第三个实验模块为财税管理一体化综合实验。每个实验模块都由六个实验组成。这三个实验模块的教学内容既统一又独立，每个模块既可用于单独教学，又可组合为三部分用于连续教学。在实验教学的过程中，可按学时自由选择实验组合。指导教师可以将不同专业学生组成实验小组，分角色共同进行综合实验，也可以由每一个学生分别扮演不同角色完成所有实验项目。通过本教材所设计的实验教学，可以实现会计专业、税务专业、企业管理专业之间跨课程以及跨专业的知识和技能的融合训练，可以提高学生综合分析问题、解决问题的能力，提升人才培养质量和服务社会能力。

在每个实验中，教材提供的实验资料与内容、实验步骤、图片都是为了指导实验操作，仅做参考使用。软件系统启动时间、税率等设置可根据实际教学需要在系统初始化时自行设置，也可根据教学需要设计不同的实验内容与资料，设计不同的实验步骤。

本次修订的教材由广西财经学院李静敏教授、蒙丽珍教授担任主编。李静敏教授负责全书的总纂与审定，广西财经学院潘云标教授、何劲军副教授、张菁副教授、柏思萍副教授、蒋昌军副教授负责第一部分实验（财务管理信息化）的编写与修订，广西财经学院谢娜高级实验师、航天信息软件股份有限公司吴迪、于玥、韦为、石志涛、程水华、陈玉梅等负责了第二部分实验（增值税管理信息化）与第三部分实验（财税管理一体化）的编写与修订。

经济管理类跨专业综合实验教材是新生事物，由于我们经验不足和水平有限，教材中难免存在疏漏或不妥之处，敬请使用的师生们批评指正，提出宝贵意见。

编者

2020年6月30日

目录

第一模块
财务管理信息化实验

实验一

财务数据初始化设置

一、实验目的和要求

（一）实验目的

通过本次实验，应明确账套创建与基础数据设置的重要性和必要性；了解账套与基础数据设置的内容和要求；理解账套的实质；熟练掌握账套创建与基础数据设置的操作方法；理解基础档案设置是系统运行的基础，熟悉它们在整个系统中的共享作用；理解设置基础档案对日常业务处理的影响。

（二）实验要求

1. 根据所给的实验资料创建账套；
2. 启用系统；
3. 设置基础信息。

二、实验知识准备

1. 了解账套创建的流程，如图 1－1－1 所示。

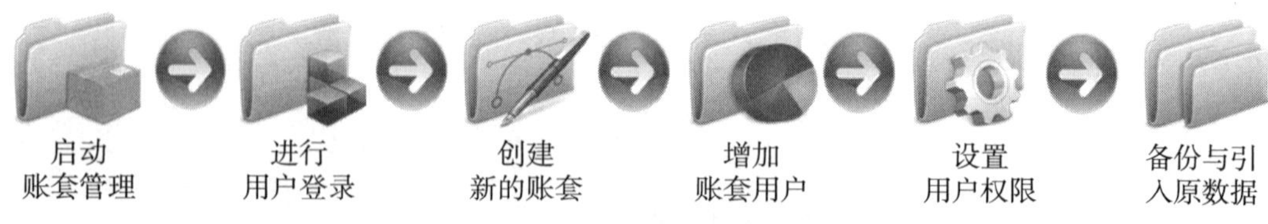

图 1－1－1　账套创建流程

第一次进入账套管理，首先以管理员 init 的身份注册进入“账套管理”，建立新账套，并进行账套用户的设置。管理员 init 负责整个系统的管理和维护工作。

2. 账套建立完成，应以系统管理员 admin 的身份登陆“企业管理软件”，并初始设置，主要包括系统管理、基础设置、初始化，如图 1－1－2 所示。

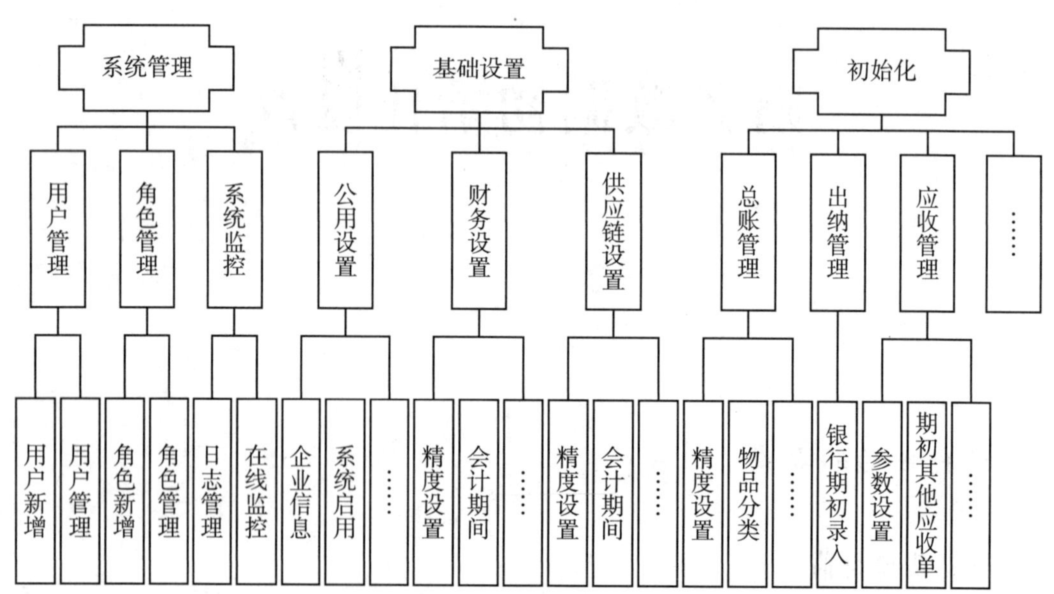

图 1－1－2　初始设置结构

3. 账套的备份。备份账套就是把财务软件系统记录的会计核算内容以文件的形式另存起来，保证会计资料的安全完整。

三、实验内容和资料

（一）账套信息

1. 账套号：1001；
2. 账套名称：学员姓名；
3. 账套启用时间：20××年××月××日。

（二）基础数据维护和设置

1. 企业信息：3G 公司；
税号：450123456789789；
银行账号：4561232468；
地址：广西南宁市民族大道 200 号；
电话：0771－2345678。
2. 系统启用：全部启用（适教学模块选择启用）。
3. 部门、人员设置如表 1－1－1 所示。

表 1－1－1　　部门、人员设置

部门		人员	
01 行财部	0101 财务部	0101 赵会计	0102 钱出纳
	0102 行政部	0103 黄经理	0104 刘秘书
	0103 办公室	0105 陈主任	0106 王助理
02 业务部	0201 采购部	0201 孙采购	
	0202 销售部	0202 李销售	
	0203 仓储部	0203 周库管	
	0204 生产部	0204 吴生产	0205 郑生产

4. 行业：01 工业、02 商业、03 服务业。
5. 地区：01 北京、02 上海、03 天津、04 重庆。
6. 客户分类：01 国内客户、02 国外客户。
7. 客户设置如表 1－1－2 所示。

表 1-1-2　　　　客户设置

编号	客户名称	客户分类	所属地区	税号	开户银行	账号	地址	电话
01001	A 公司	国内客户	北京地区	110100000011111	建设银行	6730899456	北京市海淀区 88 号	010-23456254
01002	B 公司	国内客户	上海地区	110200000022222	民生银行	3699900212	上海浦东区 77 号	021-45678956
01003	C 公司	国内客户	天津地区	110300000033333	交通银行	98876600122	天津和平区 66 号	022-32145678
02001	D 公司	国外客户		11040000004444	招商银行	39800622		

8. 供应商分类：01 长期供应商、02 临时供应商、03 其他供应商。
9. 供应商如表 1-1-3 所示。

表 1-1-3　　　　供应商

编号	名称	分类	所属地区
01001	甲单位	长期供应商	北京
01002	乙单位	长期供应商	上海
02001	丙单位	临时供应商	天津
03001	丁单位	其他供应商	重庆

10. 计量单位分类：常用。
11. 计量单位：块。

（三）财务基础数据

1. 凭证字：记账凭证。
2. 币种：USD　美元；记账汇率：7。
3. 科目管理：采用 2010 年企业会计制度。

（1）1002 银行存款：100201 工商银行［10020101 人民币户、10020102 美元户（外币核算——美元）］、100202 建设银行。

（2）1122 应收账款（往来科目设置——客户）。

（3）1123 预付账款（往来科目设置——供应商）。

（4）1221 其他应收款（设置辅助核算——职员）。

（5）1403 原材料：140301 配件、140302 耗材。

（6）2202 应付账款（往来科目设置——供应商）。

（7）2203 预收账款（往来科目设置——客户）。

（8）2221 应交税费：222101 应交增值税（22210101 进项税额、22210102 销项税额）。

（9）5001 生产成本：500101 基本生产成本、500102 辅助生产成本。

（10）5101 制造费用（在明细科目上设置辅助核算——部门）：510101 水电费、510102 人工费。

（11）6301 营业外收入：630101 盘盈收入。

（12）6601 销售费用（在明细科目上设置辅助核算——部门）：660101 折旧费、660102 工资、660103 福利费。

（13）6602 管理费用（在明细科目上设置辅助核算——部门）：660201 办公费、660202 报刊费、660203 差旅费、660204 会议费、660205 培训费、660206 折旧费、660207 招待费、660208 咨询费、660209 工资、660210 福利费、660211 其他费用。

（14）6603 财务费用：660301 利息。

（15）6711 营业外支出：671101 罚款支出、671102 盘亏支出。

4. 支票类型：01 现金支票、02 转账支票。

5. 开户银行：01 工商银行紫竹院分理处、02 建设银行白石桥南支行。

6. 银行账号：工商银行紫竹院分理处　GSYH　800－30000
建设银行白石桥南支行　JSYH　466297

（四）供应链基础数据

1. 物品分类：01 成品类、02 配件类、03 耗材类。

2. 物品设置如表1－1－4所示。

表1－1－4　物品设置

序号	物品分类	物品编号	物品名称	规格型号	计量单位	计价方式
1	成品类	01001	梦想计算机	SYP5	台	全月平均
		01002	梦想计算机	JTP5	台	全月平均
		01003	芳云显示器	CRT17	台	移动平均
2	配件类	02001	华硕主板	P5PL2－E	块	先进先出
		02002	金士顿内存	512M	条	先进先出
		02003	影驰显卡	8600GT	块	先进先出
		02004	Inter CPU	Core 2	块	先进先出
		02005	日立硬盘	160G	块	先进先出
		02006	三星光驱	TS H652M	个	先进先出
		02007	漫步者音箱	E3100	套	先进先出
		02008	长城电源	ATX350P4	个	先进先出
3	耗材类	03001	双飞燕鼠标	X5 70MD	个	全月平均
		03002	明基键盘	A800	个	全月平均

3. 仓库：01 成品库、02 配件库、03 耗材库。

4. 收发类别：01 采购入库、02 成品入库、03 盘盈入库、04 其他入库、05 销售出库、06 材料出库、07 盘亏出库、08 其他出库。

5. 采购类型：01 本地采购、02 外埠采购。

6. 销售类型：01 国内销售、02 国外销售。

7. 发运方式：01 航空、02 铁路、03 公路、04 航运、05 其他。

四、实验步骤

（一）建立新账套

1. 点击“开始”→“所有程序”→“航天信息 A6”→“系统服务”→“账套管理”，如图 1 - 1 - 3 所示。

图 1 - 1 - 3　进入账套管理步骤

2. 进入账套管理页面，如图 1 - 1 - 4 所示。

图 1 - 1 - 4　账套管理进入页面

登录账套管理的用户为 init，密码为 system。

3. 点击账套管理主页面左上方的“创建”按钮，如图1－1－5所示。

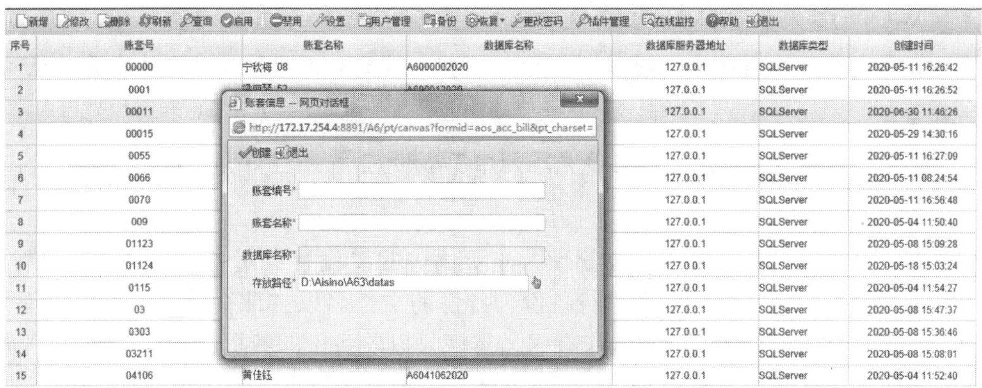

图1－1－5　账套管理的创建页面

【栏目说明】

（1）创建：建立新账套。

（2）修改：修改账套信息，此处系统只提供账套名称修改。

（3）删除：删除账套。

（4）设置：通过设置功能可以对数据库存放位置、数据库端口号、数据库用户名称及密码、备份文件目录进行设置。

（5）用户管理：对账套用户进行管理，可以增加账套用户，设置账套用户管理权限等。

（6）备份：对账套数据进行备份。

（7）恢复：对备份的账套数据进行恢复，系统提供三种恢复方式。

4. 根据实验资料输入新账套信息。点击“新增”按钮，可以创建新的账套。当新账套建立完成后，系统会提示“创建成功”，如图1－1－6所示。

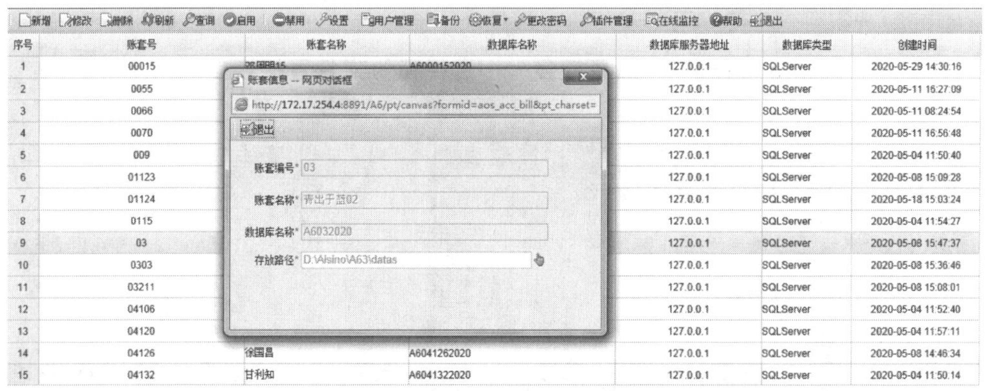

图1－1－6　账套管理的创建成功页面

说明：

（1）账套号可输入1～99999之间的任意数字组合，如账套号为002或1003。

（2）账套名称最多可录入50个汉字即100个字符。

（3）进入账套管理时，在“用户”处输入的为“用户账户”，输入用户名称不能进入。

（4）在账套管理主页面中，通过“修改”按钮，可以对账套信息进行修改，此处只能修改账套名称。

（5）在账套管理主页面中，通过“删除”按钮，可以对不需用或建错的账套进行删除。

🔔 **注意：**

在对账套进行删除和修改时一定要先进行账套备份。

5. 账套备份与恢复。

在进行备份时首先要通过“账套管理”主页面中的“设置”对备份路径进行设置，然后点击“备份”则对所选中的账套进行备份，备份的文件名以“账套号 + 备份时间”为命名依据，如果账套出现了问题或者操作有误，需恢复以前备份的数据，则可以通过“恢复”功能对账套数据进行恢复。账套恢复有两种方式：一种方式是直接选择备份文件名称进行恢复，此种方式适合于恢复本服务器账套，如图 1 –1 –7 所示。另一种方式是选择恢复文件路径，从文件恢复，如图 1 –1 –8 所示。

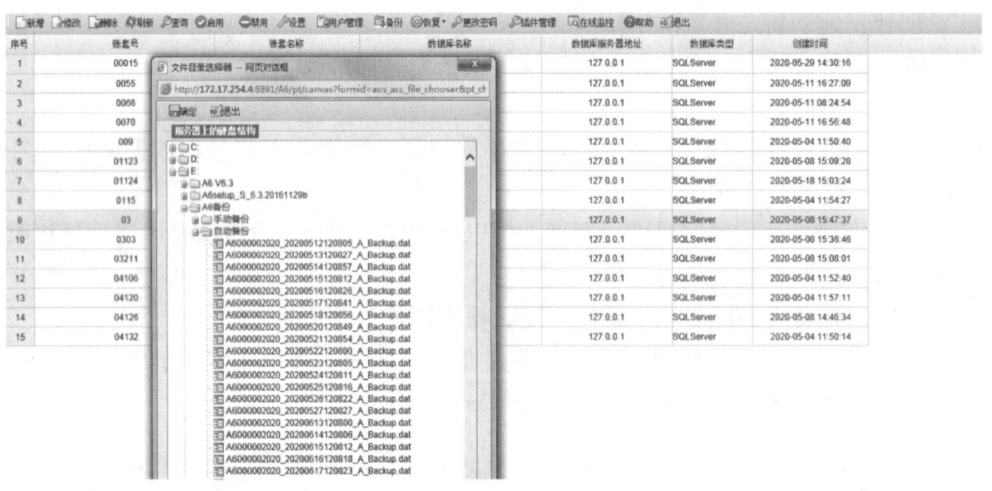

图 1 –1 –7　账套恢复——选择备份文件直接恢复

图 1 –1 –8　账套恢复——选择备份文件路径从文件恢复

🗎 **说明：**

账套恢复即可以在服务器端操作，也可以在客户端操作，但待恢复的账套数据须放在服务器端。

🔔 **注意：**

备份恢复时将覆盖以前的数据，请慎重操作。

6. 账套用户管理。

账套用户是指对账套进行管理的人员，即具有对账套进行增加、删除、修改、备份等权限的人员。

账套用户管理指对账套用户进行管理，可以增加账套用户，设置账套用户管理权限等。点击“账套管理”主页面中的“用户管理”按钮，系统弹出“账套用户管理”页面，如图 1 –1 –9 所示。

新增 修改 删除 返回

序号	用户名称	权限
1	2	创建
2	init	创建,删除,编辑,权限,恢复,设置,备份

图 1 –1 –9　账套用户管理页面

（1）账套用户增加及权限设置。

主要功能：增加账套用户，设置账套用户管理权限。

在账套用户管理页面，点击“新增”按钮，系统弹出账套用户增加页面，如图 1 –1 –10 所示。录入管理员信息并设置权限后点击“保存”按钮，账套用户增加完成。

🗎 **说明：**

①此处用户密码不可为空，可输入任意数字或字母。

②用鼠标选中第一个权限，按住 shift 键，再用鼠标选中最后一个权限，可以将所有权限选中，然后点击“添加”即将全部权限添加成功。

③账套用户可以对所有账套进行管理，根据权限设置，不同用户的管理权限不同。

（2）账套用户修改、删除。

主要功能：修改、删除账套用户。

在账套用户管理页面，通过“修改”按钮可以对账套用户信息进行修改，此处可以修改账套用户的“描述信息”“密码”，不能修改“用户名”。

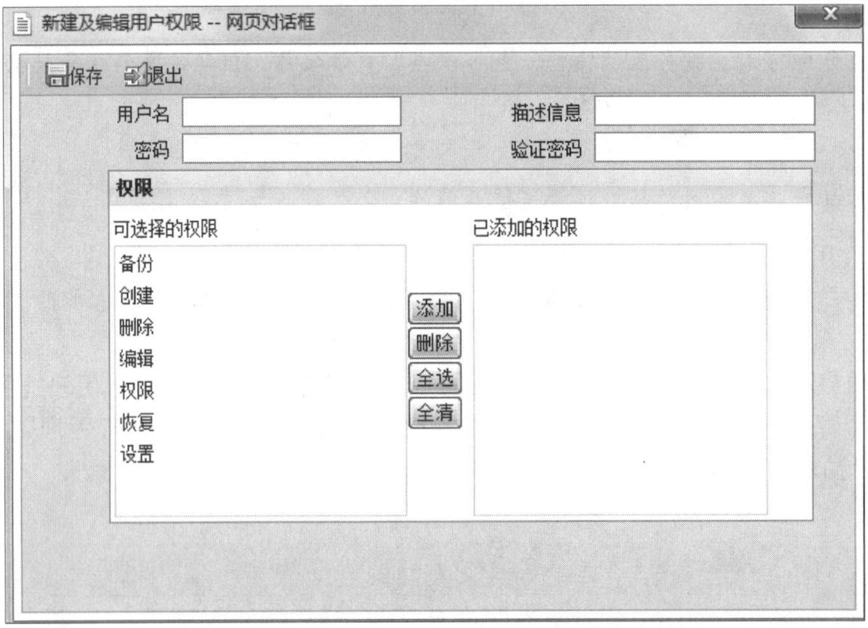

图 1 –1 –10　权限设置页面

在账套用户管理页面，通过“删除”按钮可以删除账套用户，账套用户一旦删除则不可恢复，建议用户删除时要慎重。

说明： 账套用户名不可修改，已删除的用户不可恢复。

（二）增加用户

1. 启动企业管理软件，点击“开始”→“所有程序”→“航天信息 A6”→“系统服务”→“系统管理软件”或桌面快捷方式，启动企业管理软件，如图 1 –1 –11 所示。

图 1 –1 –11　企业管理软件进入页面

2. 以管理员 admin 的身份登陆企业管理软件。第一次运行企业管理软件时，用户为 admin，密码为 admin1，并点击账套下拉菜单选择新建的账套“青出于蓝”，单击“进入”按钮，以管理员身份登陆企业管理软件。如图 1－1－12 所示。

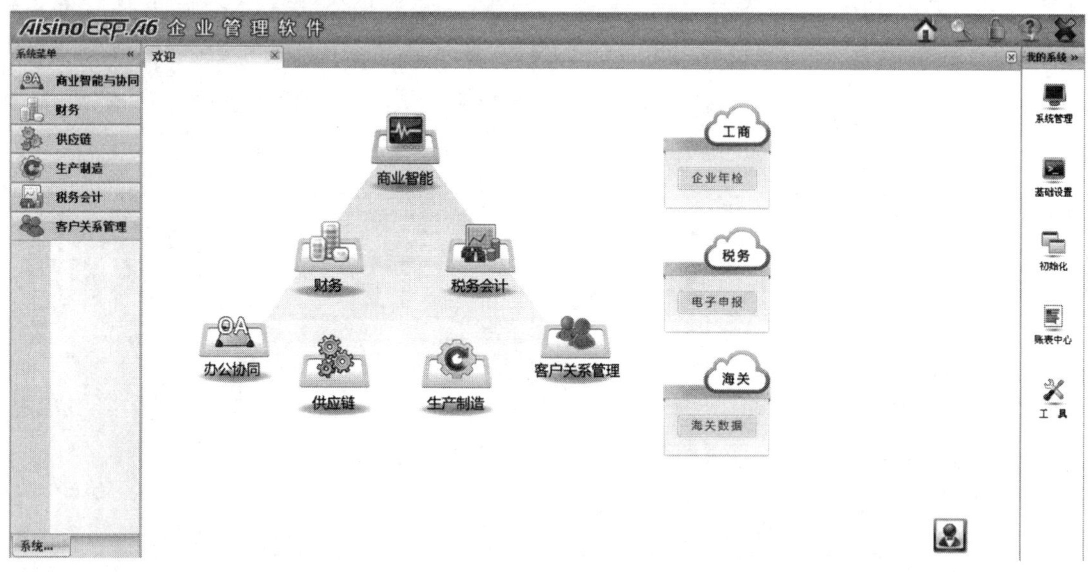

图 1－1－12　基础版企业管理软件主页面

3. 增加用户。在企业管理软件主页面的右上方，点击“系统管理”，进入“系统管理”页面，如图 1－1－13 所示。

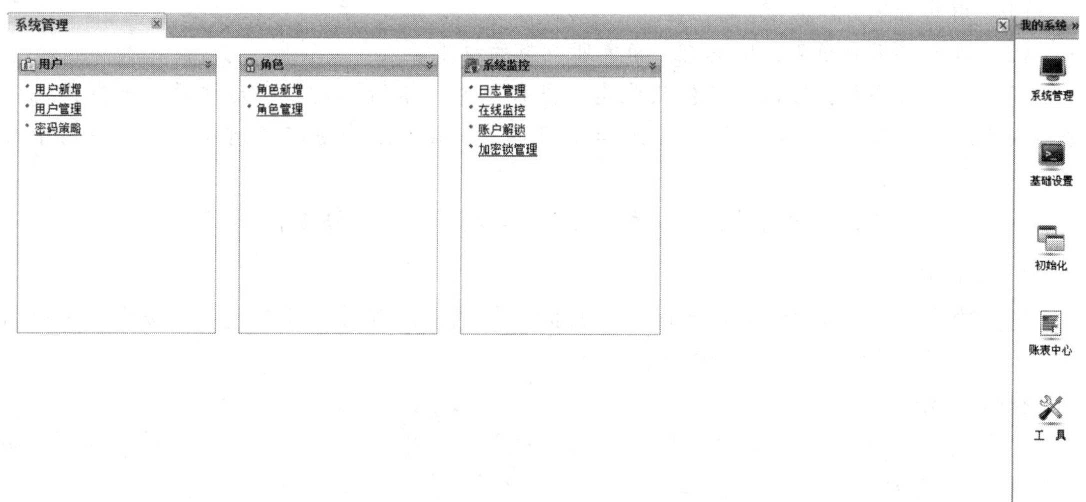

图 1－1－13　系统管理页面

用户的增加可以通过“系统管理”→“用户”→“用户新增”或“用户管理”进行。根据实验资料输入新增用户信息，如图 1－1－14 所示。

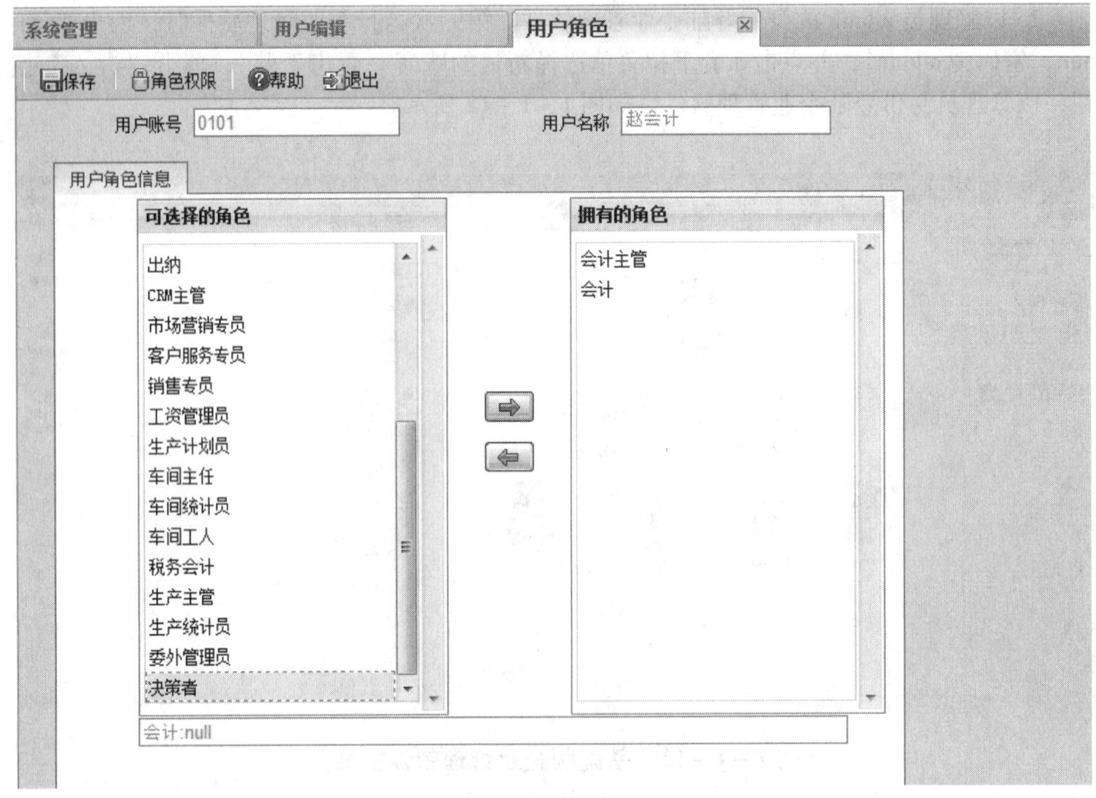

图 1－1－14　用户新增页面

说明：

（1）用户密码可以为空。

（2）设置了用户角色，则具有了角色所拥有的权限。

（3）激活状态是指该用户的使用状态，当状态为“激活”时，表示该用户可在系统中进行操作，当状态为“未激活”时，表示该用户不能在系统中进行任何操作。一般用于人员离职或岗位变更。

（4）进行用户权限设置时，可以直接勾选一级权限，也可勾选末级权限。

4. 查询用户。

主要功能：对软件中已存在的用户及其详细信息进行查看，可以按用户账户、用户名称、组织机构、关联职员等进行查询。

操作步骤：

【第一步】点击“系统管理＼用户＼用户管理”菜单项，进入“用户管理”页面，如图 1－1－15 所示。

【第二步】在用户管理页面，点击“搜索”按钮，系统弹出“用户查询条件设置”页面，如图 1－1－16 所示。

图 1-1-15　用户管理页面

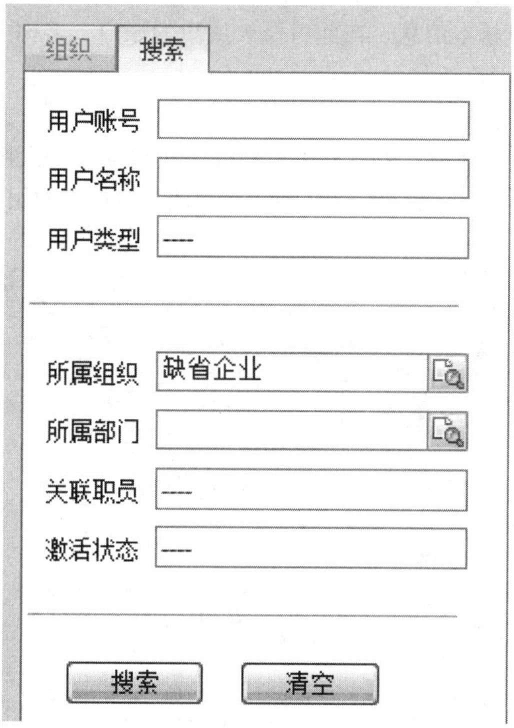

图 1-1-16　用户查询条件设置页面

通过“保存方案”按钮可将当前设置的查询方案保存到方案列表中，通过“装载方案”按钮可调用以前保存的查询方案，通过“删除方案”按钮可以删除保存的查询方案。

【第三步】录入用户查询信息，点击“查询”按钮显示查询结果。

5. 删除用户。

主要功能：删除用户。

操作步骤：

【第一步】点击“系统管理\用户\用户管理”菜单项，进入“用户管理”页面。

【第二步】在“用户管理”页面，选中要进行删除的用户。

【第三步】点击“删除”按钮，即可删除用户。已经进行过业务操作的用户不能删除，删除时系统会给出提示，如图 1－1－17 所示。

图 1－1－17　删除已使用用户系统提示页面

6. 修改用户基础信息。

主要功能：修改用户基本信息，在此可修改用户的账户、名称、关联职员、激活状态及角色。

操作步骤：

【第一步】点击“系统管理\用户\用户管理”菜单项，进入用户管理页面。

【第二步】在“用户管理”页面，选中要进行修改基本信息的用户，如图 1－1－18 所示。

图 1－1－18　基本信息修改页面

【第三步】修改完成后点击“保存”按钮，对新基本信息进行保存。

🗎 **说明：**

修改用户信息时建议不要修改用户名称，如果修改了用户名称，则该用户所做的操作签名也会改变。例如，该用户为凭证制作人，如果修改名称后，则凭证中的制作人也会更改新的名称，历史凭证也会进行更改。

7. 修改用户功能权限。

主要功能：修改用户功能权限。为了使用户能够方便、直观地进行功能权限设置，软件以树状结构进行列示。

操作步骤：

【第一步】在“用户管理”页面选中需要修改权限的用户。

【第二步】点击“用户管理/功能授权”进入“用户功能权限修改”页面，如图1-1-19所示。

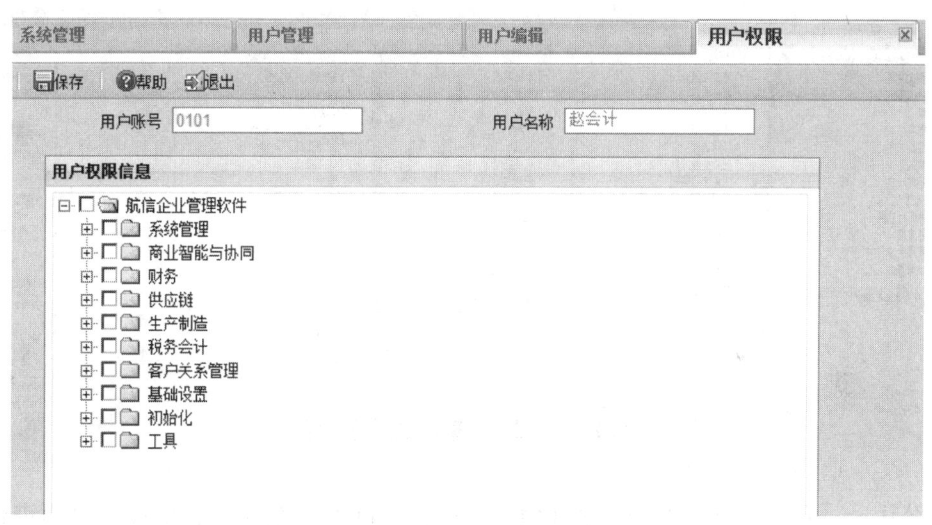

图1-1-19　用户功能权限修改页面

【第三步】在此用户需要拥有的功能权限前面打“ ”，将需取消的功能权限通过单击时将“ ”去掉。建议先进行角色定义，然后再进行权限设置。

【第四步】点击“保存”，即功能权限修改完成。

8. 重置用户密码。

主要功能：将用户密码设置为空，主要用于用户密码忘记时，重新设置密码，只有管理员才具有重置密码的权限。

操作步骤：

【第一步】在“用户管理”页面选中要进行密码重置的用户。

【第二步】点击“用户管理/基本信息/重置密码”按钮，系统将此用户密码设置成空。

9. 修改用户密码。

主要功能：修改用户密码，只能修改本人的密码。

操作步骤：

【第一步】在“用户管理”页面选中要进行密码重置的用户。

【第二步】在主页面点击右上角的图标进入“密码修改”页面。修改时需先录入原密码，再录入新密码。

说明：

（1）只有具有“管理员”权限的用户才能使用重置密码功能。

（2）所有用户只能修改自己的密码。

（3）只有具有“用户管理”权限的用户才有修改权限，用户不能修改自己的功能权限。

（三）基础设置

1. 在企业管理软件主页面的右上方，点击“基础设置”，进入“基础设置”页面，如图 1－1－20 所示。

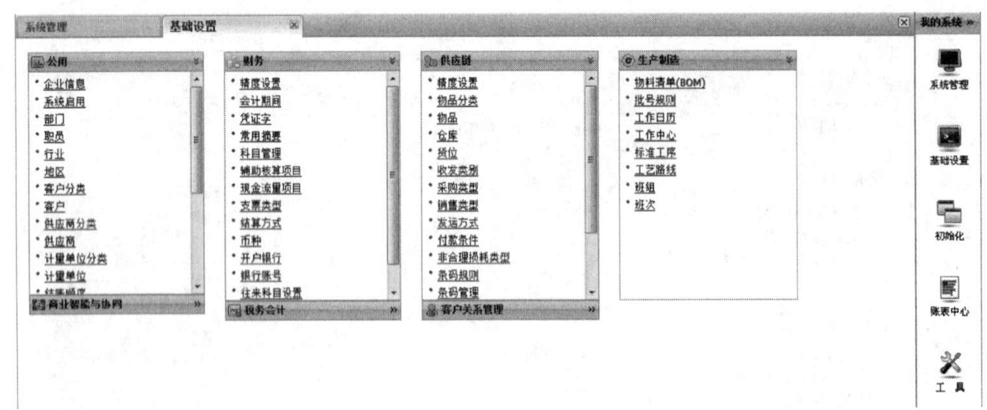

图 1－1－20　基础设置页面

2. 公用——企业信息。点击“企业信息”按钮，进入“企业信息设置”页面进行企业资料的录入，如图 1－1－21 所示。

图 1－1－21　企业信息设置页面

3. 公用——系统启用。点击“系统启用”按钮，进入“系统启用管理设置”页面，选择其他未启用的子系统进行启用，点击“保存”按钮，如图1－1－22所示。

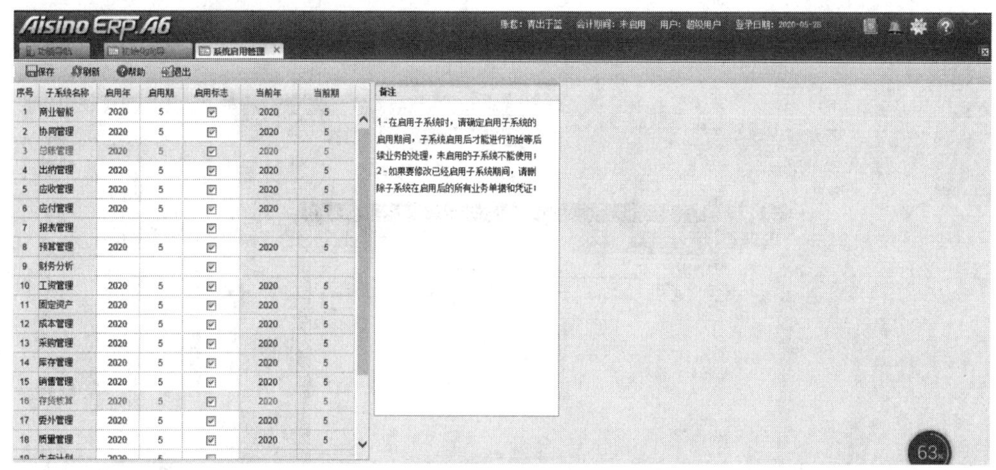

图1－1－22　系统启用管理设置页面

说明：

（1）在启用子系统时，请确定启用子系统的启用期间，子系统启用后才能进行初始化等后续业务的处理，未启用的子系统不能使用。

（2）如果要修改已经启用子系统的期间，请删除子系统在启用后的所有业务单据和凭证。

（3）出纳管理子系统、报表管理子系统、财务分析子系统无须启用，系统默认为已启用。

4. 公用——部门管理。点击“部门管理”按钮，进入部门管理设置页面，根据实验资料进行部门档案的新增，如图1－1－23和图1－1－24所示。

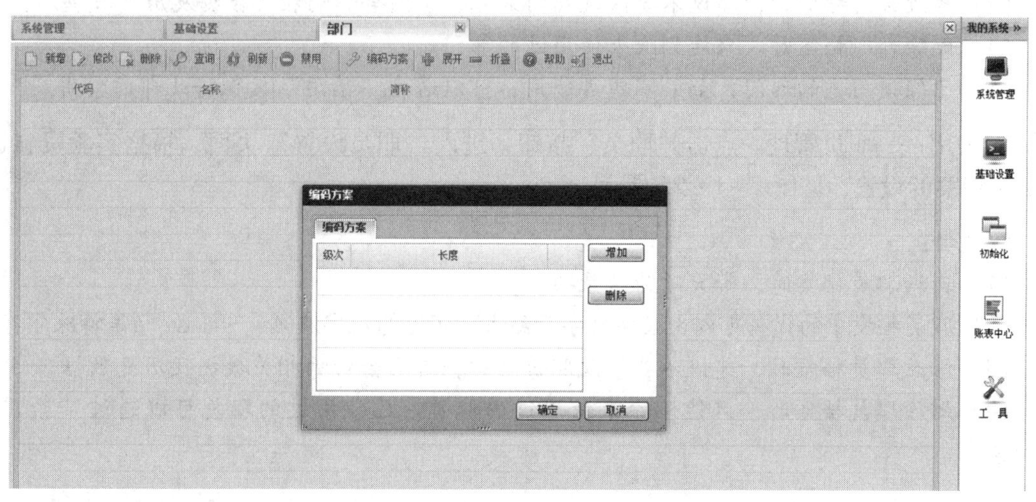

图1－1－23　部门管理的编码方案设置页面

🗎 **说明：**

(1) 编码方案总长度不能超过 50 位。

(2) 已经录入信息后，编码方案不能再进行修改。

(3) 有下级分类信息的分类级别不能修改、删除。

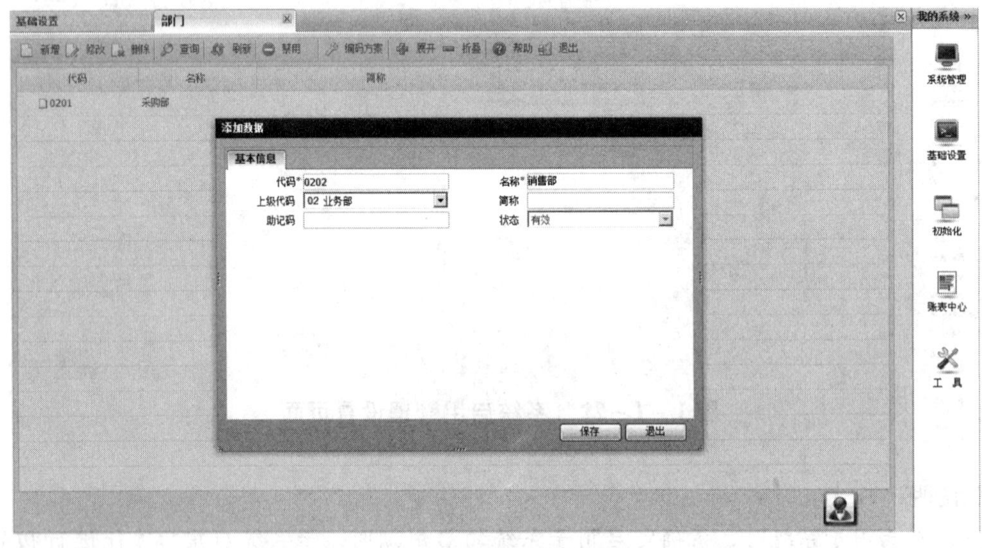

图 1－1－24　部门管理的基本信息设置页面

🗎 **说明：**

(1) 新增部门档案时，带*项为必录项。如果要在某部门下增加二级部门，则选中该部门后点击“增加”按钮。

(2) 部门档案中的代码可以由数字或字母组成，不可为汉字及@、*、&、#等特殊字符。

(3) 修改部门档案时，建议不要修改部门名称，否则会影响相关数据及历史数据。

(4) 删除部门档案时，只能删除未使用过的部门。

(5) 已经使用过的部门，如果不想再使用，可以通过“禁用”按钮将此部门禁用。

5. 公用——职员管理。点击“职员”按钮，进入“职员设置”页面，根据实验资料进行职员档案的设置，如图 1－1－25 所示。

🗎 **说明：**

(1) 新增职员档案时，带*项为必录项。

(2) 职员档案中的代码可以由数字或字母组成，不可为汉字及@、*、&、#等特殊字符。

(3) 修改职员档案时，建议不要修改职员名称，否则会影响相关数据及历史数据。

(4) 删除职员档案时，只能删除未使用过的职员。已使用过的职员可以通过“禁用”功能禁用。

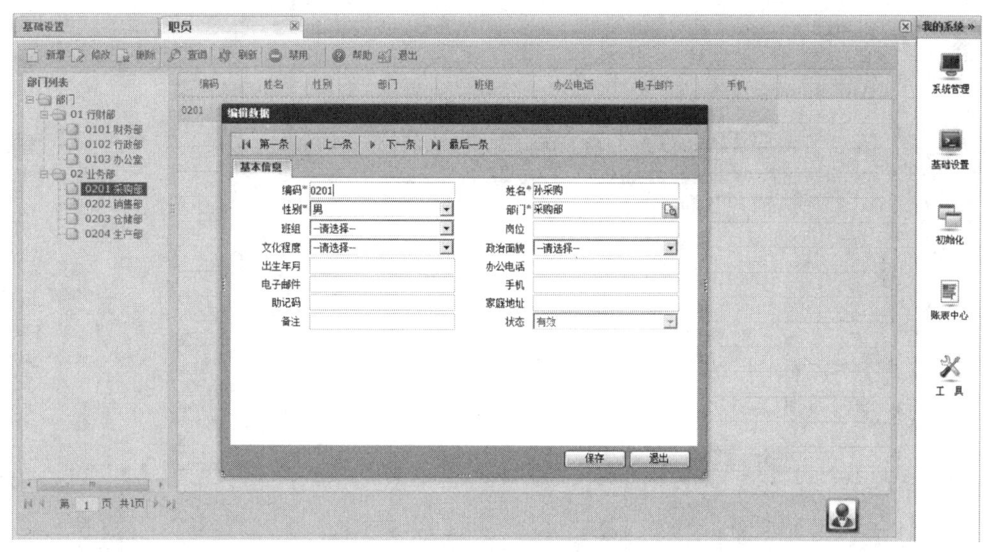

图 1－1－25　职员设置页面

6. 公用——行业。点击“行业”按钮，进入“行业设置”页面，根据实验资料进行行业的设置，如图 1－1－26 所示。

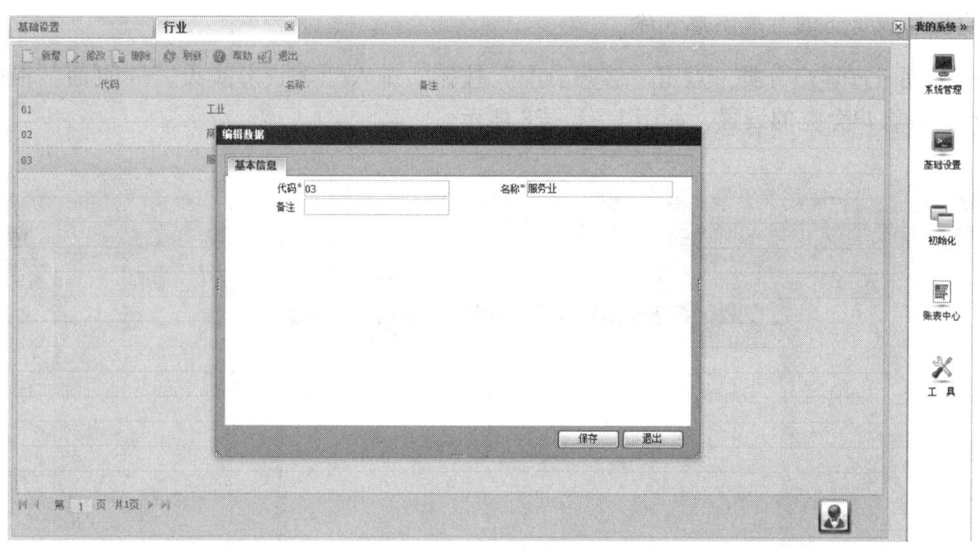

图 1－1－26　行业设置页面

7. 公用——地区。点击“地区”按钮，进入“地区设置”页面，根据实验资料进行地区的设置，如图 1－1－27 所示。

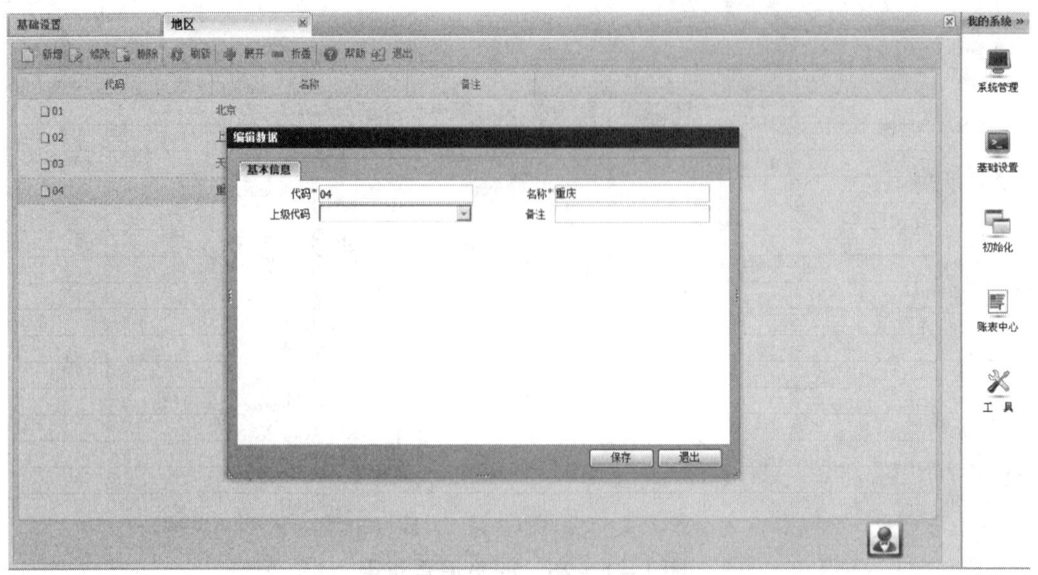

图 1-1-27　地区设置页面

🗎 **说明：**

（1）行业中的代码可以由数字或字母组成，不可为汉字及@、*、&、#等特殊字符。

（2）已被使用的行业不能删除。

8. 公用——客户分类。点击“客户分类”按钮，进入“客户分类设置”页面，根据实验资料进行客户分类的设置，如图 1-1-28 所示。

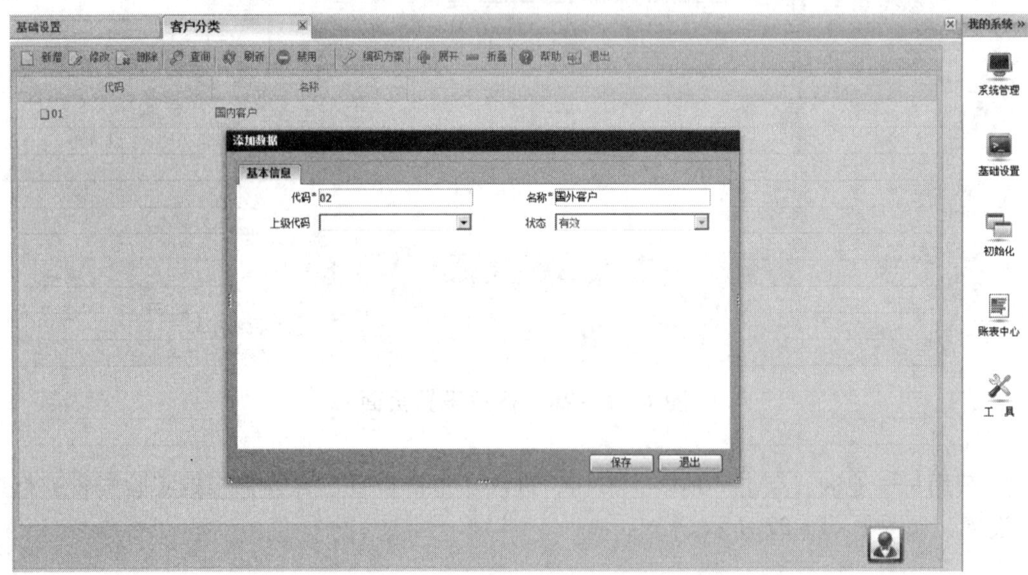

图 1-1-28　客户分类设置页面

🗎 **说明：**

（1）客户分类新增时，带＊项为必录项，其中代码可以由数字或字母组成，不可为汉字及@、＊、&、#等特殊字符。

（2）客户分类中的“修改”只能修改代码、名称，状态只能通过“禁用”进行修改。

（3）已被使用的客户分类不能删除，可以通过“禁用”更改使用状态，但已有客户信息的分类不能禁用。

9. 公用——客户。点击“客户”按钮，进入“客户设置”页面，根据实验资料进行客户的设置，如图 1－1－29 和图 1－1－30 所示。

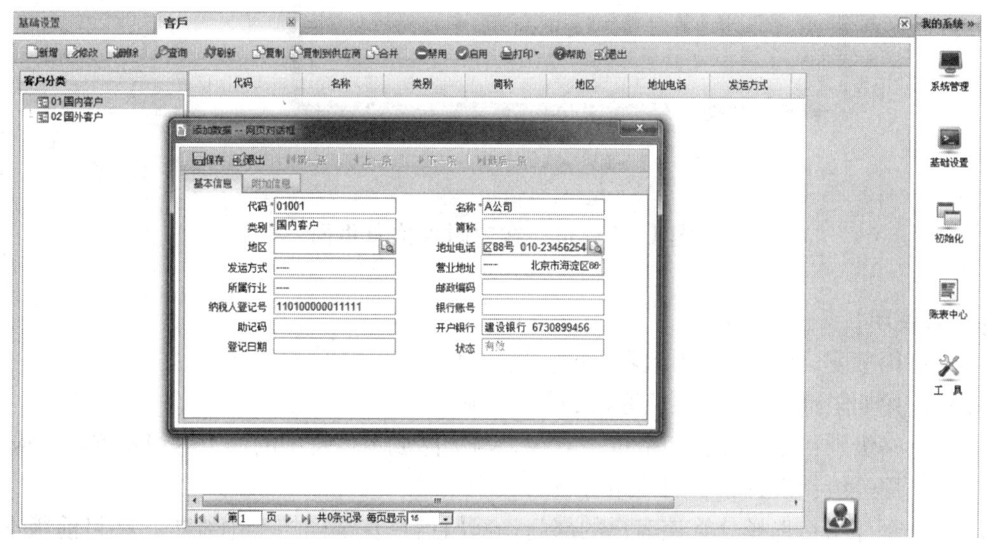

图 1－1－29　客户设置页面

【栏目说明】

（1）代码：录入客户代码。

（2）名称：录入客户名称。

（3）类别：选择客户分类，系统默认无分类。

（4）地区：此信息只能参照选择，数据取自在“地区”处所录入的地区信息。

（5）发运方式：选择货物发货方式，发货方式需先进行维护。

（6）所属行业：选择客户所属行业，所属行业需先进行维护。

（7）登记日期：录入此客户信息的登记日期。

（8）助记码：助记码可以手工录入，也可以由系统自动生成。助记码可以帮助用户在录入客户资料时，快速定位到所需客户。

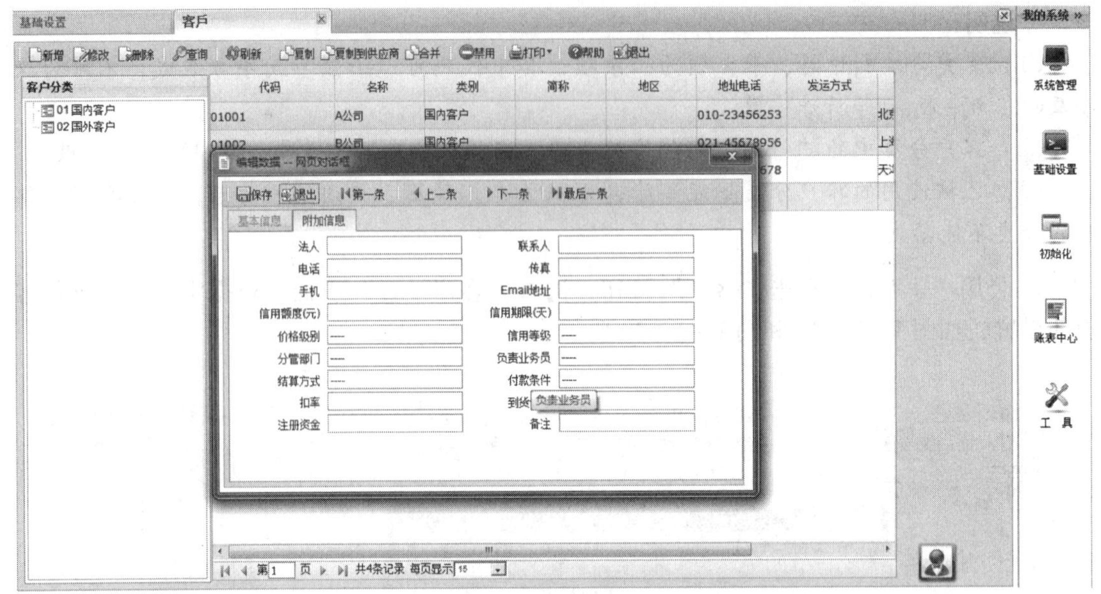

图 1-1-30　客户附加信息页面

【栏目说明】

（1）信用额度（元）：录入此客户的信用额度。

（2）信用期限（天）：录入此客户的信用期限。

（3）价格级别：系统设置四个价格等级，与物品成本信息中的四个等级价格对应应用。

（4）信用等级：设置客户的信用等级。

（5）分管部门：选择分管该客户的部门，部门信息在部门档案中维护。在目前版本中，只能作为备注信息来供参考。

（6）负责业务员：选择负责该客户的业务员，业务员信息在职员档案中维护。在目前版本中，只能作为备注信息来供参考。

（7）结算方式：选择结算方式，结算方式需预先维护。

（8）付款条件：选择付款条件，付款条件需预先维护。

（9）到货仓库：选择货物到达后，所入的仓库。

说明：

（1）客户新增时，带*项为必录项，其中代码可以由数字或字母组成，不可为汉字及@、*、&、#等特殊字符。

（2）客户中的“修改”只能修改代码、名称、简称与类别，状态只能通过“禁用”进行修改。

（3）已被使用的客户不能删除，但可以通过“禁用”更改使用状态。

10. 公用——供应商分类。点击“供应商分类”按钮，进入“供应商分类设置”页面，根据实验资料进行供应商分类的设置，如图 1-1-31 和图 1-1-32 所示。

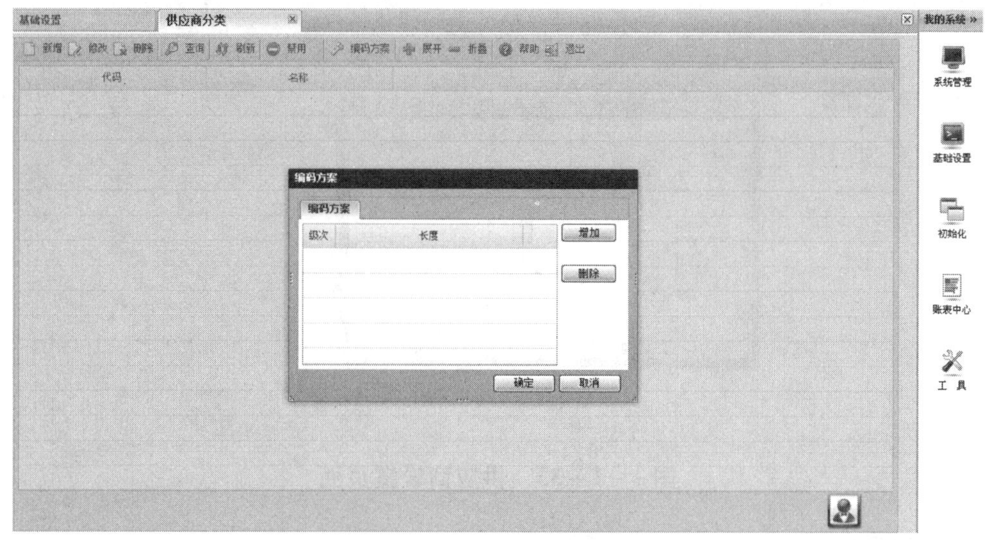

图 1－1－31　供应商分类设置页面

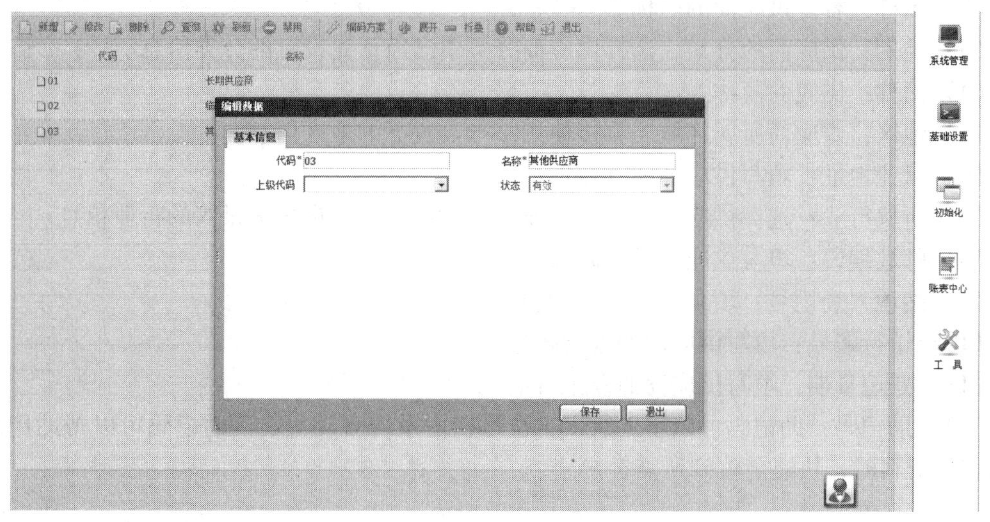

图 1－1－32　供应商分类的添加数据页面

说明：

（1）供应商分类新增时，带＊项为必录项，其中代码可以由数字或字母组成，不可为汉字及@、＊、&、#等特殊字符。

（2）“修改”功能只能修改代码、名称，状态只能通过“禁用”进行修改。

（3）已被使用的客户分类不能删除，可以通过“禁用”更改使用状态，但已有供应商信息的分类不能禁用。

11. 公用—供应商管理。点击“供应商”按钮，进入“供应商设置”页面，根据实验资料进行供应商的设置，如图 1－1－33 和图 1－1－34 所示。

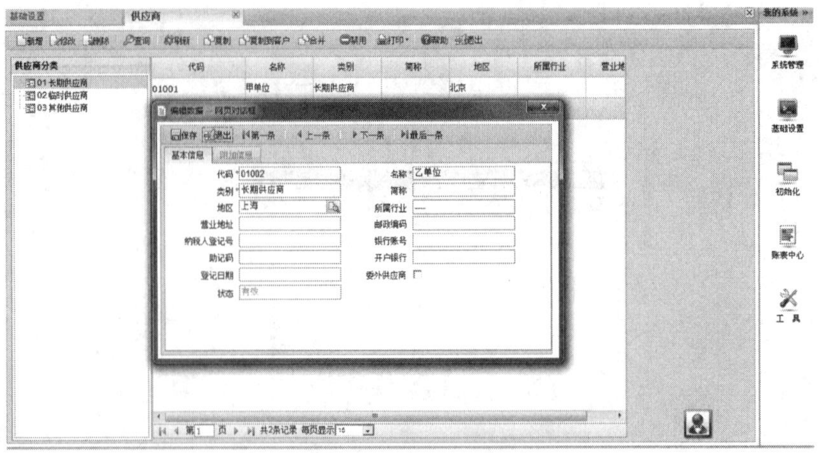

图 1－1－33　供应商设置页面

【栏目说明】

（1）代码：供应商的编号，可以是数字或英文字母。

（2）名称：客户供应商的名称。

（3）类别：供应商的分类，选择供应商分类中已经预先设置的分类信息。

（4）简称：供应商简称。

（5）地区：供应商所属区域。直接使用基础设置下的地区信息。

（6）营业地址：填写供应商的营业地址。

（7）所属行业：选择供应商的行业归属。直接使用基础设置下录入的行业信息。

（8）邮政编码：填写供应商的邮政编码。

（9）纳税人登记号：填写供应商的纳税人登记号。

（10）银行账号：填写供应商的银行账号。

（11）登记日期：填写供应商的登记日期。

（12）助记码：助记码可以手工录入，也可以由系统自动生成。助记码可以帮助用户在录入客户资料时，快速定位到所需客户。

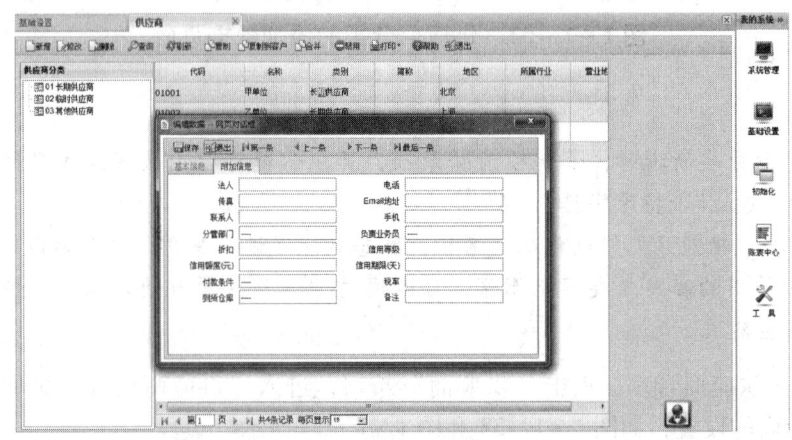

图 1－1－34　供应商设置附加信息页面

【栏目说明】

（1）法人：填写供应商的法人名称，可选择填写。

（2）联系人：填写供应商的联系人，可选择填写。

（3）电话：填写供应商的电话，可选择填写。

（4）传真：填写供应商的传真，可选择填写。

（5）手机：填写供应商的手机号码，可选择填写。

（6）Email 地址：填写供应商的 Email 地址，可选择填写。

（7）信用额度（元）：填写供应商的信用额度，信用额度设定后，将与销售管理参数设置中的信用控制和控制单据同时使用。

（8）信用期限（天）：填写供应商的信用期限，信用期限设定后，将与销售管理参数设置中的信用控制和控制单据同时使用。

（9）信用等级：设置供应商的信用等级。

（10）分管部门：设置供应商的分管部门。

（11）负责业务员：设置负责供应商的业务人员。

（12）折扣：设置该供应商所给予的折扣情况。

（13）付款条件：设置该供应商的付款条件。

（14）税率：设置税率。

（15）到货仓库：设置供应商的到货仓库。

（16）备注：录入其他备注信息。

说明：

（1）供应商新增时，带＊项为必录项，其中代码可以由数字或字母组成，不可为汉字及@、＊、&、#等特殊字符。

（2）供应商管理中的“修改”只能修改代码、名称、简称与类别，状态只能通过“禁用”进行修改。

（3）已被使用的供应商不能删除，但可以通过“禁用”更改使用状态。

12. 公用——计量单位分类。点击“计量单位分类”按钮，进入“计量单位分类设置”页面，根据实验资料进行计量单位分类的设置，如图 1－1－35 所示。

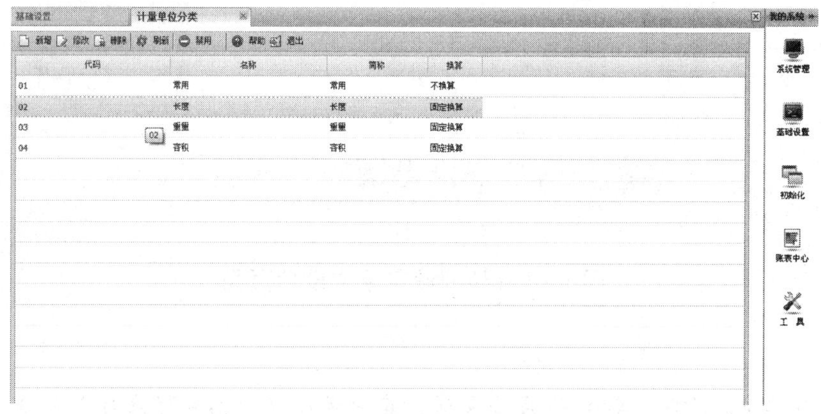

图 1－1－35　计量单位分类设置页面

🗎 **说明：**

(1) 计量单位分类新增时，带*项为必录项，其中代码可以由数字或字母组成，不可为汉字及@、*、&、#等特殊字符。

(2) 计量单位分类中的“修改”只能修改代码、名称，状态只能通过“禁用”进行修改。

(3) 已被使用的计量单位分类不能删除，但可以通过“禁用”更改使用状态。

(4) 基础版无多计量单位管理功能，因此无须设置计量单位分类，所有计量单位均录入在系统预置的无换算单位类中。

(5) 系统在计量单位分类中提供三种换算方式。不换算指本分类中各计量单位之间无换算关系；固定换算指本分类中计量单位存在固定的换算关系，在录入单据时无法改变换算比例；浮动换算指本分类中计量单位之间无固定换算关系，在录入单据时可以根据实际情况更改换算比例。

(6) 在实际业务中存在多计量单位换算问题，在设置计量单位分类时，应根据物品计量单位的应用情况统计并汇总后设置计量单位分类，同一计量单位分类下的计量单位在录入单据时可以互相转换，非同一计量单位分类下的计量单位不能互相转换。例如，药品批发零售企业，某类药品计量单位分别采用箱、包、盒；而另一类药品采用箱、瓶；建议此两类物品的计量单位设置成两个计量单位分类，即一类物品的计量单位设置为一个计量单位分类，在录入单据时只能选择到与本类药品有关的计量单位，一方面可以提高工作效率，另一方面可以避免操作失误。

13. 公用——计量单位。点击“计量单位”按钮，进入“计量单位设置”页面，根据实验资料进行计量单位的设置，如图1-1-36所示。

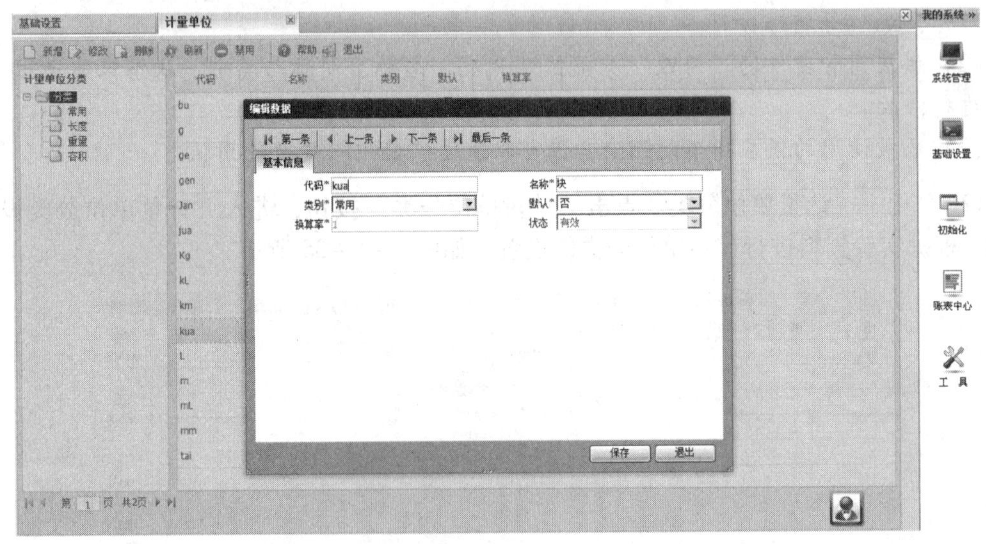

图1-1-36　计量单位设置页面

🗎 **说明：**

(1) 计量单位新增时，带*项为必录项，其中代码可以由数字或字母组成，不可为汉字及@、*、&、#等特殊字符。

（2）计量单位中的“修改”只能修改代码、名称，状态只能通过计量单位页面的“禁用”进行修改。

（3）已被使用的计量单位不能删除，但可以通过“禁用”更改使用状态。

14. 公用——结账顺序。点击“结账顺序”按钮，进入“结账顺序设置”页面，根据实验资料进行结账顺序的设置，如图1－1－37所示。

序号	前序子系统名称	子系统名称
1	工资管理	总账管理
2	应收管理	总账管理
3	应付管理	总账管理
4	固定资产	总账管理
5	采购管理	应付管理
6	销售管理	应收管理
7	采购管理	库存管理
8	销售管理	库存管理
9	库存管理	存货核算
10	存货核算	总账管理
11	委外管理	库存管理
12	委外管理	应付管理
13	委外管理	存货核算

图1－1－37　结账顺序设置页面

说明：

（1）设置结账顺序时，“前序子系统名称”与“子系统名称”不能相同。

（2）设置结账顺序时，不能重复。

15. 公用——打印设置。点击“打印设置”按钮，进入“打印设置”页面，根据实验资料进行打印设置，如图1－1－38所示。

【栏目说明】

（1）打印设置：系统提供“标准针式”“标准激光”“上海版”三种打印模版设置。

（2）明细账、日记账、余额表（金额式）每页打印行数设置：可对明细账、日记账、多栏账、余额表的每页打印行数进行设置。明细账、日记账、多栏账与余额表的打印行数可在20～60行进行设置，其他账表可在28～60行进行设置。

16. 财务——精度设置。点击“精度设置”按钮，进入“精度设置”页面，根据实验资料进行精度设置，如图1－1－39所示。

基础设置　套打设置

套打文件设置　恢复默认模板　确 定　取 消

是否套打

使用套打文件

模块 * 财务账表

单据类型 * (单个)固定资产明细账

套打单据 * (单个)固定资产明细账

位置 report/finance/fa/cell/cardFixAccount.cll

每张单据分录数 * 20

账套间复制套打参数

账套间复制套打参数

当前账套→目标账套 ---　复 制

新模板名称 (单个)固定资产明细账

图 1-1-38　打印设置页面

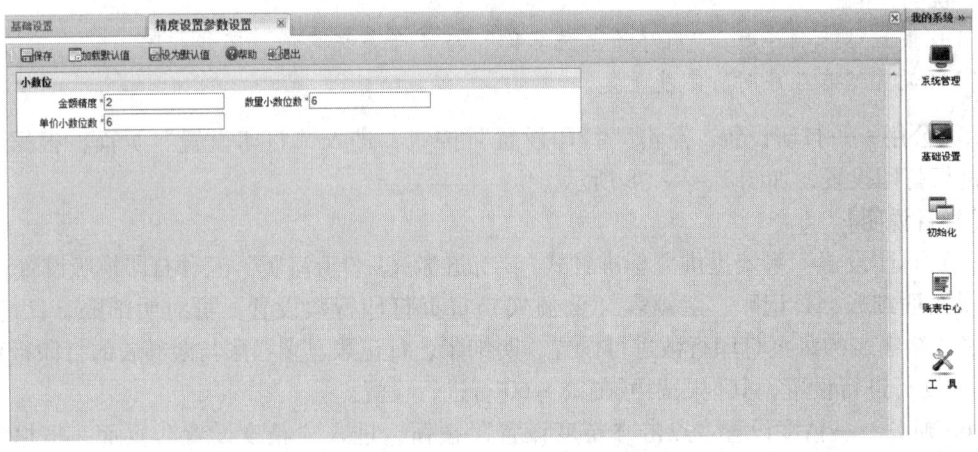

图 1-1-39　精度设置页面

17. 财务——会计期间。点击“会计期间”按钮，进入“会计期间设置”页面，根据实验资料进行会计期间设置，如图 1-1-40 所示。

基础设置 会计期间 我的系统 »

新增 修改 删除 刷新 展开 折叠 帮助 退出

会计年度	会计期间	开始日期	结束日期
2000	12月	2000-01-01	2000-12-31
2001	12月	2001-01-01	2001-12-31
2002	12月	2002-01-01	2002-12-31
2003	12月	2003-01-01	2003-12-31
2004	12月	2004-01-01	2004-12-31
2005	12月	2005-01-01	2005-12-31
2006	12月	2006-01-01	2006-12-31
2007	12月	2007-01-01	2007-12-31
2008	12月	2008-01-01	2008-12-31
2009	12月	2009-01-01	2009-12-31
2010	12月	2010-01-01	2010-12-31
2011	12月	2011-01-01	2011-12-31
2012	12月	2012-01-01	2012-12-31
2013	12月	2013-01-01	2013-12-31
2014	12月	2014-01-01	2014-12-31
2015	12月	2015-01-01	2015-12-31

系统管理 基础设置 初始化 账表中心 工 具

图 1－1－40　会计期间设置页面

【栏目说明】

（1）会计年度：建立账套的会计年度，在这里不允许修改。

（2）会计期间：建立账套的会计使用期间，这里不允许修改。

（3）开始日期：建立账套的具体使用日期。

（4）结束日期：若在某一个期间修改会计期间的起始日期，系统会自动修改会计期间的结束日期。

（5）清空：通过点击“清空”按钮，可以直接清空所选择的开始日期。

18. 财务——凭证字。点击“凭证字”按钮，进入“凭证字设置”页面，根据实验资料进行凭证字设置，如图 1－1－41 所示。

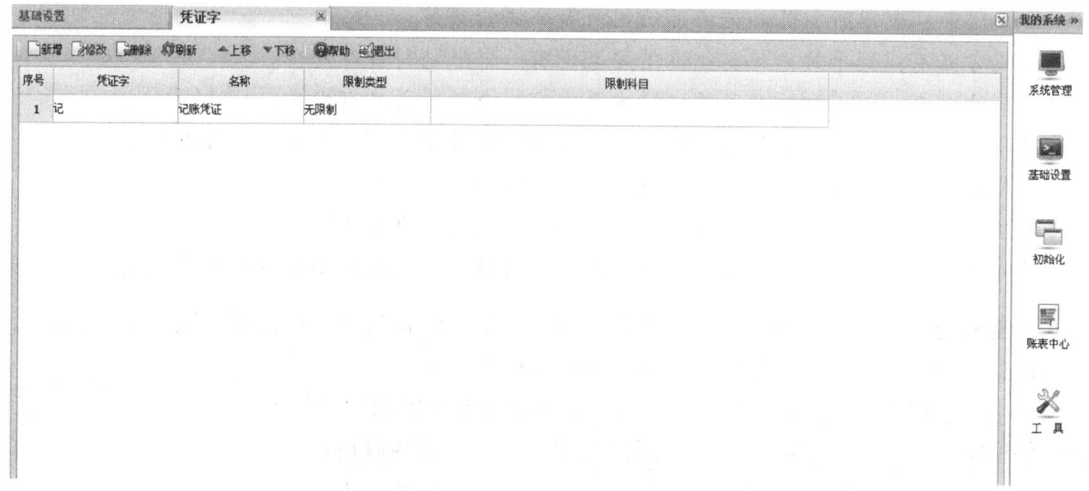

图 1－1－41　凭证字设置页面

如果将系统默认的凭证字删除后，再增加凭证字时可直接调出凭证字预设窗口，选择凭证分类方式，如图 1－1－42 所示。

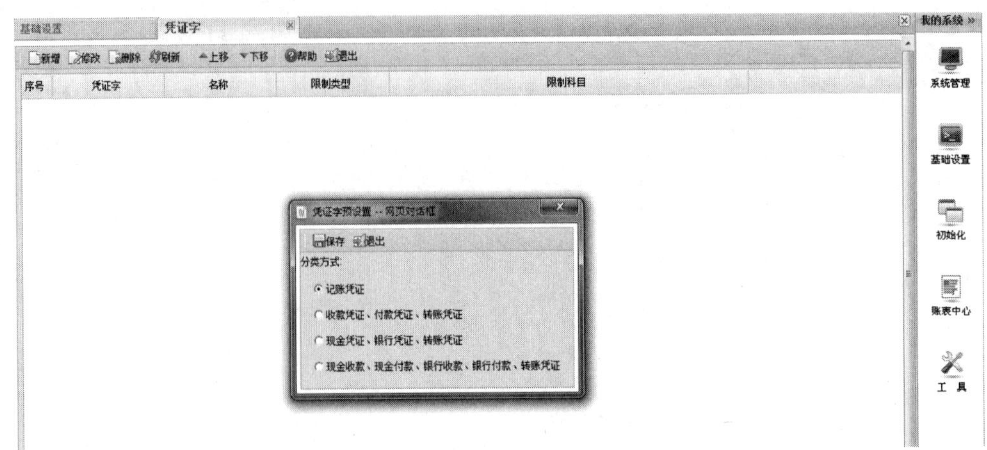

图 1－1－42　凭证字分类方式选择页面

说明：

（1）增加凭证字。点击“基础设置/财务/凭证字”进入“凭证字维护”页面，点击“新增”按钮，进入“添加数据”页面，将新增凭证字的“凭证字”“名称”“限制类型”“限制科目”填写完整，并点击“保存”按钮进行保存。此处限制科目为非必填项。

（2）修改凭证字。修改时，选中要修改的凭证字，点击“修改”按钮，可修改凭证字的“凭证字”“名称”“限制类型”“限制科目”项目，修改完成后点击“保存”按钮进行保存。凭证字状态默认为“有效”，基础版不可修改。

（3）删除凭证字。删除时，选中要删除的凭证字，点击“删除”按钮，即将凭证字删除。已使用的凭证字不可删除。

（4）设置限制类型与限制科目。某些类别的凭证在制单时对科目有一定的限制，系统有七种限制类型可供选择：

①无限制：制单时，此类凭证可使用所有合法的科目。

②借方必有：制单时，此类凭证借方至少有一个限制科目有发生。

③贷方必有：制单时，此类凭证贷方至少有一个限制科目有发生。

④借贷必有：制单时，此类凭证无论借方还是贷方至少有一个限制科目有发生。

⑤借方必无：制单时，此类凭证借方无一个限制科目有发生。

⑥贷方必无：制单时，此类凭证贷方无一个限制科目有发生。

⑦借贷必无：制单时，此类凭证无论借方还是贷方不可有一个限制科目有发生。

限制科目由用户参照输入，数量不限，但必须是末级科目且不可重复。限制科目选择后可以通过“清空”“删除”按钮对限制科目执行相应操作。

【例】凭证字分类方式为收、付、转，则限制类型和限制科目如下：

凭证字	名称	限制类型	限制科目
收	收款凭证	借方必有	1001，1002
付	付款凭证	贷方必有	1001，1002
转	转账凭证	借贷必无	1001，1002

🗎 **说明：**

若限制类型选择“无限制”，则不能输入限制科目。若选择有科目限制（即“限制类型”不是“无限制”），则至少要输入一个限制科目，否则无意义。

19. 财务——常用摘要。点击“常用摘要”按钮，进入“常用摘要设置”页面，根据实验资料进行常用摘要设置，如图 1－1－43 所示。

代码	助记码	摘要描述	相关科目
001	tx	提现	
002	gmdzyhp	购买低值易耗品	
003	qcye	期初余额	
004	ylj	养老金	
005	zgjk	职工借款	
006	gmxjzp	购买现金支票	
007	gmbgyp	购买办公用品	
008	hxf	伙食费	
009	xssp	销售商品	
010	bxclf	报销差旅费	

图 1－1－43　常用摘要设置页面

🗎 **说明：**

（1）常用摘要新增时，带*项为必录项，其中代码可以由数字或字母组成，不可为汉字及@、*、&、#等特殊字符。

（2）常用摘要中的“修改”只能修改代码、助记码、摘要描述、相关科目，使用状态只能通过常用摘要页面中的“禁用”按钮进行修改。

20. 财务——币种。点击“币种”按钮，进入币种设置页面，根据实验资料进行币种设置。如图 1－1－44 和图 1－1－45 所示。

基础设置　币种

新增　修改　删除　刷新　帮助　退出

代码	名称	本位币	固定汇率	折算公式	小数位数	最大误差
RMB	人民币	是				
USD	美元	否	是	外币*汇率=本位币	5	0.00001000
JPY	日元	否	是	外币*汇率=本位币	5	0.00001000
HKD	港币	否	是	外币*汇率=本位币	5	0.00001000
GBP	英镑	否	是	外币*汇率=本位币	5	0.00001000

图 1－1－44　币种设置页面

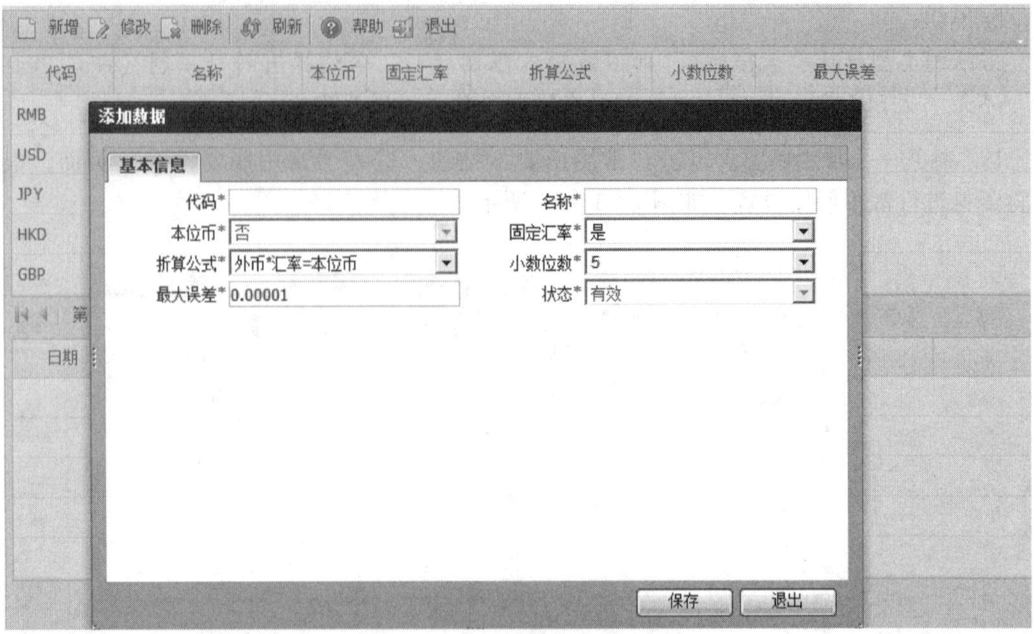

图 1-1-45　币种增加页面

系统预置了人民币币种，如果用户需要使用其他币种进行核算，可以在此进行设置。

（1）增加币种。

操作步骤：

【第一步】单击“基础数据/财务/币种”进入“币种维护”页面。

【第二步】在“币种维护”页面单击“增加”按钮，进入“币种增加”页面。

【第三步】输入币种代码、名称、本位币、最大误差等信息，并选择固定汇率、折算公式、小数位数。带“＊”项为必输入项，系统默认使用“状态”为“有效”，此处不可修改。定义外币的汇率小数位数，系统默认为 5 位。

【第四步】单击“保存”按钮对新增的币种进行保存，保存成功后系统继续停留在新增页面，若不再新增，单击“退出”按钮即可退出“币种增加”页面。

（2）修改币种。

操作步骤：

【第一步】单击“基础数据/财务/币种”菜单进入“币种维护”页面。

【第二步】在“币种维护”页面单击“修改”按钮，进入“币种修改”页面。

【第三步】修改币种，并通过“保存”按钮进行保存。此处只能修改代码、名称、固定汇率、折算公式、小数位数、最大误差信息。状态只能通过“禁用”进行修改。

（3）删除币种。

操作步骤：

【第一步】单击“基础数据/财务/币种”进入“币种维护”页面，并选中要删除的币种。

【第二步】在“币种维护”页面单击“删除”按钮，即将币种删除。已存在汇率的币种不能删除，但可以通过“禁用”更改状态。

【栏目说明】

（1）代码：设置币种的编码或者币符，可以输入数字、英文。

（2）名称：币种的名称，允许是英文、汉字、数字，如美元或＄。

（3）固定汇率：选择使用固定汇率还是浮动汇率。

（4）折算公式：分为直接汇率与间接汇率两种，用户可以根据外币的使用情况选择汇率的折算方式。直接汇率折算公式为：外币×汇率＝本位币，间接汇率折算公式为：外币/汇率＝本位币。

（5）小数位数：定义外币的汇率小数位数，系统默认为5位。

（6）最大误差：设置记账最大误差。系统默认小数位为5位，最大误差为0.00001，小数位最多可设置为8位，则最大误差为0.00000001。在记账时，如果外币×（或/）汇率－本外币>最大误差，则系统给出提示；如果用户希望在制单时不显示最大误差提示，可以将最大误差设为一个比较大的数值，如1 000 000。

21. 财务——科目管理。点击“科目管理”按钮，进入“科目管理设置”页面，根据实验资料进行科目管理设置。如图1－1－46至图1－1－51所示。

（1）增加会计科目。

操作步骤：

【第一步】单击“基础数据/财务/科目管理”菜单项，系统弹出行业会计制度设置窗口，如图1－1－46所示。

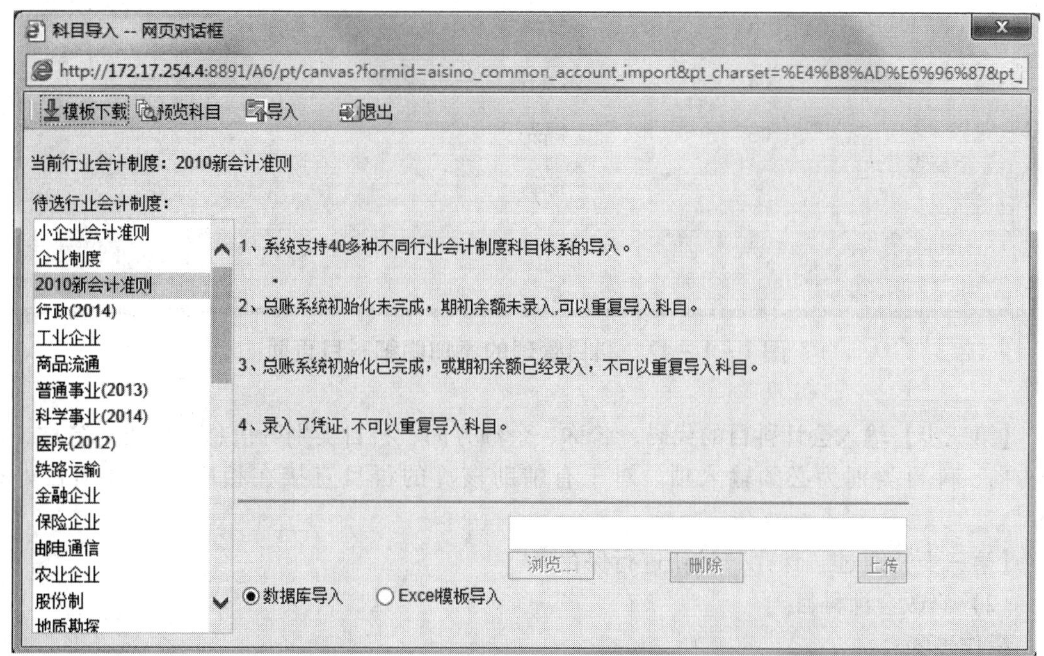

图1－1－46　科目管理科目导入页面

【第二步】在科目管理页面单击“增加”按钮，进入“添加明细科目”页面，如图1－1－47所示。

图1-1-47　科目管理的添加明细科目页面

【第三步】输入会计科目的代码、名称、余额方向、科目类别等信息。代码、名称、余额方向、科目类别为必须输入项。对于有辅助核算的科目直接在相应的核算项目处打“√”。

【第三步】通过“保存”按钮进行保存。

(2) 修改会计科目。

操作步骤:

【第一步】在“科目管理”页面选中要修改的会计科目，单击“修改”按钮，进入“编辑数据”页面，如图1-1-48、图1-1-49、图1-1-50、图1-1-51、图1-1-52、图1-1-53所示。

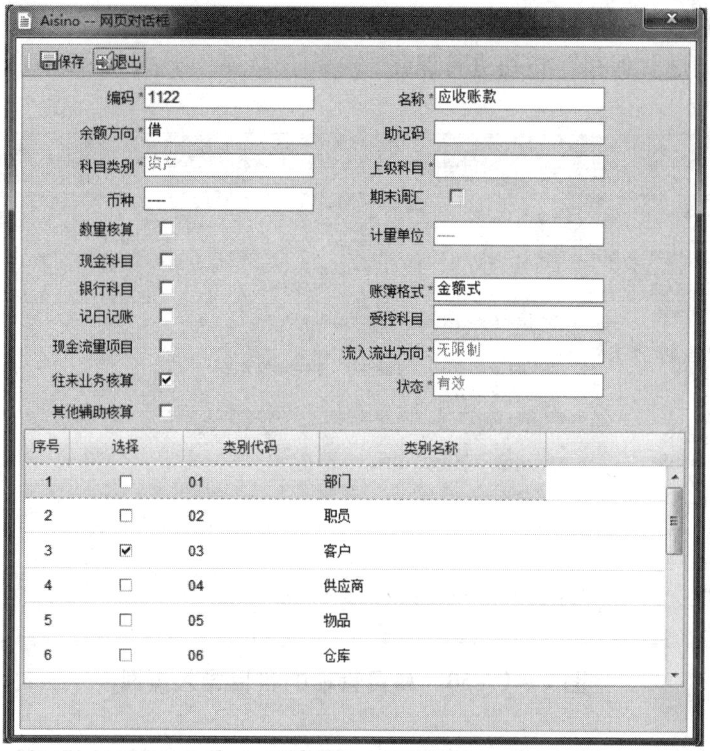

图 1－1－48　科目管理的修改信息页面

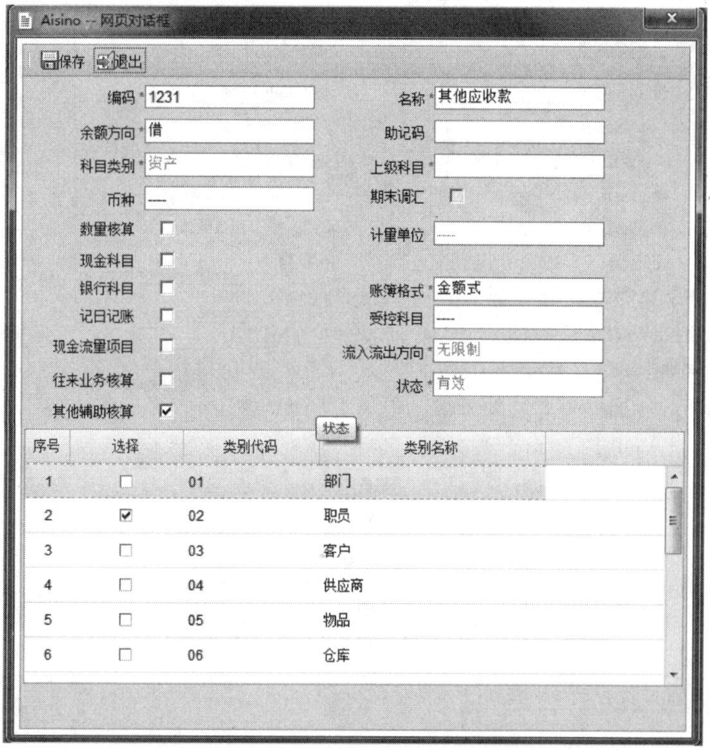

图 1－1－49　科目管理的信息页面

【第二步】修改会计科目信息。

【第三步】通过“保存”按钮进行保存。

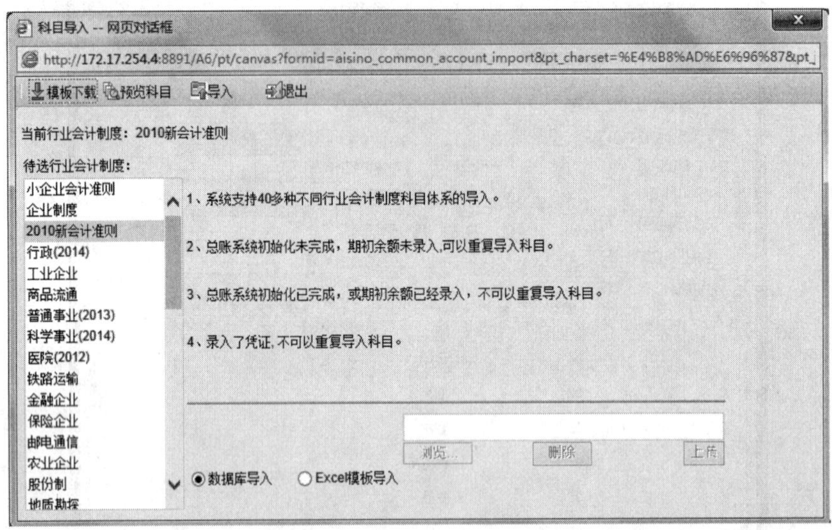

图 1－1－50　科目管理的科目导入页面

Aisino -- 网页对话框

保存 退出

编码 * 10020102　　名称 * 美元户

余额方向 * 借　　助记码

科目类别 * 资产　　上级科目 * 工商银行

币种 美元　　期末调汇 ☐

数量核算 ☐　　计量单位 ----

现金科目 ☐

银行科目 ☑　　账簿格式 * 外币金额式

记日记账 ☑　　受控科目 ----

现金流量项目 ☐　　流入流出方向 * 无限制

往来业务核算 ☐　　状态 * 有效

其他辅助核算 ☐

序号	选择	类别代码	类别名称
1	☐	01	部门
2	☐	02	职员
3	☐	03	客户
4	☐	04	供应商
5	☐	05	物品
6	☐	06	仓库

图 1－1－51　科目管理的添加明细科目页面

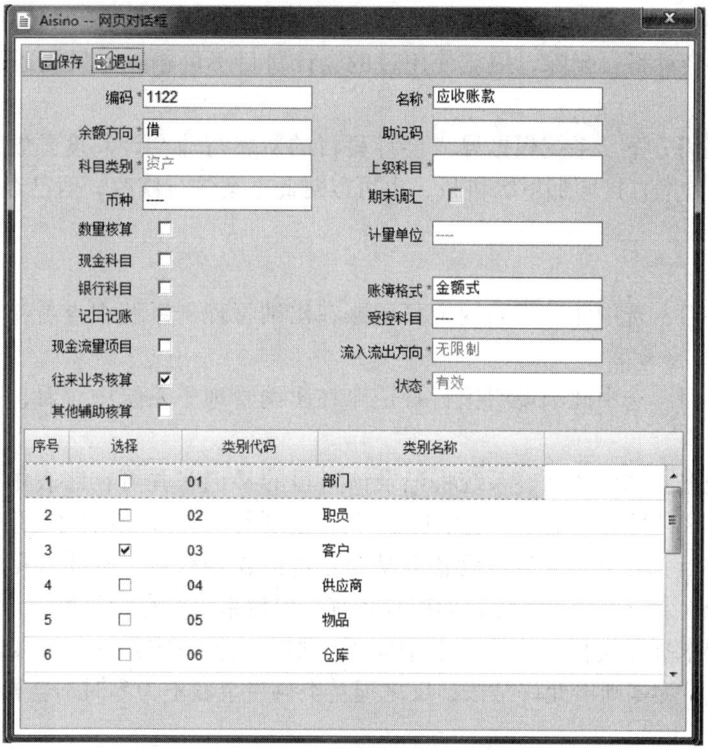

图 1－1－52　科目管理的修改信息页面

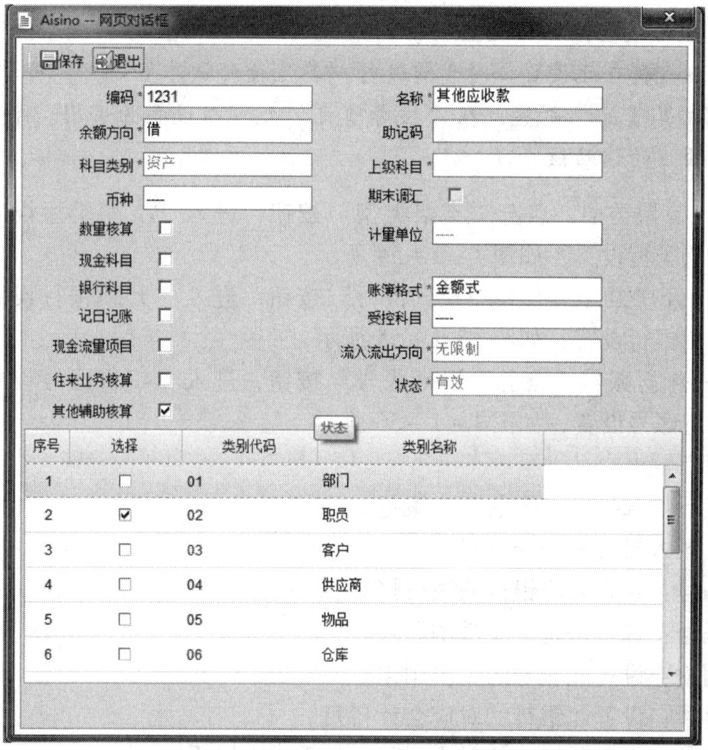

图 1－1－53　科目管理的修改信息页面

（3）删除会计科目。在“科目管理”页面中选择需要删除的会计科目，直接单击“删除”按钮，即将会计科目删除，但已使用过的会计科目不可删除，只能通过“禁用”功能修改使用状态。

（4）设置编码方案。系统根据导入会计科目的所属行业会计制度预置了编码方案，用户可根据此编码方案直接增加下级科目，也可以对此方案进行修改，但已经存在科目的级次编码方案不可修改。

【栏目说明】

（1）现金科目：选中此项说明现金日记账在出纳管理子系统中查看，否则在总账管理子系统中查看。

（2）银行科目：选中此项说明银行日记账在出纳管理子系统中查看，否则在总账管理子系统中查看。

（3）记日记账：选中此项，系统将记录该科目的日记账并可在账表中查看。否则，系统将不能查看到该科目的日记账。选中现金科目或银行科目时，系统将自动选中此项。

（4）受控科目：如果将此科目设置为某个系统的受控科目，则此科目只能在受控系统中使用。系统预置了三个受控系统，即应收系统、应付系统、存货核算。

（5）结账要求损益类科目为零：选中此项，则在进行月末结账时，要求损益类科目余额必须为零，若不为零则不允许结账；反之损益类科目余额不为零时不会影响月末结账。

说明：

（1）“外币核算”系统默认为“不核算”，对于有外币核算的会计科目在此处选择具体的币种进行外币核算，所以“币种”必须先进行维护才能选择。

（2）对于需进行数量核算、现金科目、银行科目、记日记账、现金流量项目、往来核算项目设置的可以直接在此设置。对于需进行“其他辅助核算”用户，将“其他辅助核算”勾选以后激活“核算项目”页签，在“核算项目”处可以设置为部门、个人、供应商、客户及自定义核算项目的辅助核算。

22. 财务——支票类型。点击“支票类型”按钮，进入“支票类型设置”页面，根据实验资料进行支票类型设置，如图1－1－54所示。

23. 财务——开户银行。点击“开户银行”按钮，进入“开户银行设置”页面，根据实验资料进行开户银行设置，如图1－1－55所示。

24. 财务——银行账号。点击“银行账号”按钮，进入“银行账号设置”页面，根据实验资料进行银行账号设置，如图1－1－56所示。

【栏目说明】

（1）开户银行：选择已录入的开户银行。

（2）代码：录入银行账号的代码。

（3）银行账号：录入开户银行的银行账号。

（4）基本账号：选择是否企业基本账号。

（5）账号用途：设置此账号的主要用途。

（6）对应科目：设置此银行的对应会计科目。

（7）对应币种：设置此银行的对应币种，外币或人民币。

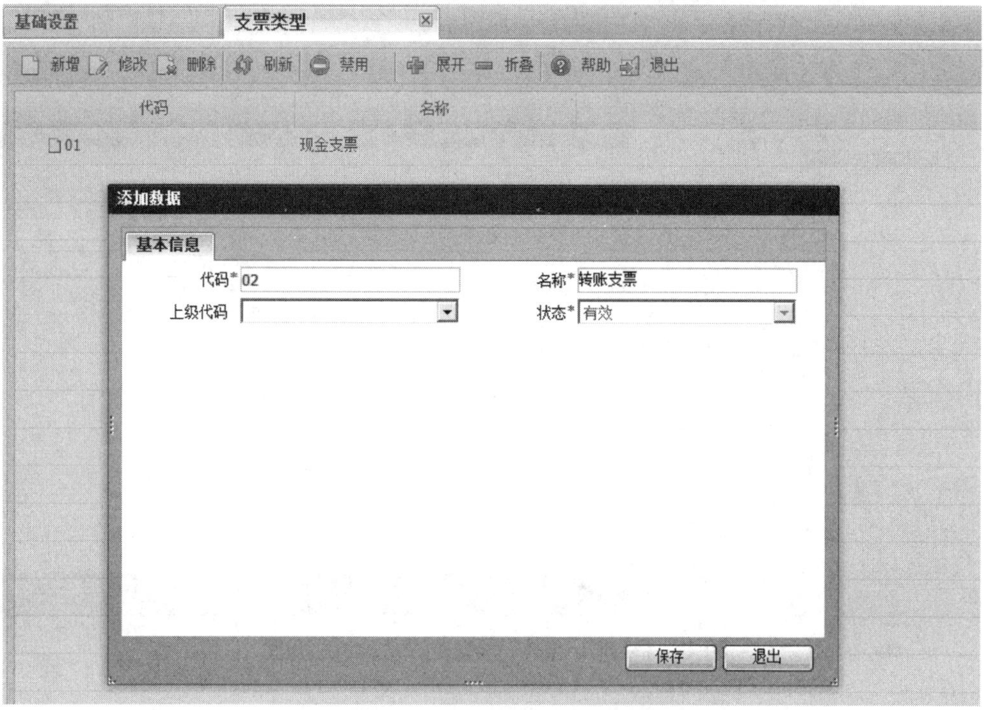

图 1-1-54　支票类型的添加数据页面

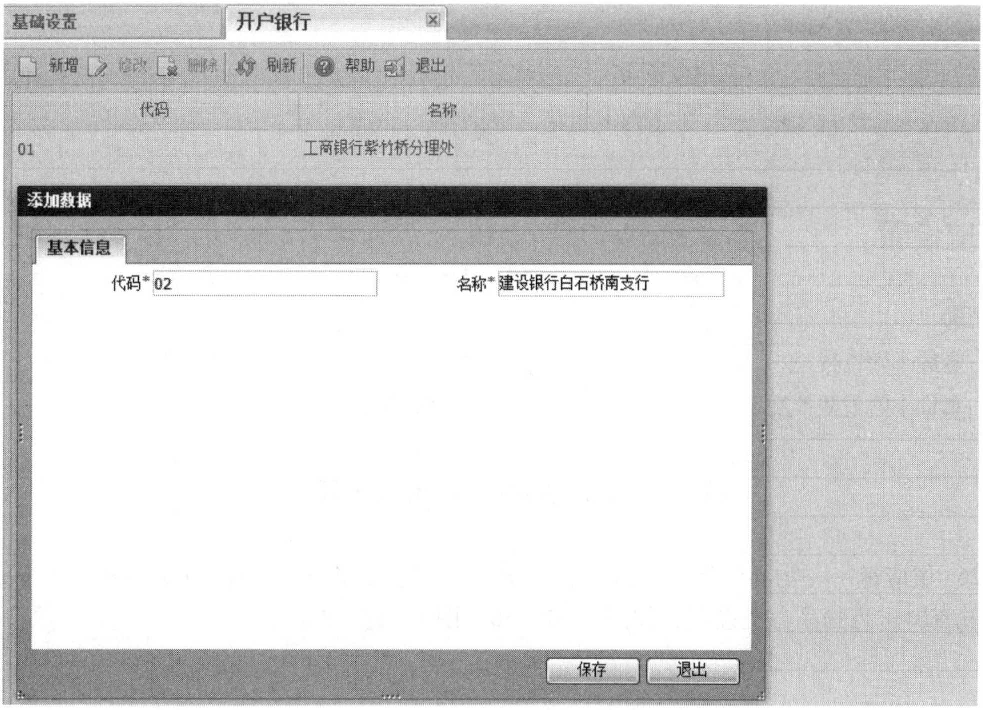

图 1-1-55　开户银行的添加数据页面

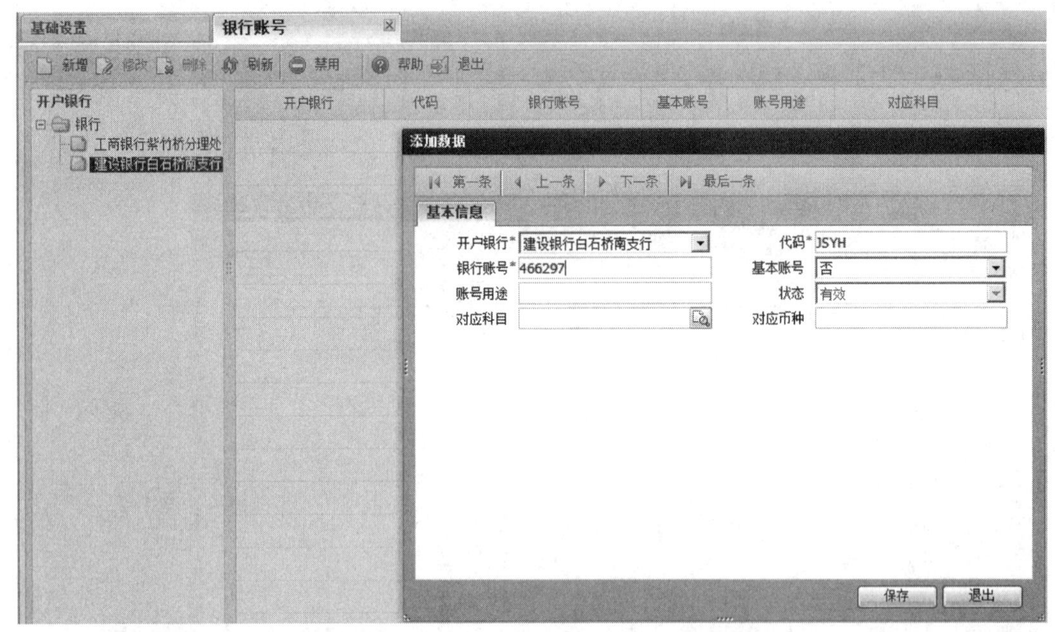

图 1－1－56　银行账号的添加数据页面

25. 供应链——精度设置。点击“精度设置”按钮，进入“供应链——精度设置”页面，根据实验资料进行精度设置，如图 1－1－57 所示。

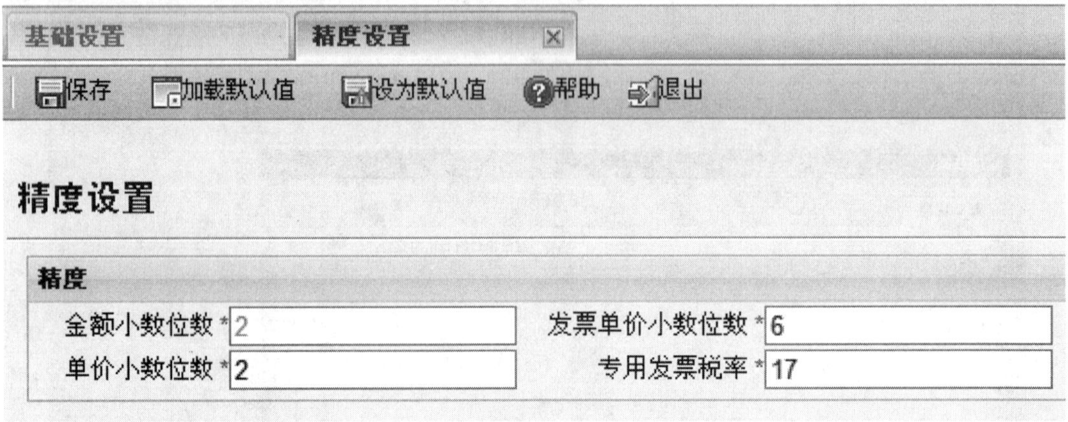

基础设置　精度设置

保存　加载默认值　设为默认值　帮助　退出

精度设置

精度

金额小数位数 * 2　　发票单价小数位数 * 6

单价小数位数 * 2　　专用发票税率 * 17

图 1－1－57　供应链——精度设置页面

26. 供应链——物品分类。点击“物品分类”按钮，进入“物品分类设置”页面，根据实验资料进行物品分类设置，如图 1－1－58、图 1－1－59 所示。

图 1 -1 -58　物品分类——编码方案设置页面

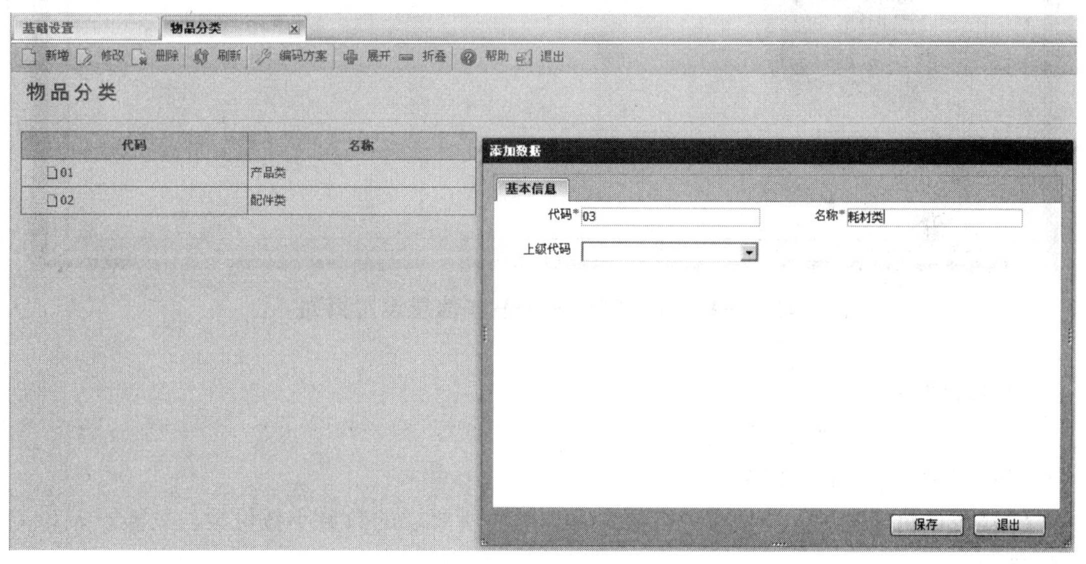

图 1 -1 -59　物品分类——基本信息设置页面

27. 供应链——物品。点击“物品”按钮，进入“物品设置”页面，根据实验资料进行物品设置，如图 1 -1 -60、图 1 -1 -61、图 1 -1 -62 所示。

图 1-1-60　物品——基本信息设置页面

【栏目说明】

（1）编码：录入物品的编码。

（2）名称：录入物品的名称。

（3）数量精度：录入物品在进行数量管理时，所要求的数量小数位数。只能录入 0～6 的整数。

（4）主计量单位：录入物品在系统管理中进行数量管理时使用的基本计量单位。

（5）物品分类：录入物品所属分类。

（6）规格型号：录入物品规格型号。

（7）批次管理：如果勾选，表示物品在出入库时进行批次管理，选择此项，则需录入批号。

（8）保质期管理：如果勾选，表示物品入库时要录入到期日期。只有进行批次管理的物品才可以设置保质期管理。

（9）启用辅计量：如果勾选，在系统中可以对同一物品实行多计量单位管理。

（10）库存计量单位：启用辅计量时，物品在库存子系统默认的计量单位。

（11）销售计量单位：启用辅计量时，物品在销售子系统默认的计量单位。

（12）采购计量单位：启用辅计量时，物品在采购子系统默认的计量单位。

（13）税率：录入物品默认税率。

（14）状态：显示物品当前状态，即有效与禁用。

（15）计价方式：物品在存货核算系统计算成本时使用的计价方式。

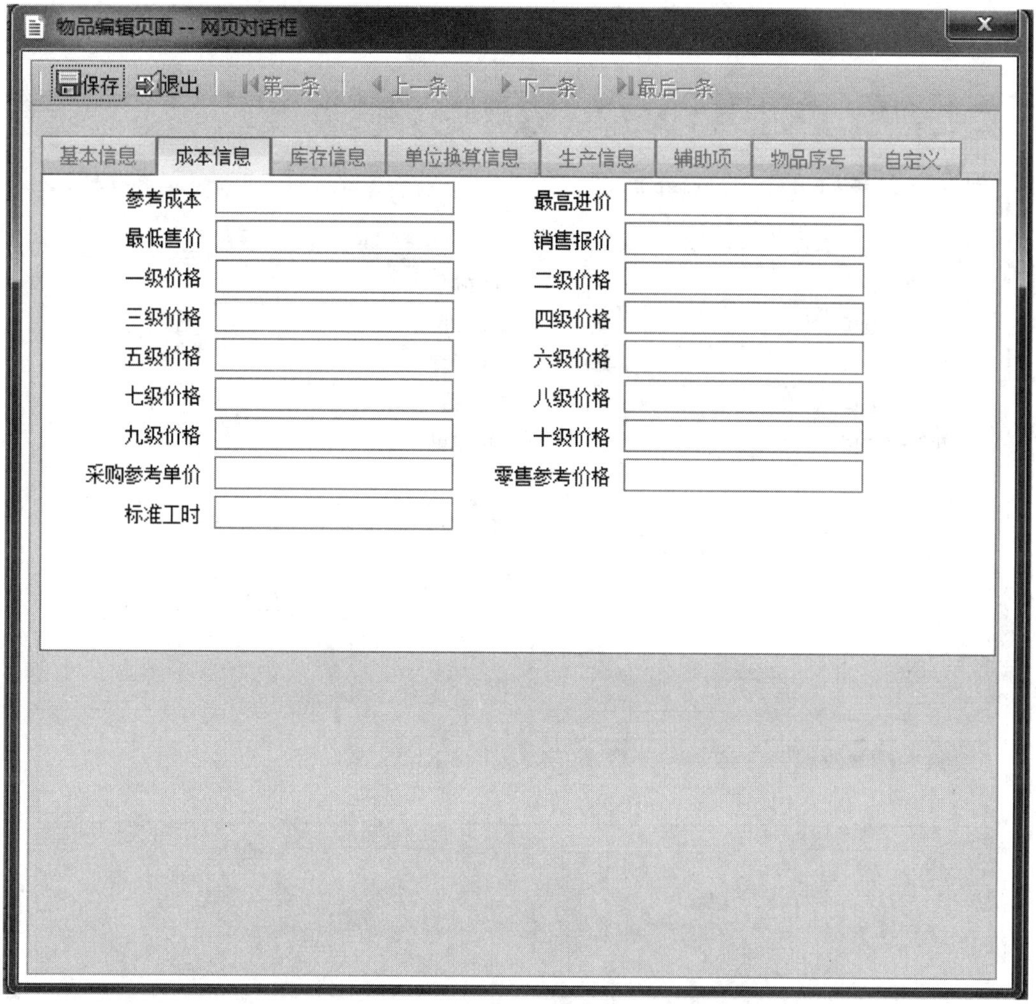

图 1－1－61　物品——成本信息设置页面

【栏目说明】

（1）参考成本：录入物品的参考成本。

（2）最高进价：设定物品的采购最高进价。若采购时超过了最高进价，则系统会做出相应提示。

（3）最低售价：设定物品的销售最低售价。若销售价低于最低售价，则根据系统的相应设置，要求在销售单据上输入审核密码。

（4）销售报价：设置物品的销售报价。

（5）一级价格：设置物品的一级销售价格。

（6）二级价格：设置物品的二级销售价格。

（7）三级价格：设置物品的三级销售价格。

（8）四级价格：设置物品的四级销售价格。

采购参考价格：录入物品在市场上的采购参考单价。

零售参考价格：录入物品在市场上的零售参考单价。此价格仅供参考，在销售系统单据中不能取得相应数据。

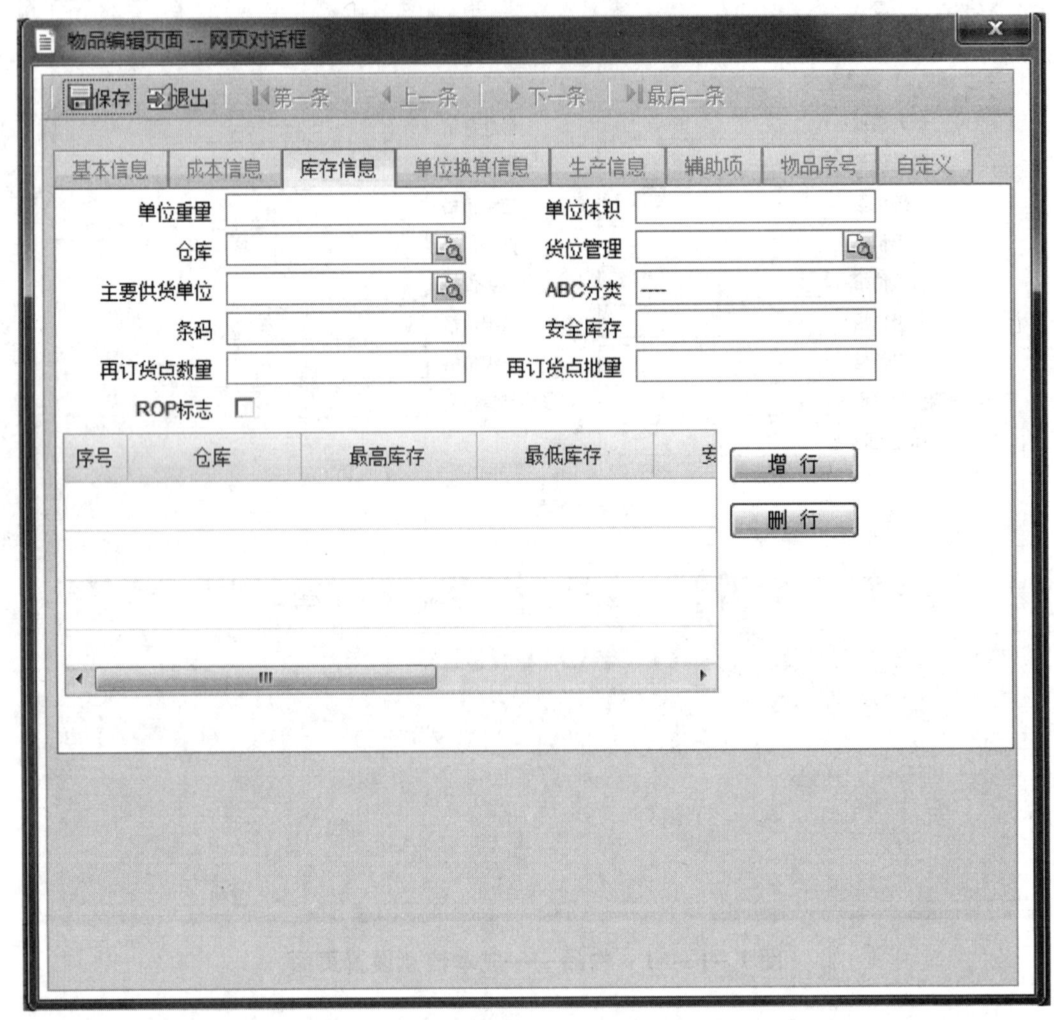

图 1－1－62　物品——其他信息录入页面

【栏目说明】

（1）单位重量：录入物品的重量。此单位重量以主计量单位为基础。

（2）单位体积：录入物品的体积。此单位体积以主计量单位为基础。

仓库：录入物品的存放的仓库。

ABC 分类：录入物品的 ABC 类。

条码：录入物品的条码。

序号：系统自动给出编号。

安全库存：按照仓库设置最高、最低库存量。

最高库存：设置仓库的最高库存量。若物品数量超过了最高库存数量，则系统提示物品超过库存最高上限。

最低库存：设置仓库的最低库存量。若物品数量低于最低库存数量，则系统提示物品低于库存最低下限。

说明：

（1）已经使用的物品，其主计量单位、计价方式、物品分类不能修改。如果启用了辅计量，其使用后，辅计量可以修改。

（2）已经使用的物品，不能修改或删除，但可以通过“禁用”“启用”功能设置其状态。

28. 供应链——仓库。点击“仓库”按钮，进入“仓库设置”页面，根据实验资料进行仓库设置，如图 1－1－63 所示。

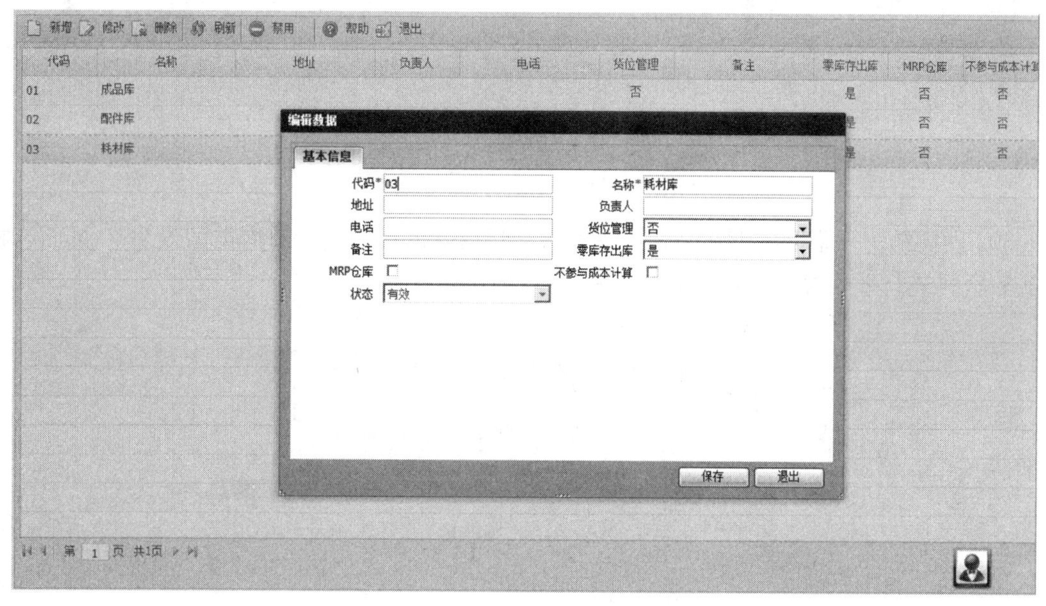

图 1－1－63　仓库添加数据页面

【栏目说明】

（1）代码：录入仓库代码。

（2）名称：录入仓库名称。

（3）地址：录入仓库的地址。

（4）负责人：录入仓库的负责人。

（5）电话：录入仓库的联系电话。

（6）货位管理：如果选择“是”，表示该仓库实行货位管理；选择“否”则仓库不进行货位管理。只有系统在与库存管理子系统集成应用时才能应用货位管理。

（7）备注：录入仓库备注信息。

29. 供应链——收发类别。点击“收发类别”按钮，进入“收发类别设置”页面，根据实验资料进行收发类别设置，如图 1－1－64 所示。

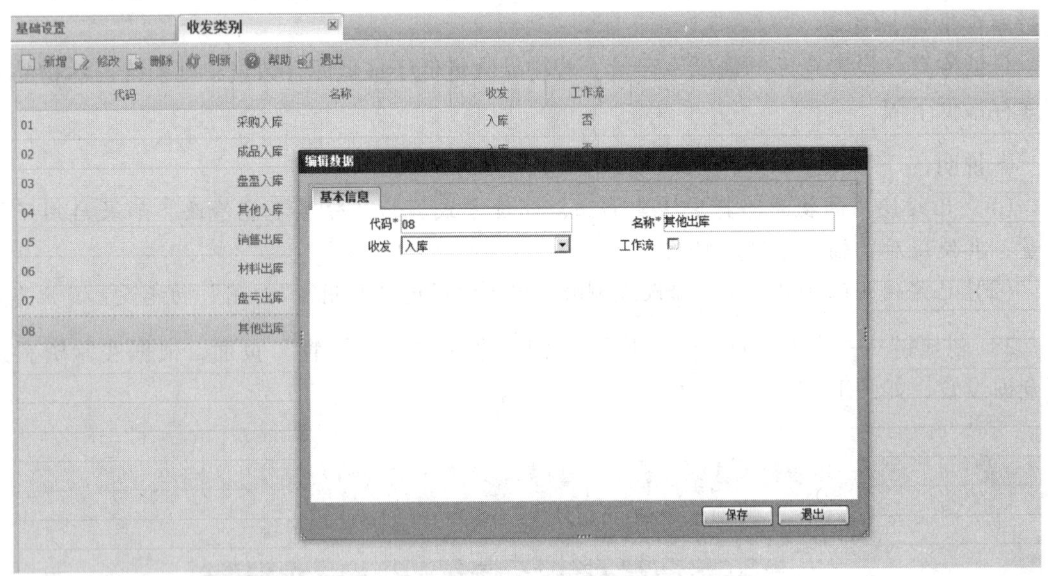

图 1－1－64　收发类别添加数据页面

30. 供应链——采购类型。点击“采购类型”按钮，进入“采购类型设置”页面，根据实验资料进行采购类型设置，如图 1－1－65 所示。

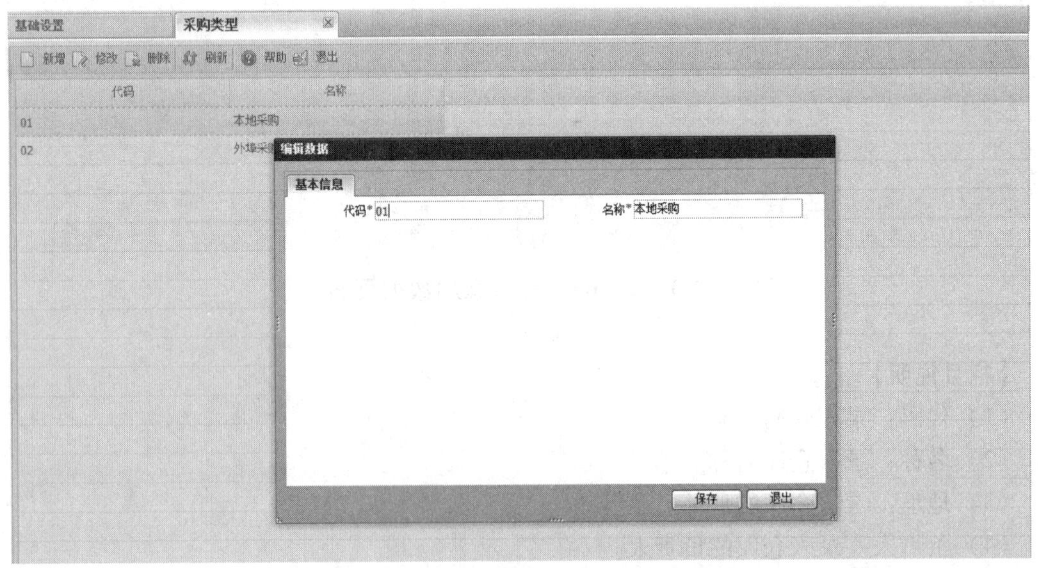

图 1－1－65　采购类型添加数据页面

31. 供应链——销售类型。点击“销售类型”按钮，进入“销售类型设置”页面，根据实验资料进行销售类型设置，如图 1 -1 -66 所示。

图 1 -1 -66　销售类型添加数据页面

32. 供应链——发运方式。点击“发运方式”按钮，进入“发运方式设置”页面，根据实验资料进行发运方式设置，如图 1 -1 -67 所示。

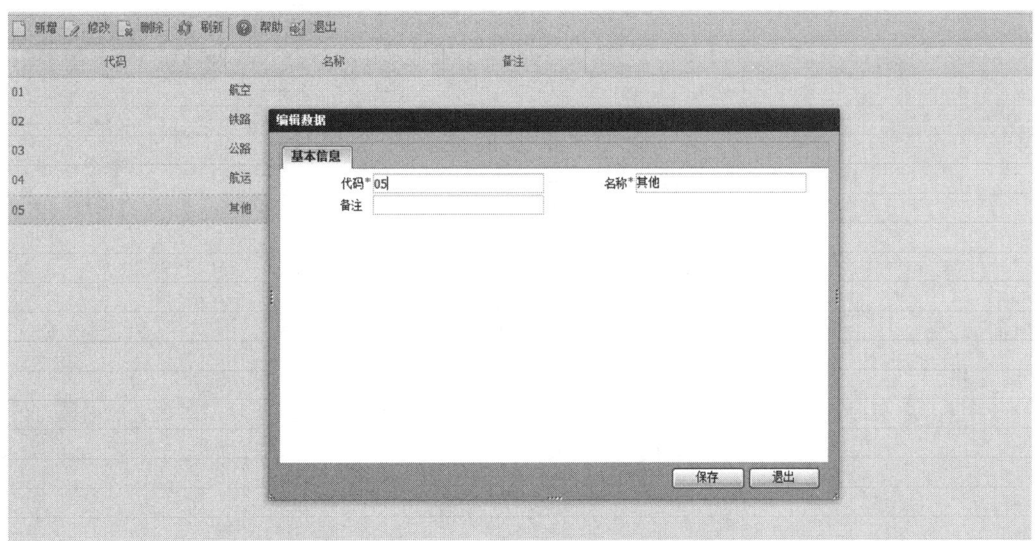

图 1 -1 -67　发运方式添加数据页面

五、实验总结和实验报告

通过本次实验，我们知道了如何创建账套，如何启用系统，如何在系统中设置企业的基础信息。应该总结回顾本次实验的过程，检查实验的结果，写出实验报告（或者填制实验报告表）。

实验二

总账管理

一、实验目的和要求

（一）实验目的

总账管理子系统是A6企业管理软件的一个核心模块，在总账管理子系统中可以完成财务的账务处理，包括简单账务处理、外币核算、数量金额核算等，同时也可以完成往来管理、账表查询打印功能。通过本实验，让学生学习掌握总账管理的基本功能，为以后账务处理奠定良好基础。

（二）实验要求

1. 掌握系统初始化操作。
2. 熟练掌握凭证处理，包括凭证录入、凭证查询、凭证审核、科目汇总、辅助项目汇总等基本操作。
3. 掌握月末转账操作。
4. 掌握期末记账、对账、结账等操作。
5. 熟悉往来核销、核销管理、往来对账单的操作。
6. 熟悉账表查询与打印操作。

二、实验知识准备

如果企业一直采用手工进行账务管理，在开始使用软件进行账务处理之前，应对会计资料进行整理，为后续的各项功能应用做好准备，需要整理的会计资料如下：

1. 会计科目。根据电算化的特点对手工使用的会计科目进行整理，以充分发挥计算机的辅助核算功能。一个科目设置了辅助核算后，它所发生的每一笔业务将会登记在辅助总账和辅助明细账上。

2. 各辅助核算目录。将科目设置了辅助核算以后，还应将从总账科目中去掉的明细科目设置为辅助核算的目录。系统提供了部门、职员、客户、供应商等辅助核算。

3. 结算方式。即企业常用的收付款结算方式。

4. 币种及汇率。如果企业有外币业务，应进行外币及汇率的设置。

5. 计量单位。如企业需要在总账管理子系统进行数量核算，应先进行计量单位设置。

6. 在开始使用总账系统时，应先将各账户此时的余额和年初到此时的借贷方累计发生额计算清楚。若有辅助核算，还应整理各辅助项目的期初余额。

7. 如果企业要使用系统提供的银行对账功能，应先对银行日记账与银行对账单进行勾对，计算出最新银行存款余额调节表，并将尚未勾对的银行日记账与银行对账单整理出来，以便在银行对账期初功能中进行录入。

8. 凭证字。在开始录入凭证之前，应在系统中设置凭证字，系统中预置了几种常见的凭证字类型，企业可以根据需要选择。

三、实验内容和资料

1. 总账管理子系统首次使用操作流程，如图 1－2－1 所示。

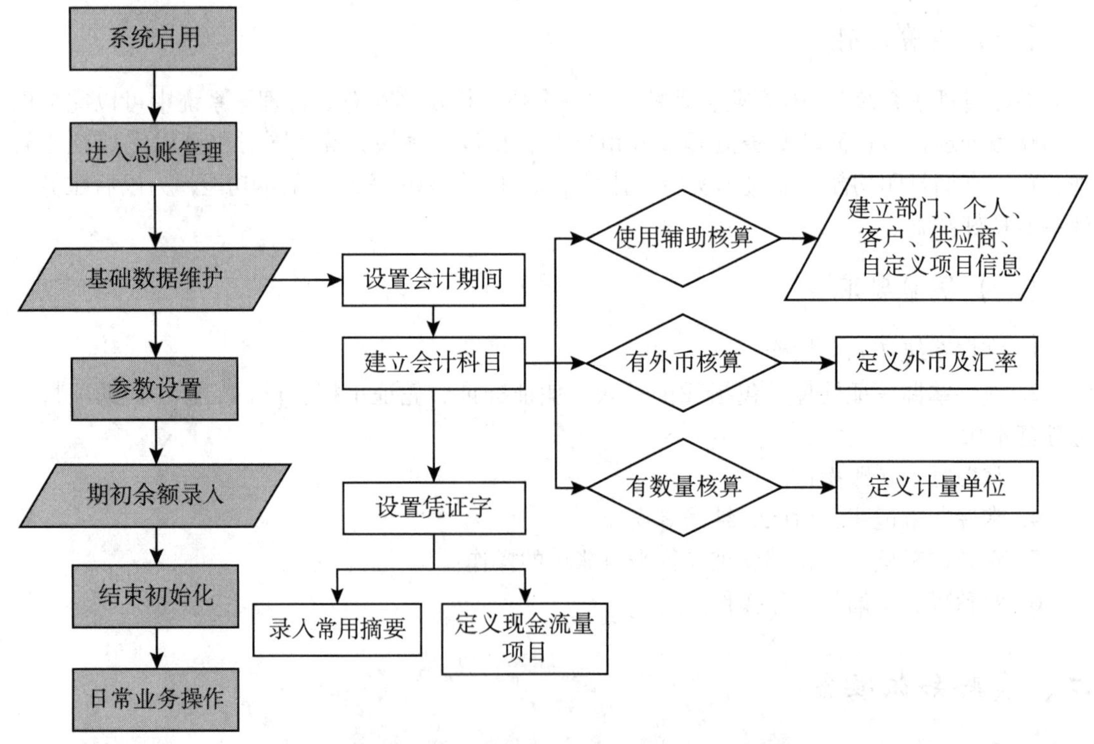

图 1－2－1　子系统首次使用操作流程

2. 了解总账管理子系统日常业务操作流程，如图 1 –2 –2 所示。

总账管理业务流程

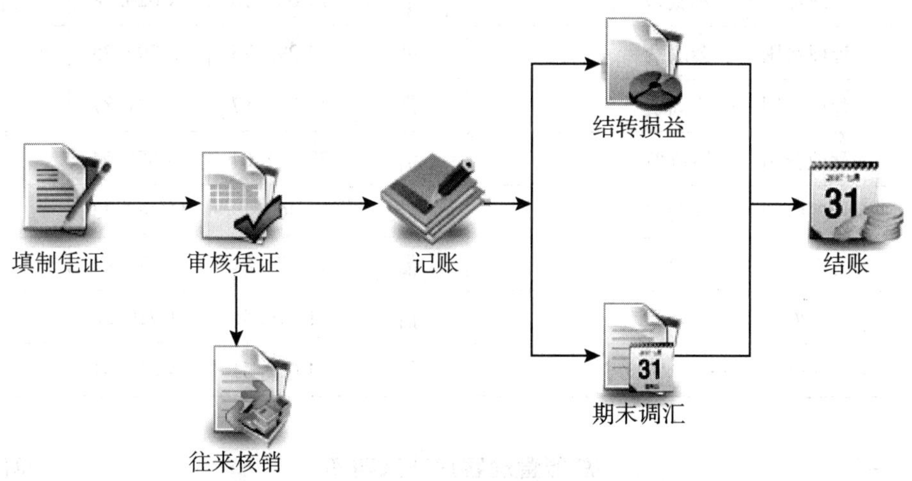

图 1 –2 –2　子系统日常业务操作流程

3. 实验内容如表 1 –2 –1、表 1 –2 –2 和表 1 –2 –3 所示。

表 1 –2 –1　　总账管理科目期初余额（管理费用期初进财务部）　　单位：元

科目编码	科目名称	方向	累计借方	累计贷方	期初余额
1001	库存现金	借			13 677.48
10020101	银行存款——工商银行——人民币户	借			2 306 798.33
1122	应收账款	借			752 750
140301	原材料——配件	借			114 378
140302	原材料——耗材	借			10 837
1405	库存商品	借			625 500
2202	应付账款	贷			127 904
4001	实收资本	贷			3 000 000
4104	利润分配	贷			696 036.81
6001	主营业务收入	贷	7 336 787.2	7 336 787.2	
6401	主营业务成本	借	2 178 108.7	2 178 108.7	
660301	财务费用——利息	借	42 988.99	42 988.99	
660201	管理费用——办公费	借	37 830.09	37 830.09	
660202	管理费用——报刊费	借	6 878.24	6 878.24	

续表

科目编码	科目名称	方向	累计借方	累计贷方	期初余额
660203	管理费用——差旅费	借	74 026.58	74 026.58	
660204	管理费用——会议费	借	2 292.75	2 292.75	
660205	管理费用——培训费	借	5 731.87	5 731.87	
660207	管理费用——招待费	借	38 357.64	38 357.64	
660208	管理费用——咨询费	借	11 463.73	11 463.73	
660211	管理费用——其他费用	借	14 471.81	14 471.81	
671101	营业外支出——罚款支出	借	1 719.56	1 719.56	
671102	营业外支出——盘亏支出	借	4 012.31	4 012.31	

表 1－2－2　　总账管理客户往来期初　　单位：元

发生日期	客户名称	摘要	金额
04 月 20 日	A 公司	期初数据录入	70 200
04 月 20 日	B 公司	期初数据录入	602 550
04 月 20 日	C 公司	期初数据录入	80 000

表 1－2－3　　总账管理供应商往来期初　　单位：元

发生日期	供应商名称	摘要	金额
04 月 20 日	甲单位	期初数据录入	18 252
04 月 20 日	乙单位	期初数据录入	82 602
04 月 20 日	丙单位	期初数据录入	3 300
04 月 20 日	丁单位	期初数据录入	23 750

4. 操作指导。

（1）打开总账→初始化→期初余额，按照表 1－2－1、表 1－2－2、表 1－2－3 的内容录入并保存。

（2）录入应收及应付科目时，需要双击进入辅助项目期初录入明细数据。

（3）录入完成→点击“对账”按钮→点击“试算”按钮。

5. 业务说明。

（1）必须严格按业务发生日期填制凭证或业务单据；

（2）按规定的 Aisino A6 企业管理软件模块进行实际业务操作。

①5 月 2 日 3G 公司从工商银行提取现金 30 000 元，以备日常开支。

借：库存现金

贷：银行存款——工商银行（人民币户）

②5 月 5 日 3G 公司从建设银行取得一年期短期借款 800 000 元，年利率 9%，存入建行账户。

借：银行存款——建设银行

贷：短期借款

实验目的：基本凭证录入及审核、记账，借款业务。

③5 月 5 日 3G 公司以现金支付 600 元罚款。

借：营业外支出——罚款支出

贷：库存现金

④5 月 8 日支付本月银行借款利息 6 200 元。

借：财务费用——利息

贷：银行存款——工商银行——人民币户

⑤5 月 8 日办公室报销购买办公用品费用，共计 600 元，其中财务部 100 元、行政部 150 元、办公室 150 元、采购部 100 元、销售部 100 元。

借：管理费用——办公费——财务部

——行政部

——办公室

——采购部

——销售部

贷：库存现金

⑥5 月 8 日购入外汇 100 美元，当日汇率 1∶7.31。

借：银行存款——工商银行——美元户

贷：银行存款——工商银行——人民币户

⑦5 月 9 日采购部（学员姓名 4）因公出差，预借差旅费 6 000 元，付以现金。

借：其他应收款

贷：库存现金

实验目的：辅助核算凭证的录入及审核、记账，职工借款业务。

⑧5 月 20 日（学员姓名 4）出差回来，向公司报销差旅费 5 457.46 元，余款 542.54 元交财务。

借：管理费用——差旅费——采购部

库存现金

贷：其他应收款——学员姓名 4

⑨5 月 25 日生产车间共发生水电费 300 元，车间工人工资 1 400 元，以现金支付。

借：制造费用——水电费

——人工费

贷：库存现金

⑩5 月 30 日 3G 公司统一报销各部门费用共计 22 777.16 元，如表 1－2－4 所示，以现金支付。

表 1－2－4　　　　　　　　　　费用明细　　　　　　　　　　单位：元

序号	部门	费用	金额
1	财务部	招待费	227.00
2		会议费	200.00
3		咨询费	100.00
4		其他费用	112.00
5	行政部	招待费	327.80
6		会议费	600.00
7		咨询费	1 200.00
8	办公室	招待费	2 308.50
9		会议费	4 320.00
10		咨询费	121.40
11	采购部	招待费	747.00
12		咨询费	600.00
13		其他费用	480.00
14	销售部	招待费	2 372.00
15		咨询费	300.00
16		其他费用	489.10
17	仓储部	培训费	500.00
18		其他费用	181.30
19	生产部	培训费	800.00
20		会议费	576.20
21		差旅费	6 214.86

四、实验步骤

（一）系统初始

1. 系统启用。

初次使用 A6 企业管理软件总账管理子系统时，需要进行系统初始工作，即初始建账工作，包括系统启用期间设置，科目体系、币种、辅助核算项等相关基础资料的整理录入，以及期初余额的录入工作。

第一次使用此软件时，需进行启用操作，启用的主要作用是确定总账启用日期。

操作步骤：

【第一步】单击打开“我的系统/基础设置/公用/系统启用”，进入“系统启用”页面，操作过程如图 1－2－3、图 1－2－4、图 1－2－5 所示。

图 1－2－3　基础设置页面

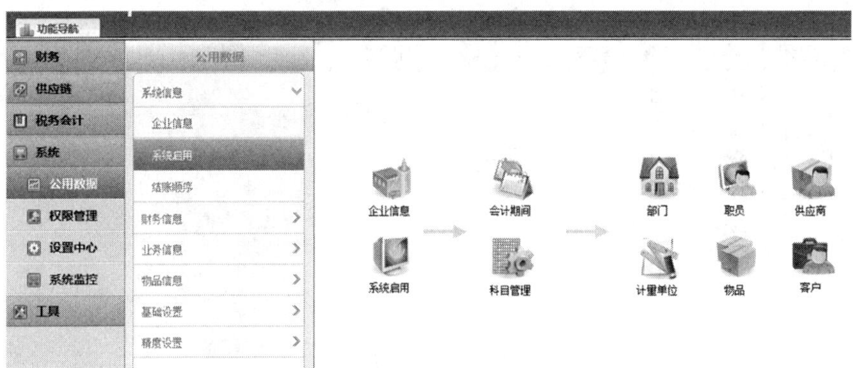

图 1－2－4　系统启用菜单命令页面

Aisino ERP.A6

功能导航　初始化向导　系统启用管理

保存　刷新　帮助　退出

序号	子系统名称	启用年	启用期	启用标志	当前年	当前期
1	商业智能	2020	5	☐		
2	协同管理	2020	5	☐		
3	总账管理	2020	5	☐		
4	出纳管理	2020	5	☐		
5	应收管理	2020	5	☐		
6	应付管理	2020	5	☐		
7	报表管理			☑		
8	预算管理	2020	5	☐		
9	财务分析			☑		
10	工资管理	2020	5	☐		
11	固定资产	2020	5	☐		
12	成本管理	2020	5	☐		
13	采购管理	2020	5	☐		
14	库存管理	2020	5	☐		
15	销售管理	2020	5	☐		

图 1－2－5　系统启用页面

【第二步】在“启用期”处双击选择“启用月份”，在“启用标志”处单击打“√”，即启用完成。如果要修改已经启用子系统期间，请删除子系统在启用后的所有业务单据和凭证，如图1－2－3和图1－2－4所示。

2. 初始化。

在进行总账管理子系统参数设置、期初数据录入等相关设置后，只有初始化结束才可进行相应账务处理。

（1）参数设置。根据用户的应用情况及财务操作流程进行一些规定及限制。如通过本功能可以设置凭证是否必须审核后才可记账、总账与明细账等对账不符是否允许结账、本位币精确度等。单击“总账管理/初始化/参数设置”进入“参数设置”页面，需要进行某项设置，只需前面方框内打“√”即可，操作过程如图1－2－6、图1－2－7所示。

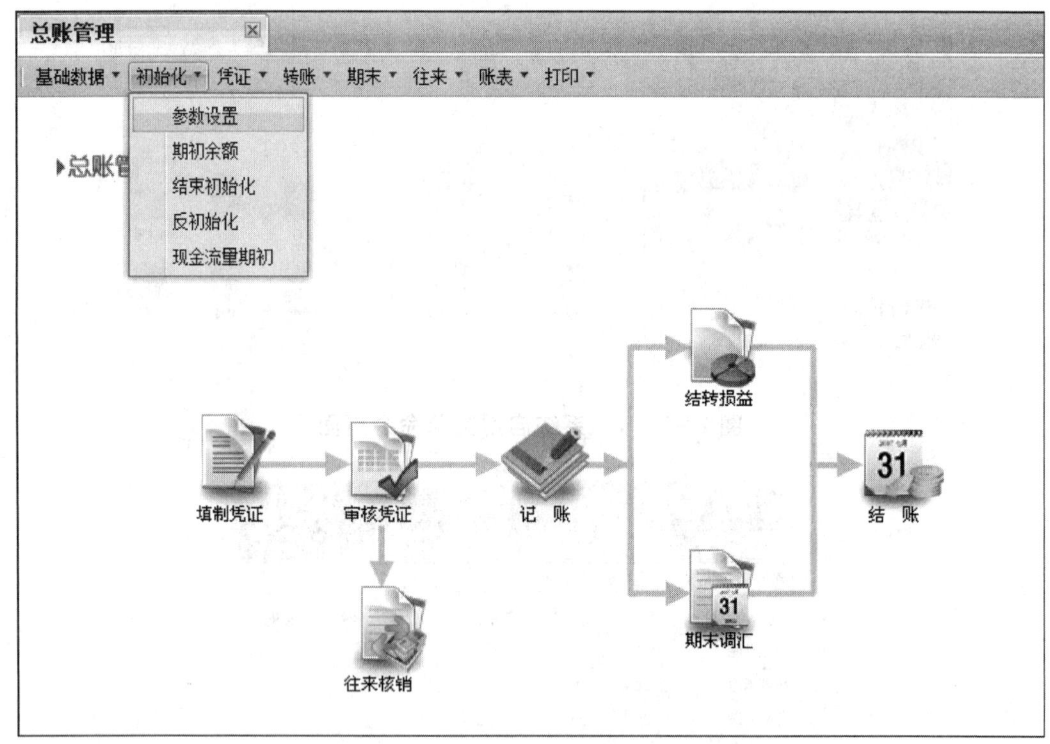

图1－2－6　执行参数设置命令菜单页面

（2）期初余额。

①期初余额录入。

操作步骤：

【第一步】单击“总账管理/初始化/期初余额”进入“期初余额录入”页面，操作过程如图1－2－8、图1－2－9所示。

总账管理　总账管理参数设置

保存　加载默认值　设为默认值　帮助　退出

凭证

☑ 只允许修改自己制定的单据
☑ 单据自动编号
☐ 凭证删除后凭证号自动整理
☑ 制单序时控制
☑ 默认与前一行辅助项目相同
☐ 现金银行科目的凭证必须由出纳复核
资金、银行及往来科目出现负数 * 提示
☐ 往来业务核销必须录入业务编号
☐ 进行往来实时核销
☐ 录入凭证必录现金流量主表项目
☐ 凭证记账前必须审核
☑ 新增凭证时，自动保存当前凭证
打印凭证,凭证行科目列显示 * 科目代码+名称+辅助项目
☐ 凭证录入时，自动反算外币
☑ 新增凭证时，自动填补断号
凭证保存时，若数量*单价与金额之差大于0.01 * 提示
☐ 凭证打印时，使用默认模版

☐ 单据自动审核
☐ 允许凭证断号
凭证日期取值 * 登录日期
凭证录入时，科目下拉提示显示 * 科目代码+全称
☑ 摘要列显示结算信息和往来信息
☐ 银行存款科目必须录入结算信息
其它科目余额出现负数 * 无
☐ 系统生成往来业务号
☐ 往来实时核销要求业务号相同
☐ 录入凭证必录现金流量附表项目
☐ 凭证审核后自动记账
打印凭证,合计行显示 * 凭证总合计
凭证行科目列中显示辅助项目 * 编码+名称
☐ 其他系统生成凭证允许删除
☑ 新增凭证保存后自动 凭证行科目列中显示辅助项目
☐ 允许打印禁用凭证
☐ 凭证打印时，显示外币币种和数量单位

总账往来核销

☑ 启用往来核销 ☐ 初始往来明细

转账凭证

图 1 -2 -7　总账管理参数设置页面

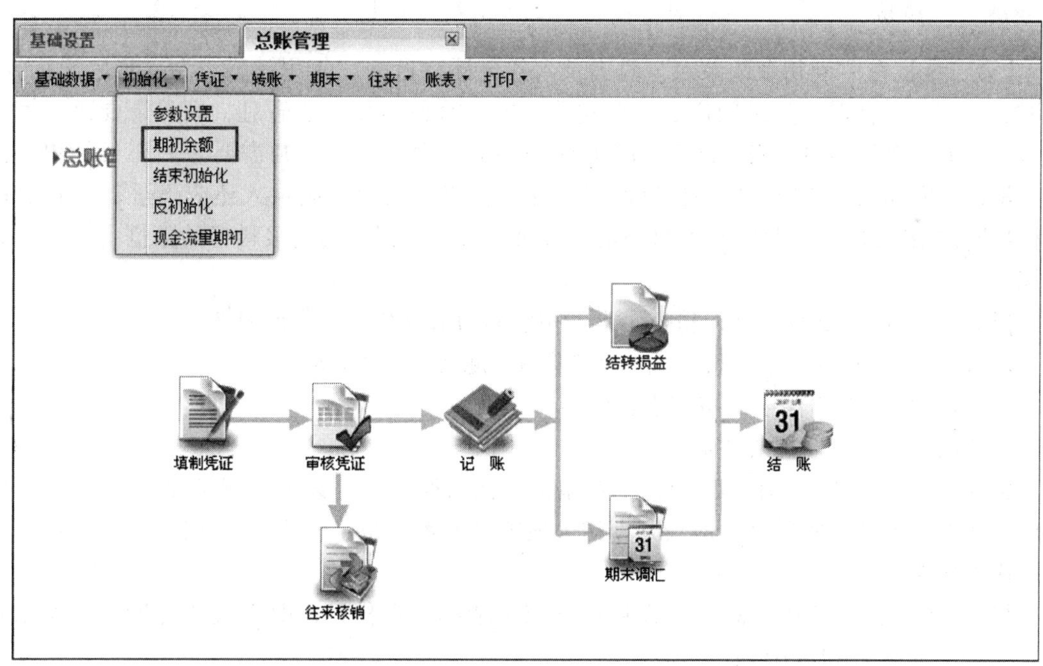

图 1 -2 -8　执行期初余额命令菜单页面

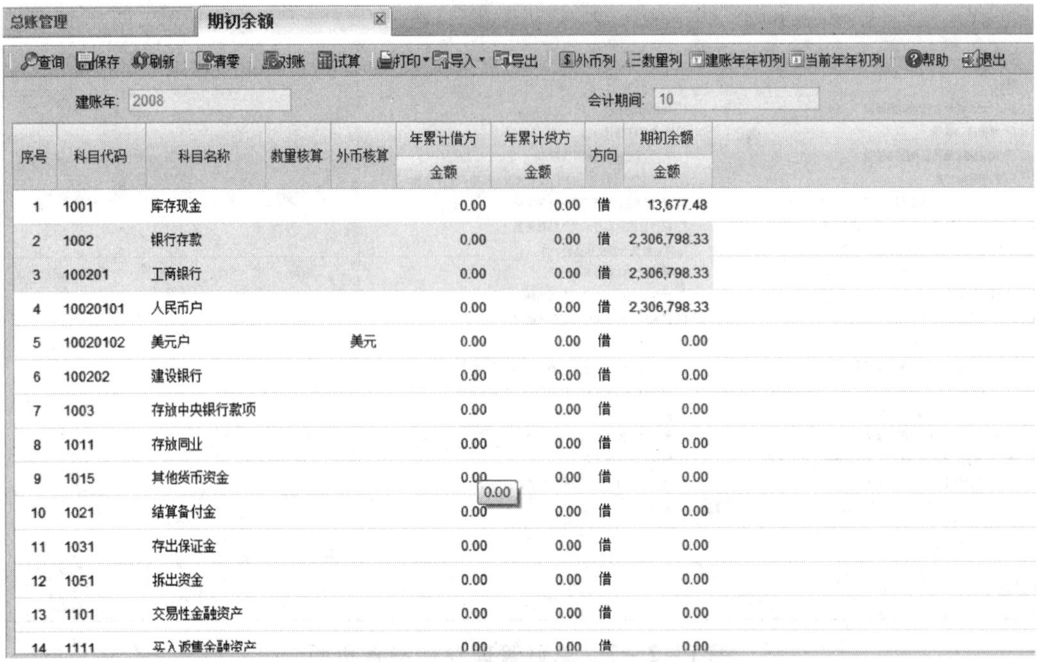

总账管理　期初余额

查询　保存　刷新　清零　对账　试算　打印　导入　导出　外币列　数量列　建账年年初列　当前年年初列　帮助　退出

建账年：2008　　会计期间：10

序号	科目代码	科目名称	数量核算	外币核算	年累计借方	年累计贷方	方向	期初余额
					金额	金额		金额
1	1001	库存现金			0.00	0.00	借	13,677.48
2	1002	银行存款			0.00	0.00	借	2,306,798.33
3	100201	工商银行			0.00	0.00	借	2,306,798.33
4	10020101	人民币户			0.00	0.00	借	2,306,798.33
5	10020102	美元户		美元	0.00	0.00	借	0.00
6	100202	建设银行			0.00	0.00	借	0.00
7	1003	存放中央银行款项			0.00	0.00	借	0.00
8	1011	存放同业			0.00	0.00	借	0.00
9	1015	其他货币资金			0.00	0.00	借	0.00
10	1021	结算备付金			0.00	0.00	借	0.00
11	1031	存出保证金			0.00	0.00	借	0.00
12	1051	拆出资金			0.00	0.00	借	0.00
13	1101	交易性金融资产			0.00	0.00	借	0.00
14	1111	买入返售金融资产			0.00	0.00	借	0.00

图 1－2－9　期初余额录入页面

【第二步】在“期初余额录入”页面录入各会计科目的“年累计借方”“年累计贷方”“期初余额”，并保存。如果用户是年初建账，即 1 月份启用总账管理，则只需要录入期初余额。如果用户是年中建账，即 2～12 月份之间启用总账管理，则需要录入科目的累计借方、累计贷方和期初余额。如果科目设置了辅助核算，期初余额录入还应当进行“辅助核算科目期初余额录入”。只能在科目的最末级科目录入数据，其上级科目的数据由系统自动计算。

【第三步】进行试算平衡，检查录入期初余额的借方与贷方是否相等。

【第四步】进行对账，检查录入的期初余额的明细账与总账正确性。

【第五步】点击“保存”按钮进行保存。

②辅助核算科目期初余额录入。

辅助核算科目必须按辅助项录入期初余额，往来科目（即设置为职员往来、客户往来、供应商往来等辅助项的科目）应录入期初未核销（或者不需要核销）的项目。

操作步骤：

【第一步】在“期初余额”页面用鼠标双击辅助核算科目，即进入“辅助项目期初录入”页面，如图 1－2－10 所示。

【第二步】单击“增行”按钮，可增加一条新的期初明细，用户可顺序输入各项内容。

【第三步】若发现某行录入有误，可选中要删除的项后，单击“删行”按钮，直接删除期初明细。

【第四步】点击“保存”按钮进行保存。

图 1 -2 -10　辅助项目期初录入页面

设置为辅助核算项目的会计科目在录入页面显示为粉色。期初余额在总账系统初始化结束后将不可修改。

③期初余额对账。

由于初次使用，对系统不太熟悉，用户在进行期初设置遇到疑难问题进行修改，可能会导致总账与辅助总账、总账与明细账核对有误，系统提供对期初余额进行对账的功能，可以及时做到账账核对，并可尽快修正错误的账务数据。

操作步骤：

进入“期初余额”页面后，单击“对账”按钮，屏幕显示如图 1 -2 -11 所示，单击“确定”按钮系统进行对账。如果有对账不平的情况则会自动在“显示错误信息”中显示。

④试算平衡。

在“期初余额”页面，单击“试算”按钮，即执行自动试算平衡，在试算平衡页面，显示期初借贷方平衡状况及累计借贷发生额的平衡情况。如系统显示试算不平衡，则需要对期初数据进行调整后再执行试算，如图 1 -2 -12 所示。

3. 结束初始化。

总账系统在使用之前，必须进行总账系统结束初始化操作。总账系统结束初始化标志着总账系统模块所需要的初始数据已经设置完毕，可以进入总账系统的日常业务操作工作。

操作步骤：

【第一步】在“总账管理”主页面单击“初始化/结束初始化”进入总账系统结束初始化操作面，如图 1 -2 -13 所示。

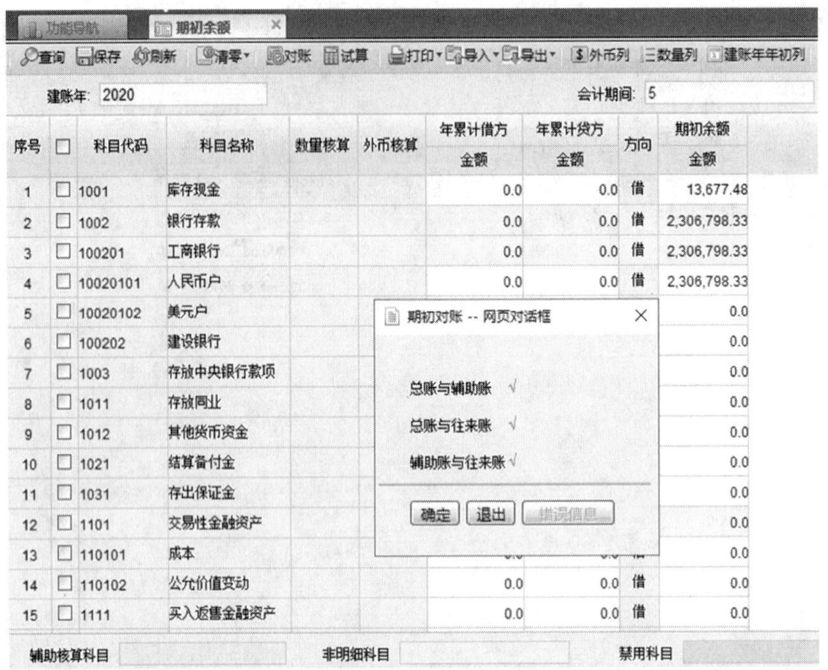

图 1-2-11 期初对账页面

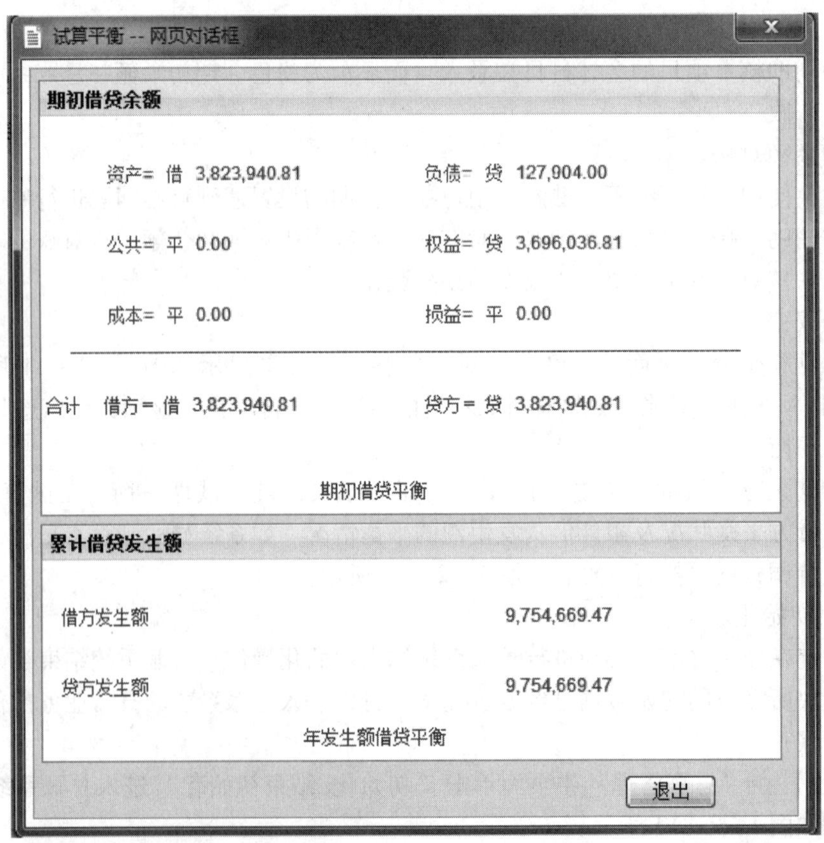

图 1-2-12 试算平衡页面

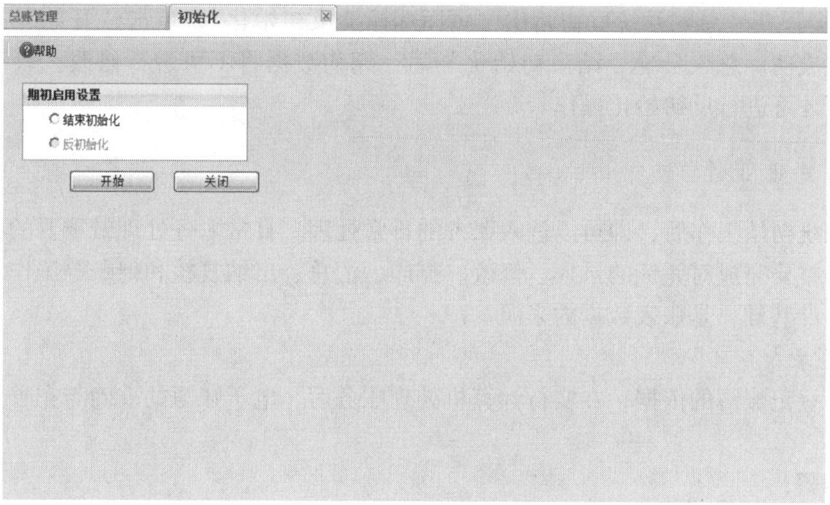

图 1-2-13　总账系统结束初始化页面

【第二步】在总账系统结束初始化设置页面选择“结束初始化”，单击“开始”按钮，则总账系统结束初始化成功。

4. 反初始化。

总账系统结束初始化后，记账本位币、启用会计年度、启用月份、会计期间与期初余额不可进行修改，同时会计科目也不能重新导入。如果在正常使用时发现上述信息有误需要修改，可通过“反初始化”功能，将总账系统恢复到初始化状态。通常情况下不应进行“反初始化”。

操作步骤：

【第一步】在“总账管理”主页面单击“初始化/反初始化”进入“总账系统反初始化”页面，如图 1-2-14 所示。

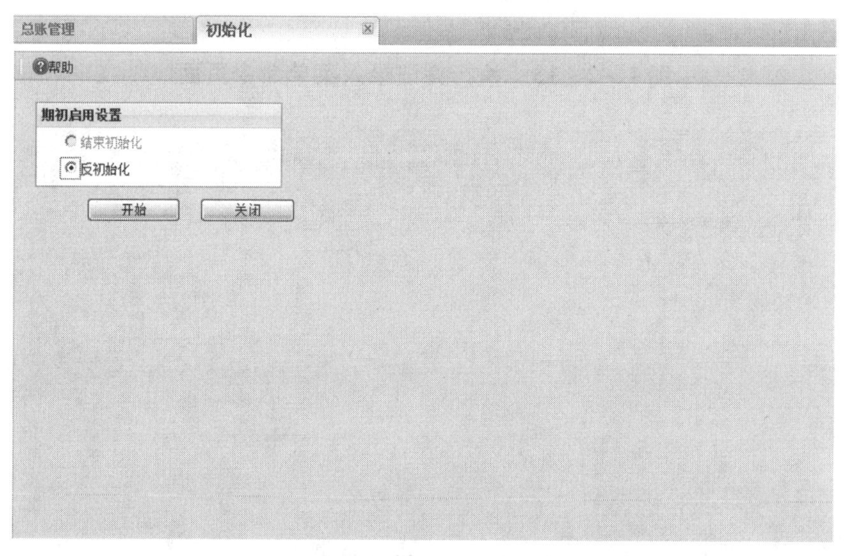

图 1-2-14　总账系统反初化页面

【第二步】在“总账系统反初始化”页面选择“反初始化”，单击“开始”按钮，则总账反初始化成功。总账系统“结束初始化”后，期初数据将不可进行修改。只有在凭证未记账状态下才可进行反初始化操作。

（二）凭证处理

完成系统初始工作后，即可以进入账务的日常处理。日常账务处理最重要的工作是凭证处理工作，主要完成对凭证的录入、修改、打印、汇总、出纳复核和记账等工作。凭证处理是总账管理的基础，是账表数据的来源。

1. 凭证录入。

凭证是登记账簿的依据，在实行计算机处理账务后，电子账簿的准确与完善完全依赖于记账凭证。

操作步骤：

【第一步】在“总账管理”主页面单击“凭证/凭证录入”菜单项，进入“凭证录入”页面，操作过程如图 1－2－15、图 1－2－16 所示。

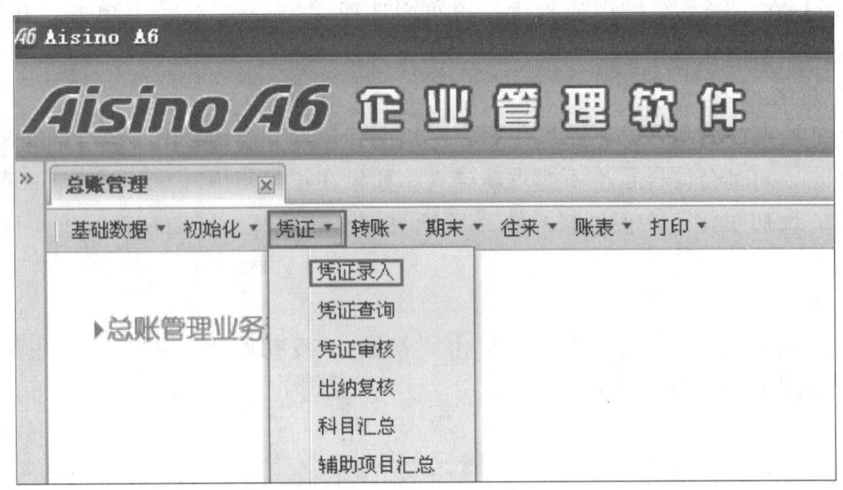

图 1－2－15　执行凭证录入菜单命令页面

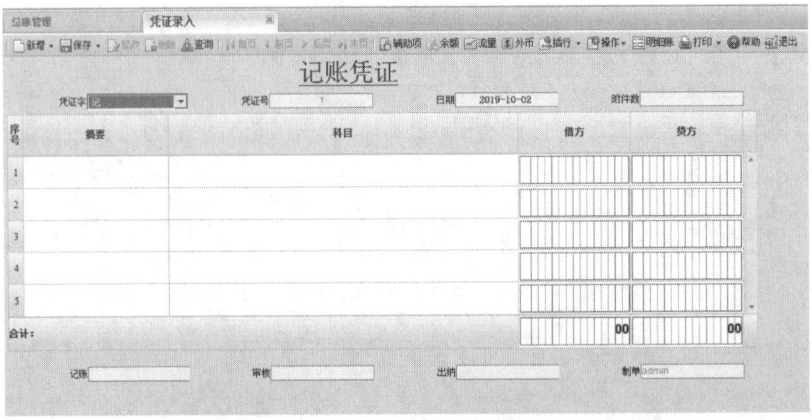

图 1－2－16　凭证录入页面

【第二步】录入凭证信息。当科目为辅助核算时，系统根据科目属性要求输入相应辅助信息，如部门、客户、供应商等，如图1－2－17、图1－2－18所示。

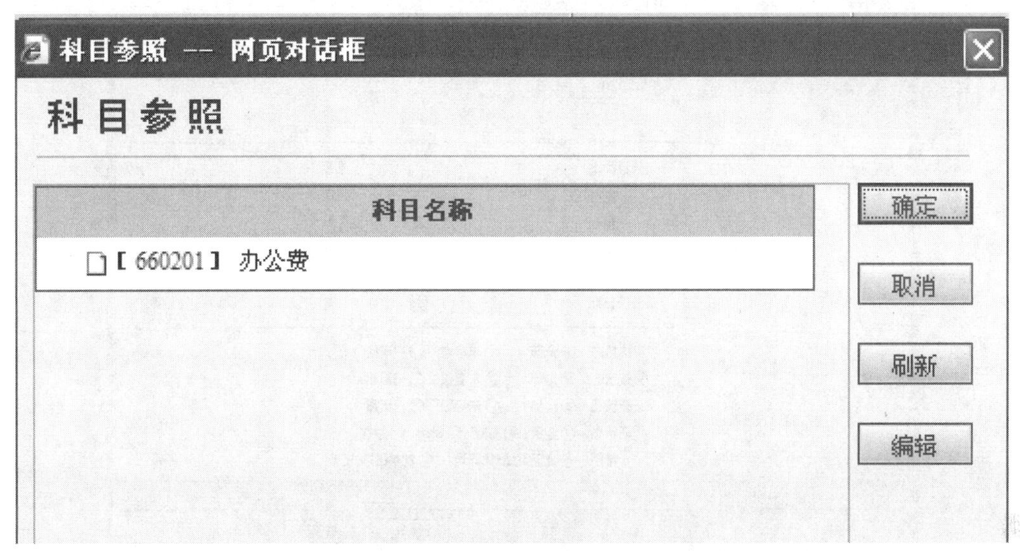

图1－2－17　辅助信息录入页面

辅助核算参照 -- 网页对话框

部门

名称	代码
⊟ 行财部	01
财务部	0101
行政部	0102
办公室	0103
⊞ 业务部	02

确定　取消　刷新　编辑

图1－2－18　辅助信息录入页面

【第三步】保存凭证。保存方法有两种：一种是直接单击“保存”按钮进行保存，另一种是单击“打印”按钮，保存并打印凭证。如需要增加新的凭证，单击“新增”按钮或按【F6】键即可增加一张新凭证。

2. 凭证查询。

操作步骤：

【第一步】在“总账管理”主页面单击“凭证/凭证查询”菜单，系统弹出凭证查询条件设置窗口，如图1－2－19、图1－2－20所示。

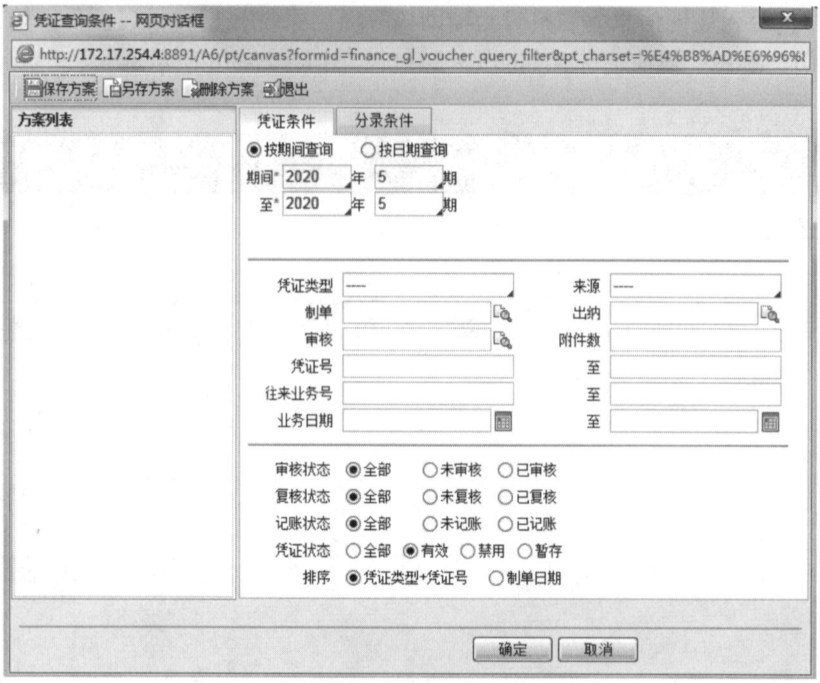

图 1－2－19　查询条件设置页面－凭证条件

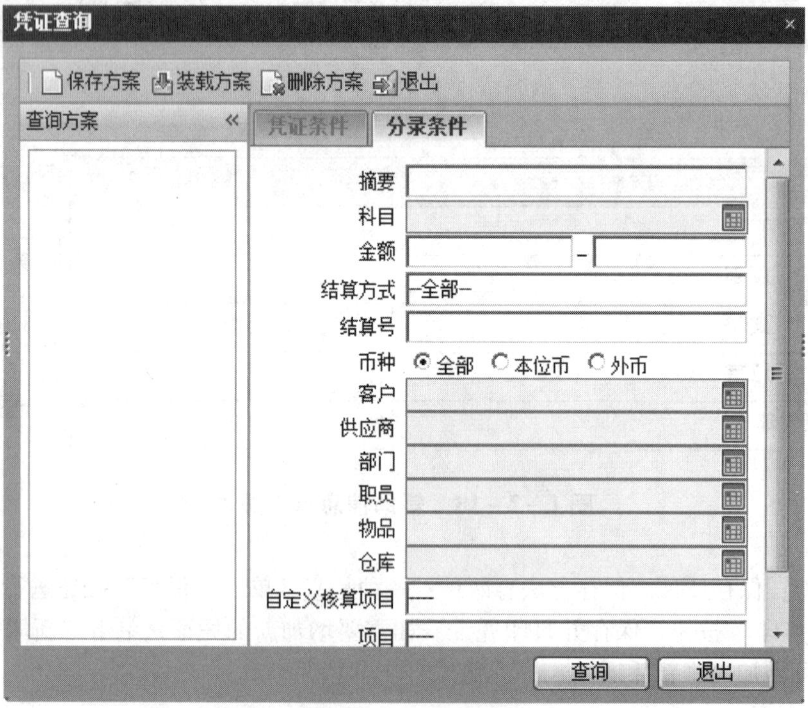

图 1－2－20　查询条件设置页面－分录条件

【第二步】输入查询条件，可同时设置“凭证条件”和“分录条件”进行复合查询。

【第三步】单击“查询”按钮，显示查询结果，如图 1－2－21 所示。

功能导航 | 凭证查询

展开 单显 刷新 查询 格式 整理 复制 修改 导入 导出查询凭证 联查 打印 帮助 退出

序号	☐	审核	复核	记账	凭证字号	制单日期	制单人	摘要	科目	借方	贷方	币种
1	☐				记-1	2020-05-02	超级用户	提现		30,000.00	30,000.00	
2	☐				记-2	2020-05-05	超级用户	银行借款		800,000.00	800,000.00	
3	☐				记-3	2020-05-05	超级用户	现金支付罚款		600.00	600.00	
4	☐				记-4	2020-05-08	超级用户	支付银行借款利息		6,200.00	6,200.00	
5	☐				记-5	2020-05-08	超级用户	购买办公用品		600.00	600.00	
6	☐				记-6	2020-05-08	超级用户	购入外汇		731.00	731.00	
7	☐				记-7	2020-05-09	超级用户	预借差旅费		6,000.00	6,000.00	
8	☐				记-8	2020-05-25	超级用户	报销差旅费		6,000.00	6,000.00	
9	☐				记-9	2020-05-25	超级用户	支付水电费		1,700.00	1,700.00	
10	☐				记-10	2020-05-30	超级用户	报销部门费用		22,777.16	22,777.16	
合计										874,608.16	874,608.16	

图 1－2－21　凭证查询页面

3. 凭证审核。

对凭证进行审核，系统提供单张和批量两种审核方式。审核认为错误或有异议的凭证，应交与填制人员修改后再审核，只有具有审核权限的人才能使用本功能。

操作步骤：

【第一步】在“总账管理”主页面单击“凭证/凭证审核”菜单项，系统弹出凭证查询条件设置窗口。

【第二步】输入要进行审核的凭证查询条件，单击“查询”按钮，系统显示符合条件的凭证列表，如图 1－2－22 所示。

功能导航 | 凭证审核

展开 单显 刷新 查询 格式 整理 复制 修改 审核 导入 导出查询凭证 联查 打印 帮助 退出

序号	☐	审核	复核	记账	凭证字号	制单日期	制单人	摘要	科目	借方	贷方	币种
1	☐				记-1	2020-05-02	超级用户	提现		30,000.00	30,000.00	
2	☐				记-2	2020-05-05	超级用户	银行借款		800,000.00	800,000.00	
3	☐				记-3	2020-05-05	超级用户	现金支付罚款		600.00	600.00	
4	☐				记-4	2020-05-08	超级用户	支付银行借款利息		6,200.00	6,200.00	
5	☐				记-5	2020-05-08	超级用户	购买办公用品		600.00	600.00	
6	☐				记-6	2020-05-08	超级用户	购入外汇		731.00	731.00	
7	☐				记-7	2020-05-09	超级用户	预借差旅费		6,000.00	6,000.00	
8	☐				记-8	2020-05-25	超级用户	报销差旅费		6,000.00	6,000.00	
9	☐				记-9	2020-05-25	超级用户	支付水电费		1,700.00	1,700.00	
10	☐				记-10	2020-05-30	超级用户	报销部门费用		22,777.16	22,777.16	
合计										874,608.16	874,608.16	

图 1－2－22　凭证审核页面

【第三步】进行审核。

可以进行全部审核，如图 1－2－22 所示也可选择某一张或几张进行审核。如果审核成功，弹出如图 1－2－23 所示的提示。对审核成功的凭证，系统自动在“凭证列表”的“审核”栏中填入审核人的姓名。

图 1 -2 -23　审核成功提示页面

（1）单击“审核/全部审核”菜单，将符合条件的凭证全部进行审核。

（2）单张凭证审核的方法是在凭证列表中选中要审核的一张凭证，单击“审核”按钮。

（3）几张凭证审核的方法是在凭证列表中选择第一个需要审核的凭证，按住【Shift】键，再选中最后一个需要审核的凭证，也可按住“Ctrl”键，用鼠标左键依次单击需要审核的所有凭证，然后单击“审核”按钮。

审核人和制单人不能为同一个人。审核成功的凭证不能进行修改、删除及再次审核，如需修改或删除，可对审核成功的凭证进行“反审核”。

4. 科目汇总。

系统可按条件对记账凭证进行数据汇总并生成科目汇总表。

操作步骤：

【第一步】在“总账管理”主页面单击“凭证/科目汇总”菜单项，系统弹出“科目汇总表查询条件”窗口，如图 1 -2 -24 所示。

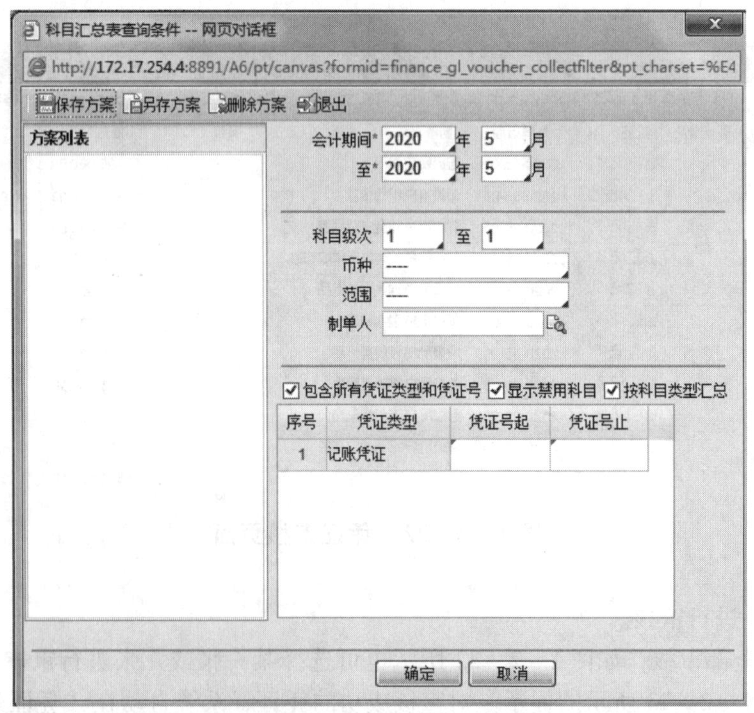

图 1 -2 -24　科目汇总表查询条件页面

【第二步】设置汇总条件后，单击“确定”按钮，系统生成符合条件的科目汇总表，如图1－2－25所示。

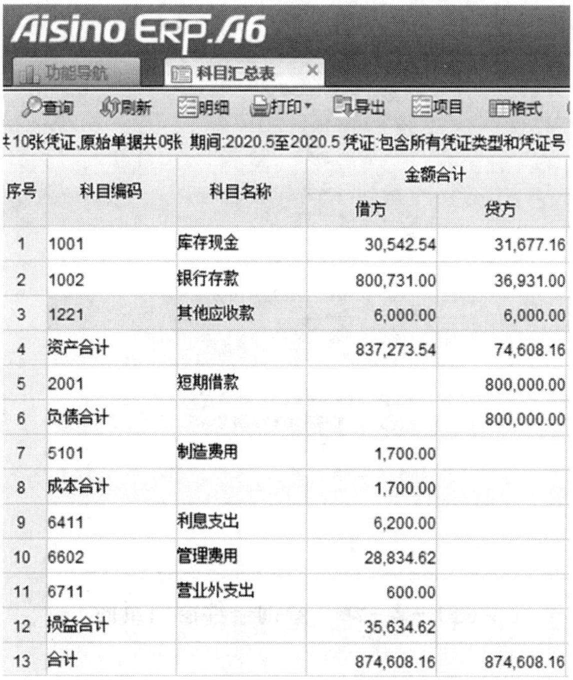

共10张凭证,原始单据共0张 期间:2020.5至2020.5 凭证:包含所有凭证类型和凭证号

序号	科目编码	科目名称	金额合计	
			借方	贷方
1	1001	库存现金	30,542.54	31,677.16
2	1002	银行存款	800,731.00	36,931.00
3	1221	其他应收款	6,000.00	6,000.00
4	资产合计		837,273.54	74,608.16
5	2001	短期借款		800,000.00
6	负债合计			800,000.00
7	5101	制造费用	1,700.00	
8	成本合计		1,700.00	
9	6411	利息支出	6,200.00	
10	6602	管理费用	28,834.62	
11	6711	营业外支出	600.00	
12	损益合计		35,634.62	
13	合计		874,608.16	874,608.16

图1－2－25　科目汇总表页面

【第三步】科目汇总表可以打印、导出和查看明细账，对于有辅助核算项目的科目，还可单击“项目”按钮，查看核算项目汇总表。

5. 辅助项目汇总。

对设置了辅助核算科目的凭证进行汇总并生成辅助项目汇总表。

操作步骤：

【第一步】在“总账管理”主页面单击“凭证/辅助项目汇总”菜单项，系统弹出“辅助核算项目汇总查询条件”设置窗口，如图1－2－26所示。

【第二步】设置好条件后，单击“确定”按钮，系统生成符合条件的辅助项目汇总表，如图1－2－27所示。

【第三步】辅助项目汇总表可以打印和导出。

6. 凭证管理。

对总账系统中填制的凭证进行管理操作，主要包括删除、修改、审核、复核、记账、冲销和导入等操作。

操作步骤：

【第一步】在“总账管理”主页面单击“凭证/凭证管理”菜单项，系统弹出“查询条件设置”窗口。

【第二步】设置好条件后，单击“查询”按钮，系统生成符合条件的凭证列表，如图1－2－28所示。

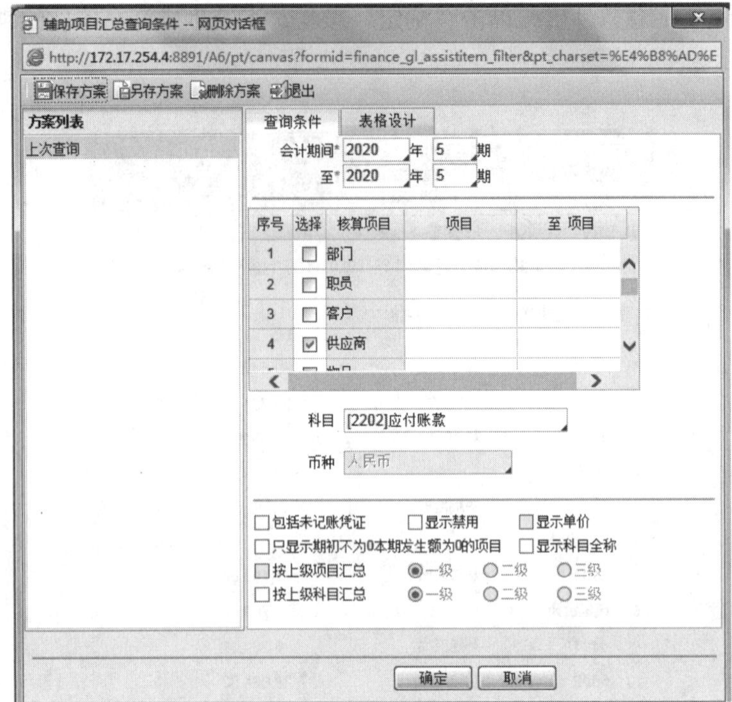

图 1－2－26　查询条件窗口页面

功能导航　辅助项目汇总

查询　刷新　打印　导出　帮助　退出　金额式

期间　2020年5期 至 2020年5期

序号	年度期间	科目编码	科目名称	供应商编码	供应商名称	供应商简称	期初		本期借方发生	本期贷方发生	借方累计	贷方累计	余额	
							方向	金额	金额	金额	金额	金额	方向	金额
1	2020.5	2202	应付账款	01001	甲单位		贷	18,252.00					贷	18,252.00
2	2020.5	2202	应付账款	01002	乙单位		贷	82,602.00					贷	82,602.00
3	2020.5	2202	应付账款	02001	丙单位		贷	3,300.00					贷	3,300.00
4	2020.5	2202	应付账款	03001	丁单位		贷	23,750.00					贷	23,750.00
5	合计						贷	127,904.00					贷	127,904.00

图 1－2－27　辅助项目汇总页面

功能导航　凭证管理

展开　单显　刷新　查询　格式　整理　复制　修改　删除　审核　复核　记账　禁用　冲销　导入　导出

序号		审核	复核	记账	凭证字号	制单日期	制单人	摘要	科目	借方	贷方
1					记-1	2020-05-02	超级用户	提现		30,000.00	30,000.00
2					记-2	2020-05-05	超级用户	银行借款		800,000.00	800,000.00
3					记-3	2020-05-05	超级用户	现金支付罚款		600.00	600.00
4					记-4	2020-05-08	超级用户	支付银行借款利息		6,200.00	6,200.00
5					记-5	2020-05-08	超级用户	购买办公用品		600.00	600.00
6					记-6	2020-05-08	超级用户	购入外汇		731.00	731.00
7					记-7	2020-05-09	超级用户	预借差旅费		6,000.00	6,000.00
8					记-8	2020-05-25	超级用户	报销差旅费		6,000.00	6,000.00
9					记-9	2020-05-25	超级用户	支付水电费		1,700.00	1,700.00
10					记-10	2020-05-30	超级用户	报销部门费用		22,777.16	22,777.16
合计										874,608.16	874,608.16

图 1－2－28　凭证列表页面

【第三步】选择凭证后，单击相应的操作按钮，完成相关操作。

（三）月末转账

月末转账是指将本月所有的经济业务全部登记入账后，将需要结转的业务进行结转处理。

1. 结转损益。

将损益类科目的余额结转到“本年利润”科目中，反映企业的盈亏情况。结转损益主要是对“管理费用”“销售费用”“财务费用”“主营业务收入”“主营业务成本”“营业外收入”“营业外支出”等科目的结转。

操作步骤：

【第一步】在“总账管理”主页面单击“转账/结转损益”菜单项，进入“结转损益”页面，如图 1－2－29 所示。

Aisino ERP.A6 账套：青出于蓝01 会计期间：2020.5

功能导航 | 初始化向导 | 辅助项目汇总 | 凭证查询 | 结转损益

刷新 保存 结转明细 生成凭证 快速生成 打印 帮助 退出

凭证字* 记 记账凭证 本年利润科目 本年利润 结转类别* 结转损益 结转期间* 2020.05

序号	☐	损益科目代码	损益科目名称	损益科目辅助核算账类	本年利润科目代码	本年利润科目名称	本年利润科目辅助核算账类
1	☑	6001	主营业务收入		4103	本年利润	
2	☑	6011	利息收入		4103	本年利润	
3	☑	6021	手续费及佣金收入		4103	本年利润	
4	☑	6031	保费收入		4103	本年利润	
5	☑	6041	租赁收入		4103	本年利润	
6	☑	6051	其他业务收入		4103	本年利润	
7	☑	6061	汇兑损益		4103	本年利润	
8	☑	6101	公允价值变动损益		4103	本年利润	
9	☑	6111	投资收益		4103	本年利润	
10	☑	6201	摊回保险责任准备金		4103	本年利润	
11	☑	6202	摊回赔付支出		4103	本年利润	
12	☑	6203	摊回分保费用		4103	本年利润	
13	☑	630101	盘盈收入		4103	本年利润	
14	☑	6401	主营业务成本		4103	本年利润	
15	☑	6402	其他业务成本		4103	本年利润	
16	☑	6403	营业税金及附加		4103	本年利润	
17	☑	6411	利息支出		4103	本年利润	
18	☑	6421	手续费及佣金支出		4103	本年利润	
19	☑	6501	提取未到期责任准备金		4103	本年利润	

图 1－2－29　结转损益页面

【第二步】选择需要结转的科目。

【第三步】选择“本年利润”科目，选中本年利润科目后单击“刷新”按钮，则“本年利润代码”与“本年利润科目名称”出现。

【第四步】选择结转类别。结转类别可以选择将所有损益类科目结转到一张凭证上，也可以选择将收入/支出类科目结转到两张或多张凭证上。

【第五步】单击“生成凭证”按钮，生成结转损益凭证。

值得注意的是，须在完成外汇调整与所有凭证记账后，再进行结转损益操作。保存凭证时需注意核对制单日期。

2. 期末调汇。

对于使用外币进行核算的用户，由于记账汇率与实际汇率的差异，造成账面金额不平，系统提供的期末调汇功能可以在期末自动计算外币账户的损益，并自动生成期末调汇的凭证。期末调汇只处理外币存款户、外币现金、外币结算的各项债权、债务等外币账户，不包括所有者权益类账户、成本类账户和损益类账户。

操作步骤：

【第一步】在“总账管理”主页面单击“转账/期末调汇”菜单项，进入“期末调汇”页面，系统自动显示计算汇兑损益的科目，操作过程如图1－2－30、图1－2－31所示。

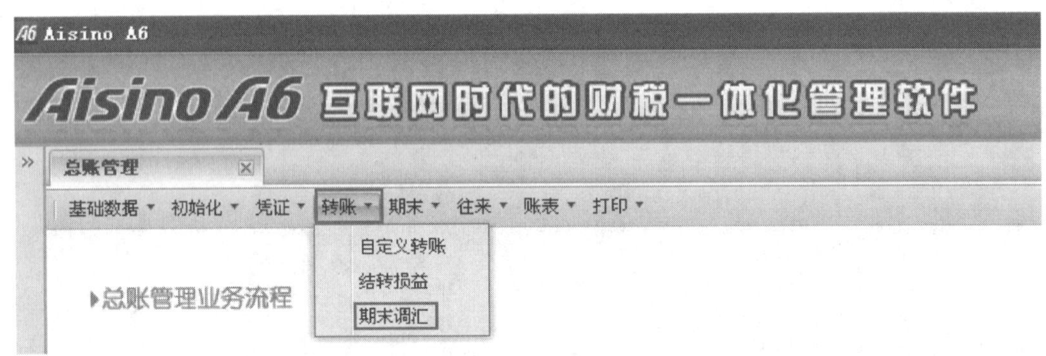

图1－2－30　执行期末调汇菜单命令页面

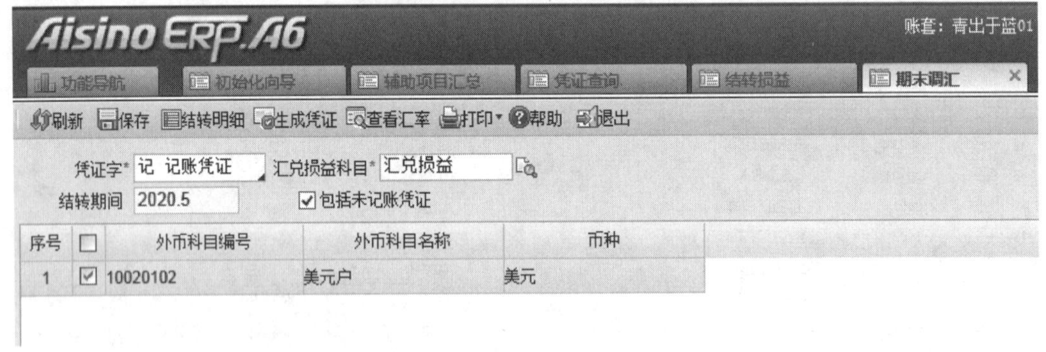

图1－2－31　期末调汇页面

【第二步】选择需要结转的科目。系统默认结转所有汇兑损益科目余额，包括未记账凭证，如果用户要结转个别科目，可以单击“是否结转”前的“√”进行取消。为方便用户快速选择结转科目，系统提供了“全选”与“全消”按钮，单击“全选”按钮则选中全部汇兑损益科目，单击“全消”按钮取消全部已选择的汇兑损益科目。如果结转时不包含未记账凭证则单击左下角“包含未记账凭证”前面的“√”取消。

【第三步】单击“生成凭证”按钮，生成结转汇兑损益凭证。

（四）期末处理

期末处理是指在将本月发生的经济业务全部入账后所要做的工作。

1. 记账。

对凭证进行记账操作，记账成功后系统自动登记总账和明细账、日记账、往来账等账簿。如果在“初始化/参数设置”中将“凭证记账前必须审核”项目选中则凭证记账前必须通过审核，反之则未审核凭证也可记账。

操作步骤：

【第一步】在“总账管理”主页面单击“期末/记账”菜单项，进入“记账向导第一步”页面，如图 1－2－32 所示。

图 1－2－32　记账向导第一步页面

【第二步】选择记账范围。系统提供三个选择：全部未记账凭证即对所有凭证进行记账，指定日期之前的凭证即对选定日期之前的凭证进行记账，凭证号范围即对按所录入的凭号进行选择记账。

【第三步】选中记账范围后单击“下一步”按钮，系统进入记账向导第二步，显示需要记账的凭证列表，如图 1－2－33 所示。

【第四步】单击“完成”按钮执行记账并自动登记相关账簿。

2. 对账。

对账主要是通过核对总账与明细账、总账与辅助账数据来完成账账核对。为了保证账证相符、账账相符，至少一个月对账一次，一般应在月末结账前进行。

【第一步】在“总账管理”主页面单击“期末/对账”菜单项，进入“对账向导”第一步，如图 1－2－34 所示。

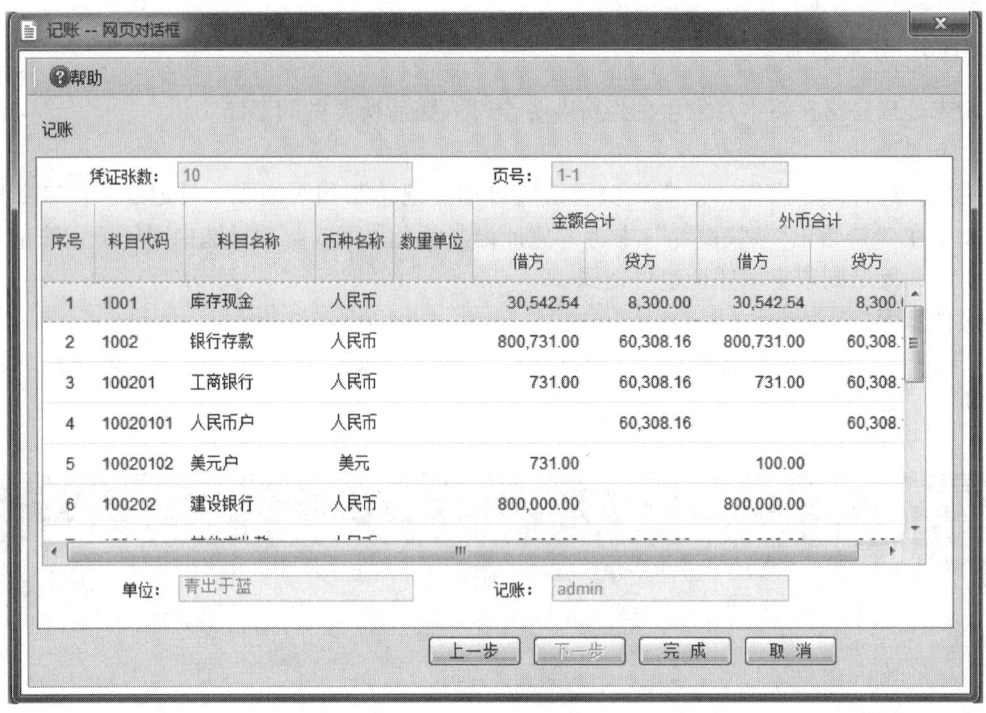

图 1－2－33　记账向导第二步页面

图 1－2－34　对账向导页面

【第二步】选择对账内容，单击“下一步”进行对账。如果对账结果不平，“查看错误报告”自动激活，单击“查看错误报告”按钮，进入错误报告页面，根据报告提示进行相应的修改。修改完成后需要再次执行对账操作。

3. 结账。

（1）月结。

操作步骤：

【第一步】在“总账管理”主页面单击“期末/结账”菜单项，进入结账向导第一步，如图 1－2－35 所示。

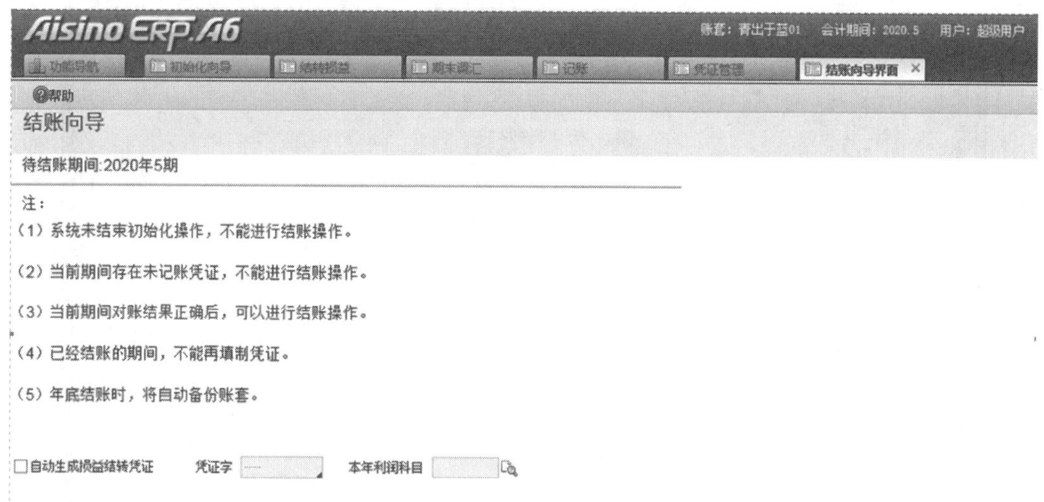

图 1-2-35 结账向导第一步页面

【第二步】单击“下一步”按钮，进入结账向导第二步，如图 1-2-36 所示。系统自动进行账簿核对。若对账不平，则查看具体不平进行调整。

图 1-2-36 结账向导第二步页面

【第三步】账簿核对无误后，单击“下一步”按钮进入结账向导第三步，如图 1-2-37 所示。单击“完成”按钮，完成结账。

（2）取消结账状态。

操作步骤：

【第一步】在“结账”页面，单击左下角“反结账”按钮，进入反结账向导第一步，密码校验，如图 1-2-38 所示。

结账向导界面 -- 网页对话框

资产= 借 4586606.19　　负债= 贷 927904.00

公共= 平 0.00　　权益= 贷 3660402.19

成本= 借 1700.00　　损益= 平 0.00

合计： 借方= 借 4588306.19　　贷方= 贷 4588306.19

试算结果平衡

3. 本月账账核对

总账与明细账平衡

总账与往来账平衡

总账与辅助账平衡

图 1-2-37　结账向导第三步页面

图 1-2-38　反结账向导第一步页面

【第二步】输入管理员密码后，单击“下一步”按钮，进入反结账向导第二步，单击“完成”按钮则取消结账，如图 1-2-39 所示。

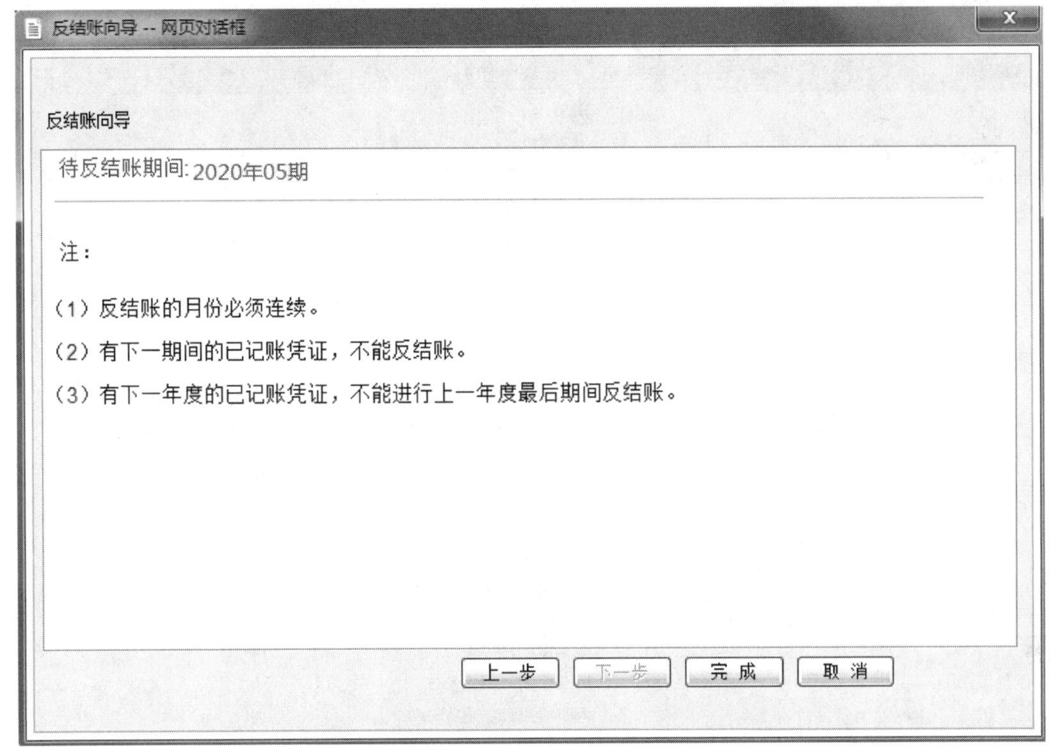

图 1 -2 -39　反结账向导第二步页面

（3）年结。

年末结账有两种方式：一种是将本年数直接结账到下年，进行业务处理；另一种是年结时建立新账套，将本年数据结转到新账套中。通过“总账/初始化/参数设置”中的参数“年结账建议新账套”来控制是否在年结时将数据结转到新账套中。

（五）账表查询及打印

1. 账表查询。

（1）总账。

查看总账数据。总账查询不但可以查询各总账科目的年初余额、各月发生额合计和月末余额，而且还可查询所有明细科目的年初余额、各月发生额合计和月末余额。同时也可以打印所查询的总账。

操作步骤：

【第一步】单击主菜单“总账管理/账表/总账”，进入“总账查询条件”页面，如图 1 -2 -40、1 -2 -41 所示。也可将查询条件保存到“方案列表”中，以便日后同条件查询。

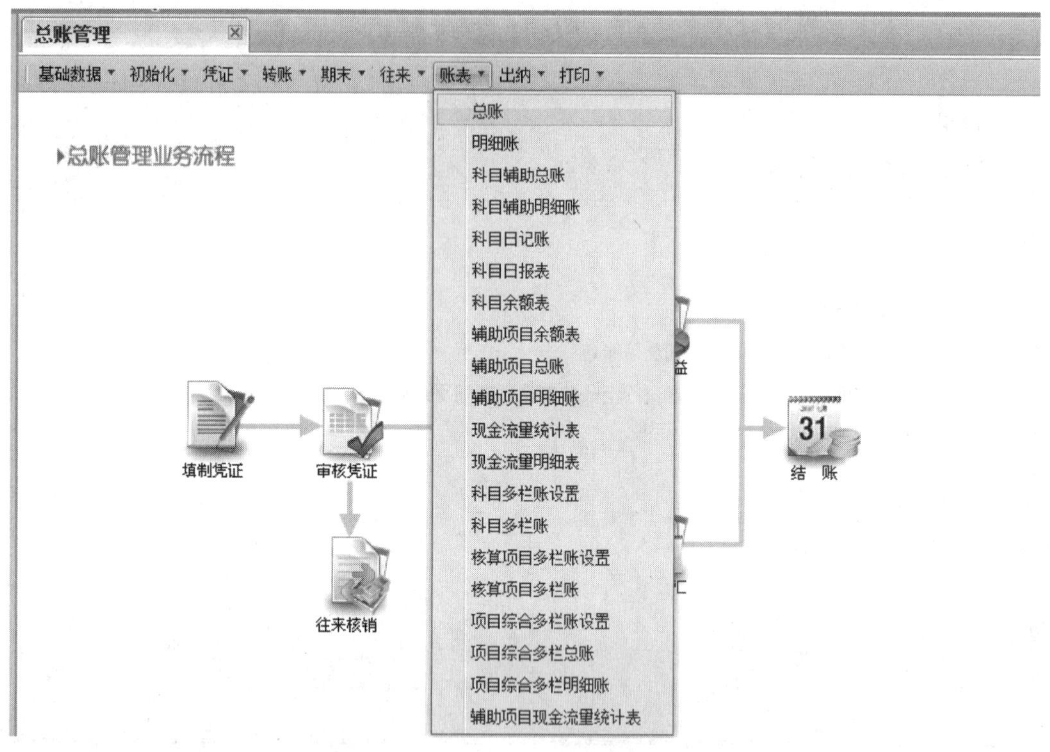

图 1-2-40　总账菜单命令页面

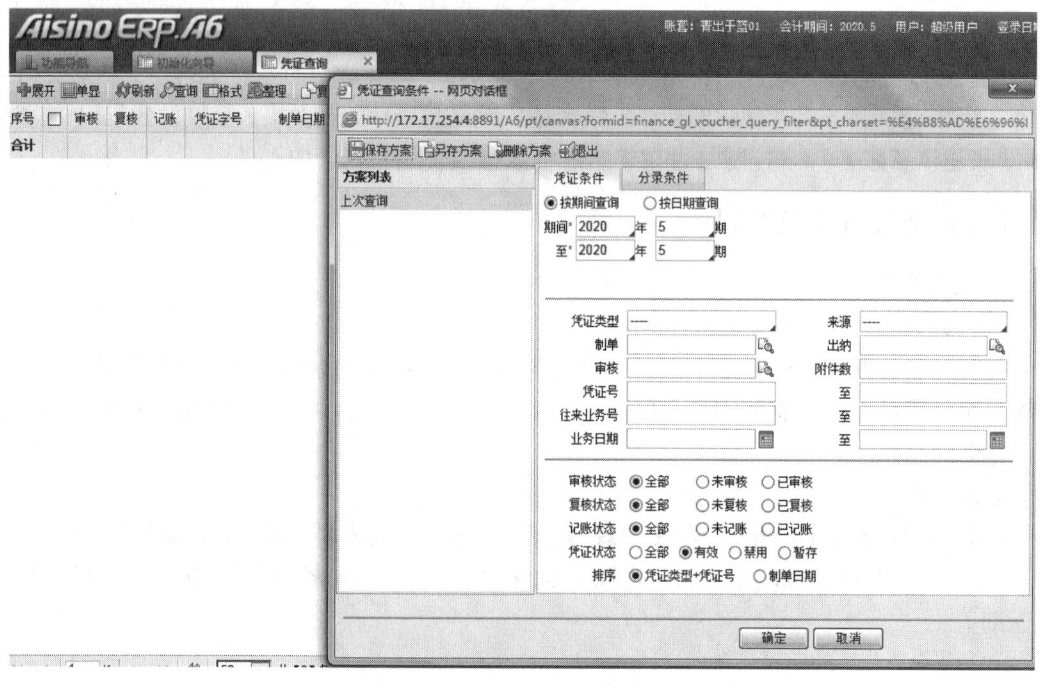

图 1-2-41　总账查询条件设置页面

【第二步】输入查询条件后，单击“查询”按钮进入“总账查询”页面，如图 1-2-42

所示。通过单击“科目”下拉框，选择需要查看的会计科目。

图 1－2－42　总账查询页面

【第三步】单击“打印”按钮可以对所查询的总账进行打印。

（2）明细账。

查询各账户的明细发生情况。可以按任意重要条件组合查询明细账。在查询过程中可以包含未记账凭证，同时也可以打印所查询的明细账。

【第一步】单击主菜单“总账管理/账表/明细账”，进入“明细账查询条件”页面，如图 1－2－43 所示。

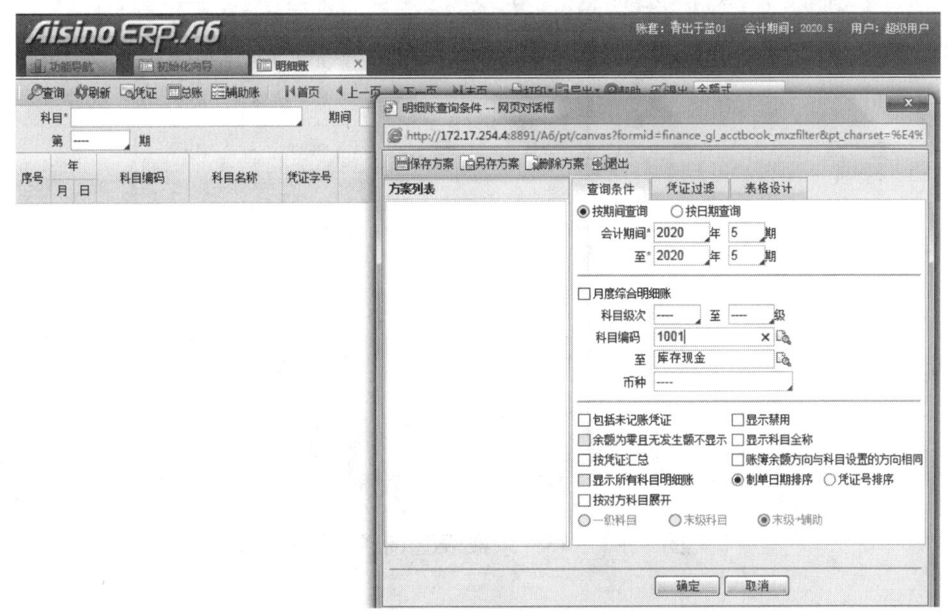

图 1－2－43　明细账查询条件设置页面

【第二步】输入查询条件后，单击“查询”按钮进入明细账查询页面，如图 1－2－44 所示。通过单击“科目”下拉框，选择需要查看的会计科目。

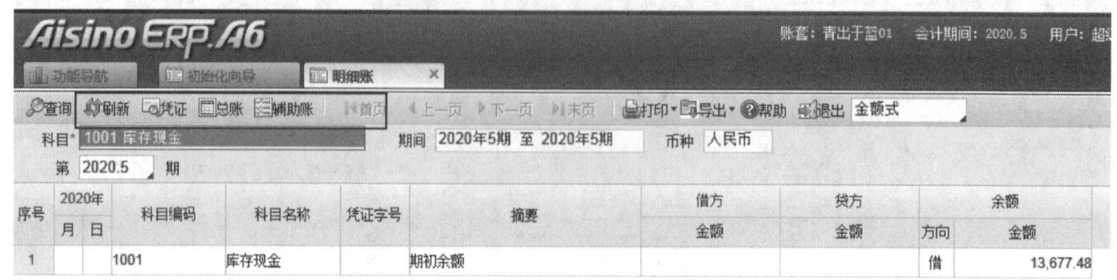

图 1－2－44　明细账查询页面

【第三步】单击“打印”按钮可以对所查询的明细账进行打印。

（3）科目余额表。

查看统计各级科目的本期发生额、累计发生额和余额等。同时也可以打印所查询的科目明细账。

操作步骤：

【第一步】单击主菜单“总账管理/账表/科目余额表”，屏幕显示“余额表查询条件”页面，如图 1－2－45 所示。

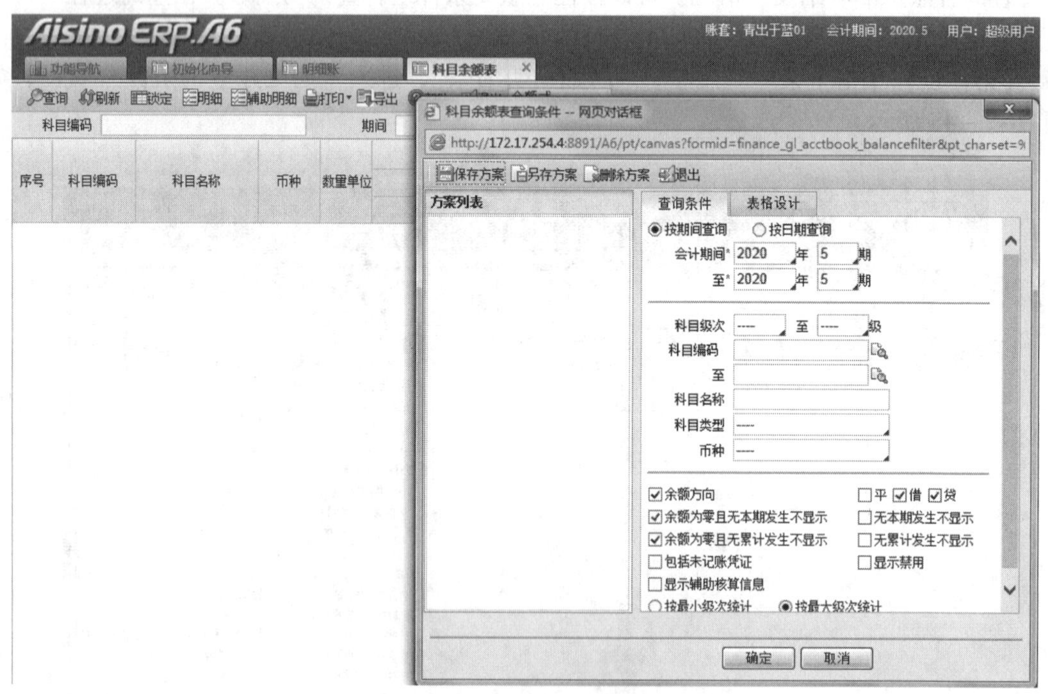

图 1－2－45　余额表查询条件页面

【第二步】输入查询条件后，单击“查询”按钮进入相关查询页面，如图 1－2－46 所示。

Aisino ERP A6　账套：青出于蓝01　会计期间：2020.5　用户：超级用户　登录日期：2020-05-28

功能导航 | 初始化向导 | 明细账 | 科目余额表

查询 刷新 锁定 明细 辅助明细 打印 导出 帮助 退出 金额式

科目编码 全部　期间 2020年5期 至 2020年5期

序号	科目编码	科目名称	期初		借方	贷方	借方累计	贷方累计	余额	
			借方	贷方					借方	贷方
			金额	金额	金额	金额	金额	金额	金额	金额
1	1001	库存现金	13,677.48						13,677.48	
2	1002	银行存款	2,306,798.33						2,306,798.33	
3	100201	工商银行	2,306,798.33						2,306,798.33	
4	10020101	人民币户	2,306,798.33						2,306,798.33	
5	1122	应收账款	752,750.00						752,750.00	
6	1403	原材料	125,215.00						125,215.00	
7	140301	配件	114,378.00						114,378.00	
8	140302	耗材	10,837.00						10,837.00	
9	1405	库存商品	625,500.00						625,500.00	
10	资产小计		3,823,940.81						3,823,940.81	
11	2202	应付账款		127,904.00						127,904.00
12	负债小计			127,904.00						127,904.00
13	4001	实收资本		3,000,000.00						3,000,000.00
14	4104	利润分配		696,036.81						696,036.81
15	权益小计			3,696,036.81						3,696,036.81
16	合计		3,823,940.81	3,823,940.81					3,823,940.81	3,823,940.81

图 1－2－46　科目余额表查询页面

【第三步】单击“打印”按钮可以对所查询的科目余额表进行打印。

2. 账表打印。

（1）打印设置。

操作步骤：

【第一步】单击“基础设置/打印设置”进入打印设置页面，如图 1－2－47 所示。

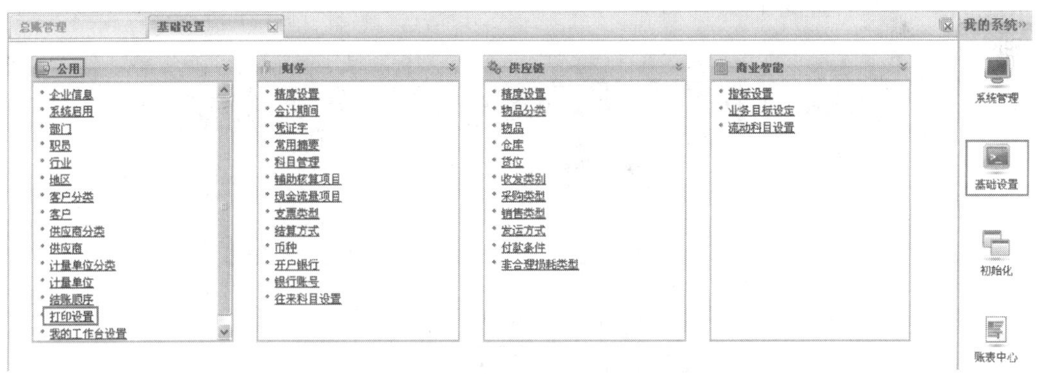

图 1－2－47　打印设置菜单命令页面

【第二步】在“套打设置”页面，根据用户需要对打印设置进行修改，并单击“确定”按钮进行保存，如图 1－2－48 所示。

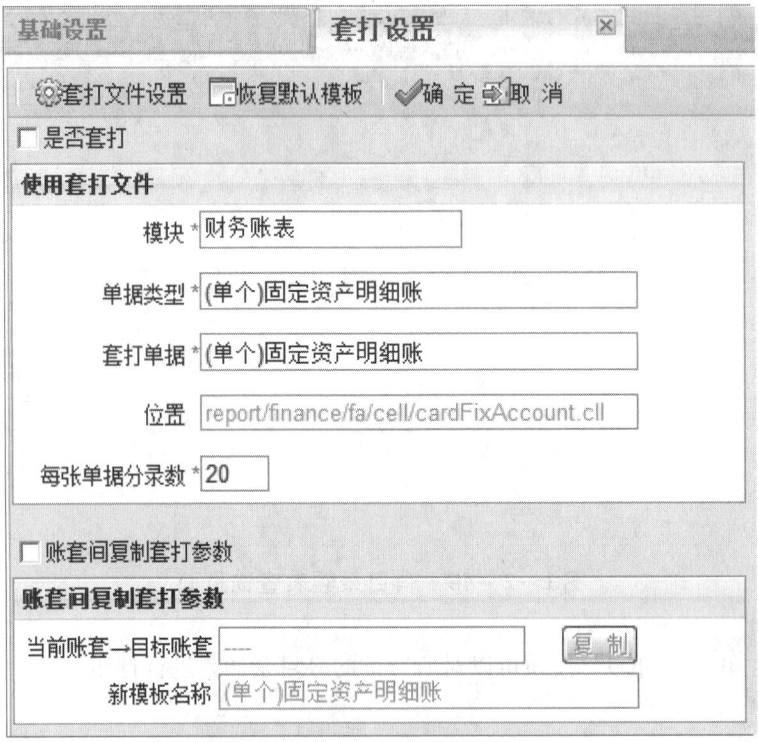

图 1 －2 －48　套打设置页面

【第三步】在打印设置页面单击“套打设置”按钮，进入套打设置窗口，如图 1 －2 －49 所示。

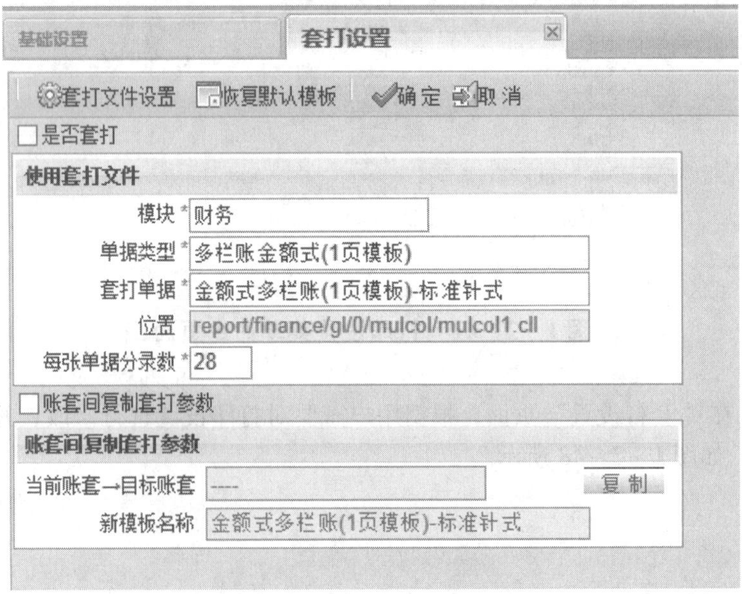

图 1 －2 －49　套打设置页面

【第四步】所有设置完成后，再次单击“确定”按钮进行保存。

（2）凭证。

操作步骤：

【第一步】单击“打印/凭证”菜单项，进入“凭证打印”页面，操作过程如图1－2－50、图1－2－51所示。

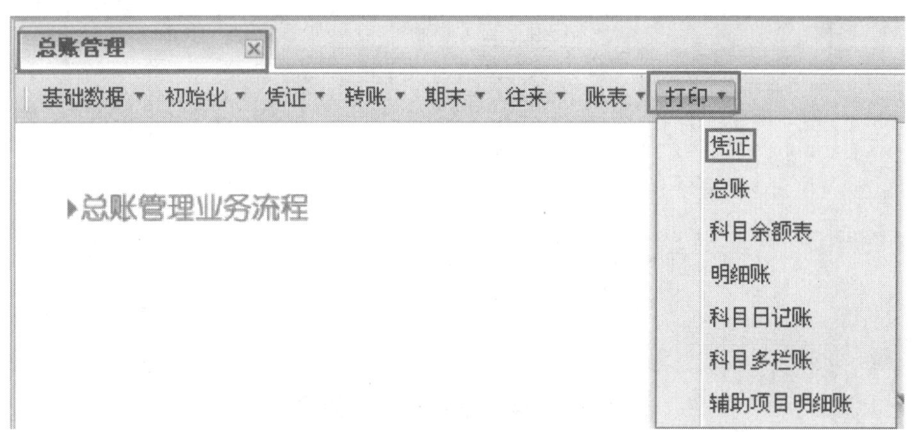

图1－2－50　凭证菜单命令页面

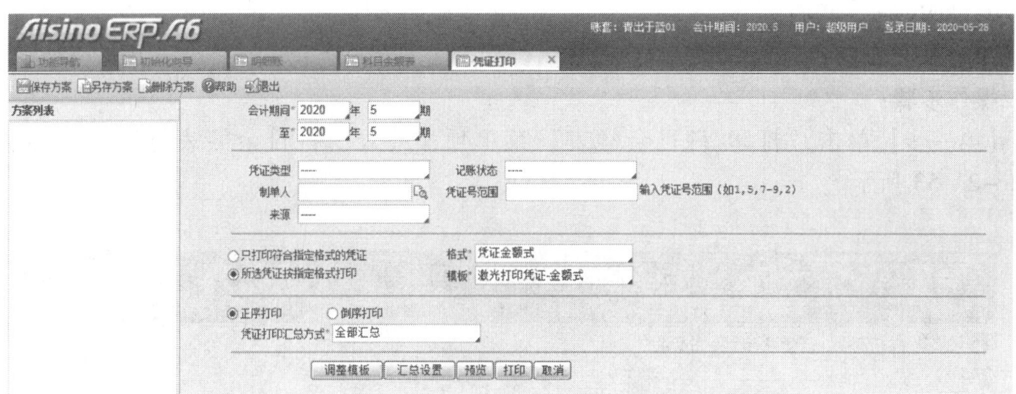

图1－2－51　凭证打印设置页面

【第二步】凭证范围与凭证格式设置完成后，可单击“打印”按钮进行打印，也可单击“预览”按钮查看打印效果。

（3）总账。

操作步骤：

【第一步】单击“打印/总账”菜单项，进入“总账打印”页面，如图1－2－52所示。

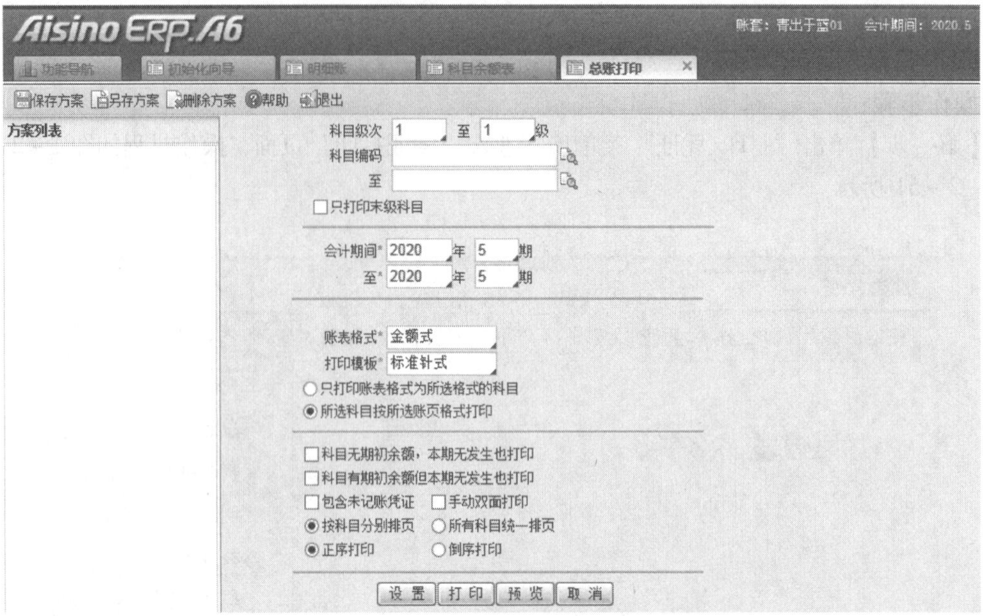

图 1－2－52　总账打印设置页面

【第二步】相关条件设置完成后，可单击“打印”按钮进行打印，也可单击“预览”按钮查看打印效果，再打印。

（4）科目余额表。

操作步骤：

【第一步】单击“打印/科目余额表”菜单项，进入“科目余额表打印”页面，如图 1－2－53 所示。

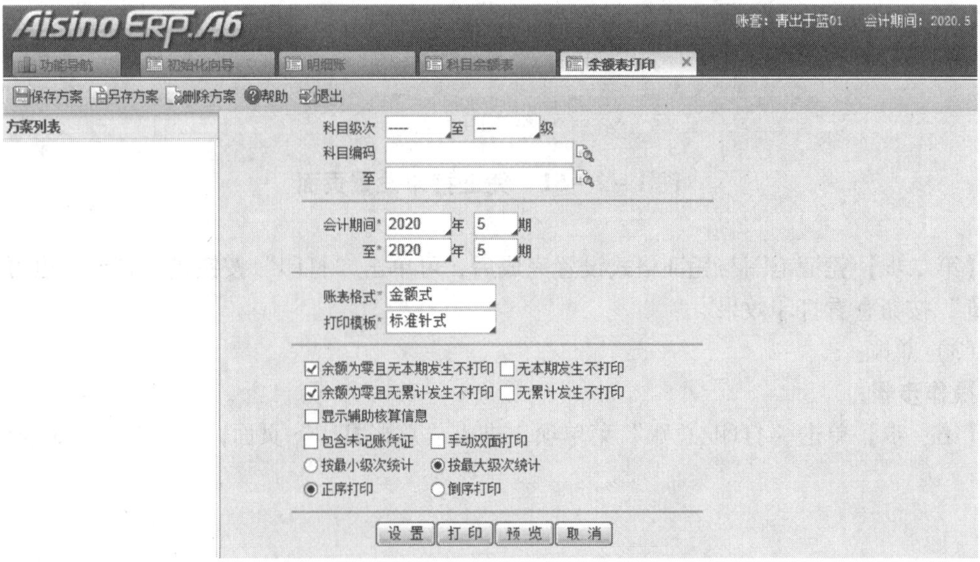

图 1－2－53　科目余额表打印设置页面

【第二步】相关条件设置完成后，可单击“打印”按钮进行打印，也可单击“预览”按钮查看打印效果，再打印。

（5）明细账。

操作步骤：

【第一步】单击“打印/明细账”菜单项，进入“明细账打印”页面，如图1－2－54所示。

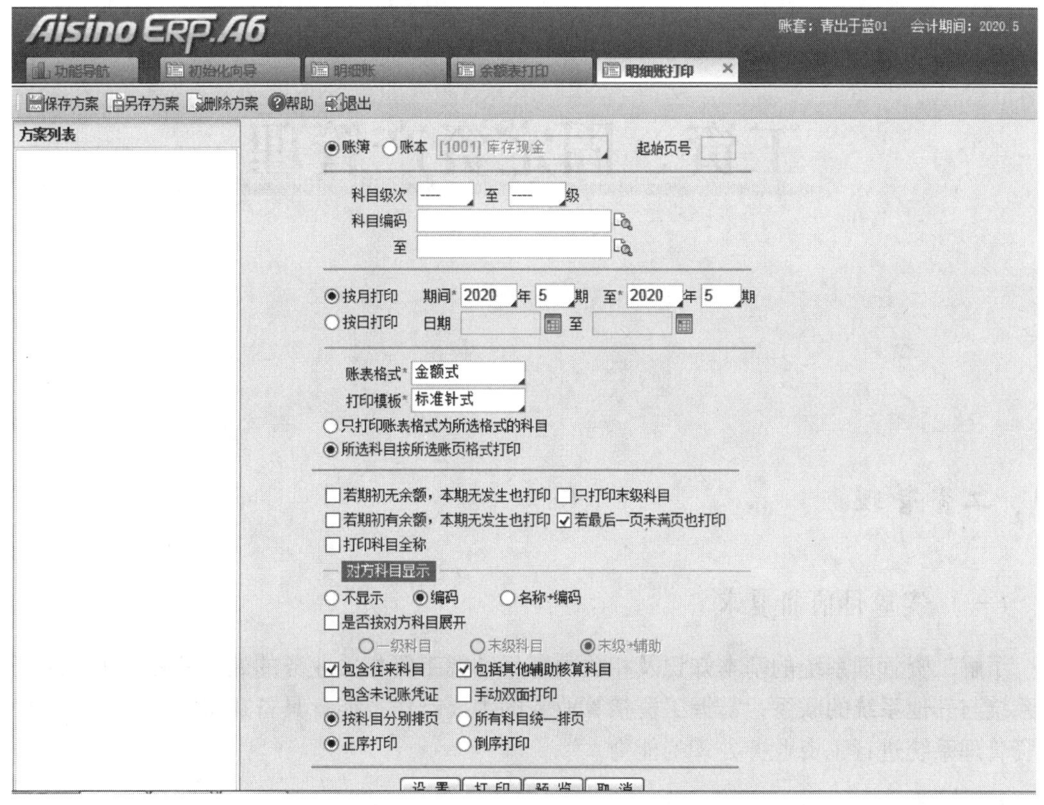

图1－2－54　明细账打印设置页面

【第二步】相关条件设置完成后，可单击“打印”按钮进行打印，也可单击“预览”按钮查看打印效果，再打印。

五、实验总结和实验报告

通过本次实验，我们掌握了系统初始化操作，掌握了凭证处理的程序和基本操作，也掌握了期末记账、对账、转账、结账等的操作，熟悉了往来管理、核销、往来对账以及账表的查询与打印的操作。应该总结回顾本次实验的过程，检查实验的结果，写出实验报告（或者填制实验报告表）。

实验三

工资、固定资产管理

一、工资管理

（一）实验目的和要求

了解工资管理系统的基本知识及相关内容，掌握工资相关业务的处理流程，了解工资管理系统与其他系统的联系，掌握工资核算业务的主要操作技能，具备在实际工作中熟练使用工资管理系统进行工资业务处理的能力。

（二）实验知识准备

1. 了解工资管理子系统的基本功能及结构。工资管理子系统菜单结构如图1－3－1所示。

2. 了解工资管理业务处理的一般操作流程，如图1－3－2所示。

3. 掌握工资核算业务的相关知识：应付工资计算、现行个人所得税适用税率表及代扣税款计算规定、工资分摊业务的账务处理等。

4. 做本实验前，必须要先完成企业信息、基础数据、期初余额等初始化工作；完成总账管理系统的初始化并结束初始化操作。

（三）实验内容和资料

1. 实验内容。

（1）工资管理系统基础数据设置；

（2）工资管理业务的日常业务处理；

（3）工资管理系统的月末结账处理。

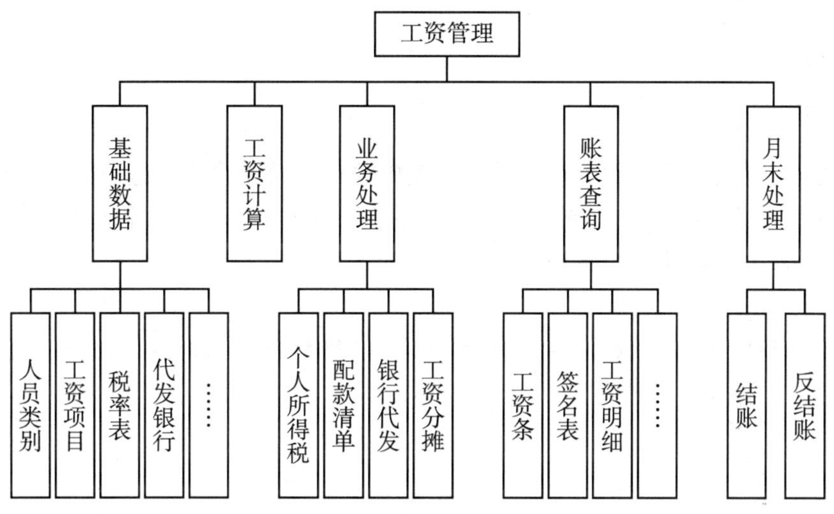

图1－3－1　工资管理子系统菜单结构

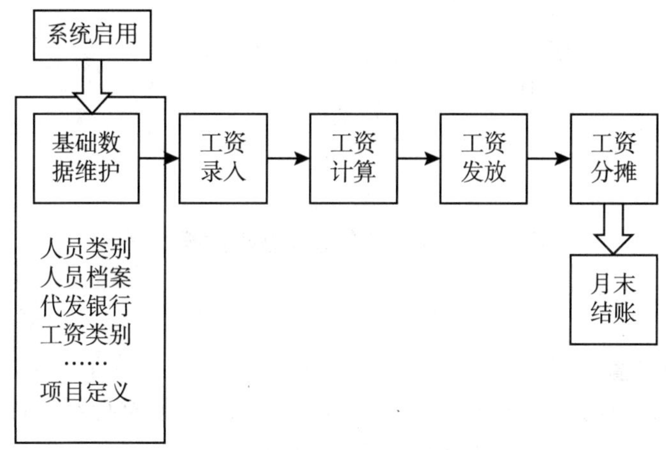

图1－3－2　工资管理业务处理操作流程

2. 实验资料。

企业部门及相关人员资料；本期工资类别及发放数据资料及企业扣款规定等资料。

（四）实验步骤

第一部分：工资管理系统基础数据设置

1. 实验操作流程。

（1）点击【A6企业管理软件】图标，进入A6企业管理软件。

（2）点击“工资管理”菜单选项，进入工资管理系统。

(3) 登录“工资管理”页面后，单击“基础数据”菜单命令，进行系统基础数据的设置。包括部门、代发银行、人员类别、人员档案、项目定义、所得税率表、工资类别、人员选择、公式定义等，如图1-3-3所示。

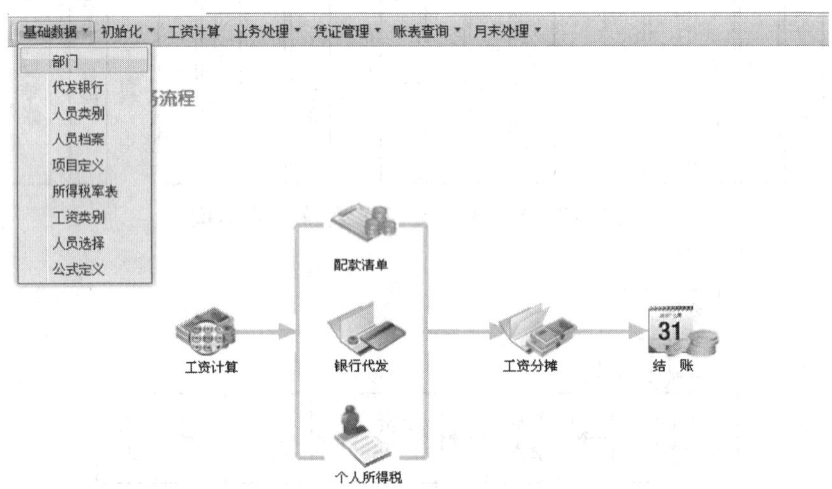

图1-3-3 工资管理基础数据页面

2. 操作步骤。

(1) 人员类别设置。

人员类别设置，目的是加强管理，便于企业按照人员类别进行不同的公式定义，便于工资费用的分摊。人员类别的设置由企业按实际情况进行选择。

①新增人员类别。

【第一步】点击“基础数据/人员类别”菜单项，进入“人员类别”录入页面，如图1-3-4所示。

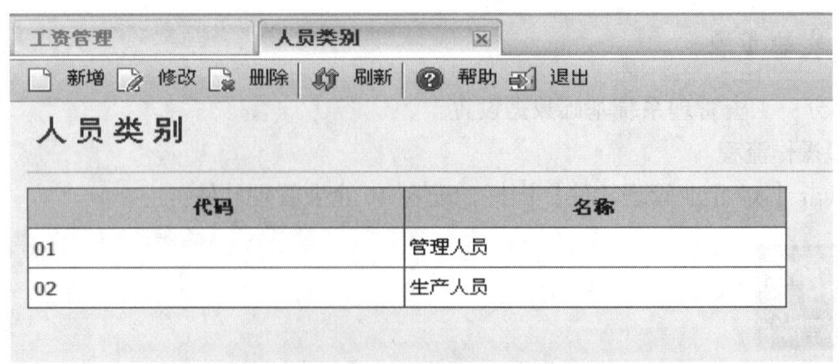

图1-3-4 人员类别录入页面

【第二步】点击【新增】按钮，系统弹出“添加数据”窗口，在此录入人员类别代码、名称，如图 1－3－5 所示。

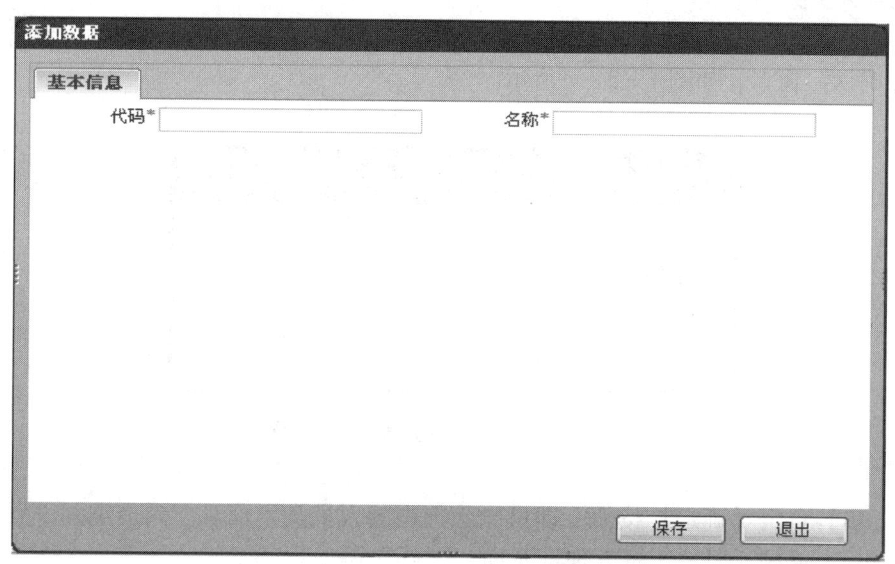

图 1－3－5　添加人员类别录入页面

【第三步】录入完成后，点击“保存”按钮进行保存。保存完成后仍停留在“添加数据”窗口，可继续增加人员类别信息。录入结束后，点击“保存”按钮，返回“人员类别”页面。

②修改人员类别。

【第一步】在“人员类别”页面中选择需要修改的内容，点击“修改”按钮，系统弹出“编辑数据”窗口，如图 1－3－6 所示。

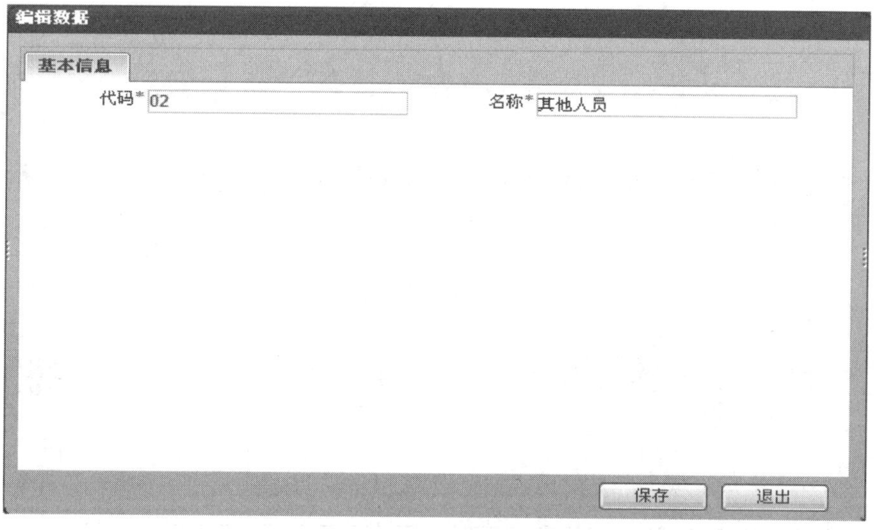

编辑数据
基本信息
代码* 02　名称* 其他人员
保存　退出

图 1－3－6　人员类别修改页面

【第二步】修改完成后，点击“保存”按钮完成人员类别的修改。系统自动返回“人员类别”页面。

③删除人员类别。

【第一步】在“人员类别”页面中选择需要删除的内容，再点击“删除”按钮，系统弹出“删除确认”窗口，如图1－3－7所示。

图1－3－7　删除人员类别页面

【第二步】点击【确定】按钮，即可删除选中的人员类别信息。人员类别设置完成后，点击【退出】，系统返回“工资管理”页面。

说明：

已经使用的人员类别不能修改、删除。

（2）人员档案设置。

人员档案录入，可以直接在工资管理系统中录入，如果工资管理子系统与其他系统集成应用，则可以直接从基础设置中的人员信息中取得。

①新增人员档案。

【第一步】点击“基础数据/人员档案”菜单项，进入“人员档案”页面，如图1－3－8所示。

工资管理　人员档案

新增　修改　删除　查询　刷新　禁用　帮助　退出

职员管理

部门
行财部
业务部

代码	姓名	性别	部门	办公电话	电子邮件	手机	身份证	人员类别
01	赵会计	男	财务部					管理人员
02	钱出纳	女	财务部					管理人员
03	黄经理	男	行政部					管理人员
04	刘秘书	女	行政部					管理人员
05	陈主任	男	办公室					管理人员
06	王助理	男	办公室					管理人员
01	孙采购	男	采购部					管理人员
02	李销售	女	销售部					管理人员
03	周库管	女	仓储部					管理人员
04	吴生产	男	生产部					生产人员
05	郑生产	男	生产部					生产人员

图1－3－8　人员档案录入页面

【第二步】先选择相应部门，点击“新增”按钮，系统弹出“添加数据”页面，在“基本信息”中录入人员代码、姓名、性别等基本信息；在“工资信息”中录入进入公司时间、参加工作时间、是否离职等工资信息，如图1－3－9、图1－3－10所示。

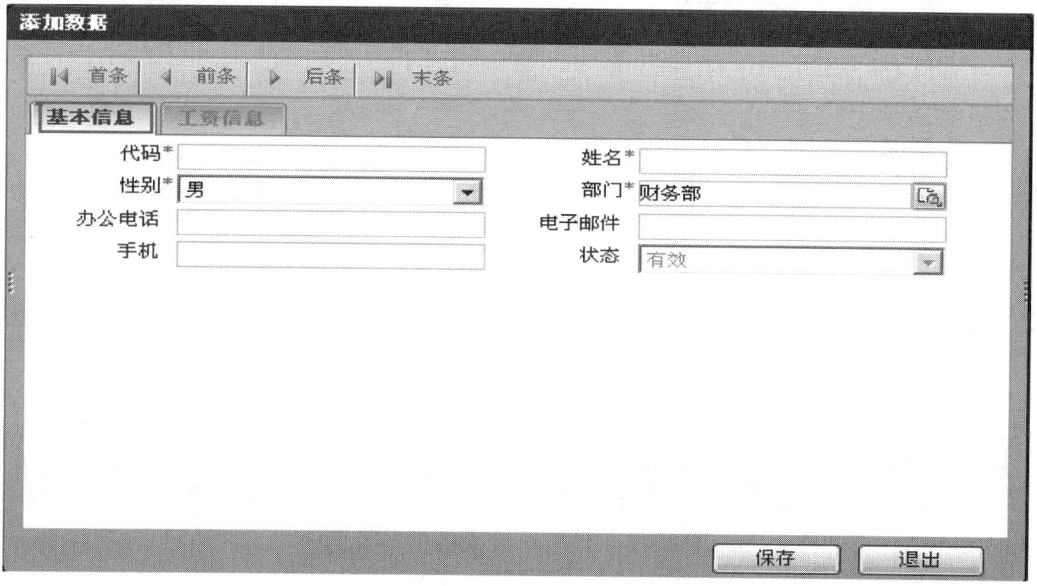

图1－3－9　基本信息录入页面

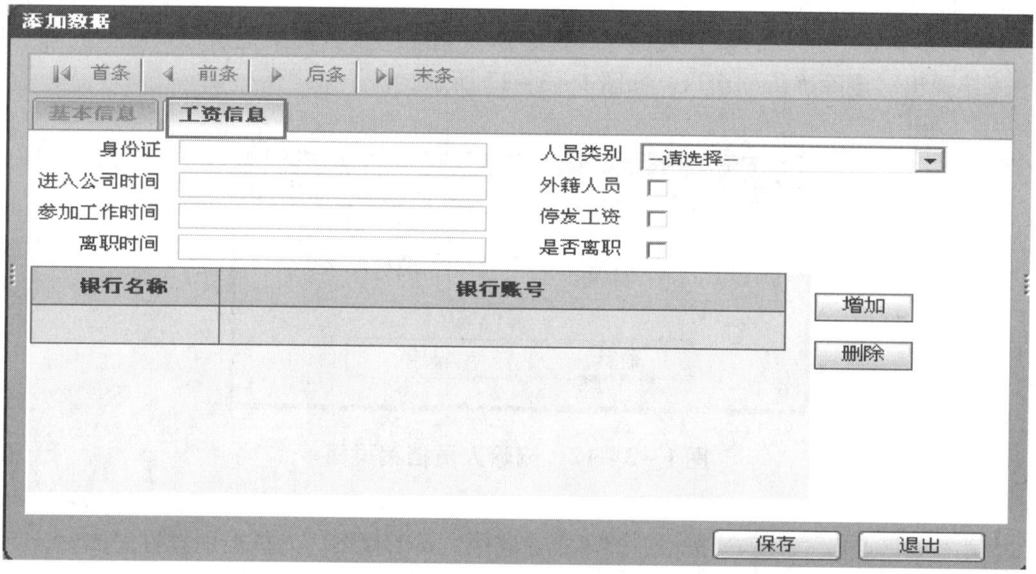

图1－3－10　工资信息录入页面

【第三步】录入完成后，点击“保存”按钮完成人员档案的录入操作。

②修改人员档案。

【第一步】在“人员档案”页面中，选中需要修改的人员档案，点击“修改”按钮，系统弹出“编辑数据”窗口，如图 1－3－11 所示。

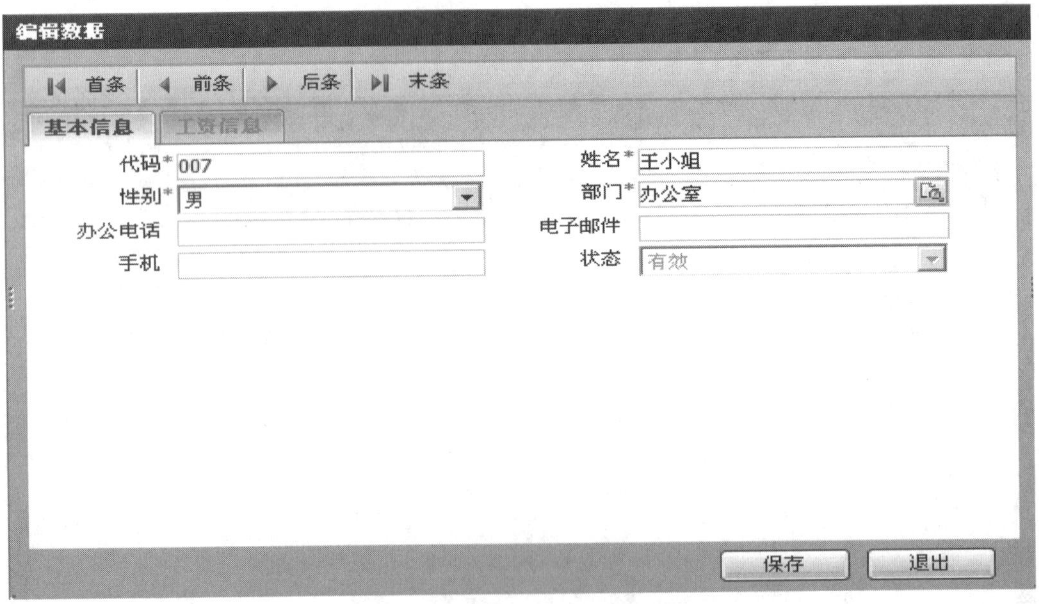

图 1－3－11 修改人员档案页面

【第二步】修改完成后，点击“保存”按钮，完成人员档案的修改操作。

③删除人员档案。

【第一步】在“人员档案”页面中，选中需要删除的人员档案记录，点击“删除”按钮，系统弹出“删除确认”窗口，如图 1－3－12 所示。

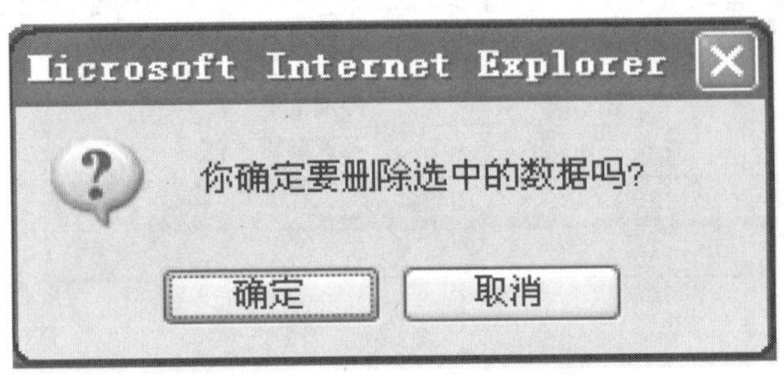

图 1－3－12 删除人员档案页面

【第二步】点击“确定”按钮，即可删除选中人员的档案。人员类别设置完成后，点击“退出”，系统返回工资管理页面。

说明：

已经使用的人员档案不能删除，只能通过“禁用”功能将人员档案禁用。

(3) 公共工资项目设置。

工资项目是工资数据构成的基本项目，是工资计算和发放的基础，公共工资项目系统中预置了一些常用项目，用户可以根据需要导入预设项目，也可以手工录入自定义项目。

①新增公共工资项目。

【第一步】点击“基础数据/公共工资项目”菜单项，进入“公共工资项目”页面，如图 1 - 3 - 13 所示。

Aisino A6 互联网时代的财税一体化管理软件

工资管理 公共工资项目

新增 修改 删除 快速录入 设置 刷新 帮助 退出

公共工资项目

名称	数据类型	增减属性	数据长度	小数位数	免税项目	结转下月时清零
岗位工作	数字型	应发	16	2	否	是
奖金	数字型	应发	16	2	否	是
基本工资	数字型	应发	16	2	否	是
迟到扣款	数字型	应扣	16	2	否	是
迟到次数	数字型	其他	16	2	否	是
应发合计	数字型	其他	16	2	否	是
扣款合计	数字型	其他	16	2	否	是
实发合计	数字型	其他	16	2	否	是
本次纳税基数	数字型	其他	16	2	否	是
本次税额	数字型	应扣	16	2	否	是

图 1 - 3 - 13　公共工资项目页面

【第二步】点击“新增”按钮，系统弹出“添加数据”页面，如图 1 - 3 - 14 所示。

添加数据

基本信息

名称*		项目参照	
数据类型*	文本型	增减属性*	其他
数据长度		小数位数	
免税项目*	否	结转下月时清零*	是

保存 退出

图 1 - 3 - 14　工资项目录入页面

【栏目说明】

A. 名称：录入工资项目的名称。

B. 项目参照：选择系统预置的项目，系统预置项目内容会自动录入基本信息中，实现快速录入功能，不需再做手工录入。

C. 数据类型：包括数字型、文字型、日期型三种。

D. 增减属性：包括应发、应扣、其他三种。其中，应发构成应发合计的加项，如：基本工资、岗位工作、奖金等。应扣构成应发合计的减项，如：扣款合计等。其他不影响应发合计额的增减，如：迟到次数、请假天数等。

E. 数据长度：手工输入，数字型，范围为0～16。

F. 免税项目：若是免税项目，则不参与个人所得税的计算。

G. 结转下月时清零：对于每月不变的固定工资不需要清零，如基本工资。

【第三步】录入完成后，点击“保存”按钮，完成工资项目的设置操作。

②修改公共工资项目。

【第一步】点击“基础数据/公共工资项目”菜单项，进入“公共工资项目”页面。

【第二步】在“公共工资项目”页面中选中需要修改的工资项目，点击“修改”按钮，系统弹出“工资项目修改”窗口，即可对公共工资项目中的内容进行修改。

【第三步】修改完成后点击“保存”按钮，对已修改的内容进行保存，完成公共工资项目的修改操作。

③删除公共工资项目。

【第一步】点击“基础数据/公共工资项目”菜单项，进入“公共工资项目”页面。选中需要删除的工资项目，点击“删除”按钮，系统弹出删除确认窗口，如图1－3－15所示。

图1－3－15　删除公共工资项目页面

【第二步】点击“确定”按钮，即可删除所选公共工资项目内容。

说明：

①已经有数据的工资项目不能修改、删除。

②已经在其他工资项目公式中被引用的工资项目不能修改、删除。

（4）税率表。

系统按国家现行规定标准预置了计税基数和附加费用的扣除标准，如执行标准发生调整或变化，可以通过修改税率表来设置相应的计税基数和附加费用。

（5）工资类别。设置工资类别，实现多种工资的不同核算，为不同计算方法、不同发放形式的多种类别工资提供解决方案。

①新增工资类别

【第一步】点击“基础数据/工资类别”菜单项，进入“工资类别”页面，如图 1－3－16 所示。

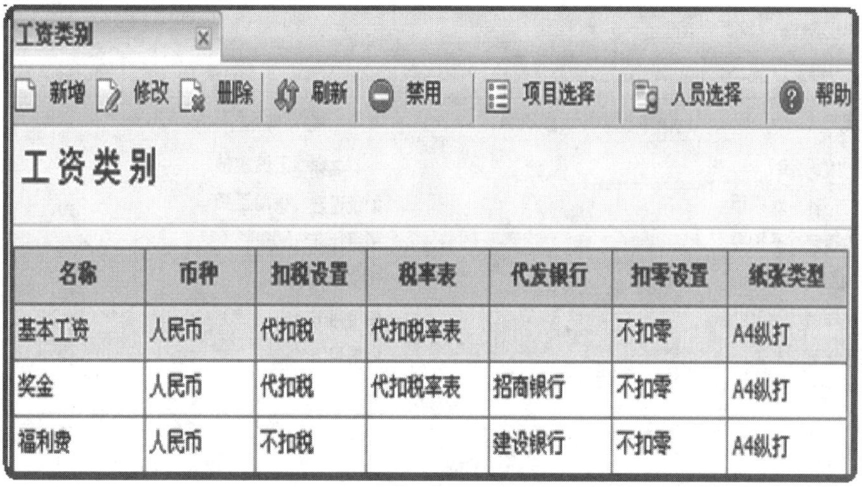

工资类别

新增 修改 删除 刷新 禁用 项目选择 人员选择 帮助

工资类别

名称	币种	扣税设置	税率表	代发银行	扣零设置	纸张类型
基本工资	人民币	代扣税	代扣税率表		不扣零	A4纵打
奖金	人民币	代扣税	代扣税率表	招商银行	不扣零	A4纵打
福利费	人民币	不扣税		建设银行	不扣零	A4纵打

图 1－3－16　工资类别录入页面

【第二步】点击“新增”按钮，系统弹出“添加数据”页面，在此录入工资类别相关信息，如图 1－3－17 所示。

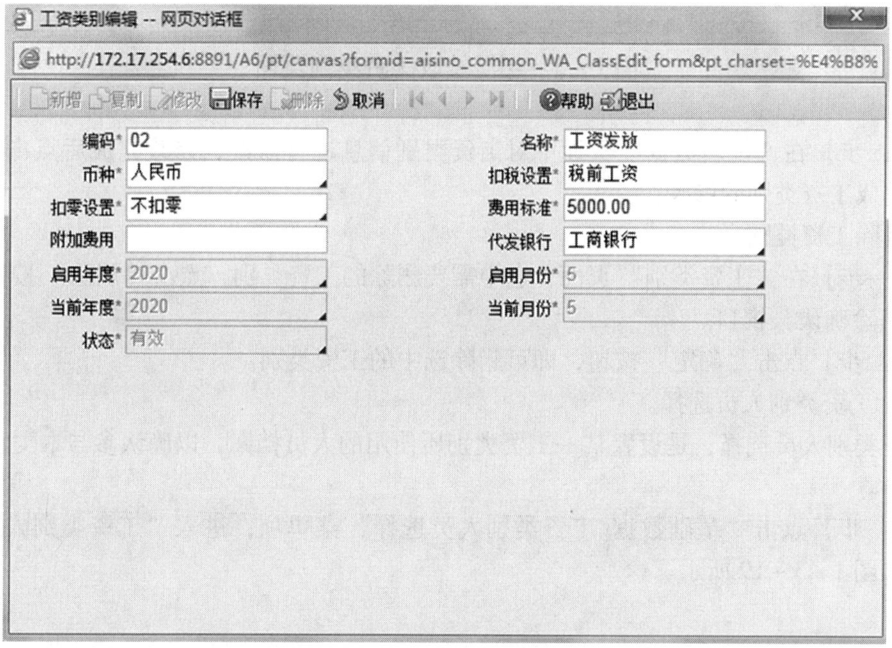

工资类别编辑 -- 网页对话框

http://172.17.254.6:8891/A6/pt/canvas?formid=aisino_common_WA_ClassEdit_form&pt_charset=%E4%B8%

新增 复制 修改 保存 删除 取消 帮助 退出

编码*	02	名称*	工资发放
币种*	人民币	扣税设置*	税前工资
扣零设置*	不扣零	费用标准*	5000.00
附加费用		代发银行	工商银行
启用年度*	2020	启用月份*	5
当前年度*	2020	当前月份*	5
状态*	有效		

图 1－3－17　工资类别基本信息录入页面

【第三步】录入完成后，点击“保存”按钮，对新增的工资类别进行保存。

②修改工资类别。

【第一步】在“工资类别”页面选中需要进行修改的工资类别项目，点击“修改”按钮，系统弹出“编辑数据”窗口，如图1－3－18所示。

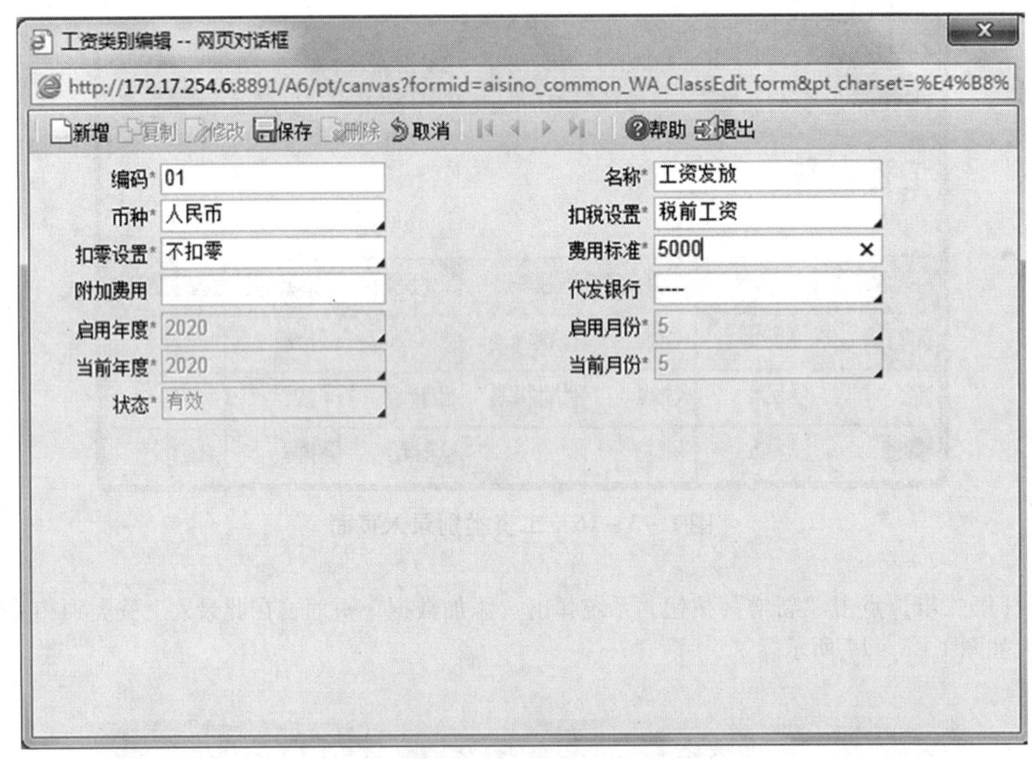

图1－3－18　修改工资类别页面

【第二步】在“编辑数据”页面中对工资类别信息进行修改，修改完成后点击“保存”按钮，完成工资类别的修改。

③删除工资类别。

【第一步】在“工资类别”页面，选中需要删除的工资类别，点击“删除”按钮，系统弹出“删除确认”窗口。

【第二步】点击“确定”按钮，即可删除选中的工资类别。

（6）工资类别人员选择。

工资类别人员选择，是设置某一工资类别所使用的人员档案，以确认参与本类别工资计算的人员。

【第一步】点击“基础数据/工资类别人员选择”菜单项，进入“工资类别人员选择”页面，如图1－3－19所示。

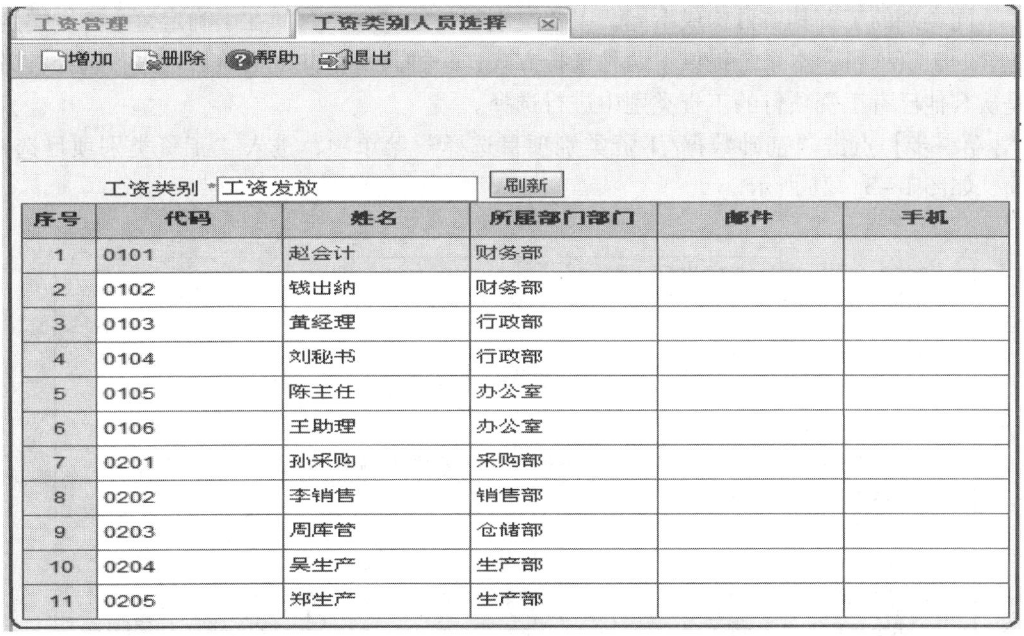

工资管理　工资类别人员选择

增加　删除　帮助　退出

工资类别 * 工资发放　刷新

序号	代码	姓名	所属部门部门	邮件	手机
1	0101	赵会计	财务部		
2	0102	钱出纳	财务部		
3	0103	黄经理	行政部		
4	0104	刘秘书	行政部		
5	0105	陈主任	办公室		
6	0106	王助理	办公室		
7	0201	孙采购	采购部		
8	0202	李销售	销售部		
9	0203	周库管	仓储部		
10	0204	吴生产	生产部		
11	0205	郑生产	生产部		

图 1－3－19　工资类别人员选择页面

【第二步】点击“增加”按钮，系统弹出“增加人员”页面，此处的人员信息即基础设置中的职员信息，如图 1－3－20 所示。

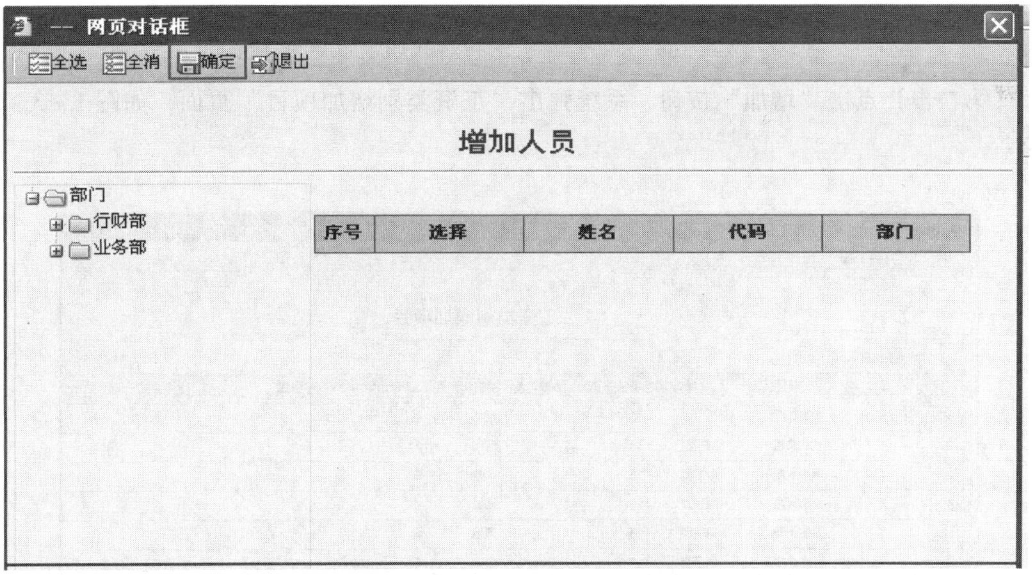

--- 网页对话框

全选　全消　确定　退出

增加人员

部门
行财部
业务部

序号	选择	姓名	代码	部门

图 1－3－20　增加人员页面

【第三步】在“增加人员”页面中选择相应的人员，点击“确定”按钮，完成工资类别的人员选择操作，系统返回“工资类别人员选择”页面。

（7）工资类别项目选择。

不同类别的工资其项目构成不同，工资类别项目的选择，目的在于确定每个工资类别中所包含的工资项目。本系统提供了两种选择方式：一种是从公共工资项目中进行选择；另一种是从其他已有工资项目的工资类别中进行选择。

【第一步】点击“基础数据/工资类别项目选择”菜单项，进入“工资类别项目选择”页面，如图 1－3－21 所示。

工资管理　工资类别项目选择

增加　删除　最上　上移　最下　下移　公式定义　帮助　退出

工资类别选择项目

工资类别 * 工资发放　刷新

序号	项目名称	数据类型	数据长度	小数位数	增减属性	是否免税	结转时清零	计算公式
1	基本工资	数字型	16	2	应发	否	是	
2	岗位工作	数字型	16	2	应发	否	是	
3	奖金	数字型	16	2	应发	否	是	
4	迟到次数	数字型	16	2	其他	否	是	
5	迟到扣款	数字型	16	2	应扣	否	是	if([迟到次数]>1.00,[迟到次数]*20.00,0)
6	扣款合计	数字型	16	2	其他	否	是	
7	应发合计	数字型	16	2	其他	否	是	
8	实发合计	数字型	16	2	其他	否	是	
9	本次纳税基数	数字型	16	2	其他	否	是	
10	本次税额	数字型	16	2	应扣	否	是	

图 1－3－21　工资类别项目选择页面

【第二步】点击“增加”按钮，系统弹出“工资类别增加项目”页面，如图 1－3－22 所示。

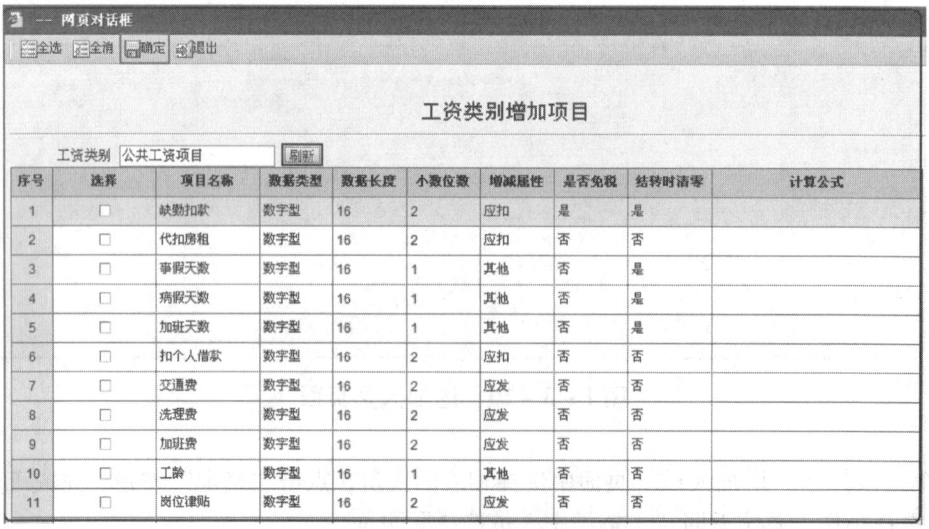

-- 网页对话框

全选　全消　确定　退出

工资类别增加项目

工资类别 公共工资项目　刷新

序号	选择	项目名称	数据类型	数据长度	小数位数	增减属性	是否免税	结转时清零	计算公式
1	□	缺勤扣款	数字型	16	2	应扣	是	是	
2	□	代扣房租	数字型	16	2	应扣	否	否	
3	□	事假天数	数字型	16	1	其他	否	是	
4	□	病假天数	数字型	16	1	其他	否	是	
5	□	加班天数	数字型	16	1	其他	否	是	
6	□	扣个人借款	数字型	16	2	应扣	否	否	
7	□	交通费	数字型	16	2	应发	否	否	
8	□	洗理费	数字型	16	2	应发	否	否	
9	□	加班费	数字型	16	2	应发	否	否	
10	□	工龄	数字型	16	1	其他	否	否	
11	□	岗位津贴	数字型	16	2	应发	否	否	

图 1－3－22　工资类别增加项目页面

【第三步】在“工资类别增加项目”页面中选择相应的项目名称，点击“确定”按钮，完成工资类别的项目选择操作，系统返回“工资类别项目选择”页面。

说明：工资类别项目选择完成后，应通过工资项目的“公式定义”功能，对工资项目定义公式，以便按照公式进行工资计算，以提高工作效率和减少手工计算的误差。

（8）工资项目的公式定义。

【第一步】进入“工资类别项目选择”页面，如图 1－3－23 所示。

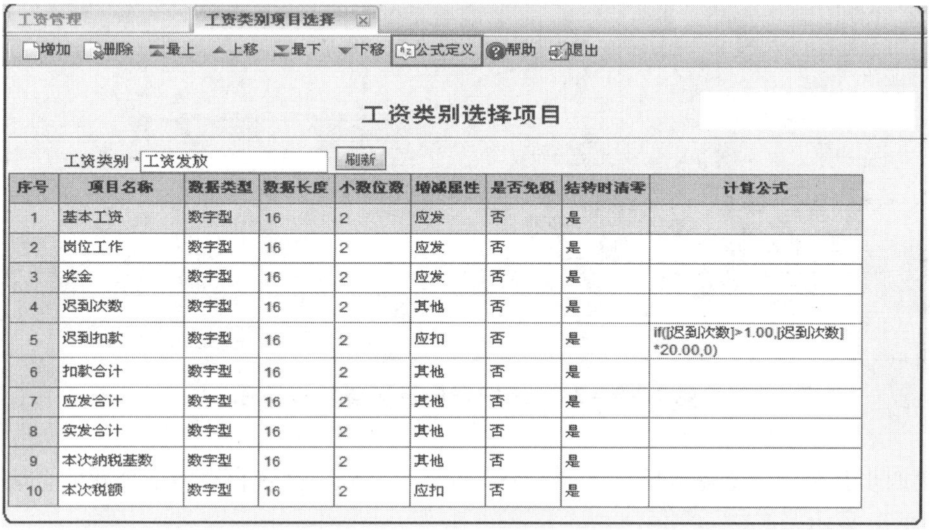
工资管理
工资类别项目选择
增加 删除 最上 上移 最下 下移 公式定义 帮助 退出
工资类别选择项目
工资类别 * 工资发放
刷新
序号 项目名称 数据类型 数据长度 小数位数 增减属性 是否免税 结转时清零 计算公式
1 基本工资 数字型 16 2 应发 否 是
2 岗位工作 数字型 16 2 应发 否 是
3 奖金 数字型 16 2 应发 否 是
4 迟到次数 数字型 16 2 其他 否 是
5 迟到扣款 数字型 16 2 应扣 否 是 if([迟到次数]>1.00,[迟到次数]*20.00,0)
6 扣款合计 数字型 16 2 其他 否 是
7 应发合计 数字型 16 2 其他 否 是
8 实发合计 数字型 16 2 其他 否 是
9 本次纳税基数 数字型 16 2 其他 否 是
10 本次税额 数字型 16 2 应扣 否 是

图 1－3－23　工资类别项目选择页面

【第二步】选择需要定义计算的工资项目，点击“公式定义”按钮，进入“基本工资公式定义”页面，如图 1－3－24 所示。

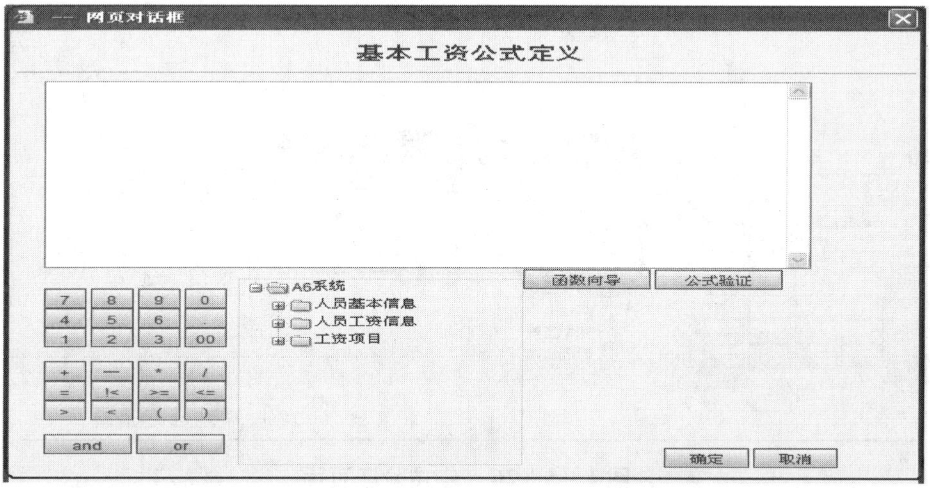
网页对话框
基本工资公式定义
函数向导
公式验证
A6系统
人员基本信息
人员工资信息
工资项目
7 8 9 0
4 5 6 .
1 2 3 00
+ — * /
= != >= <=
> < ( )
and
or
确定
取消

图 1－3－24　基本工资公式定义页面

【第三步】打开“工资项目”文件夹选择相应的工资项目，并通过函数导向及运算符框来设置计算公式，如图 1－3－25 所示。

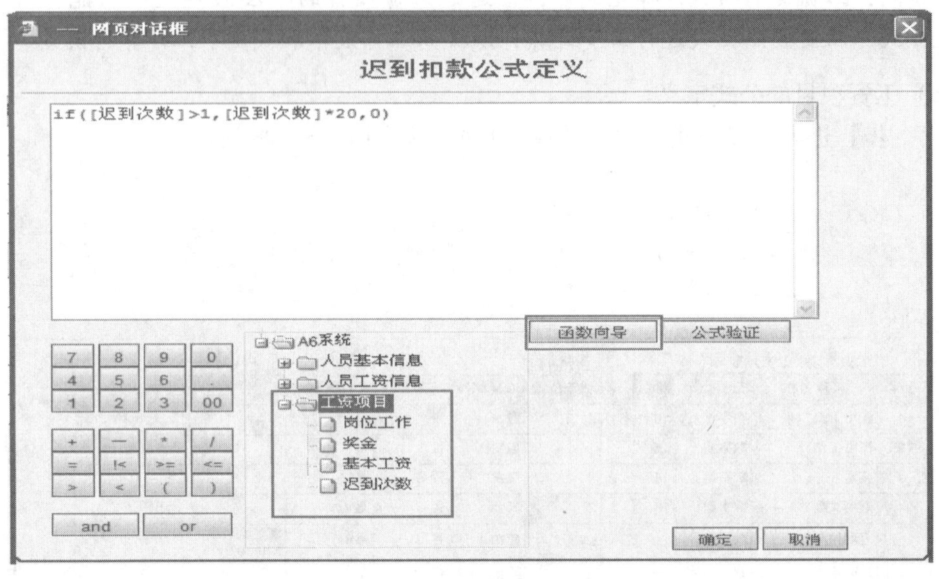

图 1－3－25　函数导向及运算符框页面

【第四步】公式定义完成后，点击“公式验证”按钮，系统自动验证公式的合法性，如图 1－3－26 所示。

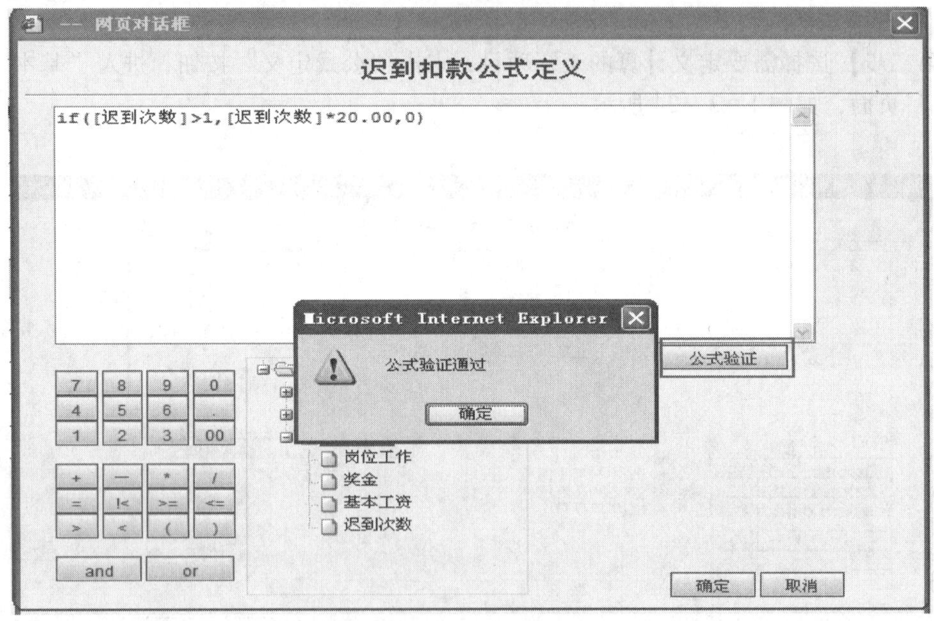

图 1－3－26　公式验证页面

【第五步】点击“确定”按钮，保存设置完成的公式，公式设置完成。

(9) 代发银行。

设置代发银行，可以满足企业运用多个银行发放多项工资的管理要求。

【第一步】点击“基础数据/代发银行”菜单项，进入“代发银行”页面，如图 1－3－27 所示。

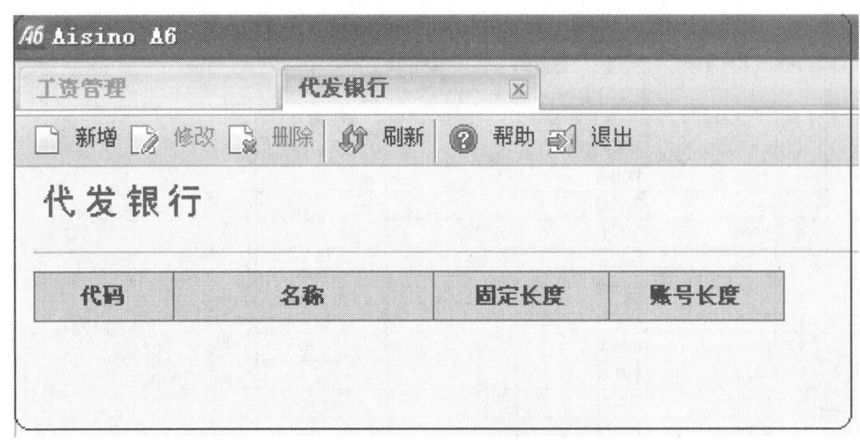

图 1－3－27　代发银行页面

【第二步】点击“新增”按钮，系统弹出“添加数据”页面，如图 1－3－28 所示。

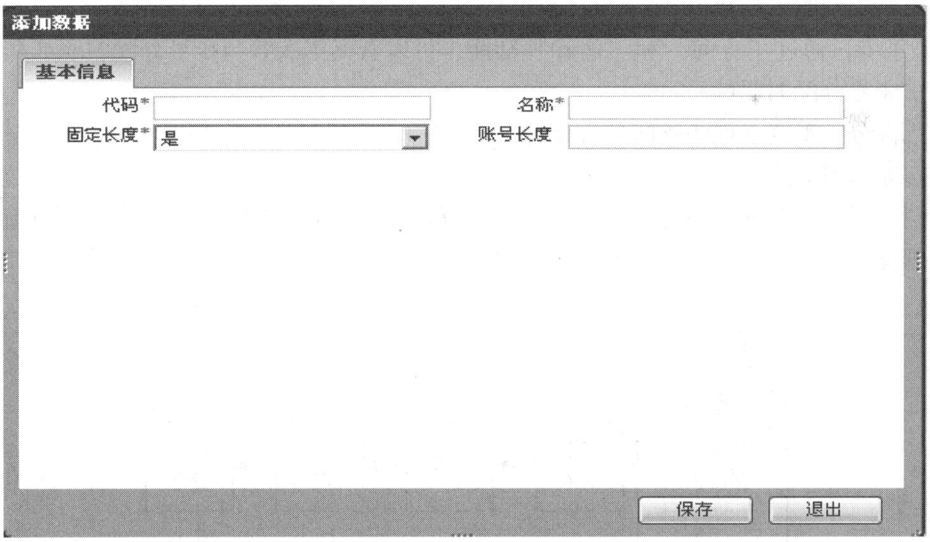

图 1－3－28　代发银行基本信息录入页面

【第三步】录入完成后，点击“保存”按钮，完成代发银行的录入操作。

(修改、删除代发银行信息操作略)

(10) 账号分配。

采用银行代发工资方式，需要设置职工的代发银行卡号。

【第一步】点击“基础数据/账号分配”菜单项，进入“账号分配”页面，如图1-3-29所示。

图1-3-29 账号分配页面

【第二步】在“工资类别”处选择需要进行银行账号分配的工资类别，点击“刷新”，更新该工资类别的人员数据。

【第三步】通过“查询”和“清除”功能，可以查询本次参与账号分配的职员和清除不参与本次账号分配的职员。

第二部分：工资管理业务的日常处理

1. 实验操作流程。

工资管理日常业务主要包括工资录入、工资计算、工资发放、工资分摊、月末结账等。业务处理操作流程，如图1-3-30所示。

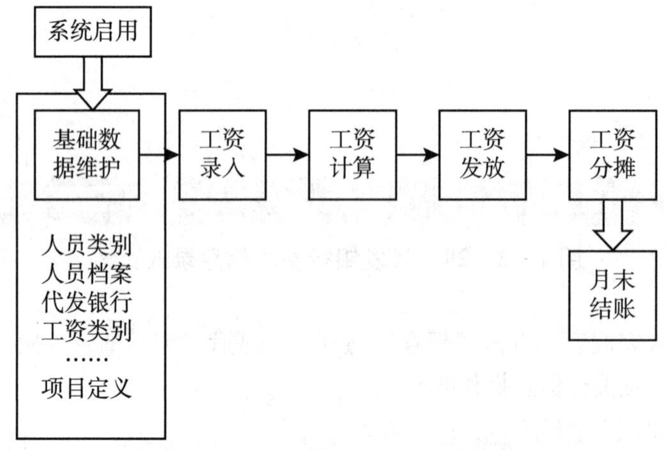

图1-3-30 工资管理日常业务流程

2. 详细操作步骤。

（1）工资录入与计算。

【第一步】点击“工资计算”菜单项，进入“工资计算”页面，选择“工资类别”后点击“刷新”，系统列出该工资类别下的人员列表，如图 1－3－31 所示。

工资类别* 工资发放　期间 2020-5　币种 人民币

序号	☐	姓名	编码	所属部门	部门编码	状态	奖金	岗位工资	基本工资	迟到次数
1	☐	赵会计	0101	财务部	0101	未计算	800.00	2,500.00	5,000.00	1.00
2	☐	钱出纳	0102	财务部	0101	未计算	1,200.00	1,500.00	6,000.00	
3	☐	黄经理	0103	行政部	0102	未计算	1,500.00	3,000.00	4,000.00	
4	☐	刘秘书	0104	行政部	0102	未计算	1,000.00	4,500.00	6,000.00	
5	☐	陈主任	0105	办公室	0103	未计算	2,300.00	3,000.00	3,500.00	
6	☐	王助理	0106	办公室	0103	未计算	2,600.00	3,000.00	4,500.00	
7	☐	孙采购	0201	采购部	0201	未计算	3,400.00	3,400.00	4,800.00	
8	☐	李销售	0202	销售部	0202	未计算	2,000.00	3,000.00	4,800.00	
9	☐	周库管	0203	仓储部	0203	未计算	2,000.00	2,000.00	5,600.00	
10	☐	吴生产	0204	生产部	0204	未计算	3,000.00	3,000.00	5,000.00	3.00
11	☐	郑生产	0205	生产部	0204	未计算	2,500.00	3,000.00	4,500.00	
总计							22,300.00	31,900.00	53,700.00	4.00

图 1－3－31　工资类别下的人员列表页面

【第二步】按工资项目录入相应的工资数据，点击“保存”按钮，对录入的工资金额进行保存。

【第三步】点击“计算”按钮，系统弹出“工资计算范围”对话框，如图 1－3－32 所示。

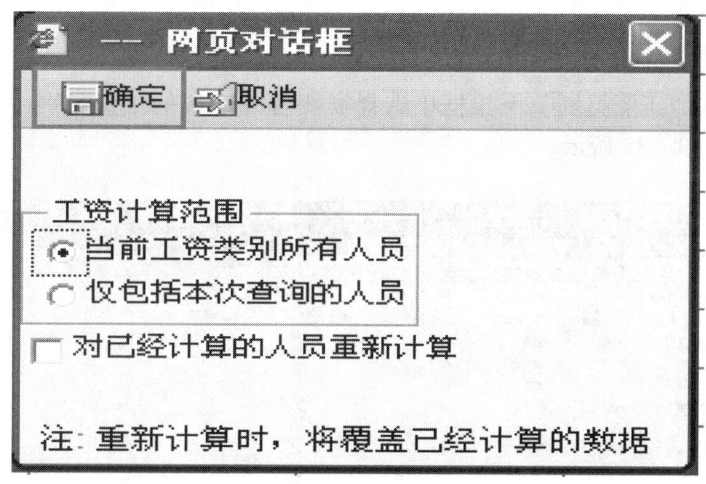

图 1－3－32　“工资计算范围”对话框

【第四步】选择工资计算范围后，点击“确定”按钮，系统自动对个人所得税和已经设置公式的工资项目进行计算，完成工资计算工作，如图 1－3－33 所示。

图1－3－33　工资自动计算完成页面

（2）计税合并。

计税合并功能能够将多个类别的工资进行汇总计算。对于使用多个类别工资的企业，月末需要将多个工资类别进行汇总，以确定计税基数，计算应缴纳的个人所得税。若企业只使用一个工资类别，则不需要使用计税合并功能。

【第一步】在“工资计算”页面，点击“计税合并”按钮，进入“合并计税”页面，如图1－3－34所示。

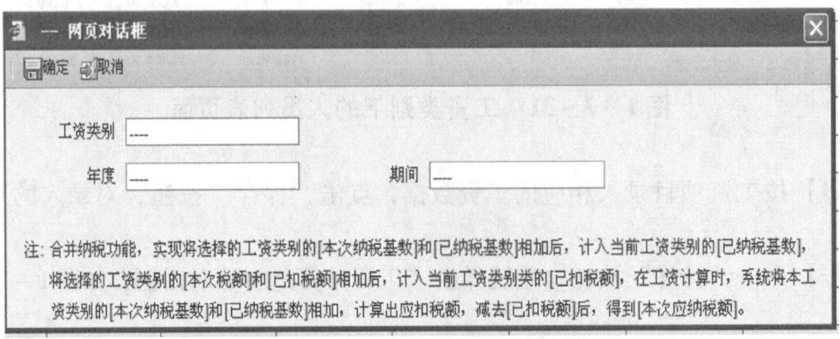

图1－3－34　合并计税页面

【第二步】在“工资类别”下拉框中选择需要合并计税的工资类别，并选择“年度”“期间”，如图1－3－35所示。

图1－3－35　合并计税页面

【第三步】工资类别选择完成后，点击“确定”按钮，系统提示合并成功。

【第四步】工资类别计税合并完成后，系统返回“工资计算”页面，此时“状态”一栏显示为“未计算”，如图 1 – 3 – 36 所示。

查询 格式 隐藏 刷新 保存 批量录入 计税合并 取消计税合并 计算 审核 反审核 导入 期初导入 个税保料

工资类别* 工资发放　期间 2020-5　币种 人民币

序号	☐	姓名	编码	所属部门	部门编码	职位	班组	状态	审核人
1	☐	赵会计	0101	财务部	0101			未计算	
2	☐	钱出纳	0102	财务部	0101			未计算	
3	☐	黄经理	0103	行政部	0102			未计算	
4	☐	刘秘书	0104	行政部	0102			未计算	
5	☐	陈主任	0105	办公室	0103			未计算	
6	☐	王助理	0106	办公室	0103			未计算	
7	☐	孙采购	0201	采购部	0201			未计算	
8	☐	李销售	0202	销售部	0202			未计算	
9	☐	周库管	0203	仓储部	0203			未计算	
10	☐	吴生产	0204	生产部	0204			未计算	
11	☐	郑生产	0205	生产部	0204			未计算	
总计									

图 1 – 3 – 36　未计算的工资类别下的人员列表页面

【第五步】点击“计算”按钮，系统重新对合并后的工资类别进行计算，计算出新的税款，并且在“状态”一栏提示为“已计算”，如图 1 – 3 – 37 所示。

查询 格式 隐藏 刷新 保存 批量录入 计税合并 取消计税合并 计算 审核 反审核 导入 期初导入 个税保模板导入 导出 帮助 退出

工资类别* 工资发放　期间 2020-5　币种 人民币

序号	☐	姓名	编码	所属部门	部门编码	职位	班组	状态	审核人	审核日期	应发合计	扣款合计	实发合计	应纳税所得额
1	☐	赵会计	0101	财务部	0101			已计算			8,300.00	99.00	8,201.00	3,300.00
2	☐	钱出纳	0102	财务部	0101			已计算			8,700.00	111.00	8,589.00	3,700.00
3	☐	黄经理	0103	行政部	0102			已计算			8,500.00	105.00	8,395.00	3,500.00
4	☐	刘秘书	0104	行政部	0102			已计算			11,500.00	195.00	11,305.00	6,500.00
5	☐	陈主任	0105	办公室	0103			已计算			8,800.00	114.00	8,686.00	3,800.00
6	☐	王助理	0106	办公室	0103			已计算			10,100.00	153.00	9,947.00	5,100.00
7	☐	孙采购	0201	采购部	0201			已计算			11,600.00	198.00	11,402.00	6,600.00
8	☐	李销售	0202	销售部	0202			已计算			9,800.00	144.00	9,656.00	4,800.00
9	☐	周库管	0203	仓储部	0203			已计算			9,600.00	138.00	9,462.00	4,600.00
10	☐	吴生产	0204	生产部	0204			已计算			11,000.00	240.00	10,760.00	6,000.00
11	☐	郑生产	0205	生产部	0204			已计算			10,000.00	150.00	9,850.00	5,000.00
总计											107,900.00	1,647.00	106,253.00	52,900.00

图 1 – 3 – 37　已计算的工资类别下的人员列表页面

（3）工资审核。

工资类别计算完成后，必须执行审核操作，以保证工资数据的准确性，便于后续的工资分摊和月末结账等工作。

【第一步】点击“工资计算”菜单项，进入“工资计算”页面，如图 1 – 3 – 38 所示。

【第二步】点击“审核”按钮，系统弹出“审核范围”页面，如图 1 – 3 – 39 所示。

【第三步】选择范围后，点击“审核”按钮，完成对所选工资类别下人员的审核。

【第四步】审核完成后，系统返回“工资计算”页面，此时人员“状态”一栏提示为

“已审核”，如图 1－3－40 所示。

工资类别* 工资发放　期间 2020-5　币种 人民币

序号	□	姓名	编码	所属部门	部门编码	状态	奖金	岗位工资	基本工资	迟到次数	迟到扣款
1	□	赵会计	0101	财务部	0101	已计算	800.00	2,500.00	5,000.00	1.00	0.0
2	□	钱出纳	0102	财务部	0101	已计算	1,200.00	1,500.00	6,000.00		0.0
3	□	黄经理	0103	行政部	0102	已计算	1,500.00	3,000.00	4,000.00		0.0
4	□	刘秘书	0104	行政部	0102	已计算	1,000.00	4,500.00	6,000.00		0.0
5	□	陈主任	0105	办公室	0103	已计算	2,300.00	3,000.00	3,500.00		0.0
6	□	王助理	0106	办公室	0103	已计算	2,600.00	3,000.00	4,500.00		0.0
7	□	孙采购	0201	采购部	0201	已计算	3,400.00	3,400.00	4,800.00		0.0
8	□	李销售	0202	销售部	0202	已计算	2,000.00	3,000.00	4,800.00		0.0
9	□	周库管	0203	仓储部	0203	已计算	2,000.00	2,000.00	5,600.00		0.0
10	□	吴生产	0204	生产部	0204	已计算	3,000.00	3,000.00	5,000.00	3.00	60.00
11	□	郑生产	0205	生产部	0204	已计算	2,500.00	3,000.00	4,500.00		0.0
总计							22,300.00	31,900.00	53,700.00	4.00	60.00

图 1－3－38　工资计算页面

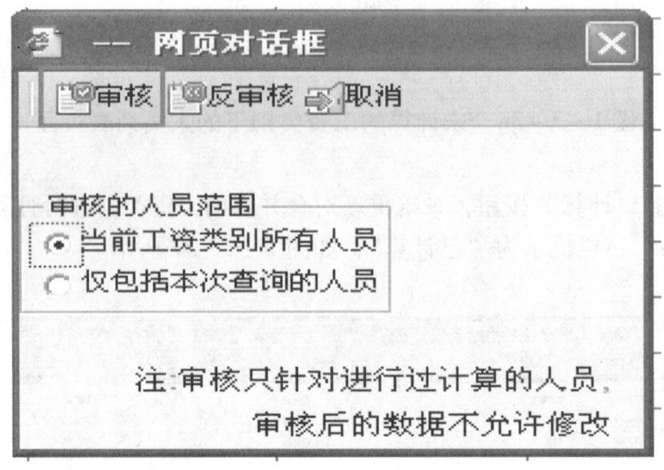

图 1－3－39　审核范围页面

查询　格式　隐藏　刷新　保存　批量录入　计税合并　取消计税合并　计算　审核　反审核　导入　期初导入　个税保模板导入　导出　帮助　退出

工资类别* 工资发放　期间 2020-5　币种 人民币

序号	□	姓名	编码	所属部门	部门编码	职位	班组	状态	审核人	审核日期	应发合计	扣款合计	实发合计	应纳税所得额
1	□	赵会计	0101	财务部	0101			已审核	超级用户	2020-05-30	8,300.00	99.00	8,201.00	3,300.00
2	□	钱出纳	0102	财务部	0101			已审核	超级用户	2020-05-30	8,700.00	111.00	8,589.00	3,700.00
3	□	黄经理	0103	行政部	0102			已审核	超级用户	2020-05-30	8,500.00	105.00	8,395.00	3,500.00
4	□	刘秘书	0104	行政部	0102			已审核	超级用户	2020-05-30	11,500.00	195.00	11,305.00	6,500.00
5	□	陈主任	0105	办公室	0103			已审核	超级用户	2020-05-30	8,800.00	114.00	8,686.00	3,800.00
6	□	王助理	0106	办公室	0103			已审核	超级用户	2020-05-30	10,100.00	153.00	9,947.00	5,100.00
7	□	孙采购	0201	采购部	0201			已审核	超级用户	2020-05-30	11,600.00	198.00	11,402.00	6,600.00
8	□	李销售	0202	销售部	0202			已审核	超级用户	2020-05-30	9,800.00	144.00	9,656.00	4,800.00
9	□	周库管	0203	仓储部	0203			已审核	超级用户	2020-05-30	9,600.00	138.00	9,462.00	4,600.00
10	□	吴生产	0204	生产部	0204			已审核	超级用户	2020-05-30	11,000.00	240.00	10,760.00	6,000.00
11	□	郑生产	0205	生产部	0204			已审核	超级用户	2020-05-30	10,000.00	150.00	9,850.00	5,000.00
总计											107,900.00	1,647.00	106,253.00	52,900.00

图 1－3－40　已审核的工资计算页面

🗎 **说明：**

①只有状态为“已计算”的人员才能进行审核。

②工资类别审核完成后，才能执行工资分摊操作和月末结账处理。

（4）工资分摊。

工资分摊是将工资费用依据用途进行分配，并编制相关会计凭证，供登账处理之用。工资分摊步骤如图 1－3－41 所示。

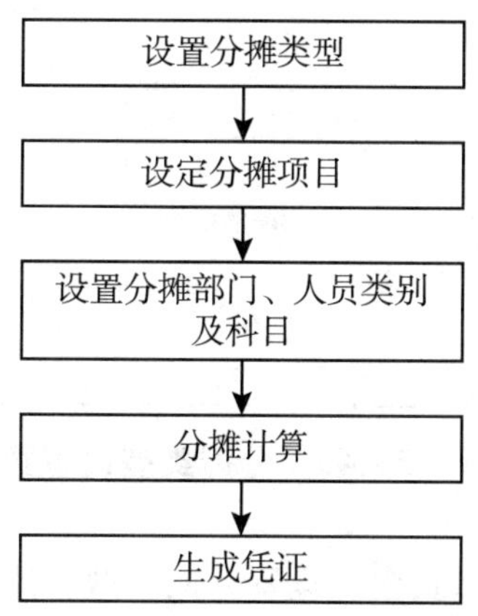

图 1－3－41　工资分摊步骤

①设置工资分摊类型。

【第一步】点击“业务处理/工资分摊”菜单项，进入“工资分摊”页面，如图 1－3－42 所示。

Aisino ERP A6　账套：青出于蓝01　会计期间：2020.5

功能导航　初始化向导　工资类别　工资计算　工资分摊类…

增加　修改　删除　分摊设置　刷新　帮助　退出

工资类别* 基本工资

序号	☐	分摊类型	计提基数	分摊方式	计提比例(%)
1	☑	应付工资总额	实发合计	按部门、人员类别分摊	100.00
2	☐	福利费计提	应发合计	按部门、人员类别分摊	14.00
3	☐	教育经费计提	应发合计	按部门、人员类别分摊	2.00
4	☐	工会经费计提	应发合计	按部门、人员类别分摊	1.50
5	☐	个人所得税计提	本次税额	按部门、人员类别分摊	100.00

图 1－3－42　工资分摊页面

【第二步】在工资分摊页面点击“增加”按钮，进入“增加分摊类型”页面，如图 1－3－43 所示。

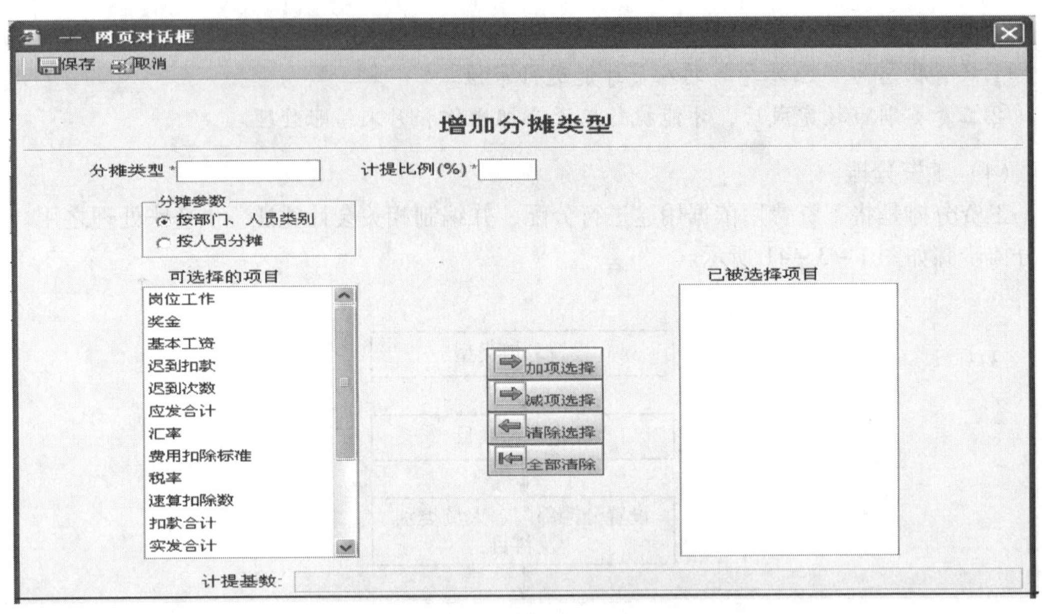

图 1-3-43　分摊类型设置页面

【第三步】在“增加分摊类型页面”设置分摊类型、计提比例，并在“可选择的项目”中选择需要分摊的工资项目，如图 1-3-44 所示。

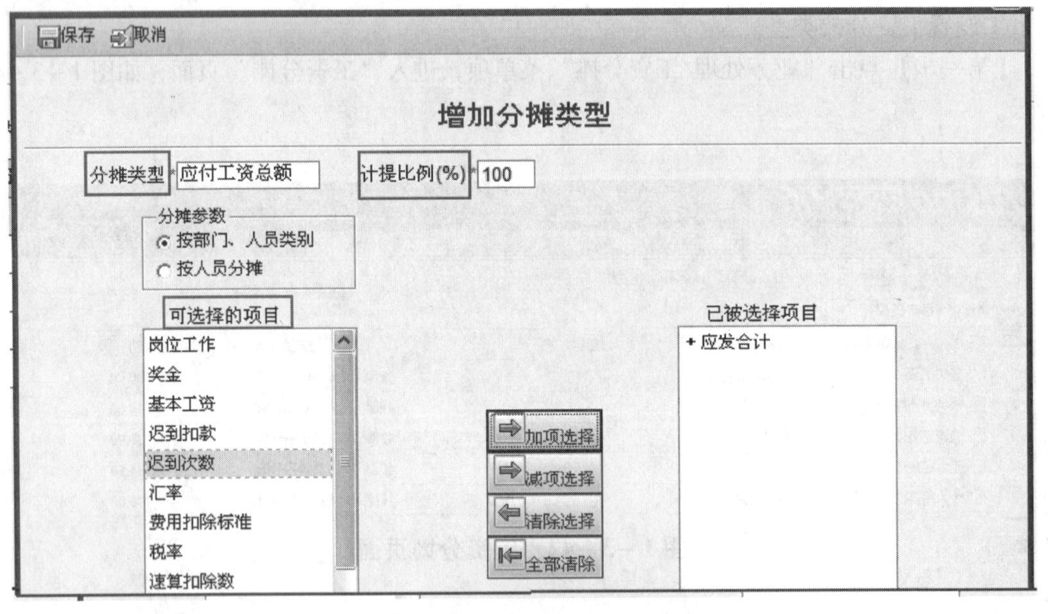

图 1-3-44　分摊类型设置页面

【第四步】设置完成后，点击“保存”按钮，系统弹出“保存成功”提示，如图 1-3-45 所示。

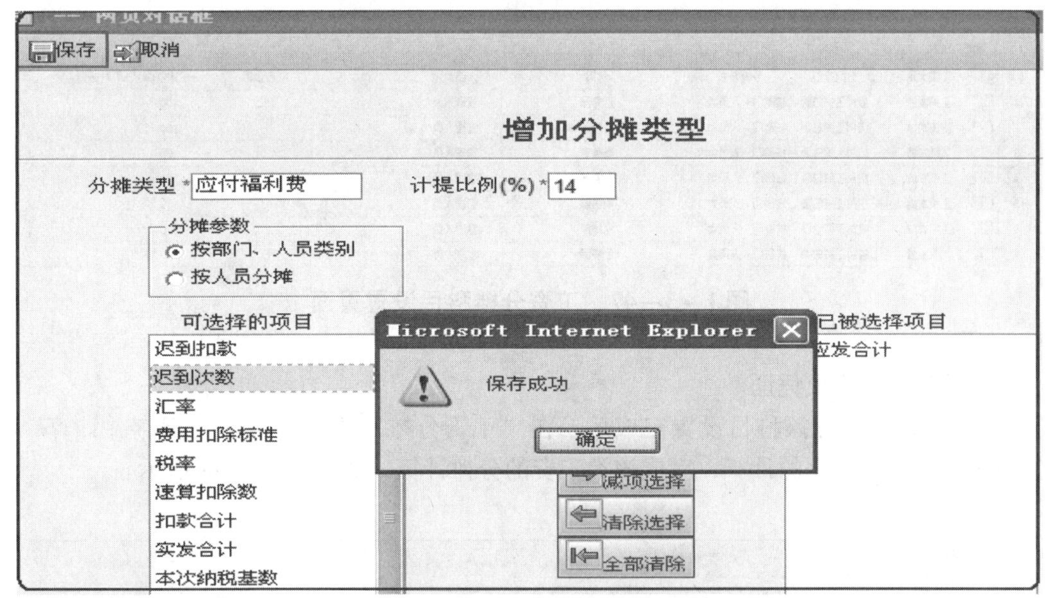

图 1 －3 －45　保存成功提示页面

②设置工资分摊科目。

【第一步】在“工资分摊”页面选定需要分摊的类型（打“√”），点击“凭证”按钮，进入“工资分摊”页面，如图 1 －3 －46 所示。

工资管理　工资分摊

生成凭证　保存并计算　增行　删行　批量更新　上页　下页　退出

应付工资总额　制单

工资类别 工资发放　分摊类型 应付工资总额　币种 人民币

年度:　月份: 8　分摊比例(%): 100

凭证类别: * 记账凭证

计提基数: 应发合计

序号	部门	人员类别	项目金额	分摊金额	借方科目编码	借方科目名称	贷方科目编码	贷方科目名称
1								
2								
3								
4								
5								
6								
7								
8								
合计			0.00	0.00				

图 1 －3 －46　工资分摊科目设置页面

【第二步】在“工资分摊”页面，选择“凭证类别”，并在“部门”“人员类别”“借方科目编码”“贷方科目编码”处录入相应的内容，如图 1 －3 －47 所示。

查询 计算 退出

年度* 2020 月份* 05

序号	□	工资类别	分摊类型	分摊方式	部门	人员类别	人员姓名	项目金额	计提比例(%)	分摊金额
1	□	工资发放	应付工资总额	按部门、人员类...	财务部	管理人员			100	
2	□	工资发放	应付工资总额	按部门、人员类...	行政部	管理人员			100	
3	□	工资发放	应付工资总额	按部门、人员类...	办公室	管理人员			100	
4	□	工资发放	应付工资总额	按部门、人员类...	采购部	管理人员			100	
5	□	工资发放	应付工资总额	按部门、人员类...	销售部	管理人员			100	
6	□	工资发放	应付工资总额	按部门、人员类...	仓储部	管理人员			100	
7	□	工资发放	应付工资总额	按部门、人员类...	生产部	生产人员			100	

图 1－3－47　工资分摊科目设置页面

③分摊计算与生成凭证。

【第一步】工资分摊科目设置完成后，在“工资分摊”页面，点击“保存并计算”按钮，系统自动进行数据的计算，完成该类工资的分摊计算，如图 1－3－48 所示。

查询 计算 退出

年度* 2020 月份* 05

序号	□	工资类别	分摊类型	分摊方式	部门	人员类别	人员姓名	项目金额	计提比例(%)	分摊金额
1	□	工资发放	应付工资总额	按部门、人员类...	财务部	管理人员		16,790.00	100	16,790.00
2	□	工资发放	应付工资总额	按部门、人员类...	行政部	管理人员		19,700.00	100	19,700.00
3	□	工资发放	应付工资总额	按部门、人员类...	办公室	管理人员		18,633.00	100	18,633.00
4	□	工资发放	应付工资总额	按部门、人员类...	采购部	管理人员		11,402.00	100	11,402.00
5	□	工资发放	应付工资总额	按部门、人员类...	销售部	管理人员		9,656.00	100	9,656.00
6	□	工资发放	应付工资总额	按部门、人员类...	仓储部	管理人员		9,462.00	100	9,462.00
7	□	工资发放	应付工资总额	按部门、人员类...	生产部	生产人员		20,610.00	100	20,610.00

图 1－3－48　分摊计算

【第二步】分摊计算完成后，点击“生成凭证”按钮，系统自动生成凭证，如图 1－3－49 至图 1－3－54 所示。

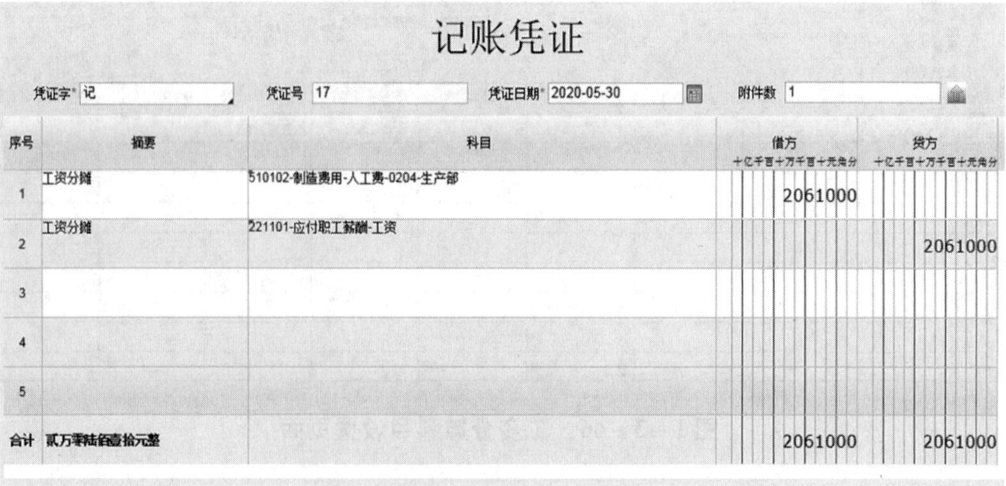

记账凭证

凭证字* 记　凭证号 17　凭证日期* 2020-05-30　附件数 1

序号	摘要	科目	借方	贷方
1	工资分摊	510102-制造费用-人工费-0204-生产部	2061000	
2	工资分摊	221101-应付职工薪酬-工资		2061000
3				
4				
5				
合计	贰万零陆佰壹拾元整		2061000	2061000

图 1－3－49　生成凭证页面

记账凭证

凭证字* 记　凭证号 18　凭证日期* 2020-05-30　附件数 1

序号	摘要	科目	借方	贷方
			十亿千百十万千百十元角分	十亿千百十万千百十元角分
1	工资分摊	660209-管理费用-工资-0203-仓储部	946200	
2	工资分摊	221101-应付职工薪酬-工资		946200
3				
4				
5				
合计	玖仟肆佰陆拾贰元整		946200	946200

图 1-3-50　生成凭证页面

记账凭证

凭证字* 记　凭证号 19　凭证日期* 2020-05-30　附件数 1

序号	摘要	科目	借方	贷方
			十亿千百十万千百十元角分	十亿千百十万千百十元角分
1	工资分摊	660209-管理费用-工资-0202-销售部	965600	
2	工资分摊	221101-应付职工薪酬-工资		965600
3				
4				
5				
合计	玖仟陆佰伍拾陆元整		965600	965600

图 1-3-51　生成凭证页面

记账凭证

凭证字* 记　凭证号 20　凭证日期* 2020-05-30　附件数 1

序号	摘要	科目	借方	贷方
			十亿千百十万千百十元角分	十亿千百十万千百十元角分
1	工资分摊	660209-管理费用-工资-0201-采购部	1140200	
2	工资分摊	221101-应付职工薪酬-工资		1140200
3				
4				
5				
合计	壹万壹仟肆佰零贰元整		1140200	1140200

图 1-3-52　生成凭证页面

记账凭证

凭证字* 记　凭证号 20　凭证日期* 2020-05-30　附件数 1

序号	摘要	科目	借方 十亿千百十万千百十元角分	贷方 十亿千百十万千百十元角分
1	工资分摊	660209-管理费用-工资-0103-办公室	1863300	
2	工资分摊	221101-应付职工薪酬-工资		1863300
3				
4				
5				
合计	壹万捌仟陆佰叁拾叁元整		1863300	1863300

图 1－3－53　生成凭证页面

记账凭证

凭证字* 记　凭证号 21　凭证日期* 2020-05-30　附件数 1

序号	摘要	科目	借方 十亿千百十万千百十元角分	贷方 十亿千百十万千百十元角分
1	工资分摊	660209-管理费用-工资-0102-行政部	1970000	
2	工资分摊	221101-应付职工薪酬-工资		1970000
3				
4				
5				
合计	壹万玖仟柒佰元整		1970000	1970000

图 1－3－54　生成凭证页面

【第三步】此时系统生成的凭证为暂存凭证，点击“修改”按钮，可对生成的凭证进行修改；点击“保存”按钮，系统完成凭证生成工作，如图 1－3－55 所示。

第三部分：工资管理系统的月末结账处理

月末结账，是将本月处理完毕的工资数据进行封结，并结转到下月及相关损益。月末结账业务包括结账和反结账。

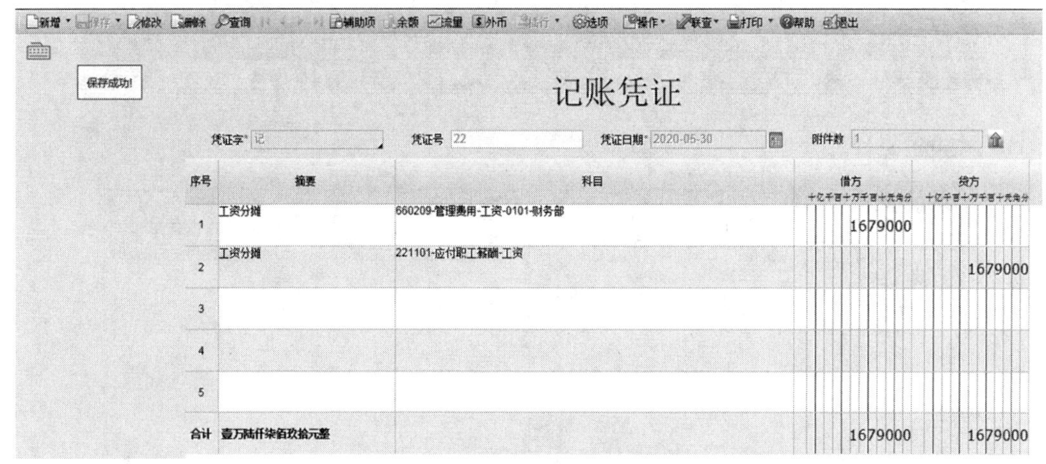

图 1 -3 -55　保存凭证页面

1. 月末结账。

【第一步】点击“月末处理/结账”菜单项，进入“结账”提示页面，如图 1 -3 -56 所示。

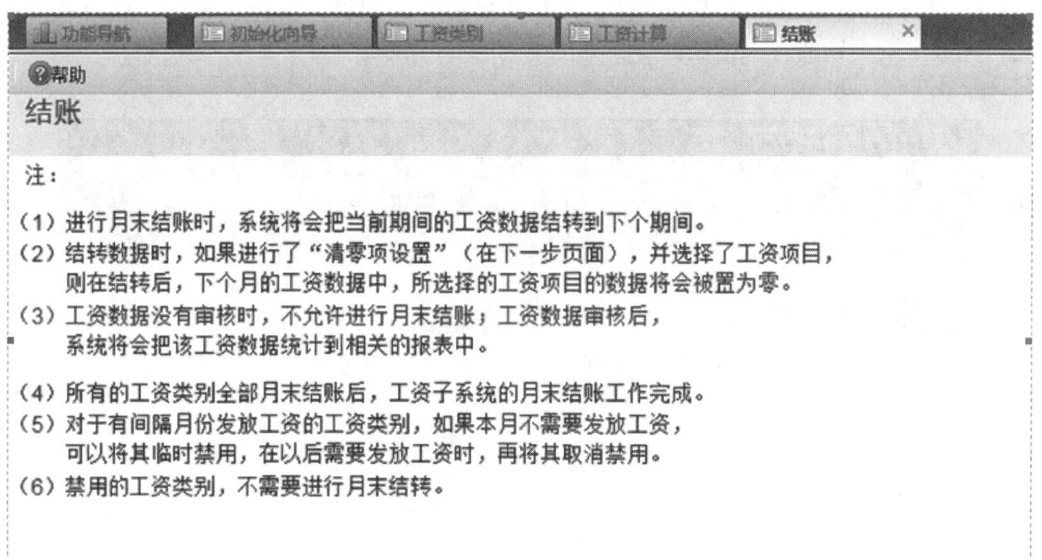

图 1 -3 -56　结账提示页面

【第二步】在“结账”页面，选择需要进行结账的工资类别，点击“下一步”按钮，系统弹出“工资清零”提示页面，如图 1 -3 -57 所示。

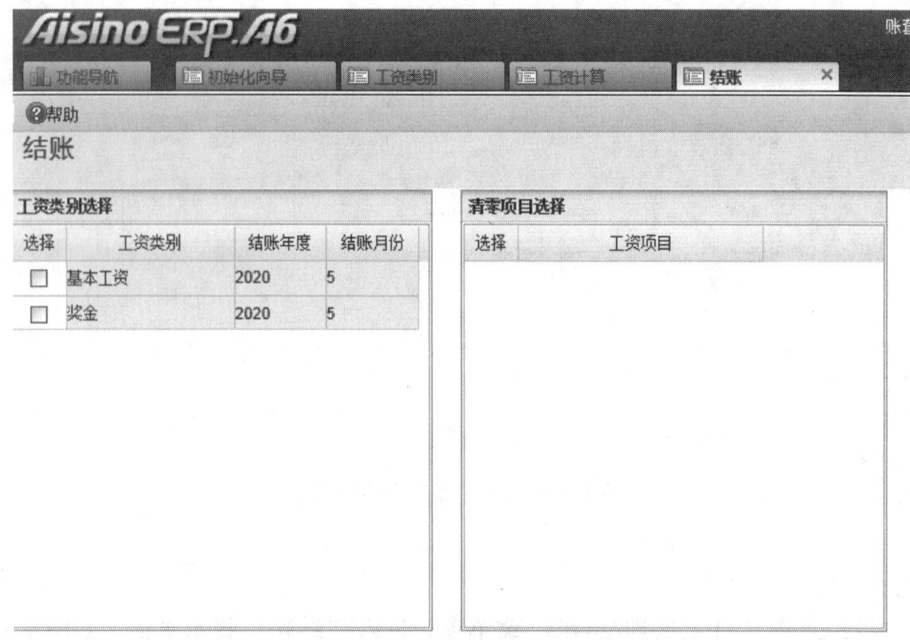

图 1-3-57　工资清零提示页面

【第三步】在“可选择的项目”中，选择需要清零的项目，选择完成后，点击“完成”按钮，完成工资类别的月末结账处理，如图 1-3-58 所示。

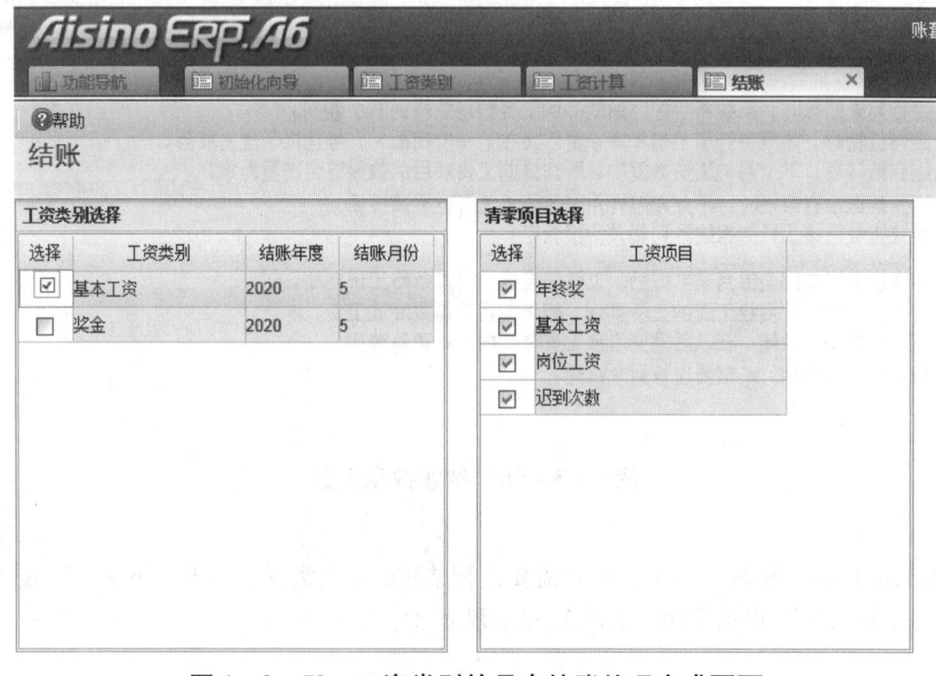

图 1-3-58　工资类别的月末结账处理完成页面

2. 月末反结账。

当需要对已结账月份工资数据进行修改时，如重新计算工资等，可通过“反结账”功能，将已结账月份重新恢复成未结账状态。

【第一步】点击“月末处理/反结账”菜单项，进入“反结账”提示页面，如图 1－3－59 所示。

图 1－3－59 反结账提示页面

【第二步】选择需要进行结账的工资类别，点击“下一步”按钮，系统弹出“完成反结账”页面，如图 1－3－60 所示。

图 1－3－60 完成反结账页面

【第三步】点击“完成”按钮，系统弹出“确定要反结账吗”对话框，点击“确定”按钮，完成反结账工作，如图1-3-61所示。

图1-3-61　“确定要反结账吗”对话框

（五）实验总结和实验报告

通过本次实验，我们了解了工资管理系统的基本工作原理和内容以及工资管理系统与其他系统的联系，掌握了工资相关业务的处理流程和工资核算业务的主要操作技能。应该总结回顾本次实验的过程，检查实验的结果，写出实验报告（或者填制实验报告表）。

二、固定资产管理

（一）实验目的和要求

了解固定资产管理系统的基本知识及相关内容，掌握固定资产日常业务的管理，掌握生成固定资产卡片，按月反映固定资产的增加、减少、原值变化及其他变动，并输出相应的增减变动明细账，按月自动计提折旧，生成折旧分配凭证等主要操作，具备在实际工作熟练使用固定资产管理系统进行固定资产业务处理的能力。

（二）实验知识准备

了解固定资产管理业务处理的一般操作流程，如图1-3-62所示。

固定资产管理业务流程

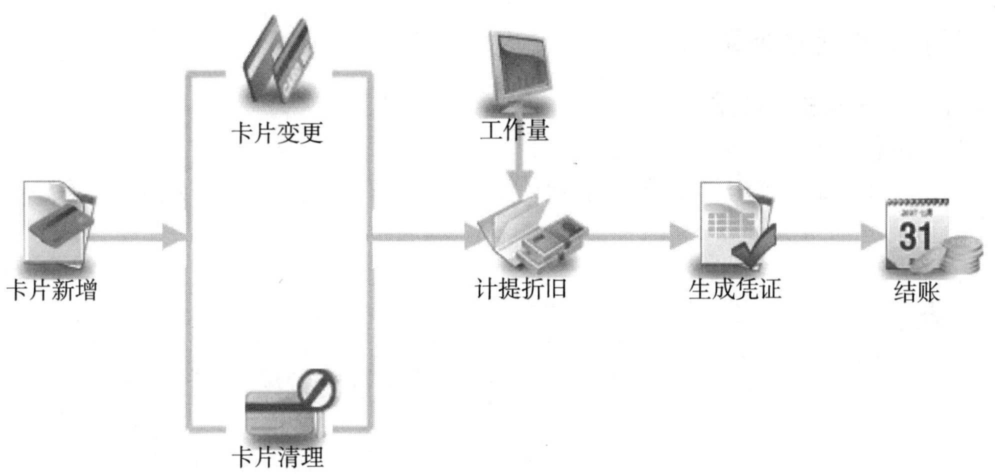

图 1－3－62　固定资产管理业务处理操作流程

（三）实验内容和资料

1. 固定资产期初。

以办公设备类固定资产为例，期初数据如表 1－3－1 所示。

表 1－3－1　　办公设备类（使用：年限平均法一）

名称	数量（台）	单价（元）	金额（元）	累计折旧（元）	购入时间	残值率（%）	使用部门
计算机	20	6 000	120 000.00	22 800.00	2019 年 4 月 21 日	5	销售部
传真机	1	4 800	4 800.00	1 824.00	2018 年 4 月 1 日		办公室
打印机	5	1 200	6 000.00	2 185.00	2018 年 5 月 1 日		财务部

2. 操作指导。

（1）打开固定资产管理→基础资料→增加存放地点：1 销售部；2 办公室；3 财务部（实际工作中如有其他项目可在相应的地方增减）。

（2）打开固定资产管理→初始化→参数设置→选择计提的折旧自动审核。

（3）打开固定资产管理→初始化→期初卡片→进行期初卡片录入。

（4）结束初始化。

3. 固定资产系统实验练习。

（1）本月 26 日购入新的计算机 2 台，单价 7 500 元，已用银行存款支付，结算号 01014，已交销售部使用，预计使用年限 5 年，经济用途为经营性。

（2）月末，计提本月折旧并生成凭证。

4. 操作指导。

打开计提折旧→生成凭证（参数设置→计提的折旧自动审核）。

（四）详细操作步骤

1. 固定资产管理系统基础设置。

【第一步】增加存放地点：

首先，点击“固定资产/基础数据/存放地点”进入“存放地点设置”页面，如图 1－3－63 所示。

基础设置
固定资产
存放地点
新增
修改
删除
刷新
禁用
展开
折叠
帮助
退出
代码
名称
详细地址
备注

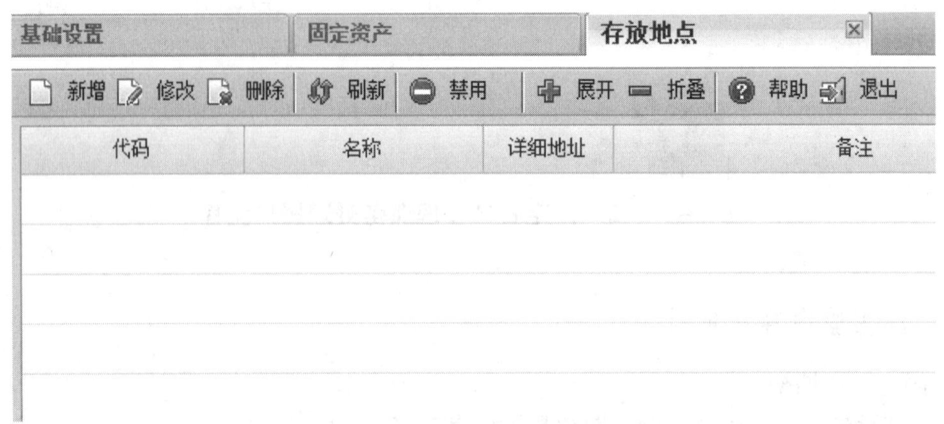

图 1－3－63　存放地点设置页面

然后，在存放地点页面中点击“新增”按钮进入“存放地点增加”页面，如图 1－3－64 所示。

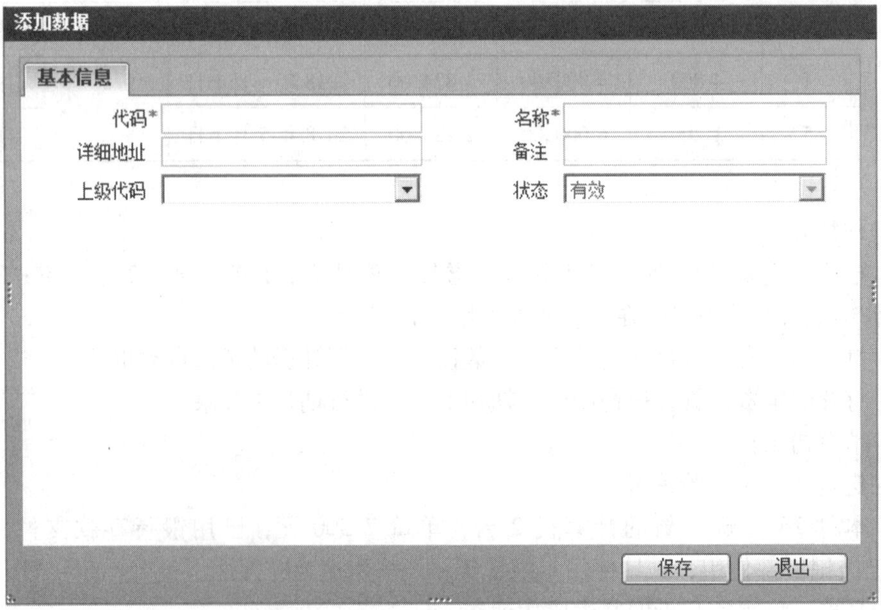

添加数据
基本信息
代码*
名称*
详细地址
备注
上级代码
状态
有效
保存
退出

图 1－3－64　存放地点增加页面

输入存放地点的代码和名称，如图 1－3－65 所示。

代码	名称	详细地址	备注
1	销售部		
2	办公室		
3	财务部		

图 1－3－65　输入存放地点

【第二步】打开“固定资产管理/初始化/参数设置/选择计提的折旧自动审核”，如图 1－3－66 所示。

图 1－3－66　固定资产参数设置页面

【第三步】点击“固定资产管理/初始化/期初卡片/进行期初卡片录入”，如图 1 –3 –67 所示。

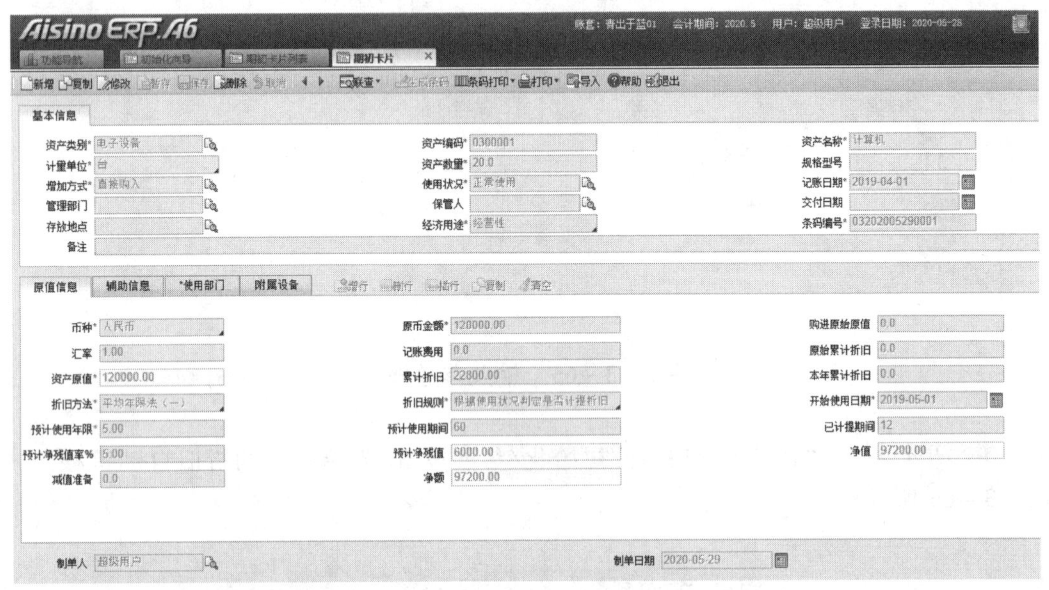

图 1 –3 –67　期初卡片录入页面

例如：输入计算机数量 20，单价 6 000，原币金额 120 000，累计折旧 22 800，存放地点销售部，登记人李销售，如图 1 –3 –68、图 1 –3 –69、图 1 –3 –70 所示。

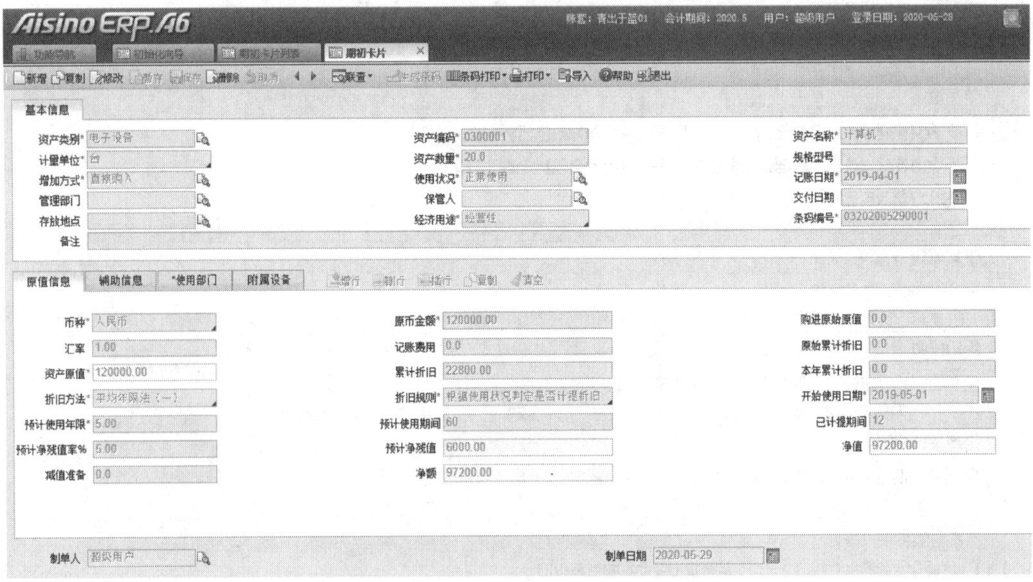

图 1 –3 –68　期初卡片录入页面

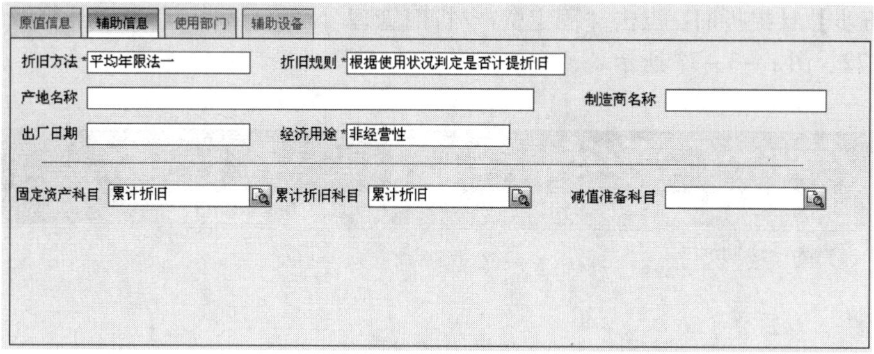

图 1－3－69　辅助信息录入页面

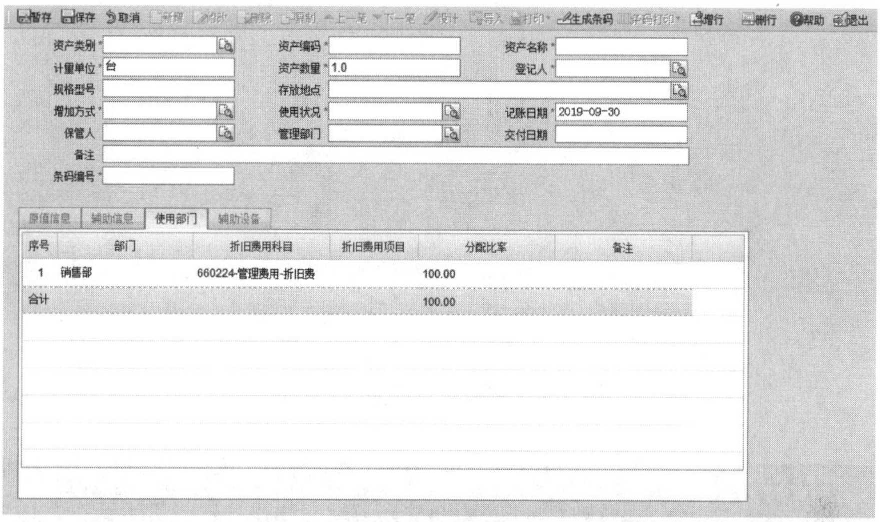

图 1－3－70　使用部门信息录入页面

输入完成后点击“保存”按钮，其他两种物品录入方式相同。

【第四步】期初卡片录入完成后点击“固定资产/初始化/结束初始化”，如图 1－3－71 所示。

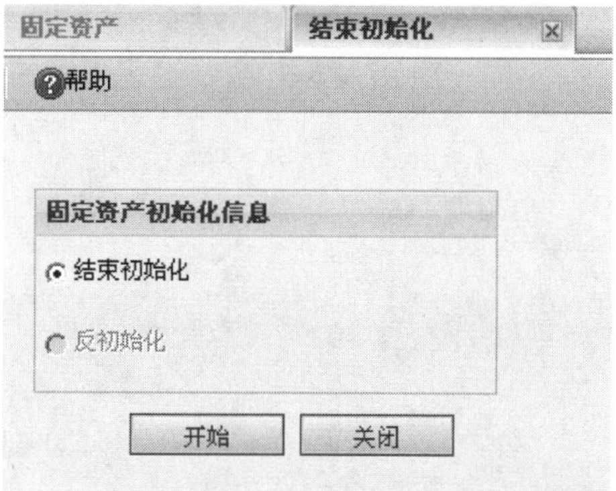

图 1－3－71　结束初始化页面

【第五步】计提折旧：点击“固定资产/折旧管理/计提折旧”，点击“计算”按钮，如图1－3－72、图1－3－73所示。

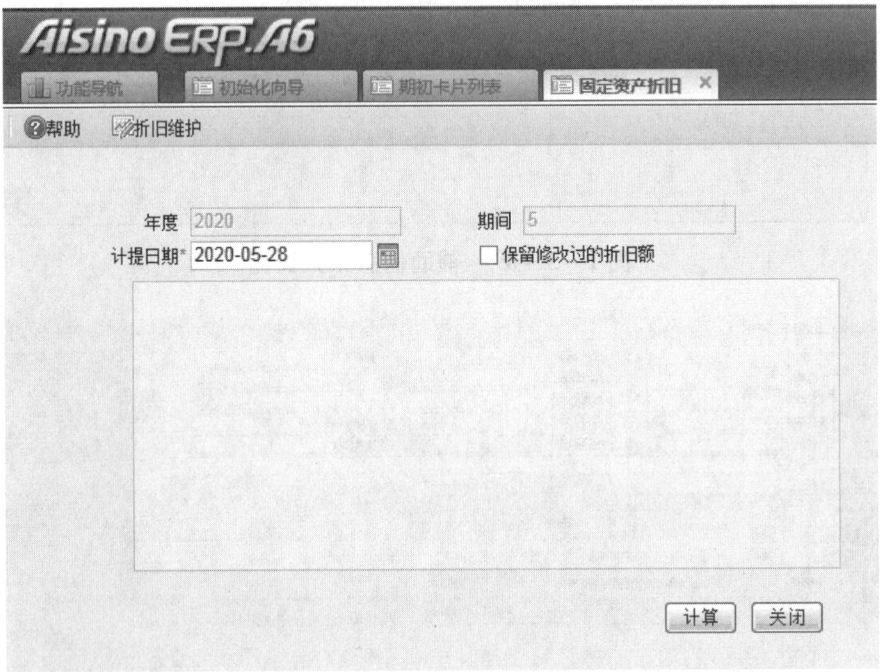

图1－3－72　计提折旧页面

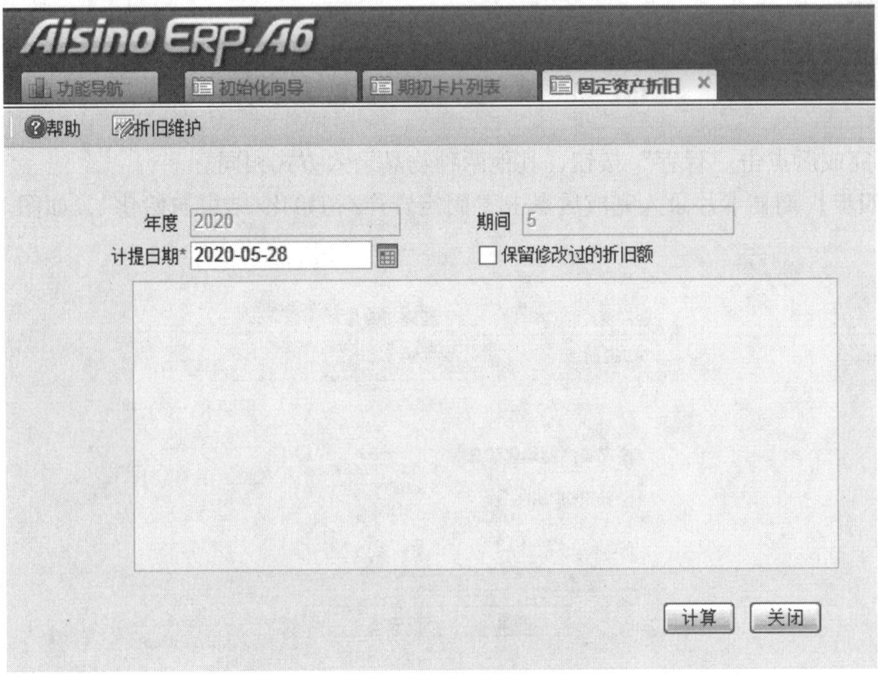

图1－3－73　折旧计算完成页面

【第六步】对已提折旧进行审核，点击“固定资产/折旧管理/折旧维护”，如图 1－3－74 所示。

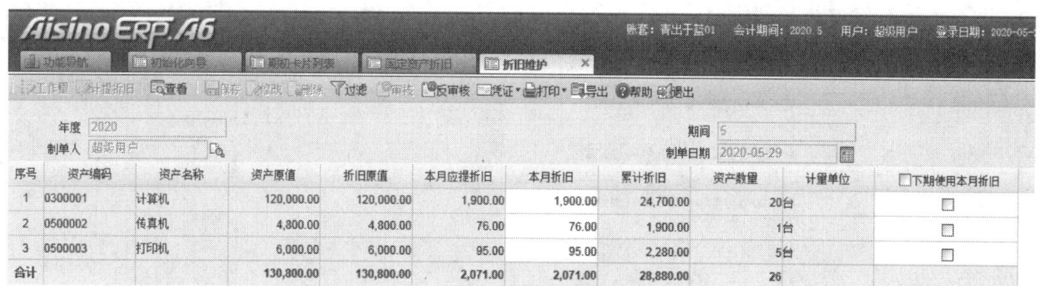

序号	资产编码	资产名称	资产原值	折旧原值	本月应提折旧	本月折旧	累计折旧	资产数量	计量单位	下期使用本月折旧
1	0300001	计算机	120,000.00	120,000.00	1,900.00	1,900.00	24,700.00	20	台	□
2	0500002	传真机	4,800.00	4,800.00	76.00	76.00	1,900.00	1	台	□
3	0500003	打印机	6,000.00	6,000.00	95.00	95.00	2,280.00	5	台	□
合计			130,800.00	130,800.00	2,071.00	2,071.00	28,880.00	26		

图 1－3－74　已提折旧审核页面

【第七步】计提折旧审核完成后，对已提折旧生成凭证。点击“固定资产/生成凭证/生成凭证”，选择所要进行折旧的卡片，点击“凭证”，在弹出页面中点击“执行”，如图 1－3－75、图 1－3－76、图 1－3－77 所示。

选择	类型	期间	单据编号	资产编码	资产名称	单据日期	变更方式	清理费用	残料收入	原值变化	累计折旧变化	减值准备变化
□	卡片折旧	2019.10				2019-10-04	折旧	0.00	0.00	0.00	2,070.96	0.00

图 1－3－75　生成凭证页面

图 1－3－76　生成凭证执行页面

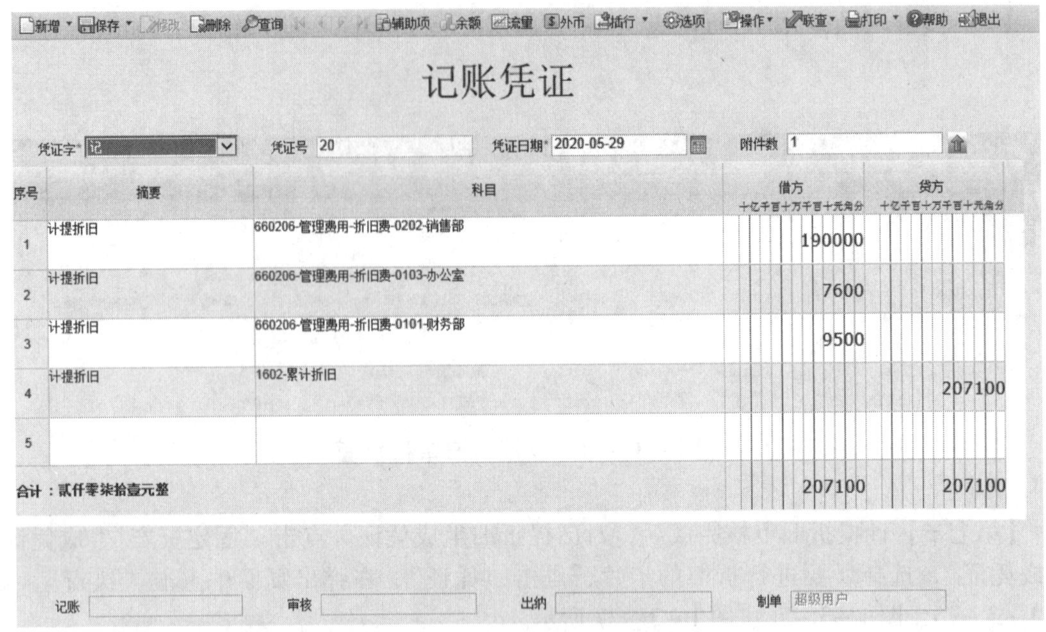

新增 保存 修改 删除 查询 辅助项 余额 流量 外币 插行 选项 操作 联查 打印 帮助 退出

记账凭证

凭证字* 记　凭证号 20　凭证日期* 2020-05-29　附件数 1

序号	摘要	科目	借方	贷方
1	计提折旧	660206-管理费用-折旧费-0202-销售部	190000	
2	计提折旧	660206-管理费用-折旧费-0103-办公室	7600	
3	计提折旧	660206-管理费用-折旧费-0101-财务部	9500	
4	计提折旧	1602-累计折旧		207100
5				
合计：贰仟零柒拾壹元整			207100	207100

记账　审核　出纳　制单 超级用户

图 1－3－77　凭证生成页面

2. 日常业务处理步骤。

本月 26 日购入新的计算机 2 台，单价 7 500 元，已用银行存款支付，结算号 01014，已交销售部使用，预计使用年限 5 年，经济用途为经营性。

详细步骤：

点击“固定资产/固定资产管理/卡片新增”，操作步骤与期初卡片相同，如图 1－3－78、图 1－3－79 所示。

新增卡片

基本信息

资产类别* 电子设备　资产编码* 0300004　资产名称* 计算机

计量单位* 台　资产数量* 2.0　规格型号

增加方式* 直接购入　使用状况* 正常使用　记账日期* 2020-05-26

管理部门　保管人　交付日期

存放地点　经济用途* 经营性　条码编号* 03202005290002

备注

原值信息　辅助信息　*使用部门　附属设备

价税分离

价税合计 0.0　税率% 0.0　记账费用税额 0.0

币种* 人民币　税额 0.0　购进原始原值 0.0

汇率 1.00　原币金额* 15000.00　原始累计折旧 0.0

资产原值* 15000.00　记账费用 0.0　本年累计折旧 0.0

折旧方法* 平均年限法（一）　累计折旧 0.0　开始使用日期* 2020-05-29

预计使用年限* 5.00　折旧规则* 根据使用状况判定是否计提折旧　已计提期间 0

预计净残值率% 5.00　预计使用期间 60　净值 15000.00

减值准备 0.0　预计净残值 750.00　预计月折旧额 237.50

净额 15000.00

制单人 超级用户　制单日期 2020-05-29

图 1－3－78　卡片新增页面

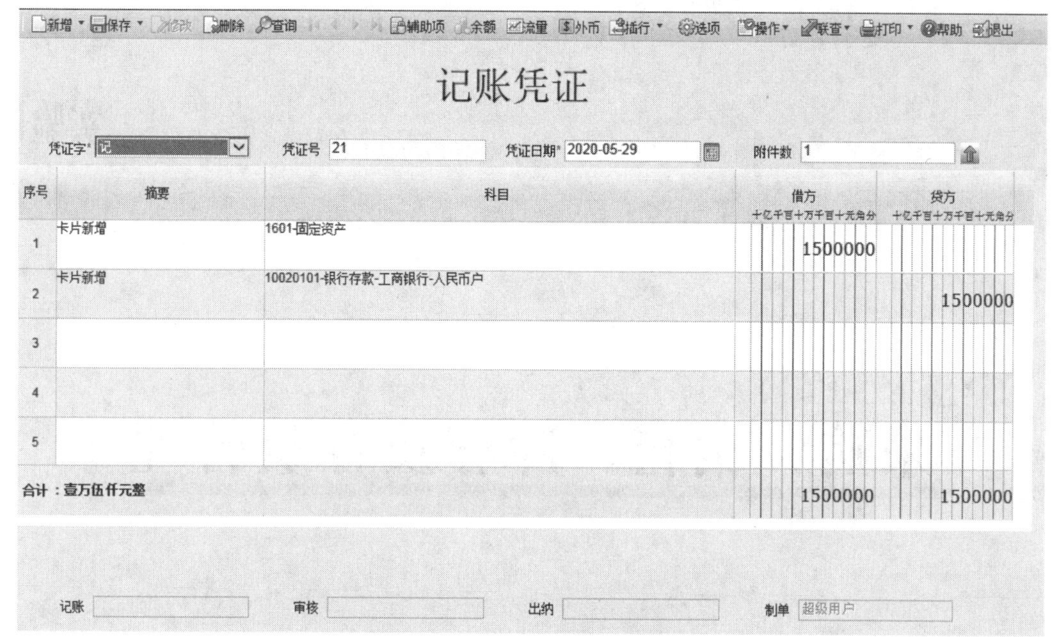

图 1-3-79　生成凭证页面

录入完成后点击“保存”按钮。

五、实验总结和实验报告

通过本次实验，我们了解了固定资产管理系统的基本工作原理及其内容，掌握了固定资产日常业务的管理，掌握了生成固定资产卡片，按月反映固定资产的增加、减少、原值变化及其他变动，并输出相应的增减变动明细账，按月自动计提折旧，生成折旧分配凭证等主要的操作。应该总结回顾本次实验的过程，检查实验的结果，写出实验报告（或者填制实验报告表）。

实验四

采购、销售、库存及存货管理

一、供应链数据初始化设置

（一）实验目的和要求

了解供应链系统初始化的基本知识及相关内容，掌握供应链初始化的处理流程，并掌握其主要操作技能，具备在实际工作中熟练进行供应链初始化操作的能力，具体业务实验目的和要求如下：

1. 了解供应链初始化的处理特点，掌握供应链初始化的内容。
2. 掌握库存管理子系统的初始设置。
3. 掌握存货核算子系统的初始设置。

（二）实验知识准备

1. 第一次使用库存子管理系统，应做好期初库存数据的整理和准备，以便日后系统能对这些数据进行应用和处理。

2. 对现有的存货核算子系统初始数据资料进行整理，主要包括：存货科目设置、收发类别等基础数据的准备以及期初数据（存货的结存数量、金额和计价方式）的设置等，以便及时、顺利、准确地运用本系统，且保证核算的连续性。

3. 库存及存货初始化处理的一般操作流程如图 1 -4 -1、图 1 -4 -2 所示。

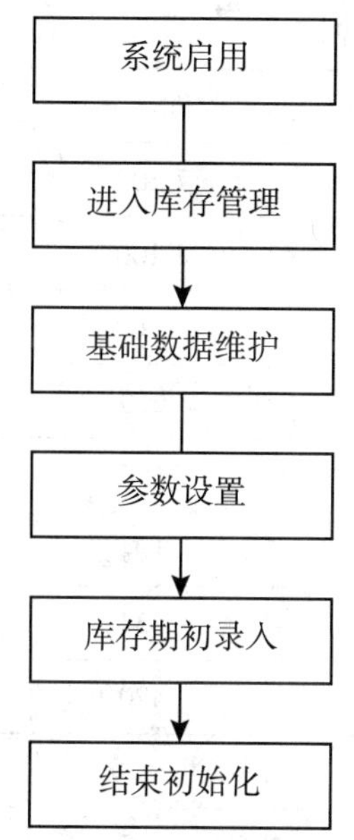

图 1－4－1　库存管理系统初始设置

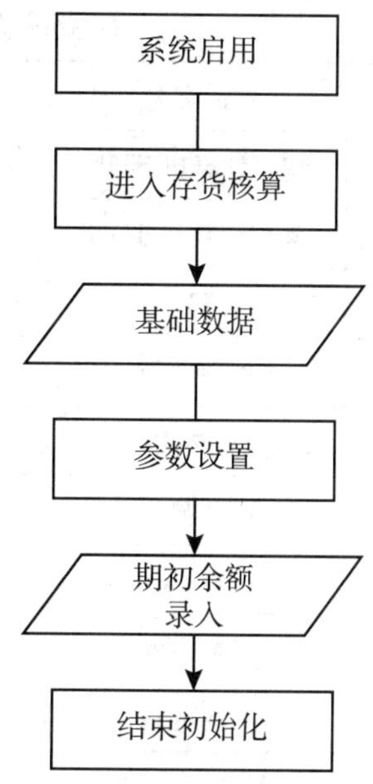

图 1－4－2　存货核算系统初始设置

（三）实验内容和资料

实验内容和资料如表 1－4－1、表 1－4－2 所示。

表 1－4－1　　库存管理期初数据

仓库	物品名称	计量单位	数量	单价（元）	金额（元）
成品库	梦想计算机 SYP5	台	43	7 600	326 800
	梦想计算机 JTP5	台	35	8 100	283 500
	芳云显示器	台	20	760	15 200
配件库	华硕主板	块	46	610	28 060
	金士顿内存 512	条	52	167	8 684
	影驰显卡	块	31	104	3 224
	Inter CPU	块	27	634	17 118
	日立硬盘	块	49	420	20 580
	三星光驱	个	104	89	9 256
	漫步者音箱	套	43	115	4 945
	长城电源	个	142	55	7 810
耗材库	双飞燕鼠标	个	133	37	4 921
	明基键盘	个	87	68	5 916

表 1-4-2　　存货核算系统启用及初始化数据

仓库	物品名称	计量单位	数量	单价（元）	金额（元）
成品库	梦想计算机 SYP5	台	43	7 600	326 800
	梦想计算机 JTP5	台	35	8 100	283 500
	芳云显示器	台	20	760	15 200
配件库	华硕主板	块	46	610	28 060
	金士顿内存 512	条	52	167	8 684
	影驰显卡	块	31	104	3 224
	Inter CPU	块	27	634	17 118
	日立硬盘	块	49	420	20 580
	三星光驱	个	104	89	9 256
	漫步者音箱	套	43	115	4 945
	长城电源	个	142	55	7 810
耗材库	双飞燕鼠标	个	133	37	4 921
	明基键盘	个	87	68	5 916

（四）实验步骤

1. 库存管理系统启用及初始化。

（1）库存管理系统启用。

首次使用库存管理系统需要保证该系统已经启用，库存管理系统的启用方法与其他系统启用相同，通过进入“系统启用管理”页面进行启用。

【第一步】点击“我的系统/基础设置/系统启用”菜单项，进入“系统启用管理”页面，如图 1-4-3 所示。

【第二步】双击“启用年和启用期”，设置存货核算子系统的启用时间（本例为 2020-5）。

【第三步】启用时间设置完成后，在“启用标志”处打钩并保存，即可启用库存管理子系统。

（2）库存管理初始化。

①库存管理—参数设置。

点击“库存管理”，选择“参数设置”按钮，根据实验资料进行参数设置，如图 1-4-4 所示。

Aisino ERP.A6

功能导航　新增卡片　凭证查看　系统启用管理

保存　刷新　帮助　退出

序号	子系统名称	启用年	启用期	启用标志	当前年	当前期
5	应收管理	2020	5	☑	2020	5
6	应付管理	2020	5	☑	2020	5
7	报表管理			☑		
8	预算管理	2020	5	☑	2020	5
9	财务分析			☑		
10	工资管理	2020	5	☑	2020	5
11	固定资产	2020	5	☑	2020	5
12	成本管理	2020	5	☑	2020	5
13	采购管理	2020	5	☑	2020	5
14	库存管理	2020	5	☑	2020	5
15	销售管理	2020	5	☑	2020	5
16	存货核算	2020	5	☑	2020	5
17	委外管理	2020	5	☑	2020	5
18	质量管理	2020	5	☐		
19	生产计划	2020	5	☐		
20	生产执行	2020	5	☐		
21	车间管理	2020	5	☐		
22	计件工资	2020	5	☐		
23	税务会计	2020	5	☑	2020	5

图 1 –4 –3　启用管理页面

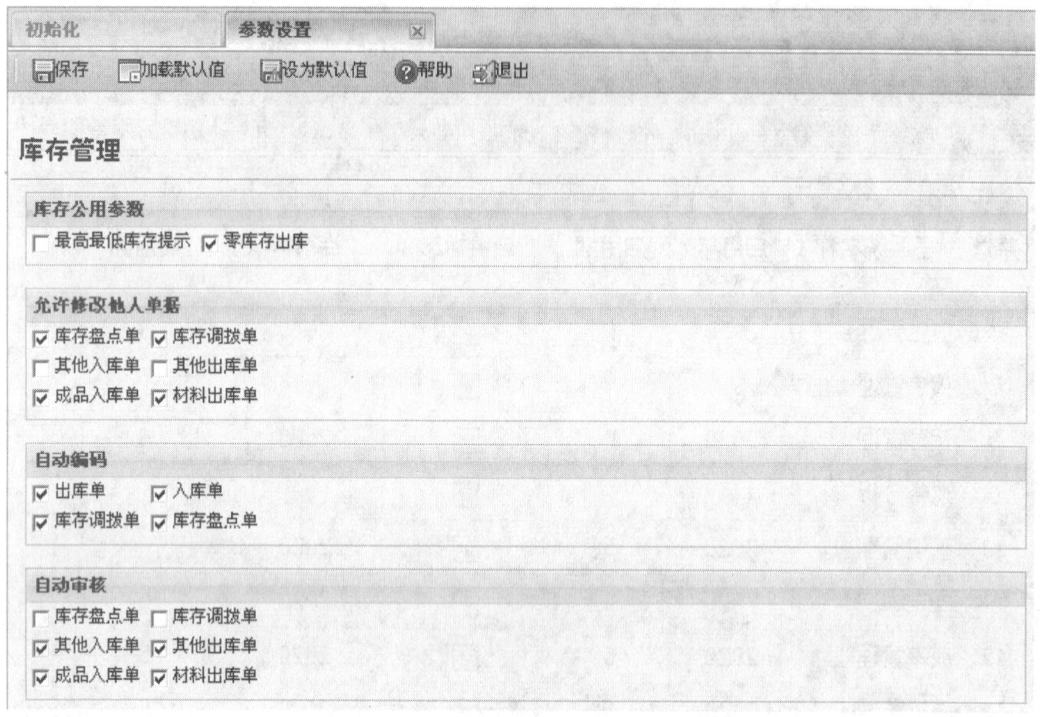

图 1－4－4　库存管理参数设置页面

◆ **最高最低库存提示：**当物品档案中设置了最高库存量及最低库存量时，勾选时，表示当物品出、入库时超过最高库或低于最低库存时，系统给出提示。

◆ **零库存出库：**控制是否允许库存为零时出库。勾选时表示库存余额为零时允许继续出库，反之，则不允许出库。

②允许修改他人单据。

控制单据是否允许他人修改，勾选时表示允许他人修改，反之，则不允许他人修改。系统提供了六种单据供选择，即其他入库单、成品入库单、库存盘点单、其他出库单、材料出库单、库存调拨单。

③自动审核。

控制单据保存后是否由系统自动审核，勾选时表示自动审核，反之，则不自动审核。系统提供了六种单据供选择，即其他入库单、成品入库单、库存盘点单、其他出库单、材料出库单、库存调拨单。

④自动编码。

控制单据保存后是否由系统自动给出单据编码，勾选时表示由系统自动编码，反之，则不自动编码。系统提供了四种单据供选择，即出库单、入库单、库存调拨单、库存盘点单。

编码规则为单据的“汉语拼音缩写＋年月＋单据编号”，如 DB2020050007 表示此单据是 2020 年 5 月份的第 7 张调拨单。

（3）库存管理—期初库存录入。点击“库存管理/期初库存录入”菜单项，根据实验资料选择对应仓库，录入物品编码、名称、单价等信息。录入完成后，点击“保存”按钮对数据进行保存，如图 1－4－5 所示。

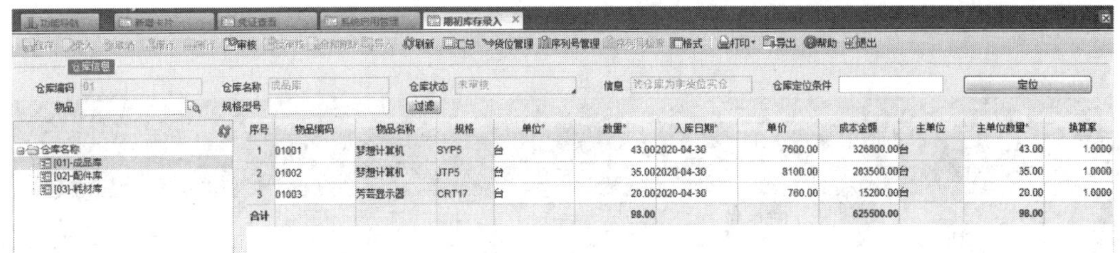

图1－4－5　期初库存录入页面

（4）库存管理—结束初始化。点击“结束初始化”按钮，点击“开始”按钮对库存期初设置结束初始化，如图1－4－6所示。

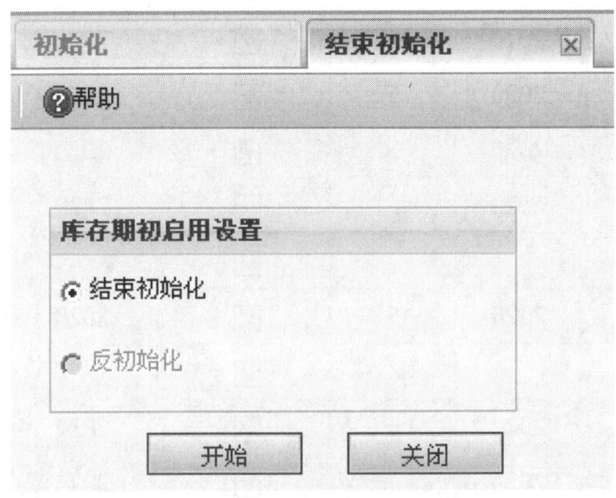

图1－4－6　结束初始化页面

说明：

①结束初始化前应确保货位管理的仓库中的所有物品都分配到相应货位，否则这些物品在结束初始化后会自动被分配到该仓库的默认货位上。

②若结束初始化后需要对期初库存情况进行修改，可以进行反初始化后对期初库存情况进行修改。

（5）库存管理—反初始化。

【第一步】点击“初始化/库存管理/结束初始化”或“库存管理/初始化/结束初始化”菜单项，进入结束初始化页面，如图1－4－6所示。

【第二步】选择“反初始化”，点击“开始”按钮，完成反初始化操作。

2. 存货核算系统启用及初始化。

（1）存货核算系统启用。

首次使用存货核算系统需要保证该系统已经启用，存货核算系统的启用方法与其他系统启用相同，通过进入系统启用管理页面进行启用。

【第一步】点击“我的系统/基础设置/系统启用”菜单项，进入系统启用管理页面，如

图 1 -4 -7 所示。

Aisino ERP.A6

功能导航 新增卡片 凭证查看 系统启用管理

保存 刷新 帮助 退出

序号	子系统名称	启用年	启用期	启用标志	当前年	当前期
1	商业智能	2020	5	☑	2020	5
2	协同管理	2020	5	☑	2020	5
3	总账管理	2020	5	☑	2020	5
4	出纳管理	2020	5	☑	2020	5
5	应收管理	2020	5	☑	2020	5
6	应付管理	2020	5	☑	2020	5
7	报表管理			☑		
8	预算管理	2020	5	☑	2020	5
9	财务分析			☑		
10	工资管理	2020	5	☑	2020	5
11	固定资产	2020	5	☑	2020	5
12	成本管理	2020	5	☑	2020	5
13	采购管理	2020	5	☑	2020	5
14	库存管理	2020	5	☑	2020	5
15	销售管理	2020	5	☑	2020	5
16	存货核算	2020	5	☑	2020	5
17	委外管理	2020	5	☑	2020	5
18	质量管理	2020	5	☐		
19	生产计划	2020	5	☐		

图 1 -4 -7 启用管理页面

【第二步】双击“启用年/启用期”，设置存货核算子系统的启用时间（本例为 2020 -5）。

【第三步】启用时间设置完成后，在“启用状态”处打钩并保存，即可启用存货核算子系统。

🗎 **说明：**

①在启用存货核算子系统时，如果应收、应付管理子系统已经启用，则存货核算子系统的启用期间必须与应收、应付管理子系统的当前期间相同。

②在启用存货核算子系统时，如果购销存管理子系统已经启用，则存货核算子系统的启用期间必须与购销存管理子系统的当前期间相同。

（2）存货核算初始化。

在使用存货核算子系统前，企业存在许多库存商品或材料，这些数据称作存货期初数据，为保证企业数据的连贯性，初次使用存货核算系统时，要求将末级存货的期初数据输入系统中，这个过程称为初始化。初始化主要包括参数设置、精度设置与期初数据录入。

【第一步】点击“初始化/存货核算/期初数据”或“存货核算/初始化/期初数据”菜单项，如图 1 –4 –8 所示。

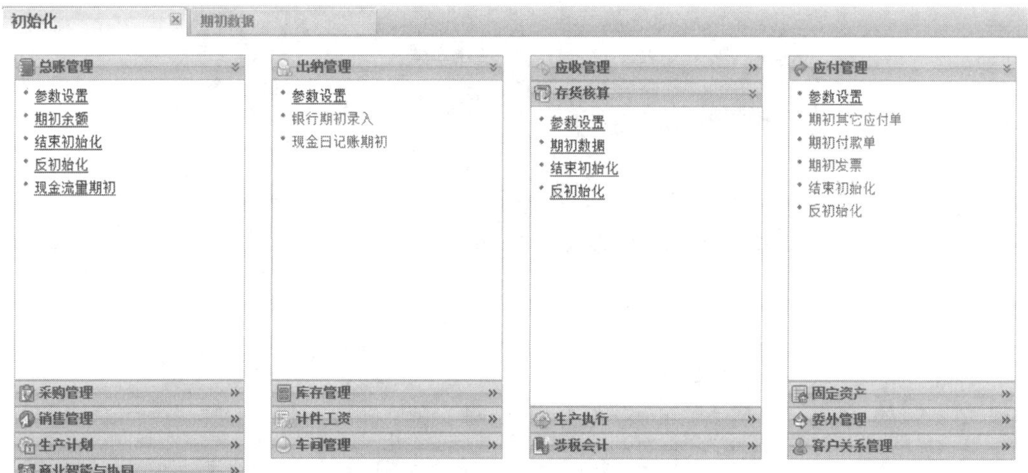

图 1 –4 –8　核算初始化页面

【第二步】在期初数据录入页面，选择仓库为“成品库”，点击“取数”按钮，弹出“库存期初取数”页面，如图 1 –4 –9 若期初取数没有任何数据，则表明库存管理系统未录入有关数据，可以点击“修改”按钮直接在空白行中录入期初数据。

Aisino ERP A6

期初数据

汇总　定位　格式　刷新　打印　导出　帮助　退出

仓库：成品库　刷新

序号	物品编码	物品名称	规格型号	计量单位	批次	生产日期	有效期至	数量	单价	金额	日期	摘要编码	摘要名称
1	01001	梦想计算机	SYP5	台				43.00	7600.00	326800.00	2020-04-30		
2	01002	梦想计算机	JTP5	台				35.00	8100.00	283500.00	2020-04-30		
3	01003	芳芸显示器	CRT17	台				20.00	760.00	15200.00	2020-04-30		
合计								98.00		625500.00			

图 1 –4 –9　期初取数页面

【第三步】勾选“库存期初取数”左下角的“全选”，并点击“确定”按钮，返回后单击“保存”按钮，弹出“保存成功”页面，如图 1 –4 –10 所示，库存期初取数完成。

图1-4-10　保存成功页面

【第四步】按前面三个步骤重复完成其他几个仓库的期初取数工作。

【第五步】对采购系统、销售系统、库存系统进行结束初始化，例如，点击“初始化/采购系统/结束初始化”，进入“结束初始化”页面，进行结束初始化操作，如图1-4-11所示。按此步骤重复完成其他几个系统结束初始化工作。

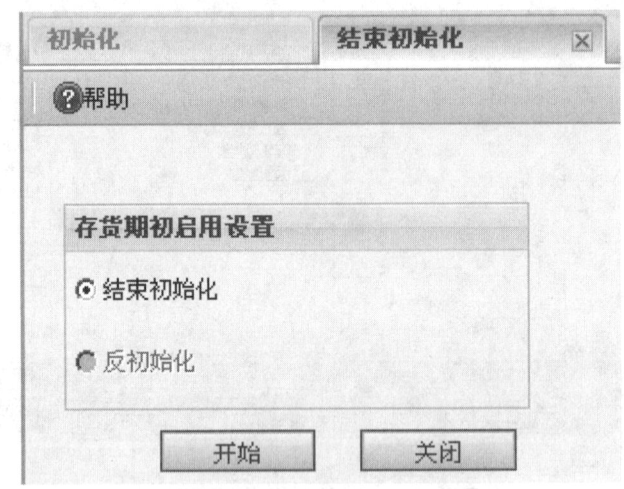

图1-4-11　结束初始化页面

【第六步】选择“结束初始化”，点击“开始”按钮，完成结束初始化操作。

说明：

结束初始化后将不能再对期初单据进行修改，如果需要修改期初数据，需要进行反初始化。

3. 应收应付系统启用及初始化。

本章对供应链学习，其中会涉及应收应付子系统相关业务流程，在这里简要介绍应收应付系统初始操作。以应收管理系统为例，应付管理系统参照设置。

【第一步】进入Aisino A6企业管理软件，在基础设置中启用应收管理系统，如图1-4-12所示。

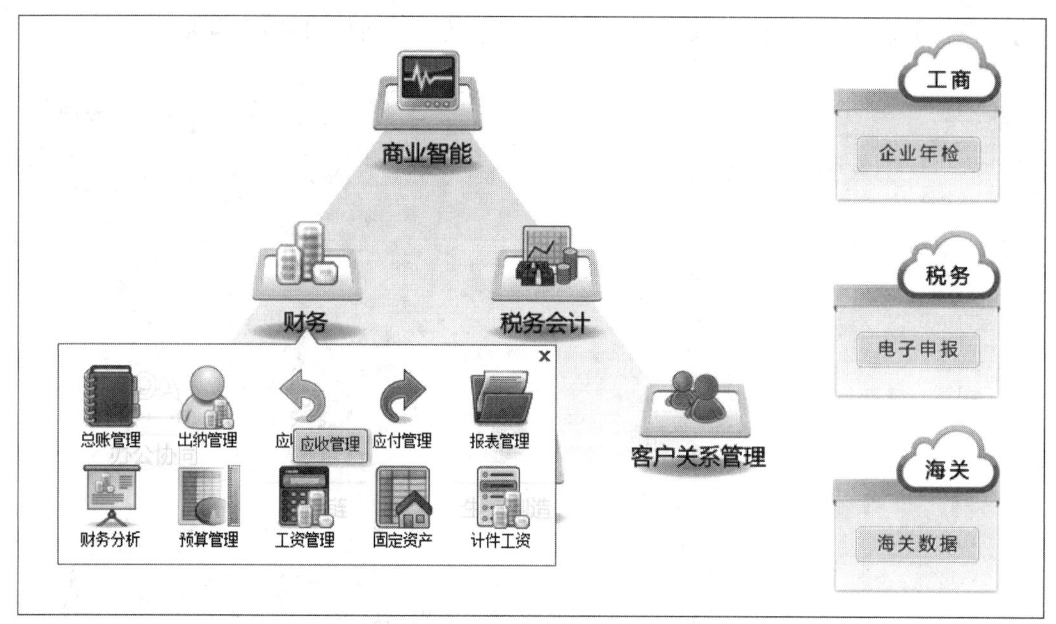

图 1－4－12　应收管理系统页面

【第二步】进入“应收管理”进行基础数据的维护，包括客户信息、应收科目设置，如图 1－4－13 所示。

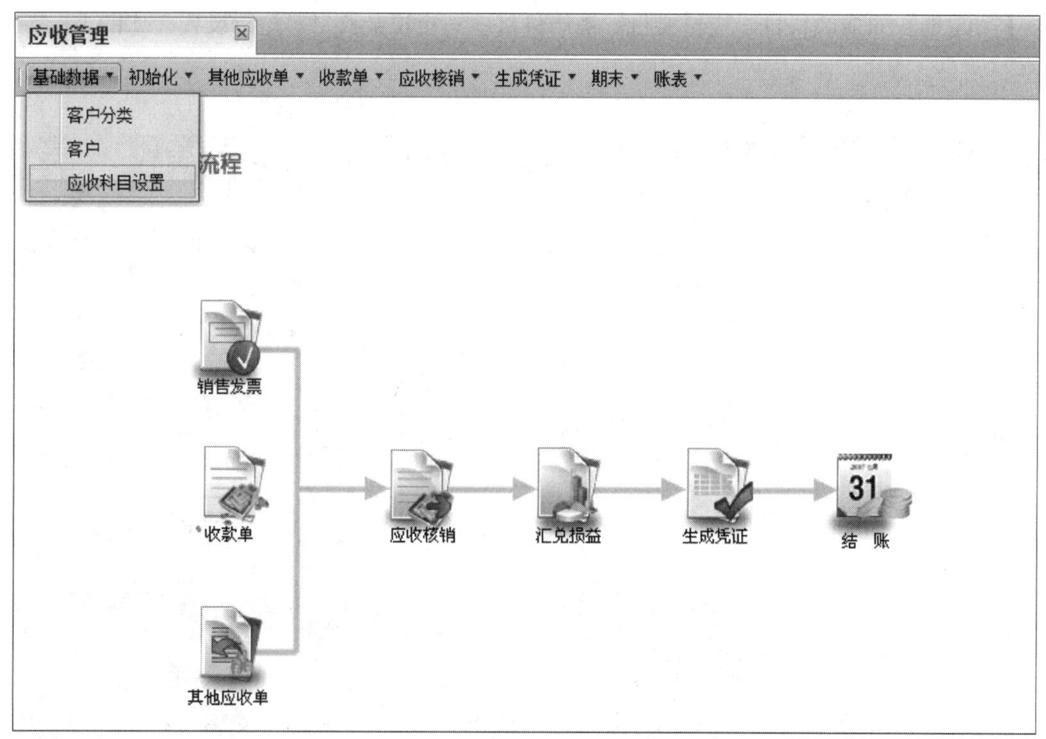

图 1－4－13　应收科目设置页面

【第三步】在“应收科目设置”页面，进行项目设置，如图 1－4－14 所示。

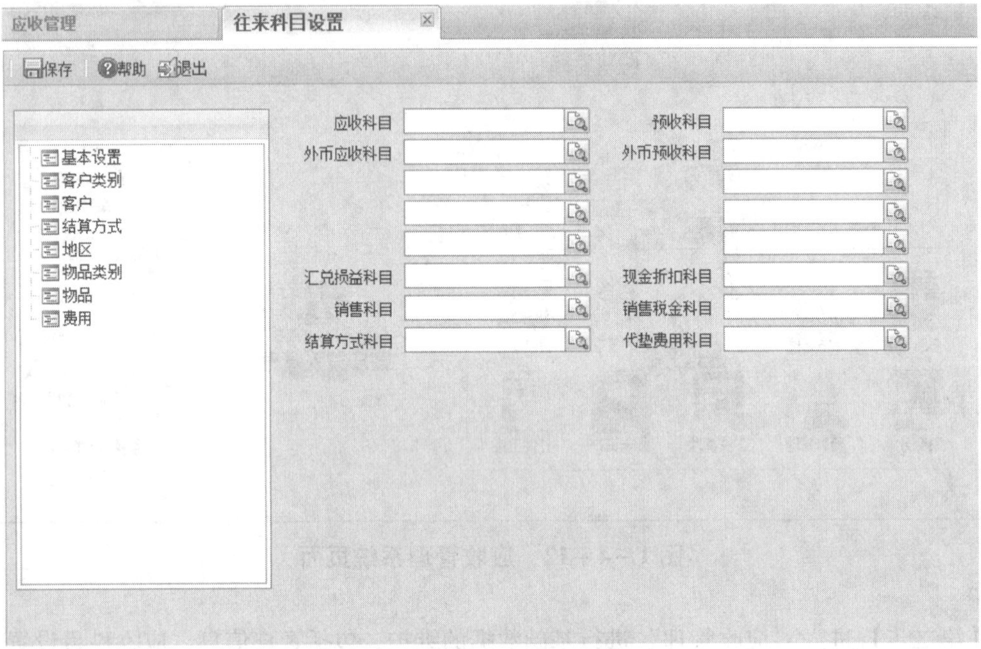

图 1－4－14　项目设置页面

【第四步】对应收科目、应付科目、销售科目、销售税金科目等进行设置，如图 1－4－15 所示。

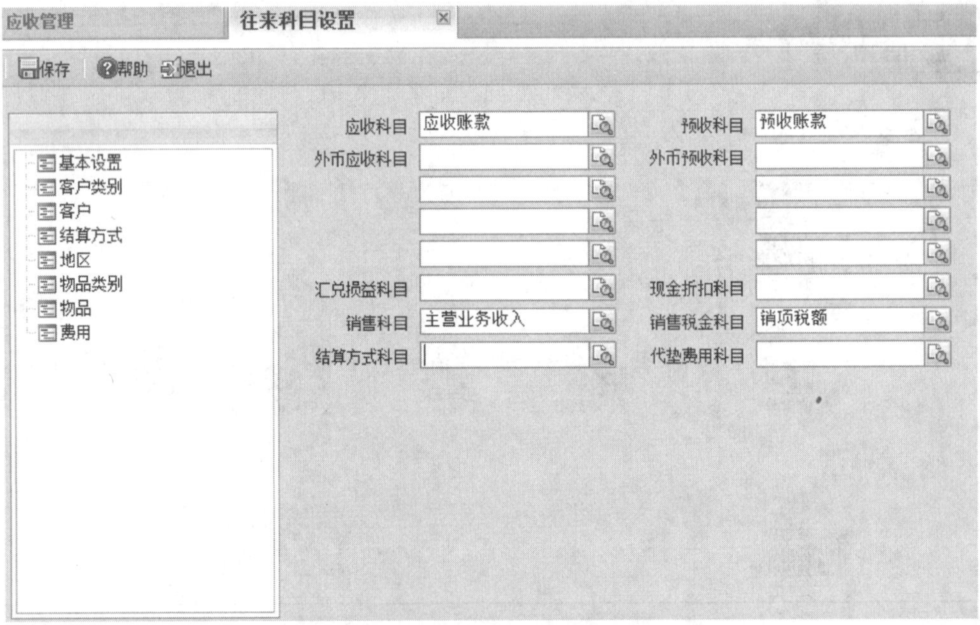

图 1－4－15　往来科目设置页面

二、采购管理

（一）实验目的和要求

了解采购管理系统的基本知识及相关内容，掌握采购业务的处理流程，了解采购管理与其他系统的联系，掌握采购核算的主要操作技能，具备在实际工作中熟练使用采购管理系统进行采购业务处理的能力，具体业务实验目的和要求如下：

1. 了解在途业务的处理特点，掌握在途业务当月的操作流程；同时需要掌握采购增值税专用发票的录入、现结操作，以及在途业务凭证的生成。

2. 了解普通采购业务的一般原理，掌握普通采购业务当月的操作流程；掌握采购业务循环的完整业务工作流程。

3. 了解暂估业务的处理特点，掌握暂估业务当月的操作流程；同时需要掌握采购入库单的录入操作，以及暂估业务凭证的生成。

4. 掌握暂估冲回的业务流程，并掌握暂估冲回的成本计算及凭证处理。

（二）实验知识准备

1. 了解采购业务处理的一般操作流程，如图 1 –4 –16 所示。

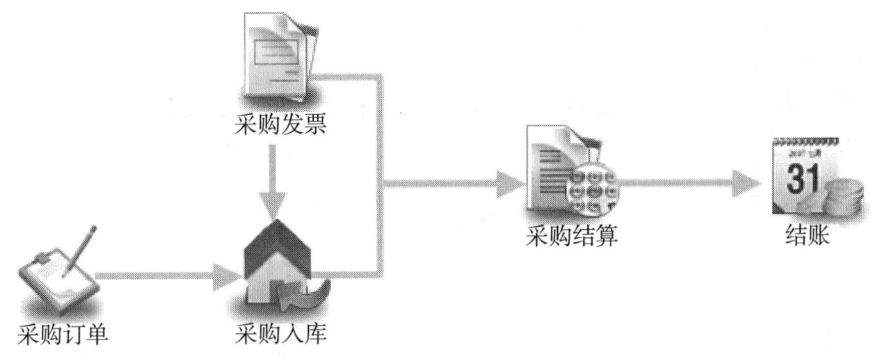

图 1 –4 –16　采购业务流程

2. 了解采购业务模式。根据货物及采购发票的到达先后顺序可分为三种模式：票到货未到；票货同到；货到票未到。不同模式的处理稍有不同。

3. 做本实验前，必须要先完成总账管理、应付管理、库存管理、存货核算系统的初始化并结束初始化操作；必须完成应付管理系统预付单的录入、审核及生成凭证操作。或者在完成前四个实验后接着做本实验。

4. 在处理暂估冲回业务时，必须等到本书的前面的实验全部完成，进行期末结账之后，到下一个会计期间才能进行。

（三）实验内容和资料

1. 票到货未到业务。

5 月 17 日向丙单位购进 Inter CPU，数量 50 块，单价 620 元，丙单位开具增值税专用发票金额 36 270 元（税金 5 270 元）货，款已通过工商银行支付，材料尚未到达企业，结算号：01012。

借：在途物资

　　应交税费——应交增值税（进项税额）

　　贷：银行存款——工商银行——人民币户

2. 票货同到业务。

5 月 20 日收到丁单位发来的显示器 60 台，增值税专用发票上注明的单价为 745 元，价税合计 52 299 元，3G 公司从工商银行支付，显示器已验收入库，结算号：01013。

借：在途物资

　　应交税费——应交增值税（进项税额）

　　贷：银行存款——工商银行——人民币户

借：库存商品

　　贷：在途物资

3. 货到票未到业务（本月暂估）。

5 月 18 日向乙单位购进华硕主板 30 块，暂估单价 602 元；512 金士顿内存 40 条，暂估单价 165 元；影驰显卡 30 块，暂估单价 112 元。材料均已验收入配件库，暂估金额合计 28 020 元，发票尚未收到，款项尚未支付。

借：原材料——配件

　　贷：应付账款

4. 暂估冲回业务。

6 月 1 号收到上述 10 月 18 号暂估业务的发票，各配件的单价与暂估价一致，发票含税金额为 32 783. 4 元。

借：应付账款

　　应交税费——应交增值税（进项税额）

　　贷：银行存款

（四）实验步骤

1. 票到货未到业务。

（1）分析本笔业务的特点：①在途业务；②开具的是增值税专用发票；③已经现结。

（2）实验操作流程：

①打开采购管理→采购发票→填制一张增值税专用发票→点击“现结”按钮，录入现结金额→点击“审核”按钮，完成对该张发票的审核。

②打开应付管理→凭证→对采购发票生成凭证。

（3）详细操作步骤：

【第一步】以操作员 admin 或拥有采购管理权限的其他操作员登录“Aisino A6 的采购管理”窗口页面，如图 1 - 4 - 17 所示，单击“发票/专用发票”菜单命令。

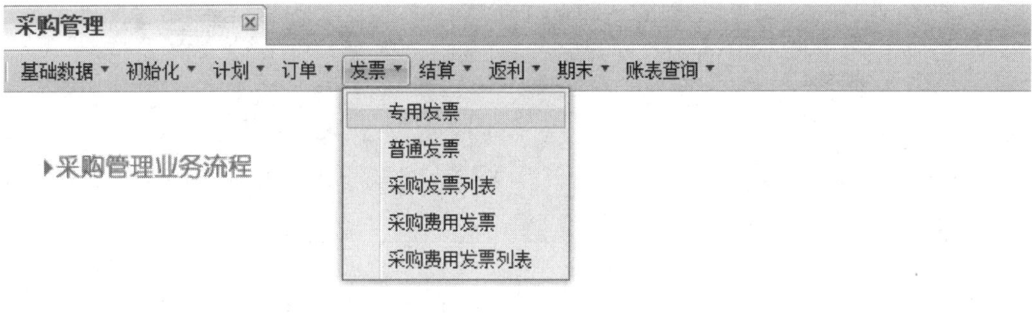

图 1-4-17　执行专用发票菜单命令

【第二步】打开“专用发票”标签页，如图 1-4-18 所示，单击“新增/蓝字”菜单命令，增加一张蓝字空白增值税专用发票。

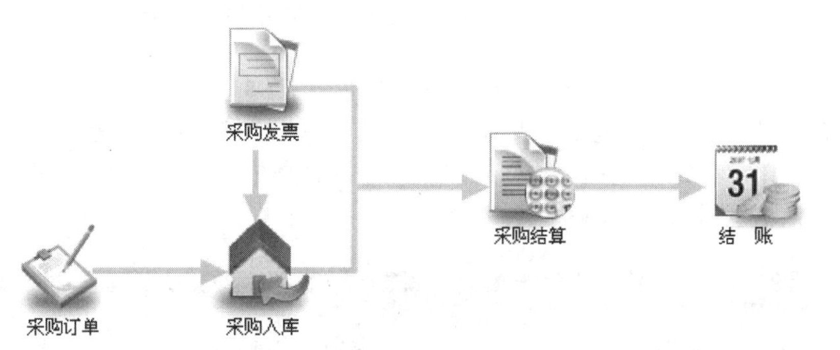

图 1-4-18　新增一张蓝字增值税专用发票页面

【第三步】参照实验内容和资料中业务 1 的内容，如图 1-4-19 所示，进行专用发票录入，输入完毕后，单击工具栏的“保存”对已录入的发票信息进行保存，再单击工具栏的“现结”按钮。

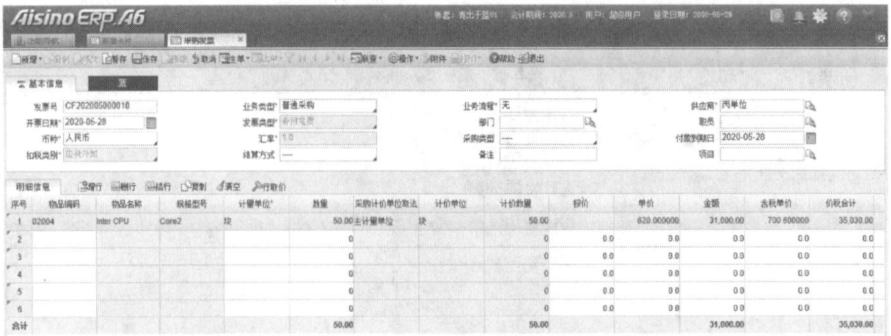

图 1－4－19　录入采购专用发票页面

【第四步】在弹出的“现结”对话框中，如图 1－4－20 所示，录入结算方式、现结金额、票据号及银行账号信息，再单击工具栏的“保存”按钮。系统弹出“发票现结成功”对话框，单击“确定”按钮，返回到“现结”对话框中，并单击该对话框的“退出”按钮，退出此对话框返回到“专用发票”页面。

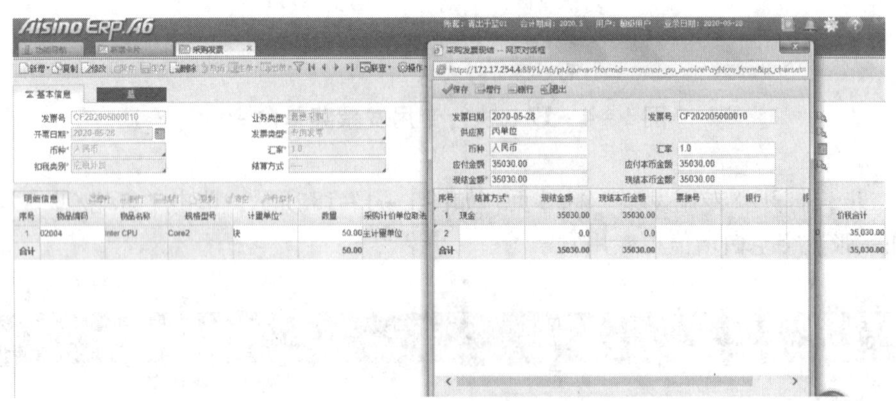

图 1－4－20　发票现结页面

【第五步】返回到“专用发票”页面后，如图 1－4－21 所示，单击工具栏的“审核”按钮，系统弹出“审核完成”对话框，单击该对话框中的“确定”按钮，确定进行审核，并返回到“采购发票”页面。单击“采购发票”页签工具栏中的“退出”按钮，正常退出打开的页面。

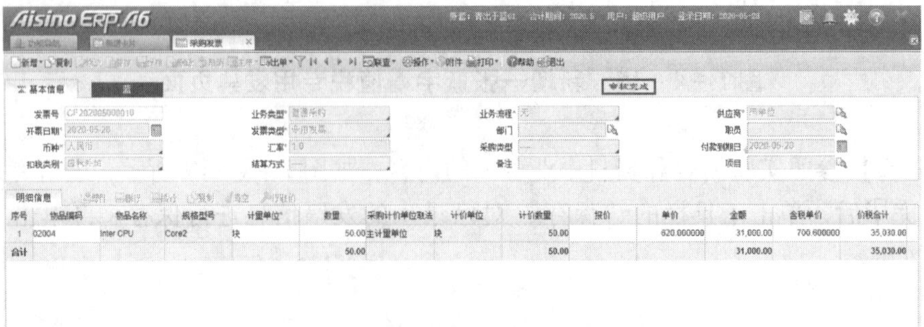

图 1－4－21　审核采购专用发票页面

【第六步】在“A6企业管理软件”窗口主页面，如图1－4－22所示，单击“应付管理”功能模块图标，打开“应付管理”页面。

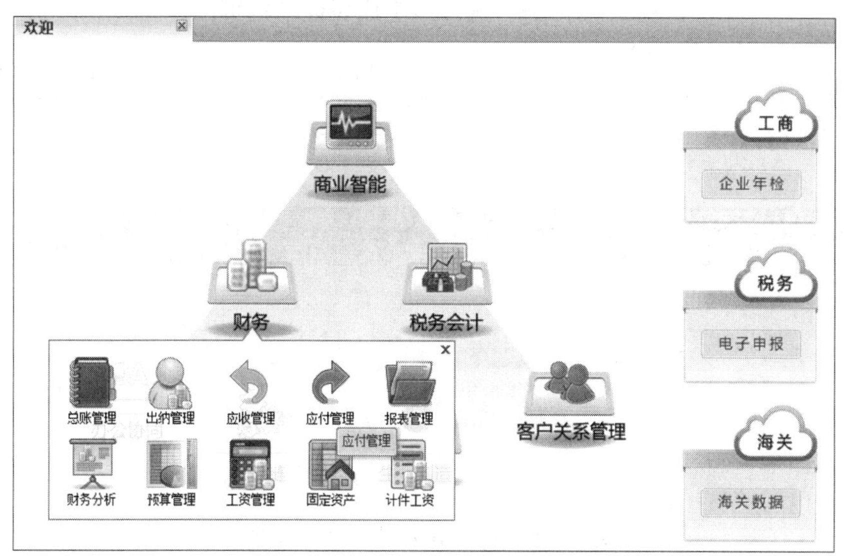

图1－4－22　打开应付管理页面

【第七步】在“应付管理”页面中，如图1－4－23所示，单击“生成凭证/生成凭证”菜单命令，打开“生成凭证”页面。

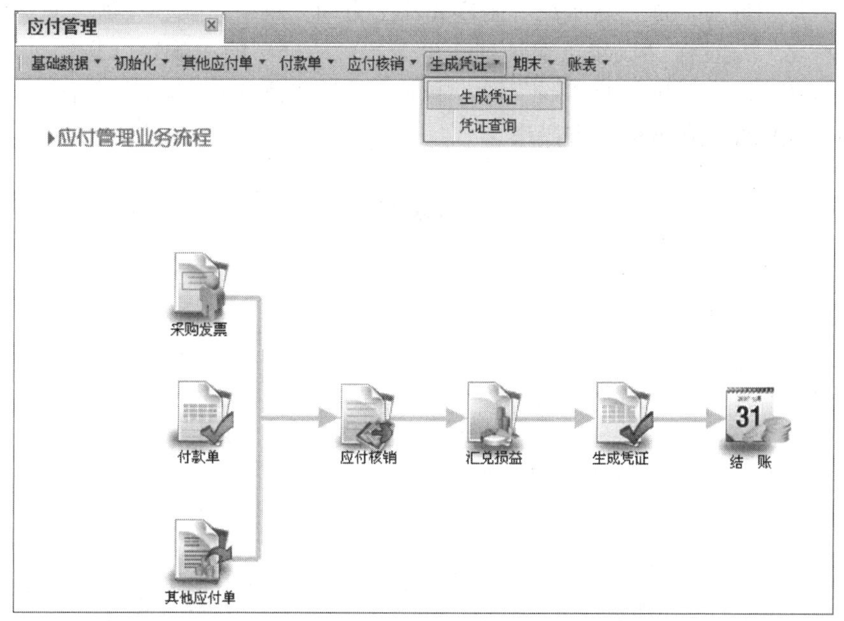

图1－4－23　打开生成凭证页面

【第八步】在“生成凭证”页面中，如图1－4－24所示，勾选单据“选择”项下复选框，选择此单据，再单击工具栏的【凭证】按钮，打开“生成凭证”对话框。

图 1－4－24　选择待生成凭证单据页面

【第九步】在“生成凭证”对话框中，如图 1－4－25 所示，选择“逐单生成凭证”方式，再单击窗口右下方的“执行”按钮，打开“制作凭证”页面。

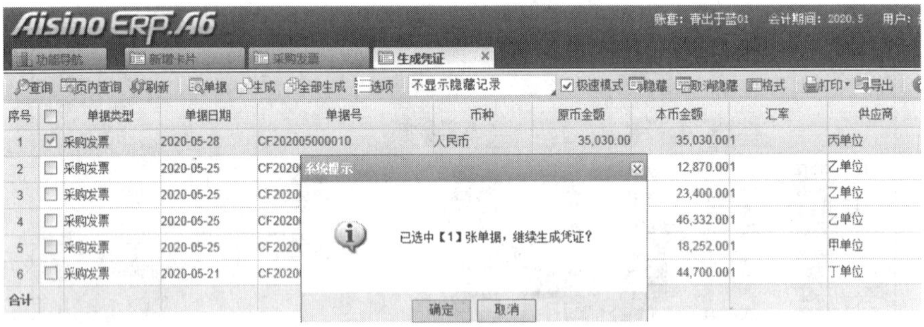

图 1－4－25　执行生成凭证页面

【第十步】在“制作凭证”页面，如图 1－4－26 所示，选择凭证的第三行记录，选择工具栏中的“辅助项”，打开“辅助核算项目”对话框。单击此对话框中“结算方式”文本编辑框右边的“下拉”按钮，选择“支票”结算方式，再单击“确定”按钮，完成结算方式的设置，并退出此对话框，返回到“制作凭证”页面，单击“制作凭证”页面的“保存”按钮，系统弹击“凭证保存成功”对话框，单击此对话框中的“确定”按钮，退出此对话框，并将凭证传递到“总账管理系统”中。同时将打开的页面全部正常关闭，返回到系统主页面窗口，完成此笔业务的所有操作。

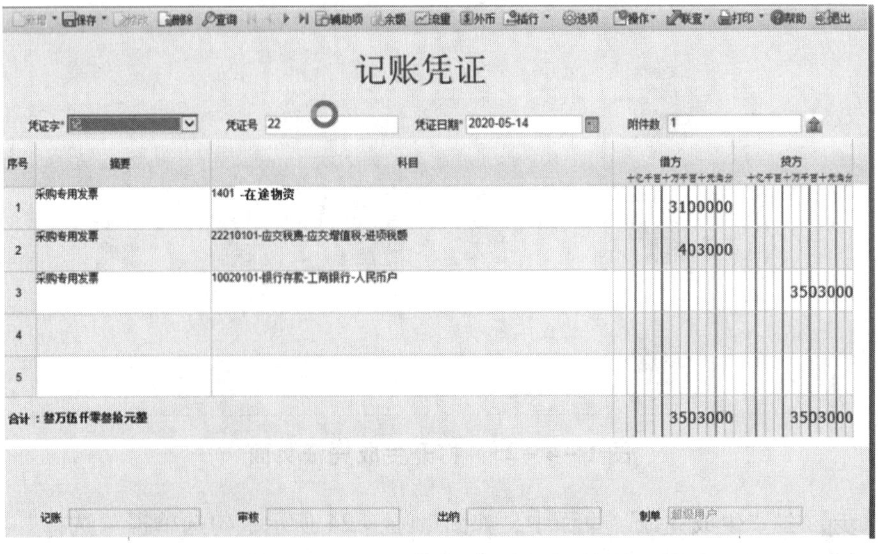

图 1－4－26　制作并保存凭证页面

🗎 **说明：**因货物尚未收到所以无须填制入库单，也不用做采购结算。

2. 票货同到业务。

（1）分析本笔业务的特点：①货已入库；②开具的是普通采购发票；③货款已支付，其支付方式有两种：部分现结；部分由原来的预付款支付。

（2）实验操作流程：

①打开采购管理→填制一张采购发票、现结、审核。

②打开库存管理→填制采购入库单、审核。

③打开采购管理→点击“采购结算”→分别选择采购入库单、采购发票→点击“结算”，完成采购结算操作。

④打开应付管理→应付核销→核销类型“预付冲应付”→选择正确的业务日期→分别在原被核销区域选择单据→点击“核销”按钮，完成预付款冲应付款的核销操作。

⑤在应付管理→生成凭证，对采购发票和预付冲应付业务进行生成凭证的操作。

⑥打开存货核算→单据记账，对入库单记账→（月末平均计算后）生成凭证。

（3）详细操作步骤：

【第一步】以操作员 admin 或拥有采购管理权限的其他操作员登录到“Aisino A6 企业管理软件”的“采购管理”窗口页面，如图 1－4－27 所示，单击“发票/专用发票”菜单命令，打开“专用发票”页面。

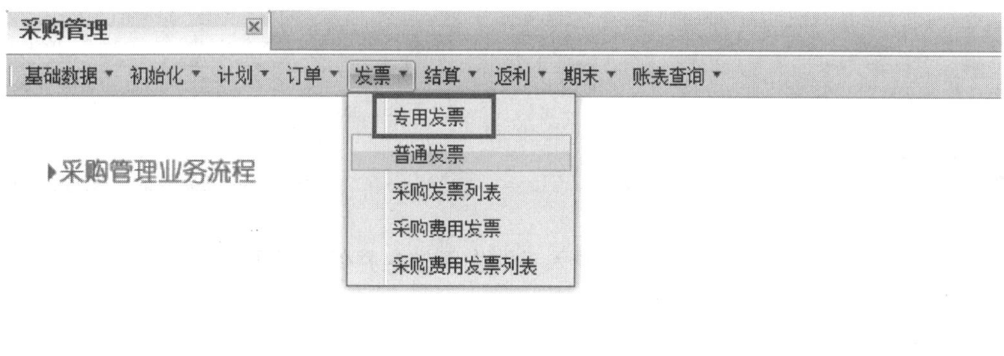

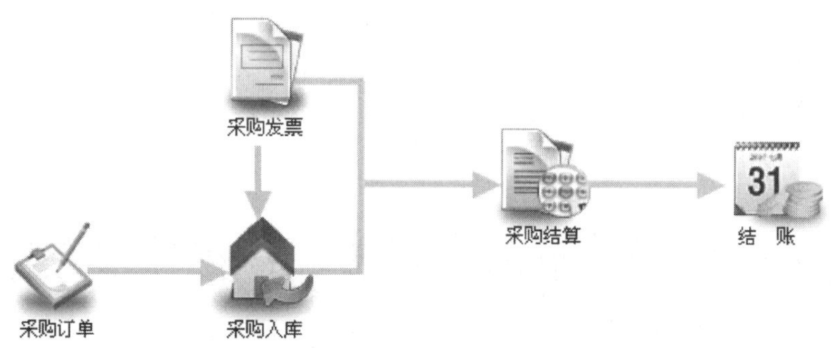

图 1－4－27　执行专用发票菜单命令

【第二步】在“专用发票”页面中，如图 1－4－28 所示，单击“新增/蓝字”菜单命令，新增一张蓝字普通采购发票。

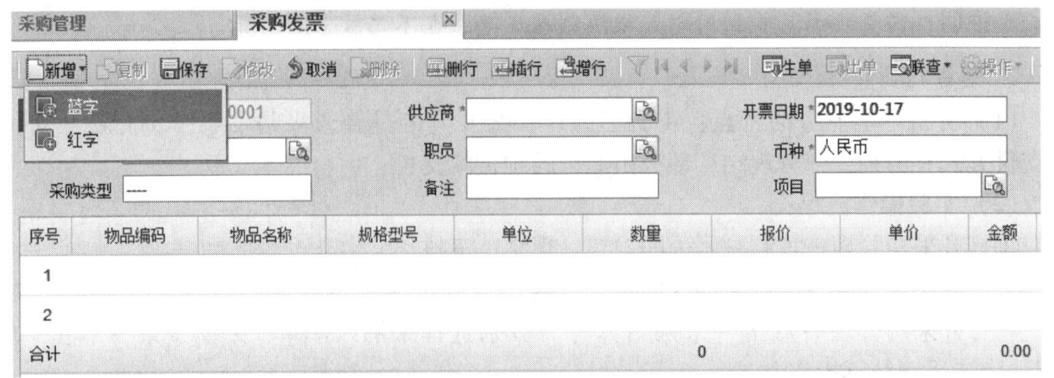

图 1－4－28　新增蓝字采购发票页面

【第三步】参照【实验内容与资料】中业务 2 票货同到业务内容，如图 1－4－29 所示，录入相关采购发票信息。录入完毕，单击工具栏的“保存”按钮，保存普通采购发票信息。

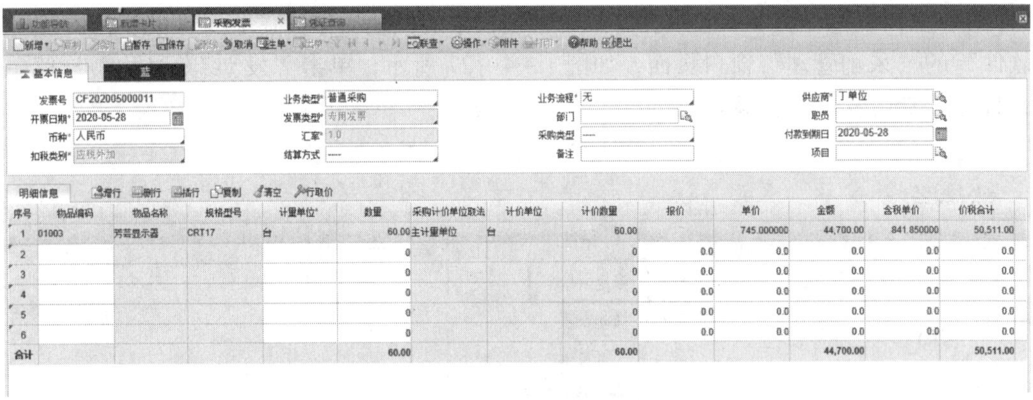

图 1－4－29　录入采购发票信息并保存页面

【第四步】在“采购发票列表”对话框中，如图 1－4－30 所示，找到已经自动审核的发票，先进行反审核。再单击“现结”按钮，打开“现结”对话框。录入结算方式、现结金额、票据号、银行账号等相关现结信息。录入完毕，单击工具栏的“保存”按钮，保存录入的现结信息。系统弹出“发票现结成功”信息对话框，如图 1－4－31 所示，单击“确定”按钮，完成现结，并返回到“采购发票”页面。

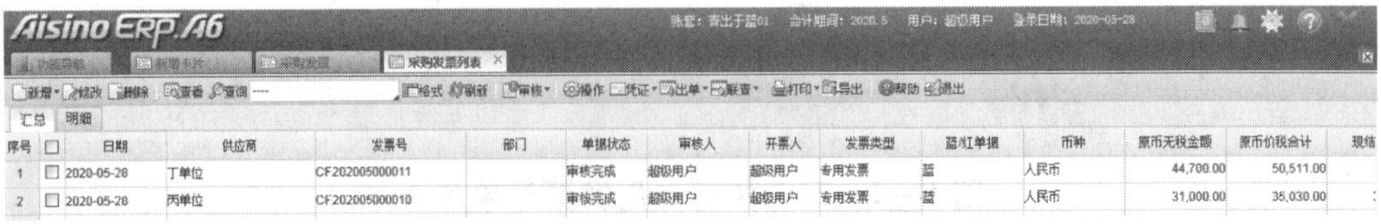

图 1－4－30　录入现结信息页面

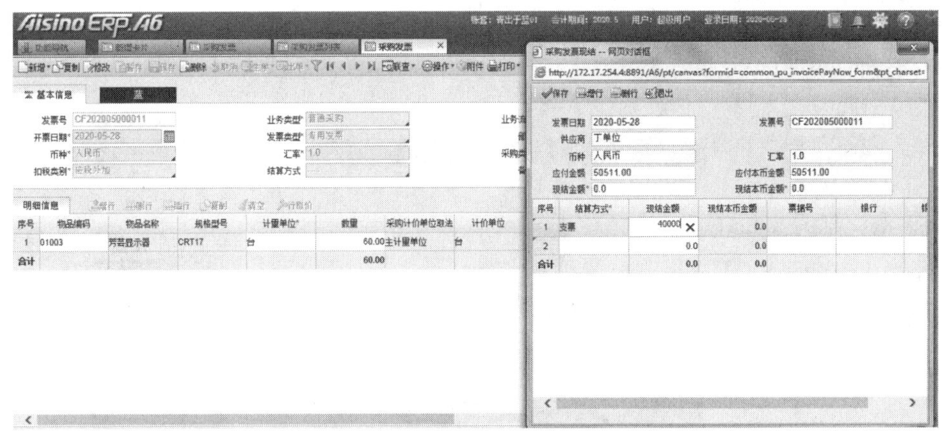

图 1 -4 -31　现结成功页面

【第五步】在“采购发票”页面，如图 1 -4 -32 所示，单击工具栏的“审核”按钮，对已现结的采购发票进行审核。系统弹出“审核完成”对话框，单击该对话框的“确定”按钮，完成审核操作，并返回到“采购发票”页面。单击该页签工具栏的“退出”菜单命令，退出“采购发票”页面，返回到“采购管理”页面。

序号	日期	供应商	发票号	部门	单据状态	审核人	开票人	发票类型	蓝/红单据	币种	原币无税金额	原币价税合计
1	2020-05-28	丁单位	CF202005000011		审核完成	超级用户	超级用户	专用发票	蓝	人民币	44,700.00	50,511.00
2	2020-05-28	丙单位	CF202005000010		审核完成	超级用户	超级用户	专用发票	蓝	人民币	31,000.00	35,030.00

图 1 -4 -32　审核采购发票页面

【第六步】在“采购管理”窗口，如图 1 -4 -33 所示，单击“关闭”按钮，退出此窗口，并返回到 A6 软件系统主页面。

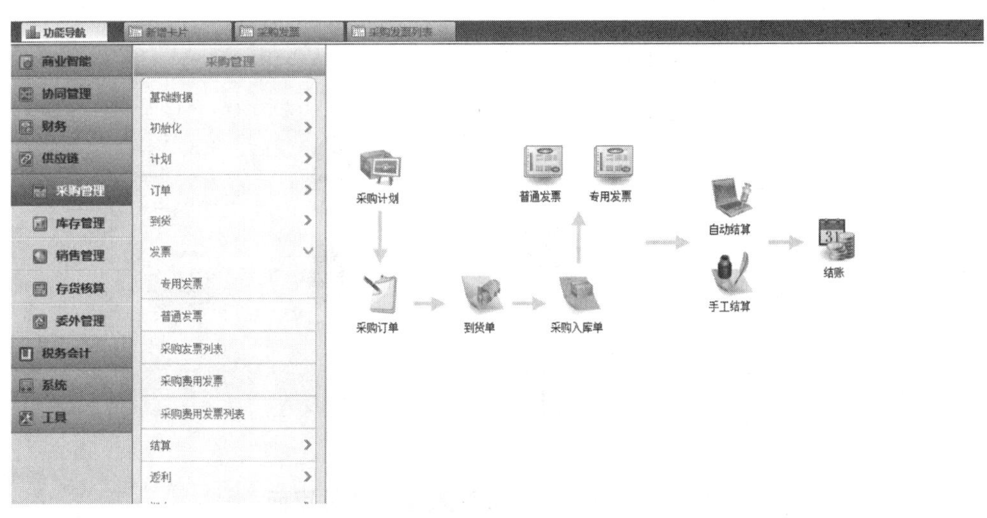

图 1 -4 -33　退出采购管理页面

【第七步】在 A6 主页面窗口中，如图 1－4－34 所示，单击“库存管理”模块图标，打开“库存管理”窗口。

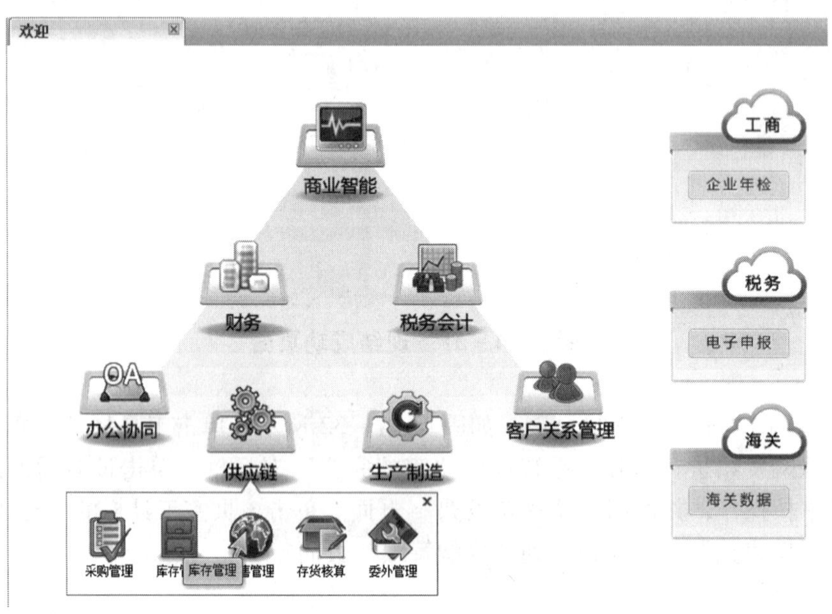

图 1－4－34　打开库存管理页面

【第八步】在“库存管理”窗口中，如图 1－4－35 所示，单击“入库/采购入库单”菜单命令，打开“采购入库单”页面。

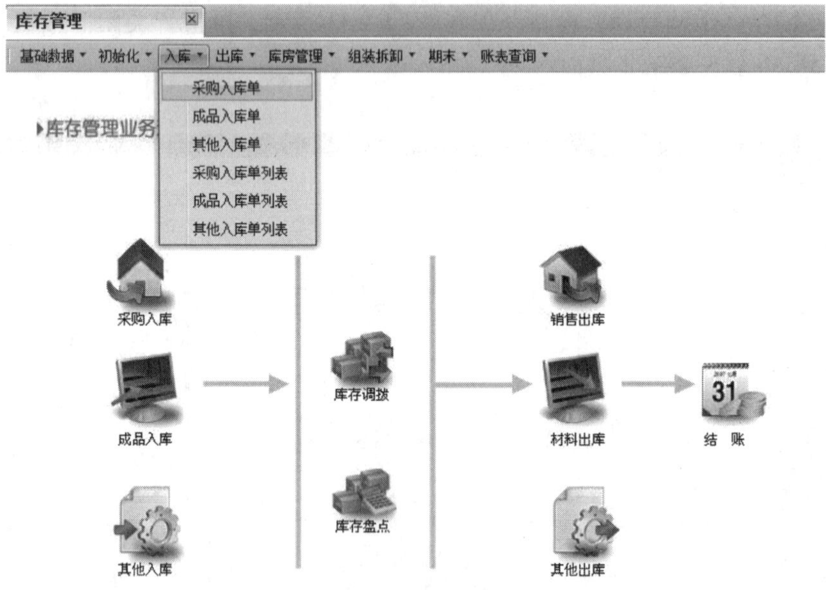

图 1－4－35　执行采购入库单菜单页面

【第九步】在“采购入库单”页面中，如图 1－4－36 所示，单击“新增/蓝字”菜单命令，新增一张采购入库单。

采购入库单

新增 复制 修改 暂存 保存 删除 取消 生单 出单 联查 操作 附件 打印 帮助 退出

基本信息 蓝

单据号 CR202005000004　业务类型* 普通采购　业务流程* 无　供应商*

日期* 2020-05-28　采购类型 ----　仓库　部门

职员　收发类别 ----　发票号　扣税类别* 应税外加

币种* 人民币　汇率* 1.0　付款到期日　结算方式 ----

结算状态 未结算　备注　项目

明细信息　增行 删行 插行 复制 清空 行取价

序号	物品编码	物品名称	规格型号	仓库编码*	仓库名称	计量单位*	应入数量	数量	采购计价单位取法	计价单位	计价数量	报价	单价
1							0	0			0		
2							0	0			0		
3							0	0			0		
4							0	0			0		
5							0	0			0		
6							0	0			0		
合计							0	0			0		

图 1－4－36　新增一张采购入库单页面

【第十步】参照【实验内容和资料】业务 2 中票货同到业务内容，如图 1－4－37 所示，录入采购入库单。录入完毕，单击工具栏的“保存”按钮，保存录入的入库单信息，系统弹出如图 1－4－38 所示的“保存成功”提示对话框，单击此对话框的“确定”按钮，关闭此对话框，并确定保存。同时弹出如图 1－4－39 所示的“审核完成，库存更新完成!”提示对话框，单击此对话框的“确定”按钮，关闭此对话框，并确定审核。

采购入库单

新增 复制 修改 暂存 保存 删除 取消 生单 出单 联查 操作 附件 打印 帮助 退出

基本信息 蓝　审核完成

单据号 CR202005000003　业务类型* 普通采购　业务流程* 无　供应商* 丁单位

日期* 2020-05-21　采购类型 ----　仓库 成品库　部门

职员　收发类别 ----　发票号　扣税类别* 应税外加

币种* 人民币　汇率* 1.0　付款到期日　结算方式 ----

结算状态 未结算　备注　项目

明细信息　增行 删行 插行 复制 清空 行取价

序号	物品编码	物品名称	规格型号	仓库编码*	仓库名称	计量单位*	应入数量	数量	采购计价单位取法	计价单位	计价数量	报价	单价
1	01003	芳芸显示器	CRT17	01	成品库	台	0.0	60.00	主计量单位	台	60.00		745.00
合计							0.0	60.00			60.00		

图 1－4－37　录入采购入库单页面

图 1－4－38　保存采购入库单页面

图 1－4－39　审核采购入库单页面

【第十一步】退出“库存管理”窗口，打开“采购管理”窗口，如图 1－4－40 所示，单击“结算/手工结算”菜单命令，打开“手工结算”页面。

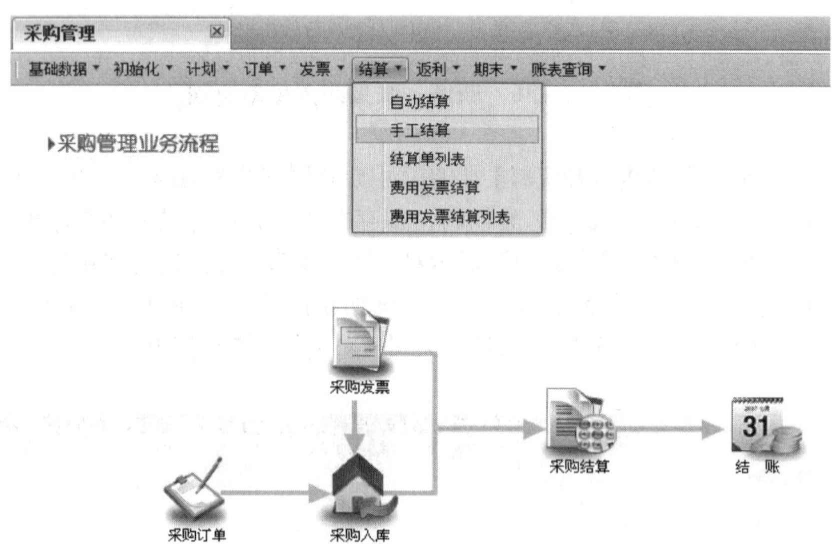

图 1－4－40　执行手工结算菜单命令

【第十二步】在“手工结算”页面中，如图 1－4－41 所示，单击工具栏“入库单”按钮，打开“入库单”对话框，选择本业务相应的入库单；再单击工具栏的“发票”按钮，打开“发票”对话框，选择本业务相应的发票；最后单击工具栏的“结算”按钮，进行结算，系统弹出“结算成功”对话框。单击此对话框的“确定”按钮，关闭此对话框，并打开结算单列表对话框，显示结算信息，关闭结算单列表对话框，返回到“采购管理”页面，完成采购结算。

Aisino ERP A6

手工结算

结算　入库单　发票　费用　移除　退出

序号	物品编码	物品名称	单据号	供应商	类型	单位	入库数量	已结数量	结算数量	发票数量	暂估单价	暂估金额	发票单
1	01003	芳芸显示器	CR202005000003	丁单位	入库单(蓝)	台	60.00	0.0	60.00		745.00	44,700.00	
2	01003	芳芸显示器	CF202005000005	丁单位	发票(蓝)	台				60.00			745.0
3	小计						60	0	60	60		44,700.00	

图 1－4－41　采购结算页面

【第十三步】在“应付管理”页面，如图 1 –4 –42 所示，单击“生成凭证/生成凭证”菜单命令，打开“生成凭证”页面。

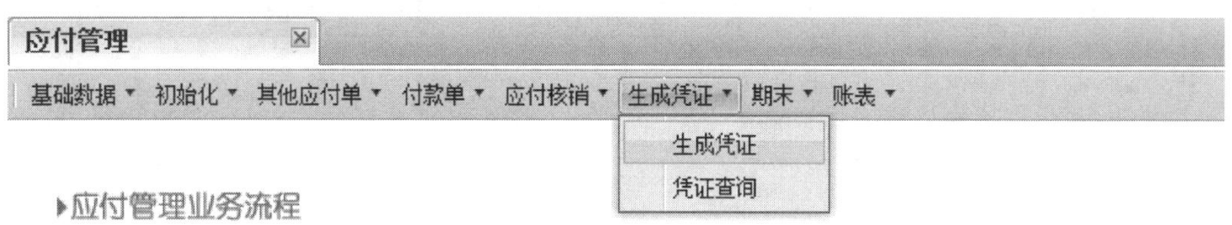

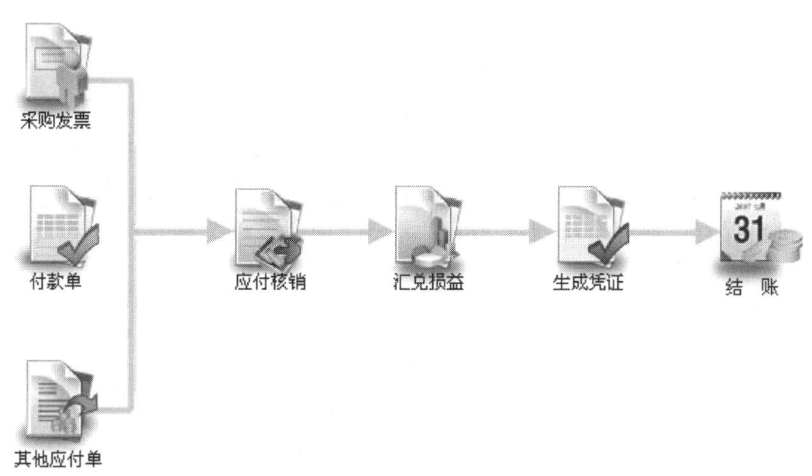

图 1 –4 –42　执行生成凭证菜单页面

【第十四步】在“生成凭证”页面中，如图 1 –4 –43 所示，单击“采购发票”前的复选框，选中此单据；单击“应付核销单”前的复选框，选中此单据；再单击工具栏的“凭证”按钮，打开“制作凭证”对话框。

Aisino ERP.A6　账套：青出于蓝　会计期间：2020.5　用户：超级用户　登录日期：2020-05-29

功能导航　初始化向导　生成凭证

查询 页内查询 刷新 单据 生成 全部生成 选项 不显示隐藏记录 极速模式 隐藏 取消隐藏 格式 打印 导出 帮助 退出

序号	☐	单据类型	单据日期	单据号	币种	原币金额	本币金额	汇率	供应商	部门	职员
1	☑	采购发票	2020-05-29	CF202005000001	人民币	50,511.00	50,511.001		丁单位		
合计											

图 1 –4 –43　选择待生成凭证的单据页面

【第十五步】在“制作凭证”对话框中，如图 1 –4 –44 所示，选择“逐单生成凭证”凭证生成方式，再单击对话框下方的“执行”按钮，生成凭证。系统显示已生成的凭证。

序号		单据类型	单据日期	单据号	币种	原币金额	本币金额	汇率	供应商
1	☑	采购发票	2020-05-28	CF202005000012	人民币	50,511.00	50,511.00	1	丁单位
2	☐	采购发票	2020-05-28	CF202005000010	人民币				
3	☐	采购发票	2020-05-25	CF202005000009	人民币				
4	☐	采购发票	2020-05-25	CF202005000008	人民币				
5	☐	采购发票	2020-05-25	CF202005000007	人民币				
6	☐	采购发票	2020-05-25	CF202005000006	人民币				
7	☐	采购发票	2020-05-21	CF202005000005	人民币				
合计									

图 1-4-44　生成凭证页面

【第十六步】在“制作凭证”页面中，如图 1-4-45 所示，检查凭证完全正确之后，单击工具栏的“保存”按钮，系统弹出“凭证保存成功”对话框，单击此对话框的“确定”按钮，保存当前显示的凭证。再单击工具栏的“后页”按钮，显示下一张凭证，检查正确之后，进行保存。凭证全部保存之后，关闭“应付管理”模块的所有页面，返回到 A6 系统主页面。

记账凭证

凭证字* 记　凭证号 23　凭证日期* 2020-05-29　附件数 1

序号	摘要	科目	借方	贷方
1	采购专用发票	1401-材料采购	4470000	
2	采购专用发票	22210101-应交税费-应交增值税-进项税额	581100	
3	采购专用发票	10020101-银行存款-工商银行-人民币户		5051100
4				
5				
合计	伍万零伍佰壹拾壹元整		5051100	5051100

图 1-4-45　保存已生成的凭证页面

【第十七步】在 A6 系统主页面，打开“存货核算”页面，如图 1-4-46 所示，单击“处理/单据记账”菜单命令，打开“查询条件”对话框。

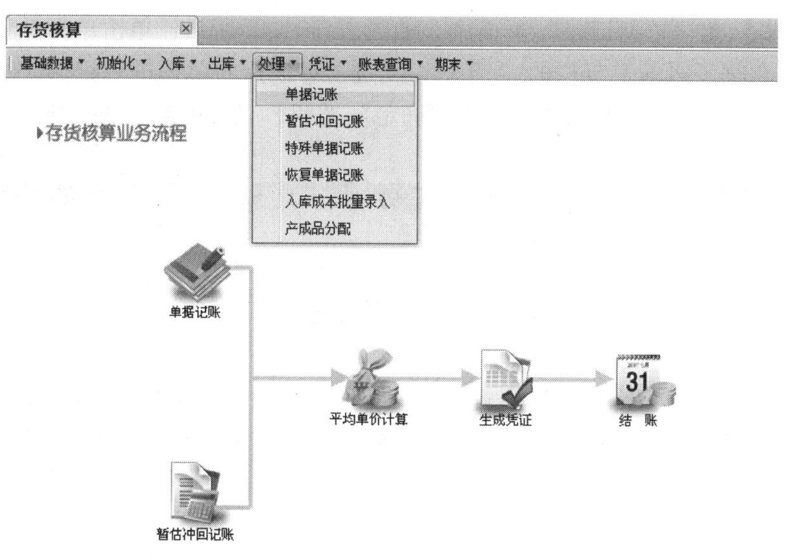

图 1－4－46　执行单据记账菜单页面

【第十八步】在“查询条件”对话框中，如图 1－4－47 所示，单击“成品库”前的复选框；单击“采购入库单”前的复选按钮；其余各项默认为空。再单击对话框下方的“查询”按钮，打开“单据记账”页面。

单据记账查询条件 -- 网页对话框
保存方案 装载方案 删除方案 退出
方案列表
仓库：☑成品库 ☐配件库 ☐耗材库 ☐全选
单据类型：☑采购入库单 ☐销售出库单 ☐其他入库单 ☐其他出库单 ☐成品入库单 ☐材料出库单 ☐委外入库单 ☐入库调整单 ☐出库调整单 ☐全选
业务类型：☐普通采购 ☐普通销售 ☐其他入库 ☐盘盈入库 ☐调拨入库 ☐组装入库 ☐拆卸入库 ☐废品入库 ☐其他出库 ☐盘亏出库 ☐全选
单据编号　至
单据日期　至
业务员编码　至
部门编码　至
收发类别 ----　至 ----
供应商　客户
查 询　取 消

图 1－4－47　设置查询条件页面

【第十九步】在“单据记账”页面中，如图 1 –4 –48 所示，单击单据选择项下复选框选择待记账的单据，再单工具栏的“记账”按钮，对选择的单据进行记账，系统弹出“单据记账完成!”对话框。单击此对话框的“确定”按钮，完成单据记账操作。

图 1 –4 –48　单据记账页面

说明：在本案例中，存货核算系统中已记账的单据未进行生成凭证操作的原因是，本模拟企业对成品类的成本计价方式采用的是平均法，因此在此不生成凭证，到期末计算平均成本后，再生成凭证。

3. 货到票未到业务。

（1）分析本笔业务的特点：①货已到；②采购发票未到；③月末应暂估入库。

（2）实验操作流程：

①打开库存管理→填制采购入库单、审核。

②打开存货核算→单据记账→生成暂估入库凭证。

（3）详细操作步骤：

（平时不做处理，到了月末进行暂估入库）。

【第一步】月末，以操作员 admin 或拥有采购管理权限的其他操作员登录到“Aisino A6 企业管理软件”的“库存管理”窗口页面。如图 1 –4 –49 所示，单击“入库/采购入库单”菜单命令，打开“采购入库单”页面。

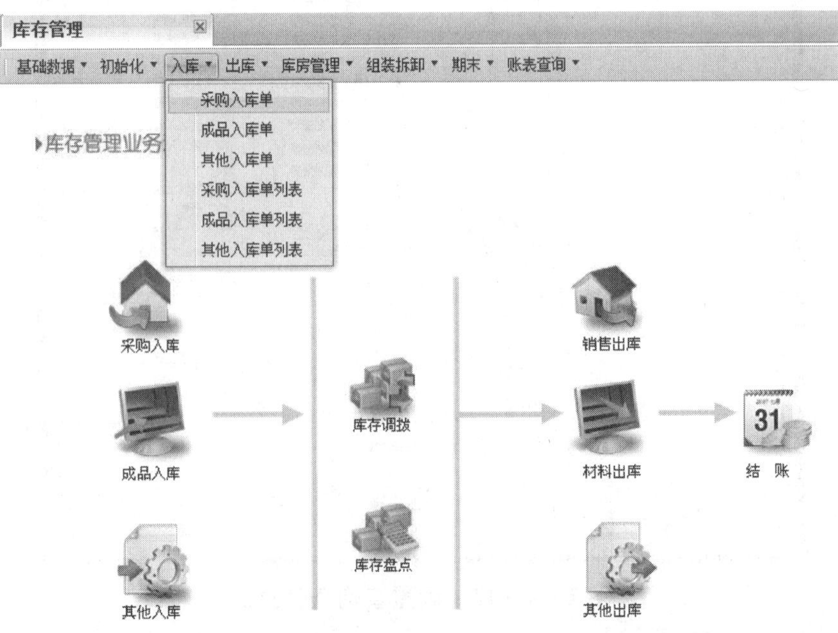

图 1 –4 –49　执行“采购入库单”菜单命令页面

【第二步】在“采购入库单”页面中，如图 1－4－50 所示，单击工具栏的“新增/蓝字”，增加一张蓝字空白采购入库单。

序号	物品编码	物品名称	规格型号	仓库编码*	仓库名称	计量单位*	应入数量	数量	采购计价单位取法	计价单位	计价数量	报价	单价
1	02001	华硕主板	P5PL2-E	02	配件库	块	30.00	30.00	主计量单位	块	30.00		602.00
2	02002	金士顿内存	512M	02	配件库	条	40.00	40.00	主计量单位	条	40.00		165.00
3	02003	影驰显卡	8600GT	02	配件库	块	30.00	30.00	主计量单位	块	30.00		112.00
合计							100.00	100.00			100.00		

图 1－4－50　新增一张空白采购入库单页面

【第三步】在采购入库单中，如图1－4－51 所示，参照实验内容和资料中3 货到票未到业务的内容录入采购入库单，录入完毕之后，单击工具栏的“保存”按钮，保存录入的采购入库单信息。系统弹出“保存成功”对话框，单击对话框的“确定”按钮，确认保存，并退出系统对话框。再单击工具栏的“审核”按钮，对已保存的采购入库单进行审核，系统弹出如图 1－4－52 所示的“审核完成，库存更新完成”系统对话框，单击“确定”按钮，退出审核对话框，并返回到“采购入库单”页面。

序号	物品编码	物品名称	规格型号	仓库编码*	仓库名称	计量单位*	应入数量	数量	采购计价单位取法	计价单位	计价数量	报价	单价
1	02001	华硕主板	P5PL2-E	02	配件库	块	30.00	30.00	主计量单位	块	30.00		602.00
2	02002	金士顿内存	512M	02	配件库	条	40.00	40.00	主计量单位	条	40.00		165.00
3	02003	影驰显卡	8600GT	02	配件库	块	30.00	30.00	主计量单位	块	30.00		112.00
合计							100.00	100.00			100.00		

图 1－4－51　“录入采购入库单信息并保存”页面

图 1－4－52　审核采购入库单页面

【第四步】关闭所有的“库存管理”模块页面，返回到A6系统主页面，打开“存货核算”页面。如图1-4-53所示，单击“处理/单据记账”菜单命令，打开“查询条件”设置对话框。

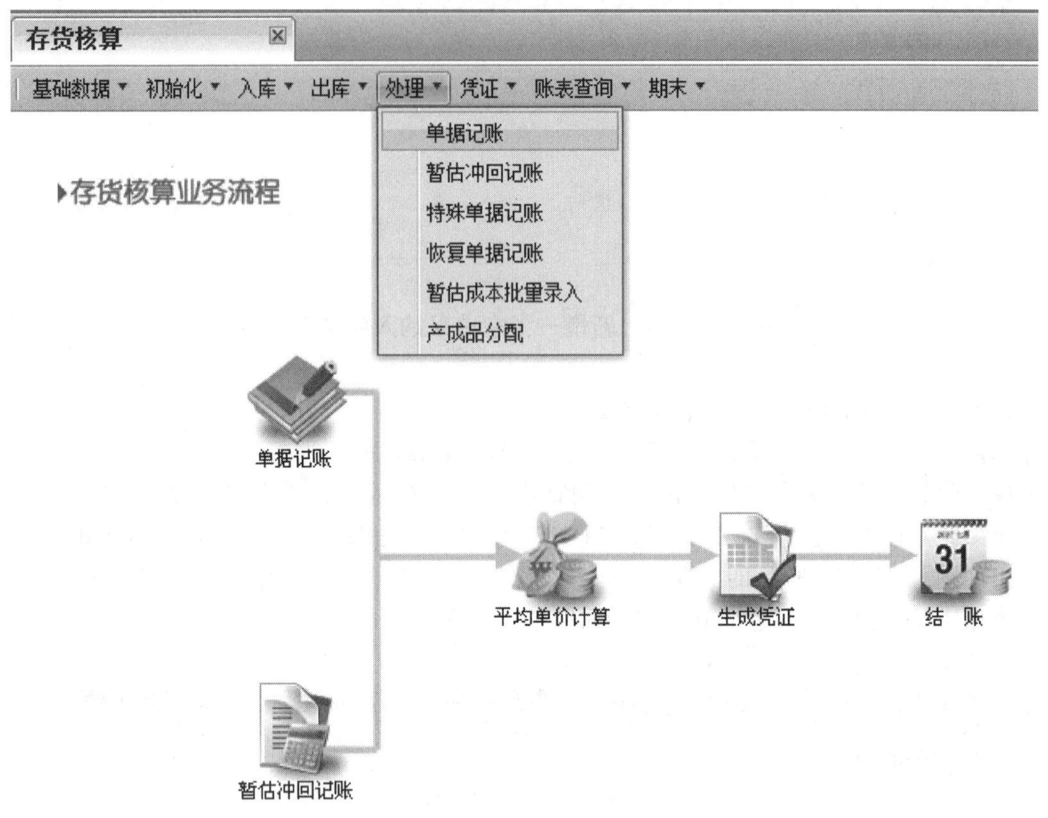

图1-4-53 执行单据记账菜单命令

【第五步】在“查询条件”设置对话框中，如图1-4-54所示，单击“配件库”前的复选框，选择“配件库”；单击“采购入库单”前的复选框，选择“采购入库单”。再单击对话框下方的“查询”按钮，打开“单据记账”页面。

【第六步】在“单据记账”页面中，如图1-4-55所示，单击“单据记账”项下的复选框，选择这些单据。再单击工具栏的“记账”按钮，对所选单据进行记账，系统弹出“单据记账完成!”对话框，单击“确定”按钮，完成单据记账操作。单击“单据记账”页面的关闭按钮，退出此页面，返回到“存货核算”页面。

【第七步】在“存货核算”页面中，如图1-4-56所示，执行“凭证/凭证生成”菜单命令，打开“查询条件”设置对话框。

单据记账查询条件 -- 网页对话框

保存方案 装载方案 删除方案 退出

方案列表

仓库：成品库 ☑配件库 耗材库

单据类型：☑采购入库单 销售出库单 其他入库单 其他出库单 成品入库单 材料出库单 委外入库单 入库调整单 出库调整单

业务类型：普通采购 普通销售 其他入库 盘盈入库 调拨入库 组装入库 拆卸入库 废品入库 其他出库 盘亏出库

全选 全选 全选

单据编号 至

单据日期 至

业务员编码 至

部门编码 至

收发类别 ---- 至 ----

供应商 客户

查 询 取 消

图 1 -4 -54 设置查询条件页面

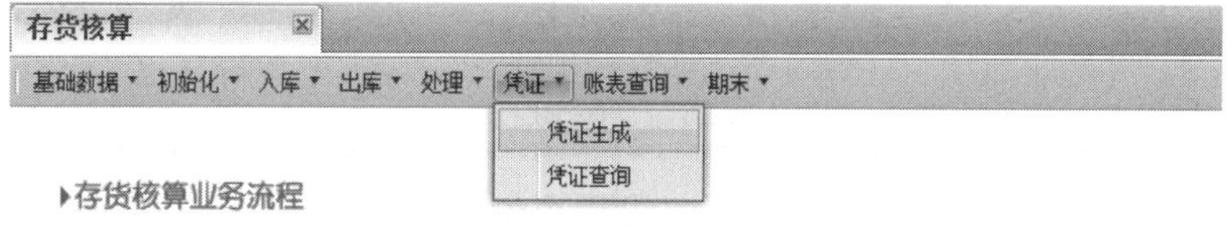

序号	单据类型	单据编号	单据日期	仓库名称	收发类别	物品编码	物品名称	规格型号	物品分类	计量单位	数量	单价	金额	表头备
1	采购入库单	CR202005000005	2020-05-28	配件库		02001	华硕主板	P5PL2-E	配件类	块	30.00	602.00	18,060.00	
2	采购入库单	CR202005000005	2020-05-28	配件库		02002	金士顿内存	512M	配件类	条	40.00	165.00	6,600.00	
3	采购入库单	CR202005000005	2020-05-28	配件库		02003	影驰显卡	8600GT	配件类	块	30.00	112.00	3,360.00	

图 1 -4 -55 单据记账页面

存货核算

基础数据 初始化 入库 出库 处理 凭证 账表查询 期末

凭证生成

凭证查询

▸存货核算业务流程

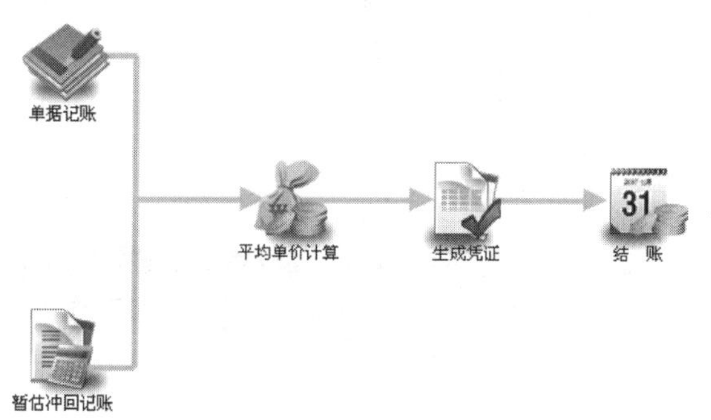

图 1 -4 -56 执行凭证生成菜单命令

【第八步】在“查询条件”设置对话框中，如图 1 –4 –57 所示，单击“采购入库单（暂估）”的复选框，选取此单据类型，再单击“查询”按钮，打开“凭证生成”页面。

图 1 –4 –57　设置查询条件页面

【第九步】在“凭证生成”页面中，如图 1 –4 –58 所示，单击未生成凭证单据“选择”项下的复选框；单击“默认物品科目”和“对方科目”后的“浏览”，设置物品科目及对方科目。单击工具栏的“凭证”，打开如图 1 –4 –59 所示的页面，再单击此页面工具栏的“生成”，系统打开“凭证生成”页面。

单据记账

记账 手录成本 汇总 单据 刷新 查询 格式 打印 导出 帮助 退出

序号	☐	单据类型	单据编号	单据日期	仓库名称	收发类别	物品编码	物品名称	规格型号	物品分类	计量单位	数量	单价	金额	表头备
1	☐	采购入库单	CR202005000005	2020-05-28	配件库		02001	华硕主板	P5PL2-E	配件类	块	30.00	602.00	18,060.00	
2	☐	采购入库单	CR202005000005	2020-05-28	配件库		02002	金士顿内存	512M	配件类	条	40.00	165.00	6,600.00	
3	☐	采购入库单	CR202005000005	2020-05-28	配件库		02003	影驰显卡	8600GT	配件类	块	30.00	112.00	3,360.00	

图 1 –4 –58　选择待生成凭证的单据页面

图 1－4－59　凭证生成页面

【第十步】在“凭证生成”页面中，如图 1－4－60 所示，检查凭证全部正确之后，单击工具栏的“保存”，系统弹出“凭证保存成功”对话框，单击“确定”按钮，确定凭证已保存，并返回到“制作凭证”页面中。生成凭证操作全部完成之后，单击“关闭”按钮，关闭“存货核算”模块已打开页面组，返回到 A6 系统主页面。

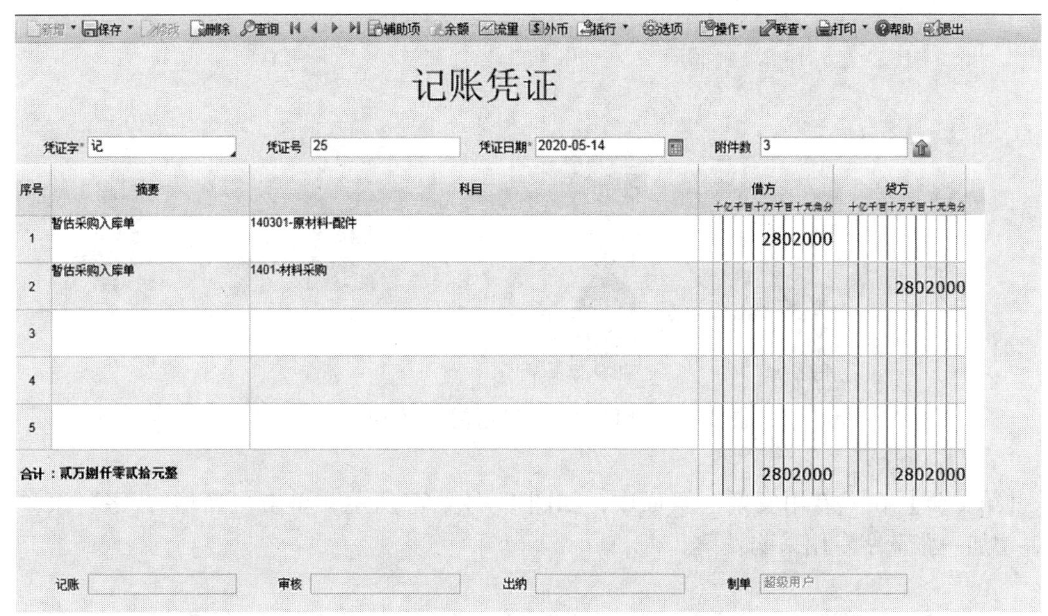

图 1－4－60　保存已生成的凭证页面

说明：上述业务属于月末暂估入库业务，到了下月初，应将该笔暂估入库业务进行冲销。

4. 暂估冲回业务。

（1）分析本笔业务的特点：①上月末已暂估入库；②本月收到发票。

（2）实验操作流程：

①打开采购管理→采购发票→填制一张增值税专用发票并审核。

②在采购管理系统中采购结算。

③打开存货核算→暂估冲回记账→生成凭证。

（3）详细操作步骤：

说明：必须要完成实验六期末结账之后，会计期间进入到 11 月份才能进行本业务的处理。

【第一步】以操作员 admin 或拥有采购管理权限的其他操作员登录到“Aisino A6 的采

购管理”页面，如图1－4－61所示，单击“发票/专用发票”菜单命令，打开“专用发票”页面。

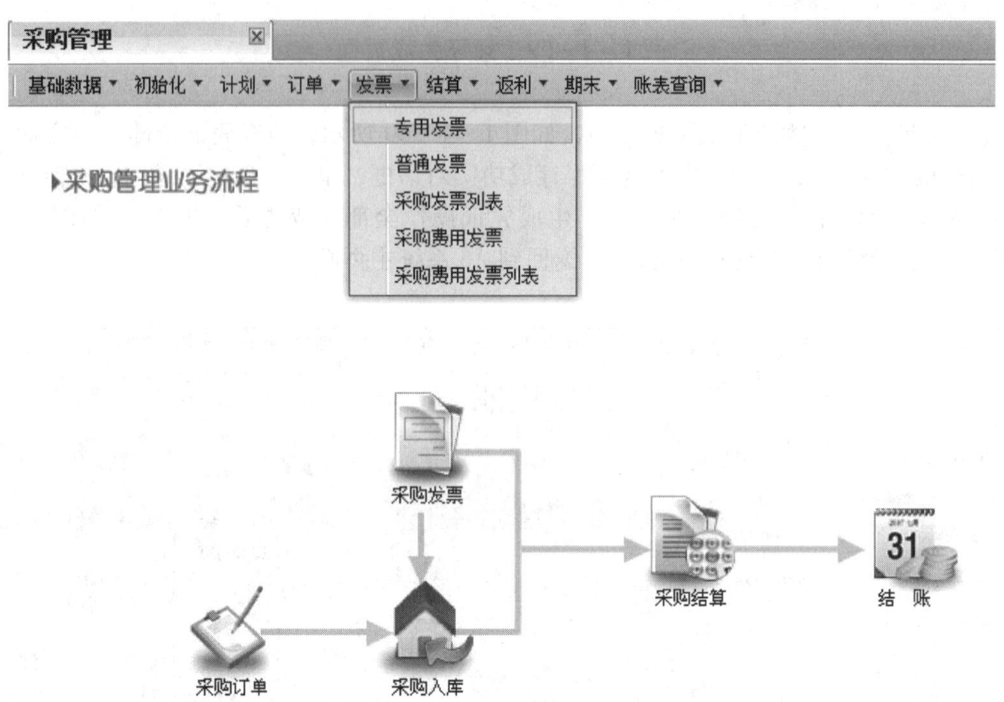

图1－4－61 执行专用发票菜单命令

【第二步】在“专用发票”页面中，如图1－4－62所示，单击“新增/蓝字”菜单命令，增加一张蓝字专用采购发票。

发票号	CF202005000013	业务类型*	普通采购	业务流程*	无	供应商*	乙单位
开票日期*	2020-05-28	发票类型*	专用发票	部门		职员	
币种*	人民币	汇率*	1.0	采购类型	----	付款到期日	2020-06-03
扣税类别*	应税外加	结算方式	----	备注		项目	

序号	物品编码	物品名称	规格型号	计量单位*	数量	采购计价单位取法	计价单位	计价数量	报价	单价	金额	含税单价	价税合计
1					0			0	0.0	0.0	0.0	0.0	0.0
2					0			0	0.0	0.0	0.0	0.0	0.0
3					0			0	0.0	0.0	0.0	0.0	0.0
4					0			0	0.0	0.0	0.0	0.0	0.0
5					0			0	0.0	0.0	0.0	0.0	0.0
6					0			0	0.0	0.0	0.0	0.0	0.0
合计					0			0			0.0		0.0

图1－4－62 增加蓝字专用采购发票页面

【第三步】参照实验内容和资料中业务3与业务4的内容，如图1－4－63所示，录入专用采购发票。录入完毕之后，单击工具栏的“保存”按钮，保存已录入采购发票信息。再单击工具栏的“审核”按钮，对已保存的发票信息进行审核，系统弹出如图1－4－64所示的“审核完成”对话，单击“确定”按钮，确定审核完成，并返回到“专用发票”页面。

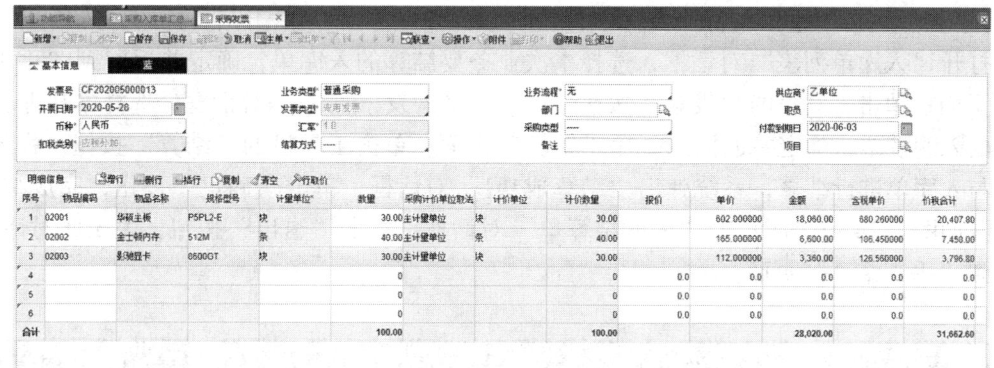

图 1-4-63 录入采购发票页面

图 1-4-64 审核完成页面

【第四步】关闭“专用发票”页面，返回到“采购管理”页面中，如图 1-4-65 所示，单击“结算/手工结算”菜单命令，打开“手工结算”页面。

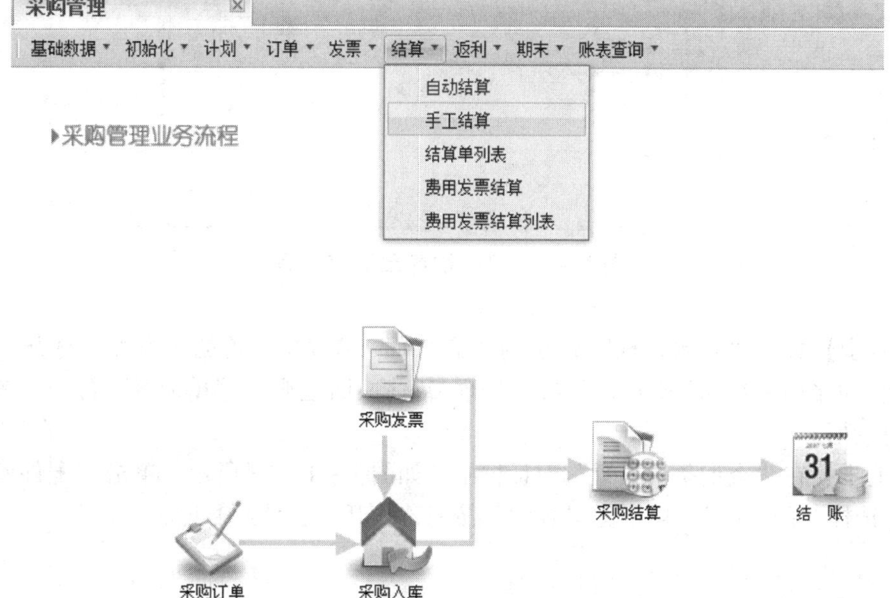

图 1-4-65 执行手工结算菜单命令

【第五步】在“手工结算”页面中，如图1-4-66所示，单击工具栏的“入库单”按钮，打开“入库单列表”对话框，选择本次业务要结算的入库单，确定并返回到“手工结算”页面；单击工具栏的“发票”按钮，打开“采购发票列表”对话框，选择本次业务要结算的采购发票，确定并返回到“手工结算”页面；单击工具栏的“结算”按钮，将采购发票与入库单进行结算，系统弹出“结算成功!”对话框，单击“确定”按钮，完成结算，并打开如图1-4-67所示的“采购结算单”对话框，单击“退出”按钮，关闭此对话框，返回到“手工结算”页面。

图1-4-66　进行结算页面

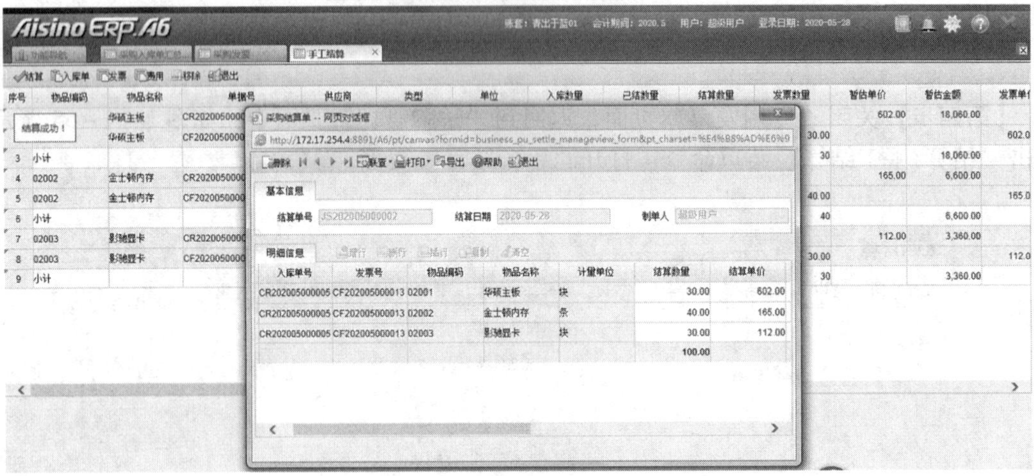

图1-4-67　结算单列表页面

【第六步】关闭“采购管理”系统的所有页面，在A6系统的主页面，打开“存货核算”页面，如图1-4-68所示，单击“处理/暂估冲回记账”菜单命令，打开“查询条件设置”对话框。

【第七步】在“查询条件设置”对话框中，如图1-4-69所示，单击“配件库”前的复选框，选样“配件库”，再单击“查询”按钮，打开“暂估冲回记账”页面。

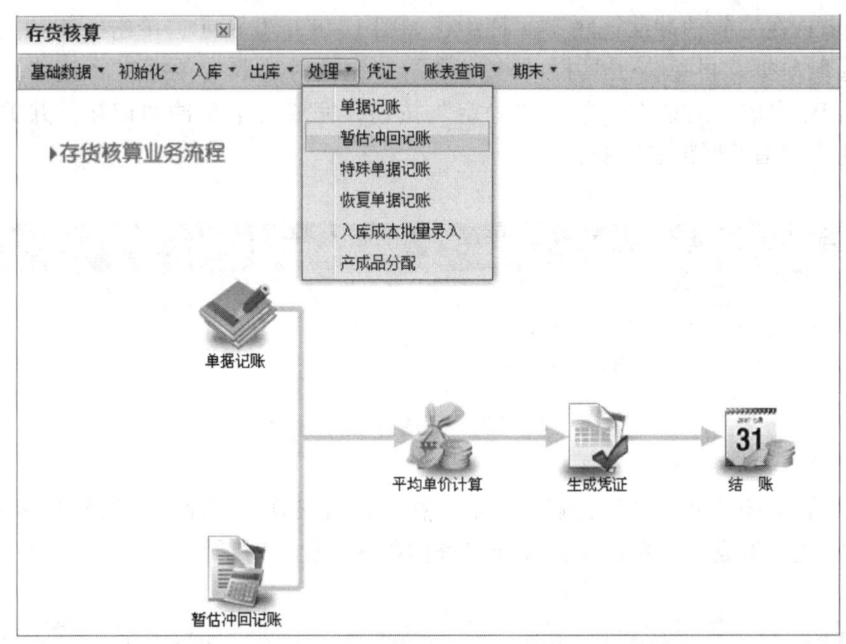

图 1-4-68　执行暂估冲回记账菜单命令

暂估冲回记账查询条件 -- 网页对话框

保存方案　装载方案　删除方案　退出

方案列表

结算类型

采购发票结算　费用发票结算

仓库

成品库
配件库
耗材库

全选

结算单号　至
结算日期　至
入库单号　至
入库日期　至
物品编码　至
供应商

查 询　取 消

图 1-4-69　设置查询条件页面

【第八步】在“暂估冲回记账”页面中，如图1-4-70所示，单击原暂估入库单前的复选框，选取单据，再单击工具栏的“记账”按钮，对选取的单据进行记账。系统弹出“暂估冲回记账完成”对话框，单击“确定”按钮，完成暂估单冲回记账，并关闭此对话框，返回到“暂估冲回记账”页面。

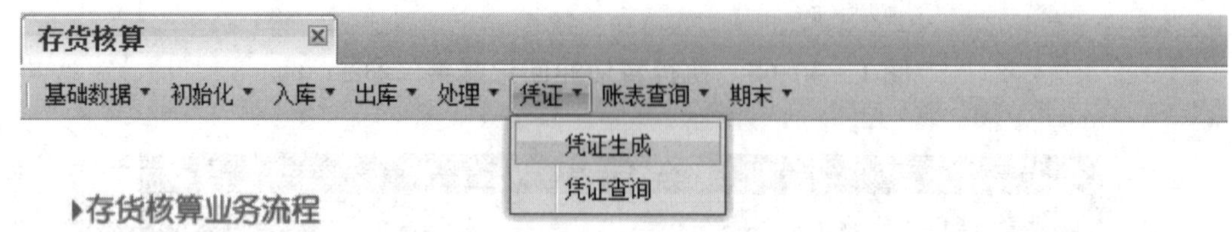

图1-4-70　暂估冲回记账页面

【第九步】关闭“暂估冲回记账”页面，在“存货核算”页面中，如图1-4-71所示，单击“凭证/凭证生成”菜单命令，打开“查询条件设置”对话框。

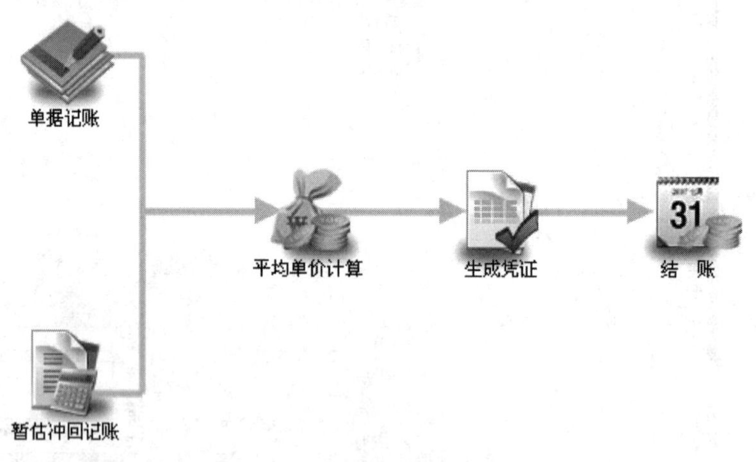

图1-4-71　执行凭证生成菜单命令

【第十步】在“查询条件设置”对话框中，如图1-4-72所示，单击“红字回冲单”前的复选框，选择“红字回冲单”，再单击“查询”按钮，打开“凭证生成”页面。

图 1-4-72 设置查询条件页面

【第十一步】在“凭证生成”页面中，如图 1-4-73 所示，设置好默认物品科目和对方科目，单击要生成凭证的红字回冲单的复选框，选择未生成凭证的单据，单击工具栏的“凭证”按钮，系统打开“凭证生成列表”对话框。

存货核算 | 未生成凭证单据列表

全选 全消 凭证 单据 刷新 查询 格式 打印 导出 帮助 退出

生成凭证时，默认物品科目 配件 对方科目 材料采购 提示：设定默认物品科目和对方科目可以提高运行速度！

序号	选择	单据日期	记账日期	单据类型	单据号	仓库	收发类别	业务类型	记账人
1	☑	2020-06-03	2020-06-03	红字回冲单	CR202005000002	配件库		普通采购	admin
2	☑	2020-06-03	2020-06-03	红字回冲单	CR202005000002	配件库		普通采购	admin
3	☑	2020-06-03	2020-06-03	红字回冲单	CR202005000002	配件库		普通采购	admin

图 1-4-73 选择未生成凭证单据页面

【第十二步】在“凭证生成”对话框中，如图 1-4-74 所示，检查凭证各项设置均正确之后，单击工具栏的“生成”按钮，打开“凭证生成”页面。

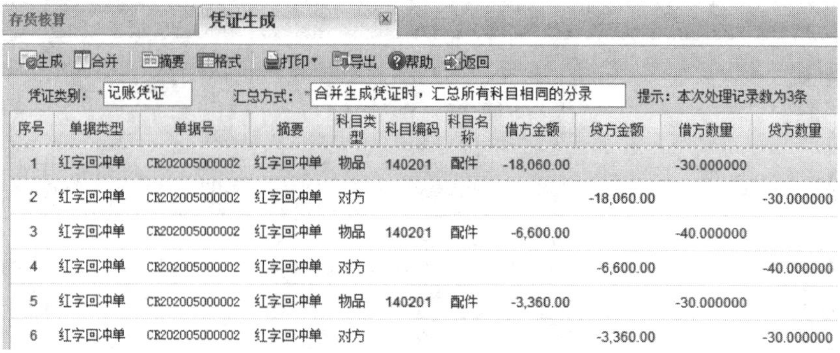
存货核算
凭证生成
生成 合并 摘要 格式 打印 导出 帮助 返回
凭证类别: 记账凭证
汇总方式: 合并生成凭证时，汇总所有科目相同的分录
提示: 本次处理记录数为3条
序号 单据类型 单据号 摘要 科目类型 科目编码 科目名称 借方金额 贷方金额 借方数量 贷方数量
1 红字回冲单 CR202005000002 红字回冲单 物品 140201 配件 -18,060.00 -30.000000
2 红字回冲单 CR202005000002 红字回冲单 对方 -18,060.00 -30.000000
3 红字回冲单 CR202005000002 红字回冲单 物品 140201 配件 -6,600.00 -40.000000
4 红字回冲单 CR202005000002 红字回冲单 对方 -6,600.00 -40.000000
5 红字回冲单 CR202005000002 红字回冲单 物品 140201 配件 -3,360.00 -30.000000
6 红字回冲单 CR202005000002 红字回冲单 对方 -3,360.00 -30.000000

图 1-4-74　生成凭证页面

【第十三步】在“凭证生成”页面中，如图 1-4-75 所示，检查凭证完全正确之后，单击“保存”按钮，保存凭证，完成上月暂估本月冲回凭证的制作。

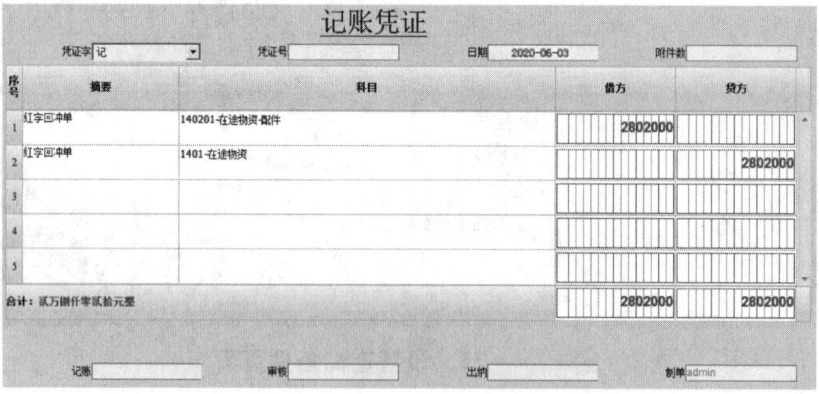
记账凭证
凭证字 记
凭证号
日期 2020-06-03
附件数
序号 摘要 科目 借方 贷方
1 红字回冲单 140201-在途物资-配件 2802000
2 红字回冲单 1401-在途物资 2802000
3
4
5
合计: 贰万捌仟零贰拾元整 2802000 2802000
记账
审核
出纳
制单 admin

图 1-4-75　保存凭证页面

【第十四步】本月发票已到，还有一张正常入库单的凭证须生成，重复上述【第十步】至【第十三步】，只是在【第十步】时，选择单据类型为“蓝字结算单”即可，【第十一步】至【第十三步】操作相同，生成的凭证结果如图 1-4-76 所示。

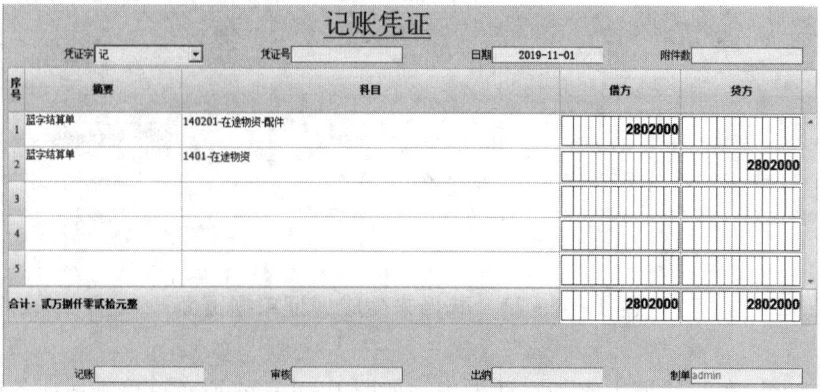
记账凭证
凭证字 记
凭证号
日期 2019-11-01
附件数
序号 摘要 科目 借方 贷方
1 蓝字结算单 140201-在途物资-配件 2802000
2 蓝字结算单 1401-在途物资 2802000
3
4
5
合计: 贰万捌仟零贰拾元整 2802000 2802000
记账
审核
出纳
制单 admin

图 1-4-76　正常入库单凭证页面

（五）实验总结和实验报告

通过本次实验，我们了解了采购管理系统的基本知识及相关内容以及采购管理系统与其他系统的联系，掌握了采购业务的处理流程和采购业务核算的主要操作技能。应该总结回顾本次实验的过程，检查实验的结果，写出实验报告（或者填制实验报告表）。

三、销售管理

（一）实验目的和要求

了解销售管理系统的基本知识及相关内容，掌握销售业务、退货业务循环，了解销售管理与其他系统的联系，学会销售核算的主要实践技能，具备在实际工作中熟练处理销售业务的能力。具体业务实验目的和要求如下：

1. 了解普通销售业务的一般原理，掌握普通销售业务当月的操作流程；掌握销售业务循环的完整业务工作流程。

2. 了解普通销售业务的处理特点，掌握销售业务循环；同时需要掌握销售增值税专用发票、销售出库单据的录入，销售成本的计算及销售出库凭证的生成。

3. 掌握销售退货业务循环，并掌握退货业务各种单据的录入、成本计算及凭证生成的操作。

（二）实验知识准备

1. 了解销售业务处理的一般操作流程，如图 1 -4 -77 所示。

销售管理业务流程

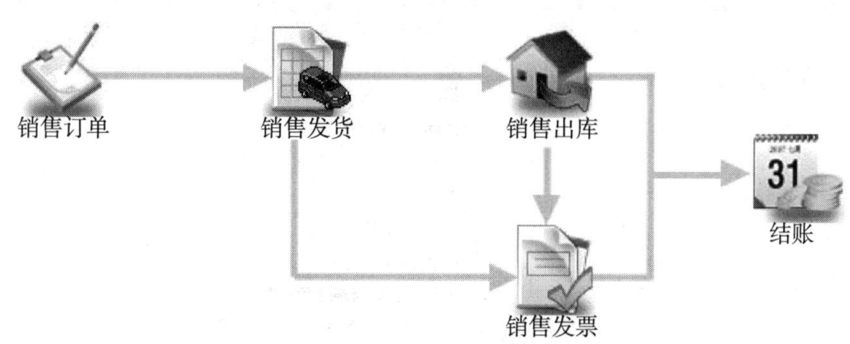

图 1 -4 -77　销售业务流程

2. 了解销售退货业务处理的一般操作流程。

3. 了解销售业务模式。根据其发货和开票先后顺序不同可分为三种模式：先发货后开票业务；开票直接发货业务；销售退回业务，不同模式的处理稍有不同。

4. 做本实验前，必须要先完成总账管理、应收管理、库存管理、存货核算系统的初始化并结束初始化操作。

（三）实验内容和资料

1. 先发货后开票业务。

5 月 20 日向 B 公司销售梦想计算机 SYP5 产品 25 台，发票已开具，每台不含税售价为 10 800 元，增值税 13%，款项尚未收到，10 月 18 日产品已发往 B 公司。

2. 销售退回业务。

5 月 21 日，收到 B 公司退货，梦想计算机 SYP5 产品 1 台，不含税单价 10 800 元，物品退入成品库。

（四）实验步骤

1. 先发货后开票业务。

（1）分析本笔业务的特点：①产品已先发往 B 公司；②后开具增值税专用发票；③款项尚未收到。

（2）实验操作流程：

①打开销售管理→填制一张销售发票、审核→生成凭证。

②销售管理→发货→销售发货单→新增→由单据生成→生成一张销售发货单。

③打开库存管理→填制销售出库单、只填写数量，不录入单价→审核。

④打开存货核算→点击“单据记账”→平均单价计算→生成凭证。

（3）详细操作步骤：

【第一步】填制一张销售发票。以操作员 admin 或拥有销售管理权限的其他操作员登录到“Aisino A6 的销售管理”窗口页面，如图 1－4－78 所示，单击“发票/专用发票”菜单命令。

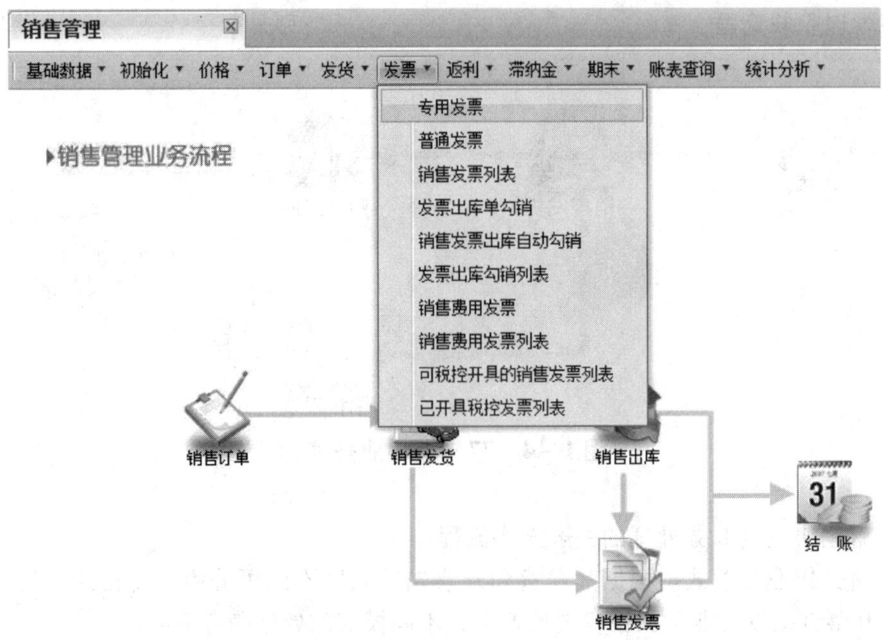

图 1－4－78 执行专用发票菜单命令

【第二步】打开“专用发票”页面，如图1-4-79、图1-4-80所示，单击“新增/蓝字”菜单命令，增加一张蓝字空白销售发票。

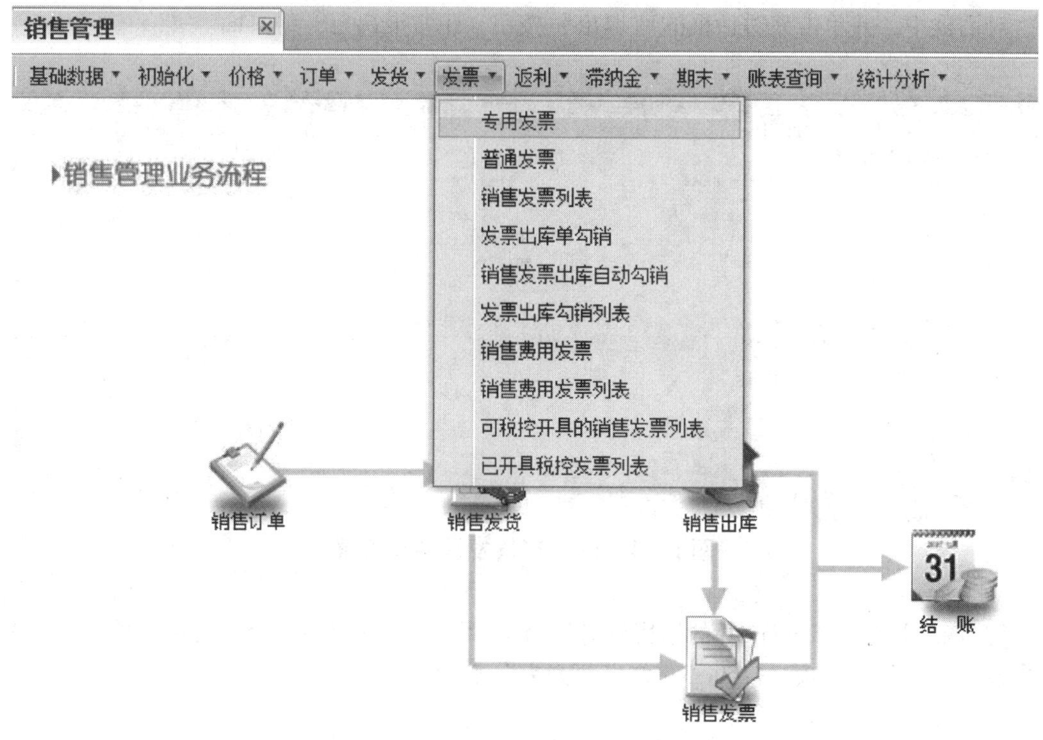

图1-4-79　增加专用发票页面

销售管理　销售发票
新增 复制 保存 修改 取消 删除 删行 插行 增行 出单
蓝字
红字
客户
职员
银行账号
币种 人民币
汇率 1.000000000
现结状态 未现结
未收款金额
纳税人登记号
客户开户银行

序号	物品编码	物品名称	物品开票名称	规格	单位	仓库编码
1						
2						

图1-4-80　新增蓝字销售发票页面

【第三步】参照实验内容和资料中业务1的内容，如图1-4-81所示，进行销售发票录入，输入完毕后，单击工具栏的“保存”按钮对已录入的发票信息进行保存。再单击工具栏的“审核”按钮。系统弹出“审核完成”对话框，单击“确定”按钮，返回到“销售发票”对话框中，并单击该对话框的“退出”按钮，正常退出打开的页面。

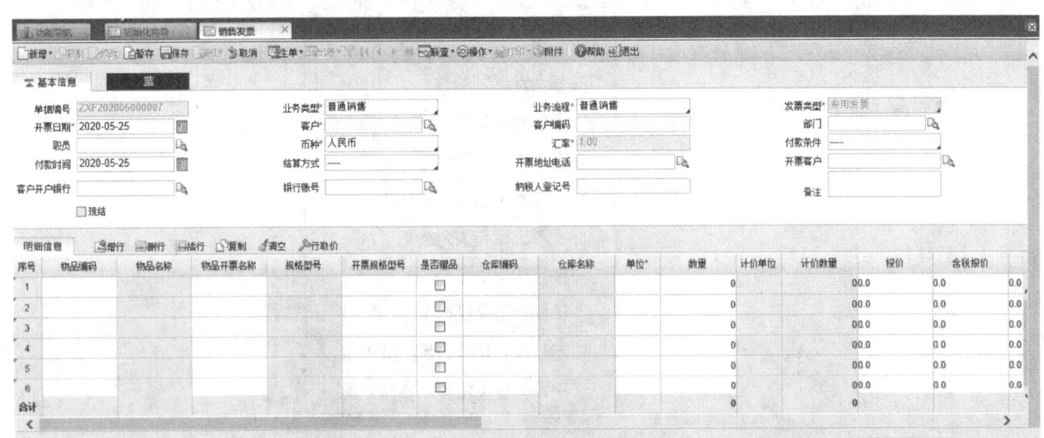

图1-4-81　销售发票填制页面

【第四步】在“Aisino A6的销售管理”窗口页面，如图1-4-82所示，单击“发票/销售发票列表”菜单项，进入“销售发票列表”页面。

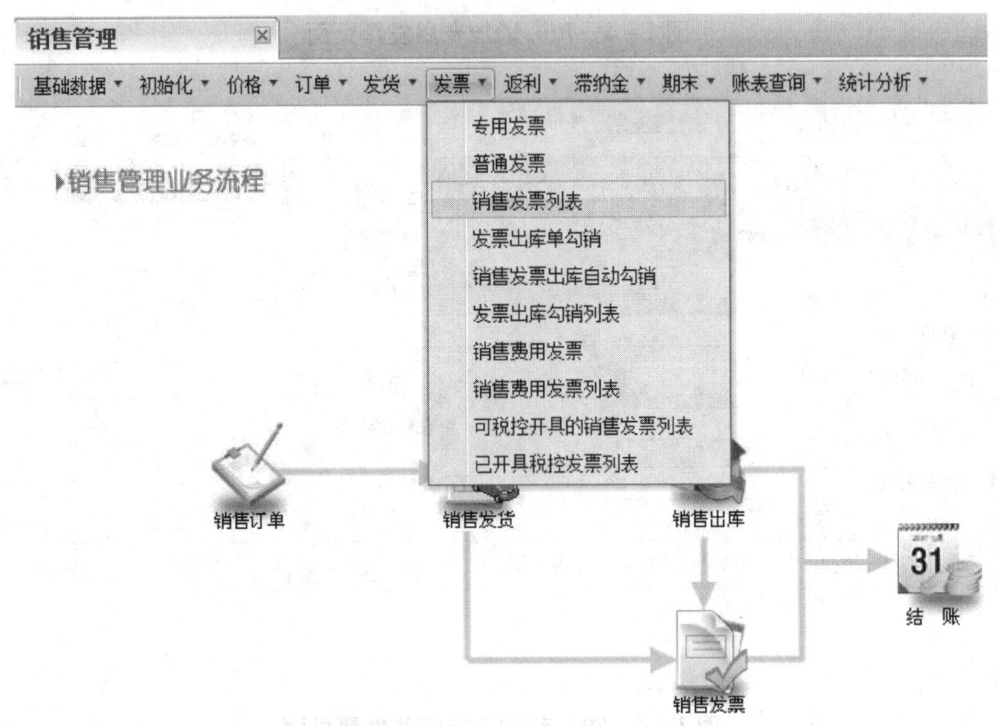

图1-4-82　执行销售发票列表菜单

【第五步】在“销售发票列表”中，如图 1－4－83 所示，选择准备生成凭证的单据，再单击工具栏的“凭证”按扭，打开“生成凭证”对话框。

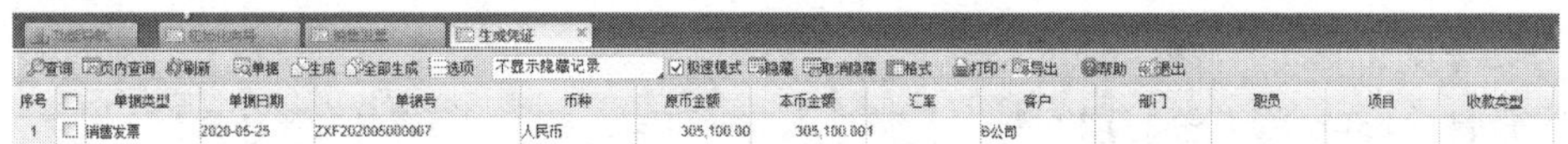

序号		单据类型	单据日期	单据号	币种	原币金额	本币金额	汇率	客户	部门	职员	项目	收款类型
1		销售发票	2020-05-25	ZXF202005000007	人民币	305,100.00	305,100.001		B公司				

图 1－4－83　选择待生成凭证的蓝字单据页面

【第六步】在生成凭证页面，点击工具栏中的“保存”按钮，生成凭证，如图 1－4－84、图 1－4－85 所示。

记账凭证

凭证字* 记　凭证号 26　凭证日期* 2020-05-20　附件数 1

序号	摘要	科目	借方	贷方
1	销售专用发票	1122-应收账款-01002-B公司	30510000	
2	销售专用发票	6001-主营业务收入		27000000
3	销售专用发票	22210105-应交税费-应交增值税-销项税额		3510000
4				
5				
合计：叁拾万零伍仟壹佰元整			30510000	30510000

记账　审核　出纳　制单 超级用户

图 1－4－84　生成销售业务凭证页面

记账凭证

凭证字* 记　凭证号 26　凭证日期* 2020-05-20　附件数 1

序号	摘要	科目	借方	贷方
1	销售专用发票	1122-应收账款-01002-B公司	30510000	
2	销售专用发票	6001-主营业务收入		27000000
3	销售专用发票	22210105-应交税费-应交增值税-销项税额		3510000
4				
5				
合计：叁拾万零伍仟壹佰元整			30510000	30510000

记账　审核　出纳　制单 超级用户

图 1－4－85　凭证保存页面

【第七步】填制一张销售发货单。在“Aisino A6 的销售管理”窗口页面，如图 1－4－86 所示，单击“发货/销售发货单”菜单项，进入“填制销售发货单”页面。

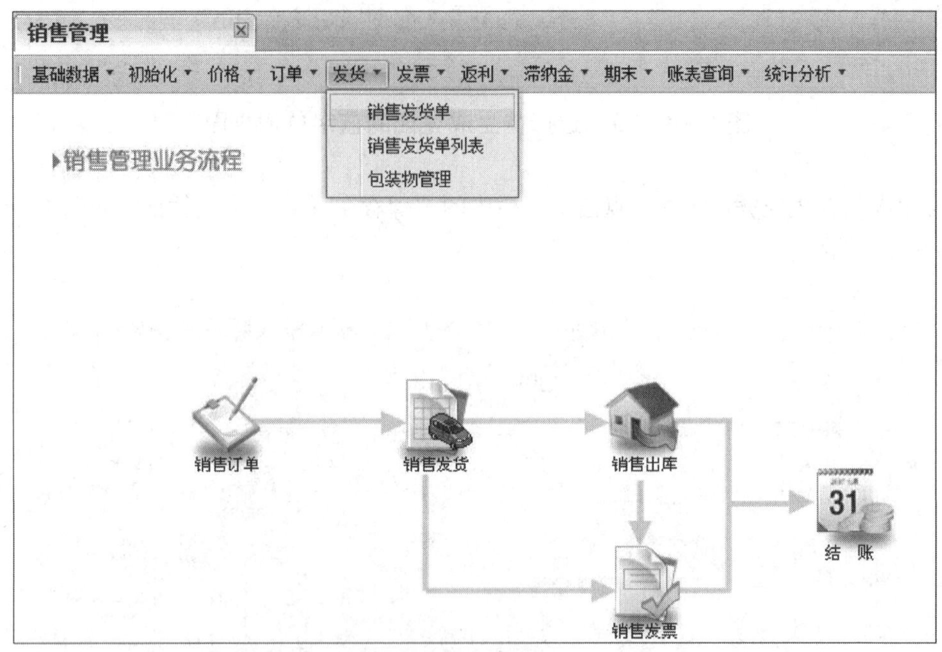

图 1－4－86　执行销售发货单菜单命令

【第八步】打开“销售发货单”页面，单击“新增/蓝字”菜单命令，增加一张蓝字空白销售发货单，单击工具栏的“由单据生成”按钮，带入蓝字销售发票信息，如图 1－4－87 所示。

图 1－4－87　由蓝字销售发票生成销售发货单页面

【第九步】在弹出的“销售发货单”对话框中，如图 1－4－88 所示，单击工具栏的“保存”按钮。再单击工具栏的“审核”按钮，系统弹出“审核完成”对话框，单击该对话框中的“确定”按钮，进行审核。单击“销售发货单”页面工具栏中的“退出”按钮，正常退出打开的页面。

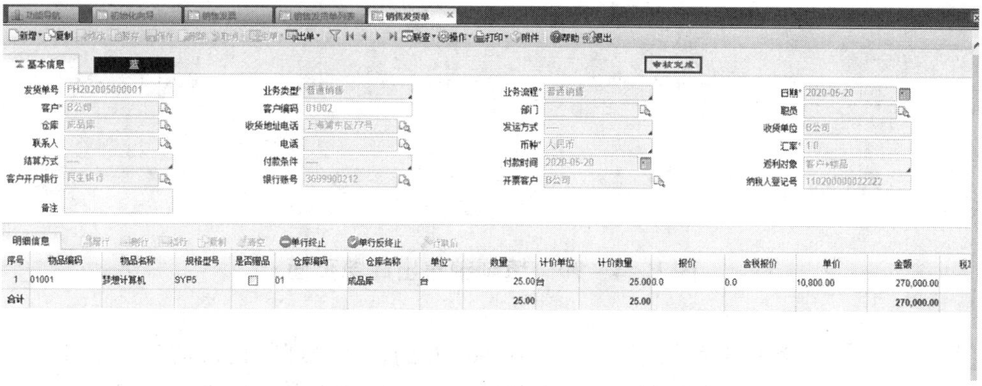

图 1-4-88　生成销售发货单页面

【第十步】填制销售出库单。在“Aisino A6 的库存管理”窗口页面，如图 1-4-89 所示，单击“出库/销售出库单”菜单项，进入“填制销售出库单”页面。

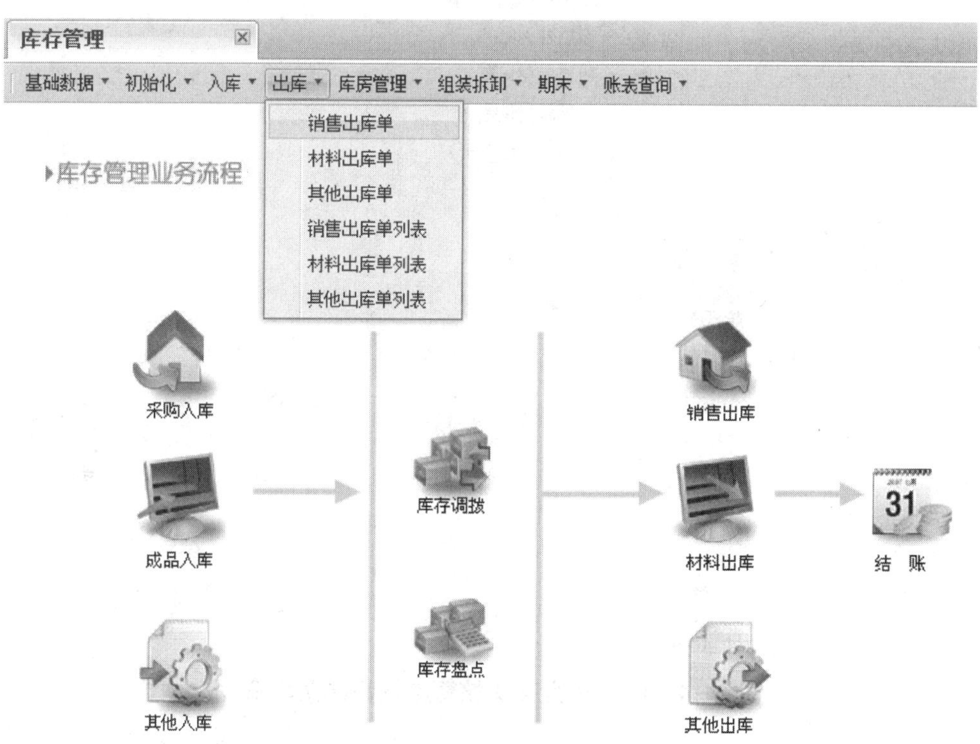

图 1-4-89　执行销售出库单菜单命令

【第十一步】打开“销售出库单”页，单击“新增/蓝字”菜单命令，填制销售出库单，只需填写数量 25 台，不录入单价。单击工具栏的“保存”按钮，再审核单据，如图 1-4-90 所示。

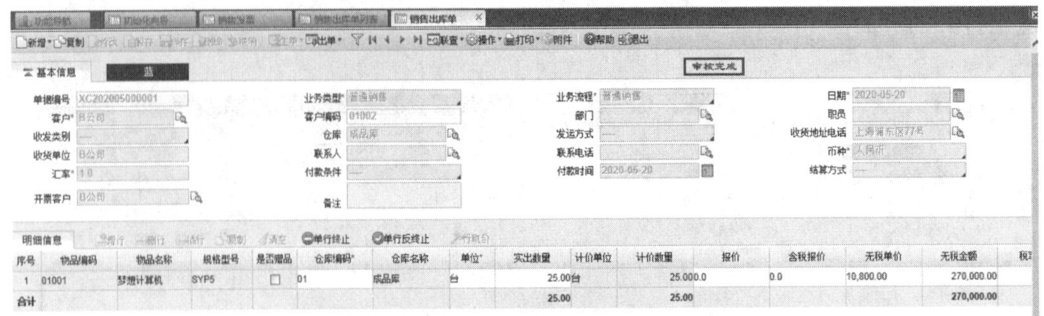

图1-4-90　填制销售出库单页面

【第十二步】对销售出库单记账。在“Aisino A6 的存货管理”窗口页面，如图1-4-91所示，单击“处理/单据记账”菜单项，系统弹出“单据查询条件设置”页面。

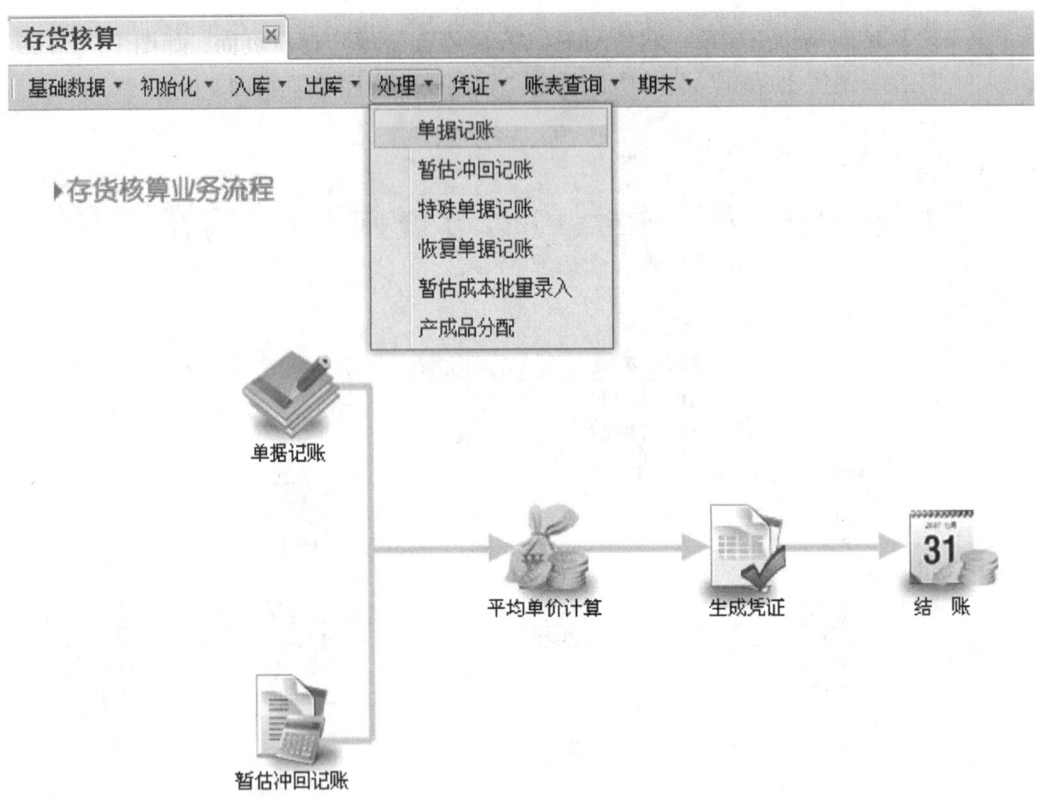

图1-4-91　执行存货核算单据记账菜单命令

【第十三步】设置仓库、单据类型等查询条件，单击“成品库”前的复选框，选择“成品库”；单击“销售出库单”前的复选框，选择“销售出库单”，其余各项默认为空。再单击对话框下方的“查询”按钮，系统显示出单据列表，如图1-4-92所示。

图 1－4－92 单据记账查询条件录入页面

【第十四步】选择要进行记账的单据，点击“记账”按钮，系统弹出记账完成确认提示，如图 1－4－93 所示。

序号	单据类型	单据编号	单据日期	仓库名称	收发类别	物品编码	物品名称	规格型号	物品分类	计量单位	数量	单价	金额
1	销售出库单	XC202005000005	2020-05-25	成品库		01001	梦想计算机	SYP5	成品类	台	25.00		

图 1－4－93 单据记账页面

【第十五步】平均单价计算。在“Aisino A6 的存货管理”窗口页面，如图 1－4－94 所示，单击“期末/平均单价计算”菜单项，进入“全月平均单价计算”页面。

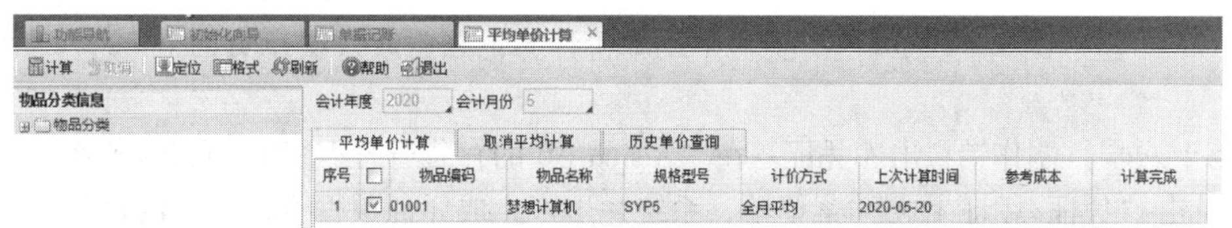

序号	物品编码	物品名称	规格型号	计价方式	上次计算时间	参考成本	计算完成
1	01001	梦想计算机	SYP5	全月平均	2020-05-20		

图 1－4－94 平均单价计算页面

【第十六步】选中计算物品及范围后点击“计算”按钮，系统自动进行平均单价计算并进入成本计算表，查看计算结果，如图 1－4－95 所示。

成本计算表 -- 网页对话框

记账 打印 导出 帮助 退出

序号	物品			期初		入库		有金额出库		无金额出库	
	编码	名称	规格	数量	金额	数量	金额	数量	成本	数量	成本
1	01001	梦想计算机	SYP5	43.00	326,800.00					25.00	190,000.00
合计				43.00	326,800.00	0.00	0.00	0.00	0.00	25.00	190,000.00

图 1－4－95　成本计算表页面

【第十七步】在“成本计算表”页面，点击“记账”按钮，对计算后的物品进行记账，系统弹出“全月平均单价计算记账完成”确认提示，如图 1－4－96 所示。点击“确定”按钮，平均单价计算完成。

图 1－4－96　“全月平均单价计算记账完成”提示页面

【第十八步】制作销售出库凭证。在“Aisino A6 的存货管理”窗口页面，如图 1－4－97 所示，单击“凭证/凭证生成”菜单项，系统弹出未生成凭证单据查询条件设置页面。

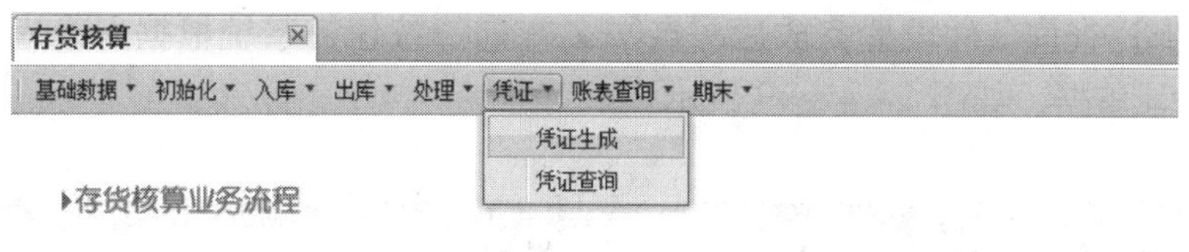

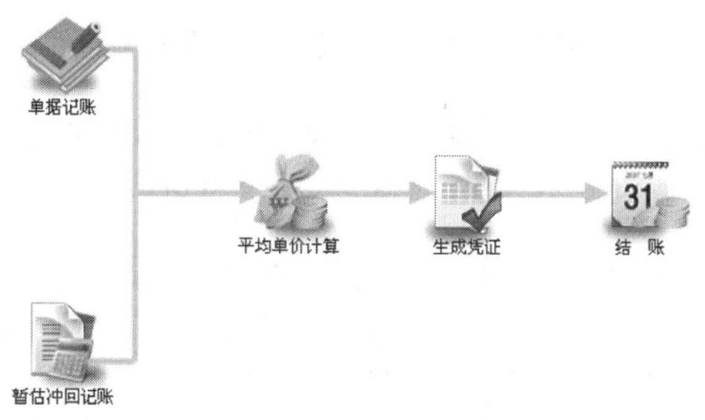

图 1 -4 -97　执行存货核算凭证生成菜单命令

【第十九步】录入未生成凭证单据查询条件，此处可以按单据类型选取销售出库单，仓库选取成品库进行查询。查询条件设置完成后，点击“查询”按钮，系统根据所录入的查询条件，列出未生成凭证单据，如图 1 -4 -98 所示。

未生成凭证单据查询条件 -- 网页对话框
保存方案 装载方案 删除方案 退出
方案列表
单据类型
□ 采购入库单(暂估)
□ 采购入库单(结算)
☑ 销售出库单
□ 其他入库单
□ 其他出库单
□ 成品入库单
□ 材料出库单
□ 委外入库单(暂估)
□ 委外入库单(结算)
□ 入库调整单
□ 全选
仓库
☑ 成品库
□ 配件库
□ 耗材库
□ 全选
业务类型 ---- 销售出库单 ----
部门 记账人
供应商 客户
单据日期 至
记账日期 至
单据号 至
收发类别 ----
销售发票… 至
查 询 取 消

图 1 -4 -98　未生成凭证单据查询条件页面

【第二十步】查询条件设置完成后，点击“查询”按钮，系统根据所录入的查询条件，列出未生成凭证单据，如图 1－4－99 所示。

图 1－4－99　未生成凭证单据查询页面

【第二十一步】在“未生成凭证单据列表”中选择需要生成凭证的单据，然后单击“凭证”按钮，系统进入凭证生成页面，如图 1－4－100 所示。

存货核算　凭证生成

生成　合并　摘要　格式　打印　导出　帮助　返回

凭证类别：记账凭证　汇总方式：合并生成凭证时，汇总所有科目相同的分录　提示：本次处理记录数为1条

序号	单据类型	单据号	摘要	科目类型	科目编码	科目名称	借方金额	贷方金额	借方数量	贷方数量
1	销售出库单	XC2008100001	销售出库单	物品				190,000.00		25.000000
2	销售出库单	XC2008100001	销售出库单	对方			190,000.0		25.000000	

图 1－4－100　凭证生成页面

【第二十二步】如图 1－4－101 所示，对为空的物品科目、对方科目进行编辑，点击“生成”按钮，生成凭证。系统弹出“凭证保存成功”对话框，单击“确定”按钮，确定凭证已保存，生成凭证操作全部完成之后，单击“退出”按钮，关闭“存货核算”模块已打开的页面组，返回到 A6 系统主页面。

凭证信息

新增　保存　修改　删除　查询　辅助项　余额　流量　外币　插行　选项　操作　联查　打印　帮助　退出

记账凭证

凭证字：记　凭证号：38　凭证日期：2020-05-30　附件数：1

序号	摘要	科目	借方	贷方
1	普通销售销售出库单	6401-主营业务成本	19000000	
2	普通销售销售出库单	1405-库存商品		19000000
3				
4				
5				
合计：壹拾玖万元整			19000000	19000000

记账　审核　出纳　制单

图 1－4－101　保存已生成凭证的页面

2. 销售退回业务。

（1）分析本笔业务的特点：①先发货后开票销售业务模式下的销售退回时已开具增值税专用发票；②填制红字销售发票；③填制红字销售出库单。

（2）实验操作流程：

①打开销售管理→填制一张红字销售发票、审核→生成凭证，同时生成一张红字销售发货单。

②打开库存管理→填制红字销售出库单、只填写数量，不录入单价→审核。

③打开存货核算→点击“单据记账”→生成凭证。

（3）详细操作步骤：

【第一步】填制一张红字销售发票。以操作员“admin”或拥有销售管理权限的其他操作员登录到“Aisino A6 的销售管理”窗口页面，打开“销售发票”页面，单击“新增/红字”菜单命令，增加一张红字空白增值税专用发票。

【第二步】参照实验内容和资料中业务 2 的内容，如图 1－4－102 所示，在“销售发票”填制页面进行专用发票录入，“数量”一栏应输入负数。输入完毕后，单击工具栏的“保存”按钮时对录入的发票信息进行保存。再单击工具栏的“审核”按钮，系统弹出“审核完成”对话框，单击“确定”按钮，返回到“销售发票”对话框中，并单击该对话框的“退出”按钮，正常退出打开的页面。

说明：红字销售发票可以手工录入，也可以由单据生成。

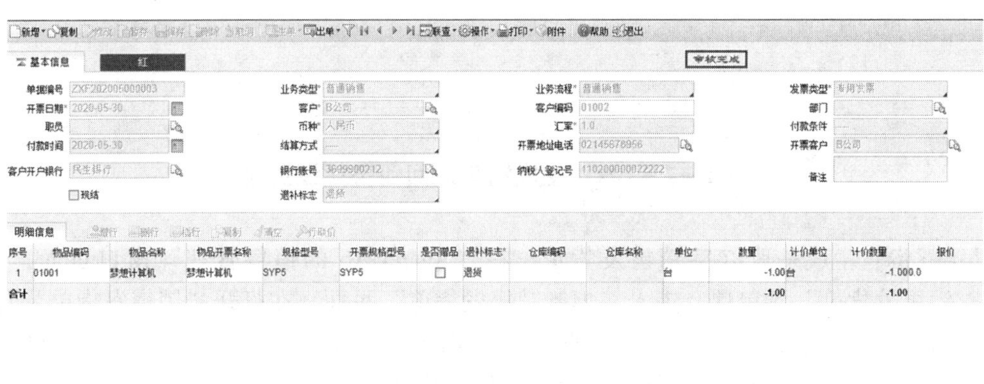

图 1－4－102　红字销售发票页面

【第三步】在“Aisino A6 的销售管理”窗口页面，单击“发票/销售发票列表”菜单项，进入“销售发票列表”页面。在“销售发票列表”中，如图 1－4－103 所示，选择准备生成凭证的红字单据，再单击工具栏的“凭证”按钮，打开“制作凭证”对话框。

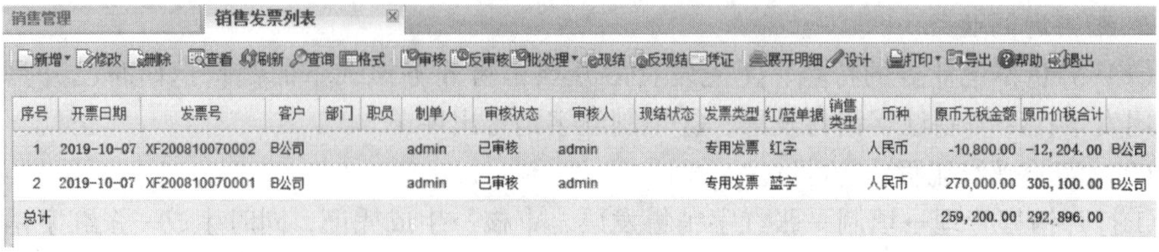

图1-4-103 “选择待生成凭证的红字单据”页面

【第四步】在“制作凭证”页面，点击页面左上角的“保存”按钮，生成凭证，如图1-4-104所示。

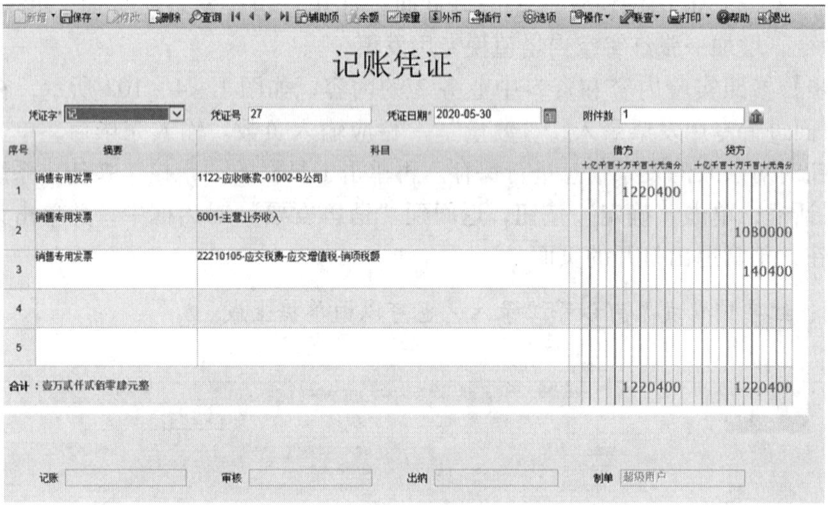

图1-4-104 生成销售退回业务凭证页面

【第五步】生成一张红字销售发货单。在“Aisino A6的销售管理”窗口页面，单击“发货/销售发货单”菜单项，进入“填制销售发货单”页面。在打开“销售发货单”页面，单击“新增/红字”菜单命令，增加一张红字空白销售发货单，单击工具栏的“由单据生成”按钮，带入红字销售发票信息，如图1-4-105所示。

图1-4-105 红字销售发票生成红字销售发货单页面

【第六步】在弹出的红字“销售发货单”对话框中，如图 1－4－106 所示，单击工具栏的“保存”按钮，再单击工具栏的“审核”按钮，系统弹出“审核完成”对话框，单击该对话框中的“确定”按钮，进行审核。单击“销售发货单”页面工具栏中的“退出”按钮，正常退出打开的页面。

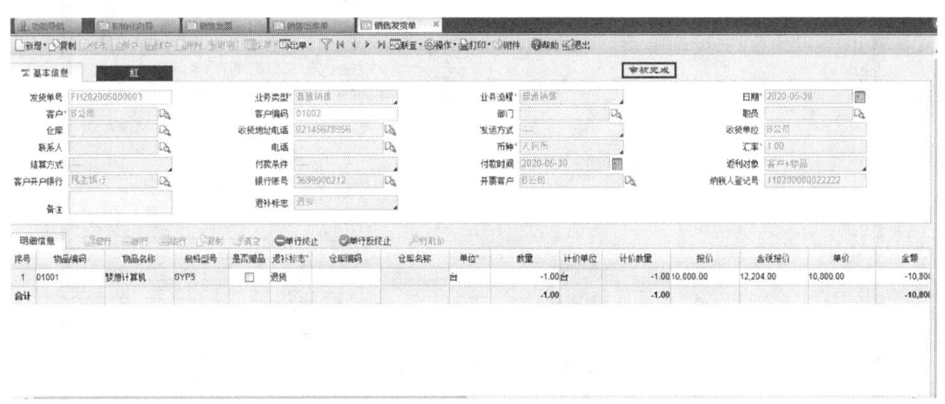

图 1－4－106　生成红字销售发货单页面

【第七步】填制红字销售出库单。在“Aisino A6 的库存管理”窗口页面，单击“出库/销售出库单”菜单项，填制销售出库单。打开“销售出库单”页面，单击“新增/红字”菜单命令，填制销售出库单，只需填写数量 －1 台，不录入单价。单击工具栏的“保存”按钮，再审核单据，如图 1－4－107 所示。

图 1－4－107　填制红字销售出库单页面

【第八步】对红字销售出库单记账。在“Aisino A6 的存货核算”窗口页面，单击“处理/单据记账”菜单项，系统弹出单据查询条件设置页面，设置仓库、单据类型等查询条件，单击“成品库”前的复选框，选择“成品库”；单击“销售出库单”前的复选框，选择“销售出库单”，其余各项默认为空。再单击对话框下方的“查询”按钮，系统显示出单据列表，如图 1－4－108 所示。

图 1 －4 －108　生成凭证单据查询条件

【第九步】查询条件设置完成后，点击“查询”按钮，系统根据所录入的查询条件，列出未生成凭证单据，选择要进行记账的单据，点击“记账”按钮，系统弹出“单据记账成功”提示，如图 1 －4 －109 所示。

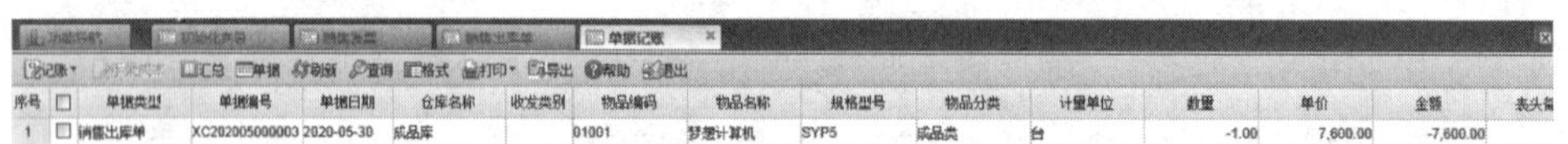

序号		单据类型	单据编号	单据日期	仓库名称	收发类别	物品编码	物品名称	规格型号	物品分类	计量单位	数量	单价	金额	表头备
1		销售出库单	XC202005000003	2020-05-30	成品库		01001	梦想计算机	SYP5	成品类	台	-1.00	7,600.00	-7,600.00	

图 1 －4 －109　单据记账成功页面

【第十步】生成销售退回红字凭证。在“Aisino A6 的存货核算”窗口页面，单击“凭证/凭证生成”菜单项，系统弹出未生成凭证单据查询条件设置页面。录入未生成凭证单据查询条件，此处可以按单据类型选取“销售出库单”，仓库选取“成品库”进行查询。查询条件设置完成后，点击“查询”按钮，系统根据所录入的查询条件，列出未生成凭证单据，如图 1 －4 －110 所示。在未生成凭证单据列表中选择需要生成凭证的单据，然后单击“凭证”按钮，系统进入“凭证生成”页面。

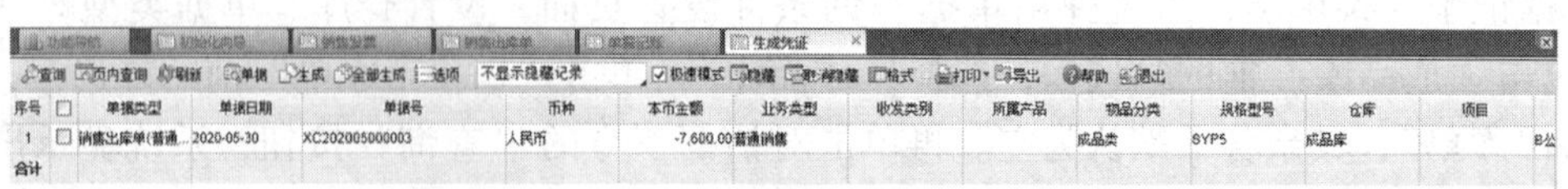

序号		单据类型	单据日期	单据号	币种	本币金额	业务类型	收发类别	所属产品	物品分类	规格型号	仓库	项目	
1		销售出库单(普通...	2020-05-30	XC202005000003	人民币	-7,600.00	普通销售			成品类	SYP5	成品库		B公
合计														

图 1 －4 －110　生成凭证单据查询页面

【第十一步】如图1－4－111所示，对为空的物品科目、对方科目进行编辑，点击“生成”按钮，生成凭证。系统弹出“凭证保存成功”对话框，单击“确定”按钮，确定凭证已保存，生成凭证操作全部完成之后，单击“关闭”按钮，关闭“存货核算”模块已打开页面组，返回到A6系统主页面。

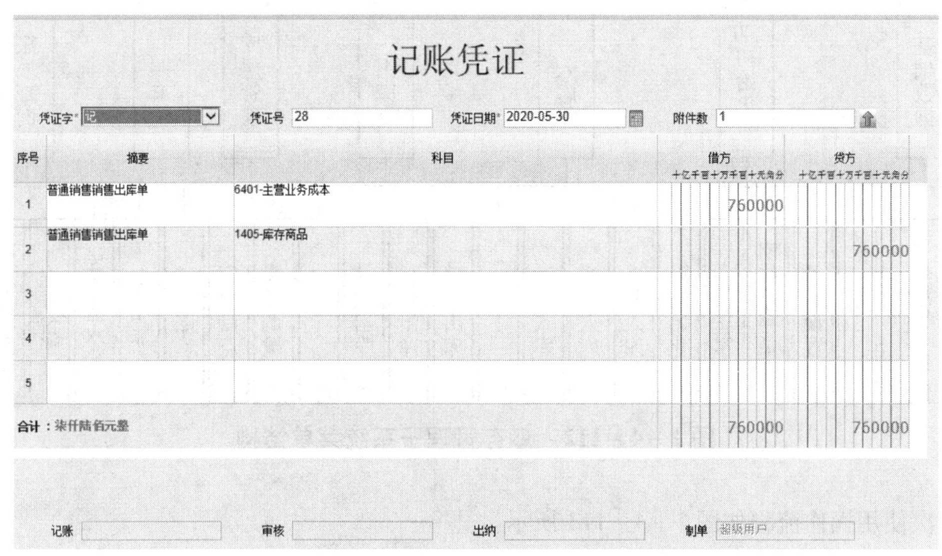

图1－4－111 保存已生成的红字凭证页面

（五）实验总结和实验报告

通过本次实验，我们了解了销售管理系统的基本工作原理和相关内容以及销售管理系统与其他系统的联系，掌握了销售业务、退货业务循环的处理和销售业务核算的主要操作技能。应该总结回顾本次实验的过程，检查实验的结果，写出实验报告（或者填制实验报告表）。

四、库存管理

（一）实验目的和要求

了解库存管理系统的基本知识及相关内容。掌握库存存货的处理流程。了解库存管理系统与其他系统的联系。学会库存存货核算的主要实践技能。

（二）实验知识准备

库存管理是对产品信息进行跟踪和控制的重要手段，通过对库存信息实时、准确和不断的监测，可以提高自动化仓库管理效率、加速货物流通、减少账目差错等。合理的库存管理对于企业至关重要，库存管理子系统是航天信息企业管理软件的一个重要组成部分，该系统能及时、准确地提供企业供、产、销过程中的相关信息，保证仓库管理数据库的准确可靠，为企业的高层决策提供必要的信息支持。同时库存管理子系统与采购管理、销售管理子系统一起使用时，可及时为采购与销售业务提供准确的库存数据。其功能菜单结构如图 1－4－112 所示。

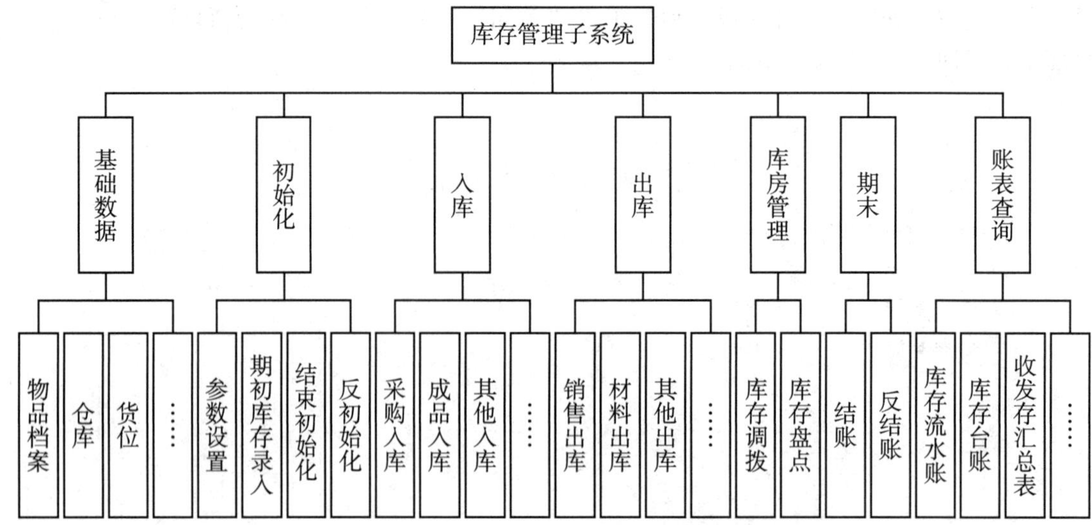

图 1－4－112　库存管理子系统菜单结构

首次使用操作流程如图 1－4－113 所示。

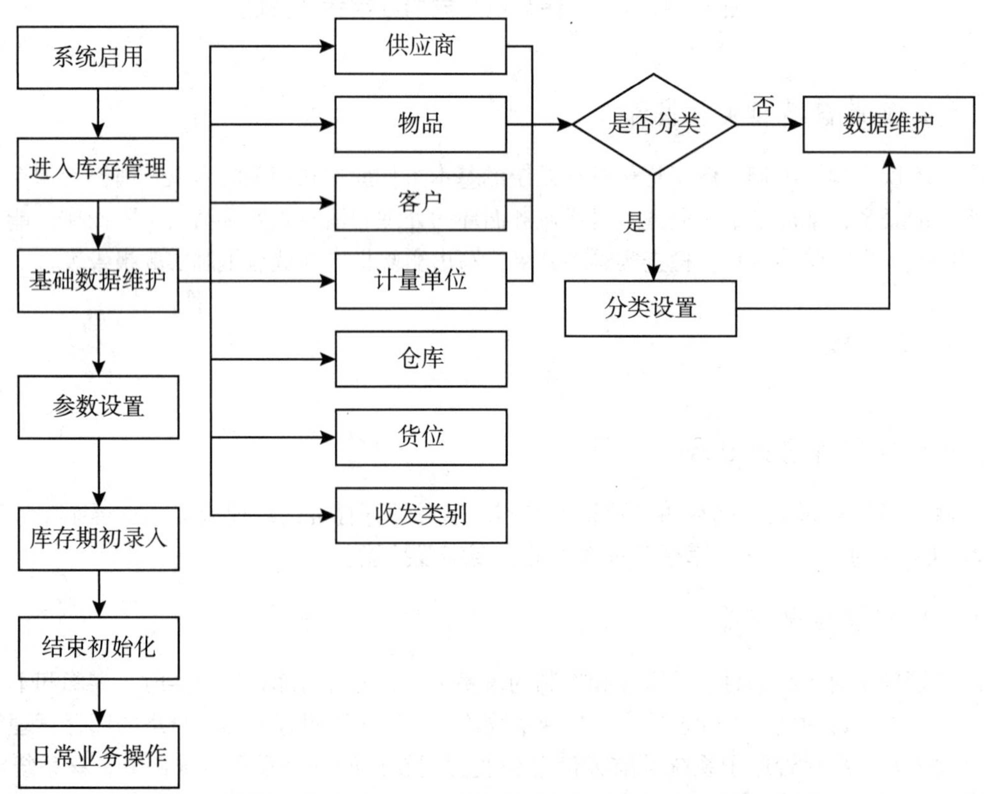

图 1－4－113　库存管理子系统首次使用流程

（三）实验内容和资料

（1）10 月 18 日向乙单位购进华硕主板 30 块，暂估单价 602 元；512 金士顿内存 40 条，暂估单价 165 元；影驰显卡 30 块，暂估单价 112 元，材料已验收入配件库，金额 28 020 元，发票尚未收到，款项尚未支付。

（2）10 月 20 日收到丁单位发来的显示器 60 台，普通发票上注明的单价为 745 元，扣除预付款 4 700 元，余额 40 000 元公司从工商银行支付，显示器已验收入库，结算号：01013。

（3）10 月 20 日向 B 公司销售梦想计算机 SYP5 产品 25 台，发票已开具，每台不含税售价为 10 800 元，增值税率 13%，款项尚未收到，10 月 18 日产品已发往 B 公司。

（4）10 月 21 日，收到 B 公司退货，梦想计算机 SYP5 产品 1 台，不含税单价 10 800 元，物品退入残品库。

（5）10 月 21 日向生产车间发出材料如表 1 -4 -3 所示。

表 1 -4 -3　　发出材料

仓库	物品名称	计量单位	数量	单价
配件库	华硕主板	块	10	—
	金士顿内存 512	条	10	—
	影驰显卡	块	10	—
	Inter CPU	块	10	—
	日立硬盘	块	10	—
	三星光驱	个	10	—
	漫步者音箱	套	10	—
	长城电源	个	10	—

（6）10 月 22 日，将成品库中的显示器 10 台，调入配件库，单价 760 元。

（7）10 月 23 日，将生产的 SYP5 电脑 10 台入成品库，成本单价为（生产成本 - 基本生产成本 + 制造费用 +10 台显示器价格）/10。

（8）10 月 25 日，盘点配件库的内存条，发现盘亏 2 条，单价 167 元。

（四）操作步骤

【第一步】点击“供应链/库存管理”，进入“库存管理”页面，如图 1 -4 -114、图 1 -4 -115 所示。

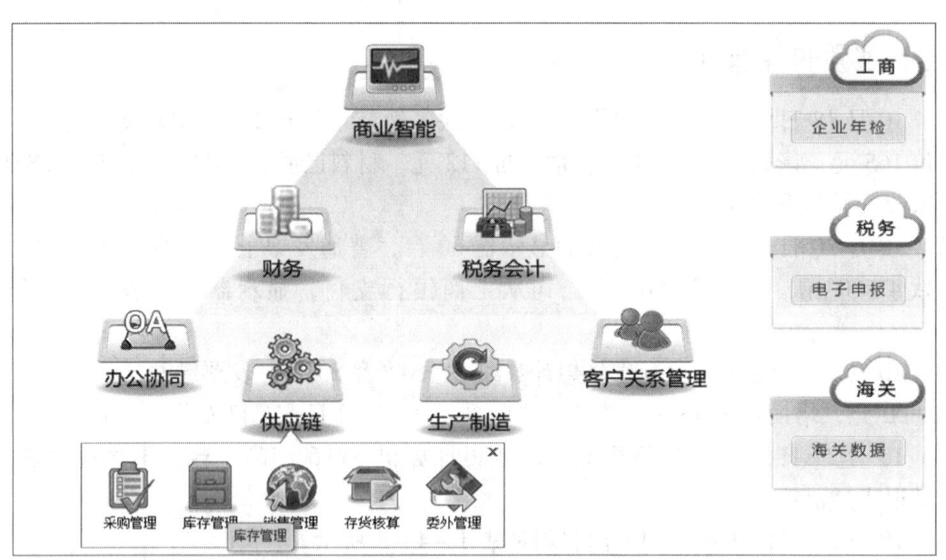

图 1－4－114　供应链—库存管理页面

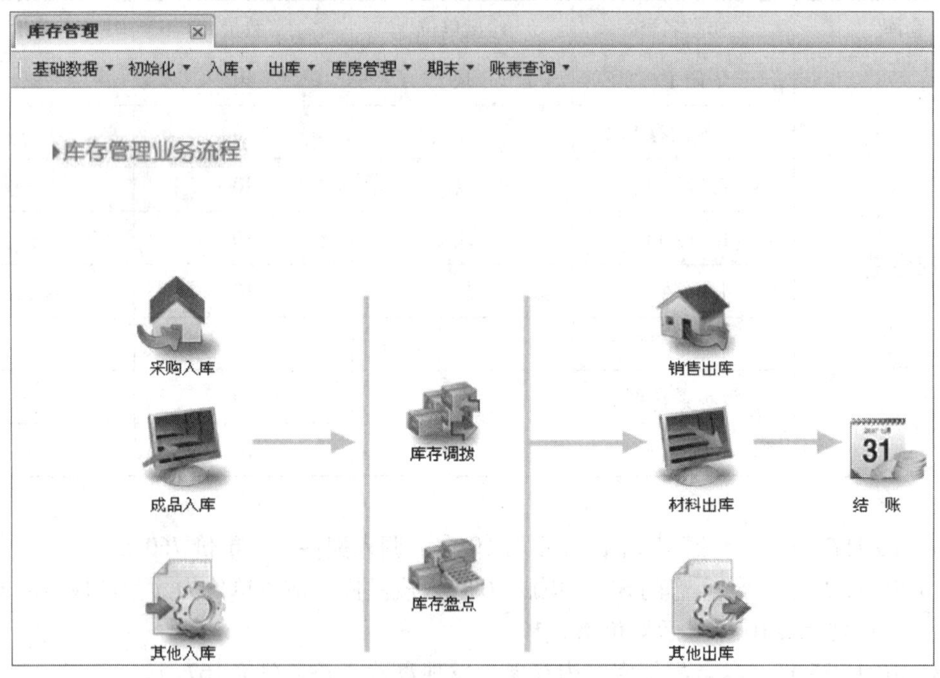

图 1－4－115　库存管理设置页面

【第二步】填制采购入库单。在“库存管理设置”页面，点击“入库”下拉菜单，选择“采购入库单”，进入“采购入库单”页面，点击“新增”菜单，根据实验资料进行填制，如图 1－4－116、图 1－4－117 所示。

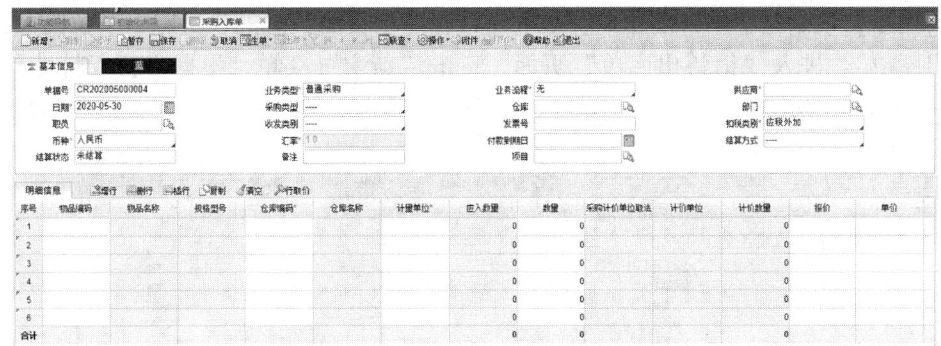

图 1－4－116　采购入库单页面

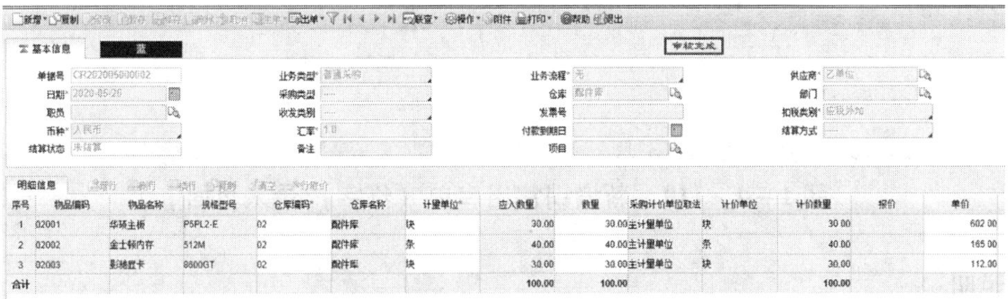

图 1－4－117　新增采购入库单录入页面

说明：

①当只启用了采购管理子系统，没有启用库存管理子系统时，采购入库单在采购管理子系统中填制。

②当物品所入仓库选择了货位管理时，保存数据后，需要点击“货位分配”分配货位信息。

【第三步】填制销售出库单。在“库存管理”页面，点击“出库”下拉菜单，选择“销售出库单”，进入“销售出库单”页面，点击“新增”菜单，根据实验资料进行填制，如图 1－4－118 所示。

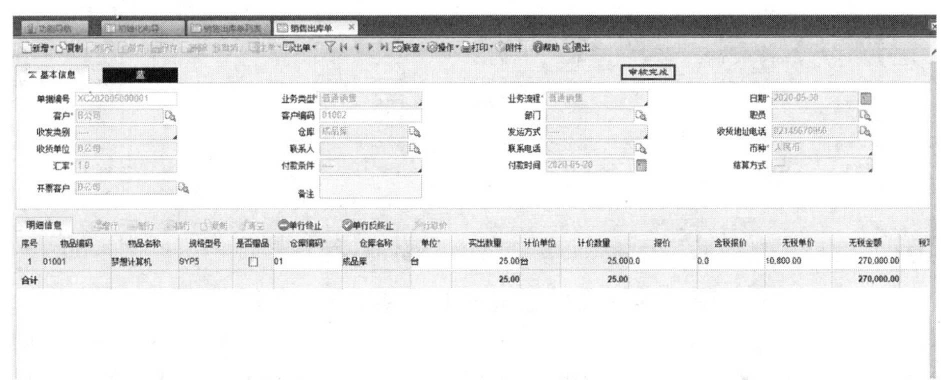

图 1－4－118　新增销售出库单（蓝字）录入页面

【第四步】填制红字销售出库单。在“库存管理”页面，点击“出库”下拉菜单，选择“销售出库单”，进入“销售出库单”页面，点击“新增”菜单，根据实验资料进行填制，如图 1－4－119 所示。

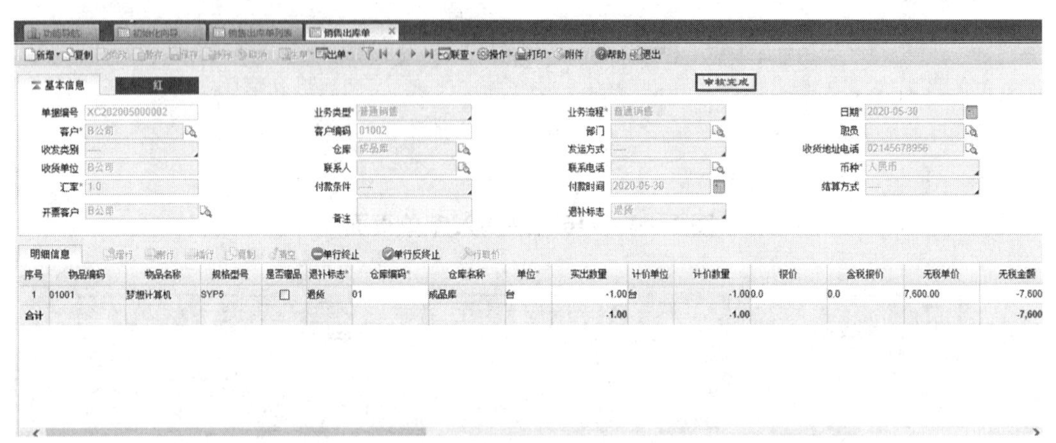

图 1－4－119　新增销售出库单（红字）录入页面

🗎 **说明：**

①红字采购入库单中的数量、金额必须为负数，单价不能为负。

②红字采购入库单的修改、删除与蓝字入库单相同。

【第五步】填制材料出库单。在“库存管理”页面，点击“出库”下拉菜单，选择“材料出库单”，进入“材料出库单”页面，点击“新增”菜单，根据实验资料进行填制，如图 1－4－120 所示。

功能导航　初始化向导　材料出库单列表　材料出库单

新增　复制　修改　暂存　保存　删除　取消　主单　操作　联查　附件　打印　帮助　退出

基本信息　蓝　审核完成

单据号* CC202005000001　日期* 2020-05-31　业务类型* 材料出库　仓库 配件库
部门　职员　收发类别 ---　供应商
备注

明细信息　增行　删行　插行　复制　清空

序号	物品编码*	物品名称	规格型号	单位*	数量*	现存量	仓库编码*	仓库名称	主单位	主单位数量	换算率	主单位现存量
1	02001	华硕主板	P5PL2-E	块	10.00	20.00	02	配件库	块	10.00	1.000000	20.00
2	02002	金士顿内存	512M	条	10.00	28.00	02	配件库	条	10.00	1.000000	28.00
3	02003	影驰显卡	8600GT	块	10.00	20.00	02	配件库	块	10.00	1.000000	20.00
4	02004	Inter CPU	Core 2	块	10.00	-10.00	02	配件库	块	10.00	1.000000	-10.00
5	02005	日立硬盘	160G	块	10.00	-10.00	02	配件库	块	10.00	1.000000	-10.00
6	02006	三星光驱	TS H652M	个	10.00	-10.00	02	配件库	个	10.00	1.000000	-10.00
7	02007	漫步者音箱	E3100	套	10.00	-10.00	02	配件库	套	10.00	1.000000	-10.00
8	02008	长城电源	ATX350P4	个	10.00	-10.00	02	配件库	个	10.00	1.000000	-10.00
合计					80.00	18.00				80.00		18.00

制单人 超级用户　制单时间 2020-06-24 14:48:33　修改人　修改时间
审核人 超级用户　审核时间 2020-06-24 14:48:34　记账人 超级用户

图 1－4－120　新增材料出库单录入页面

【第六步】填制调拨单。在“库存管理”页面，点击“库房管理”下拉菜单，选择“库存调拨单”，进入“库存调拨单”页面，点击“新增”菜单，根据实验资料进行填制，如图 1 –4 –121 所示。

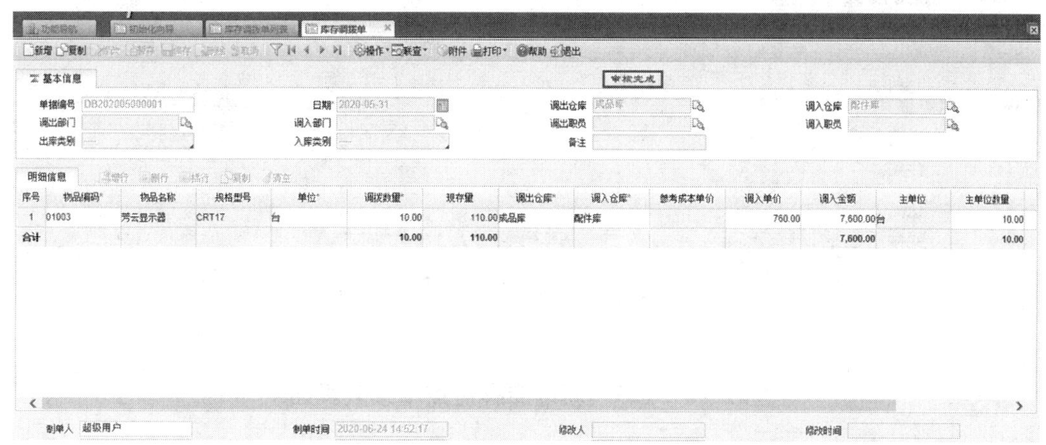

图 1 –4 –121　新增材料出库单录入页面

【第七步】填制成品入库单。在“库存管理”页面，点击“入库”下拉菜单，选择“成品入库单”，进入“成品入库单”页面，点击“新增/蓝字”菜单项，根据实验资料进行填制，如图 1 –4 –122 所示。

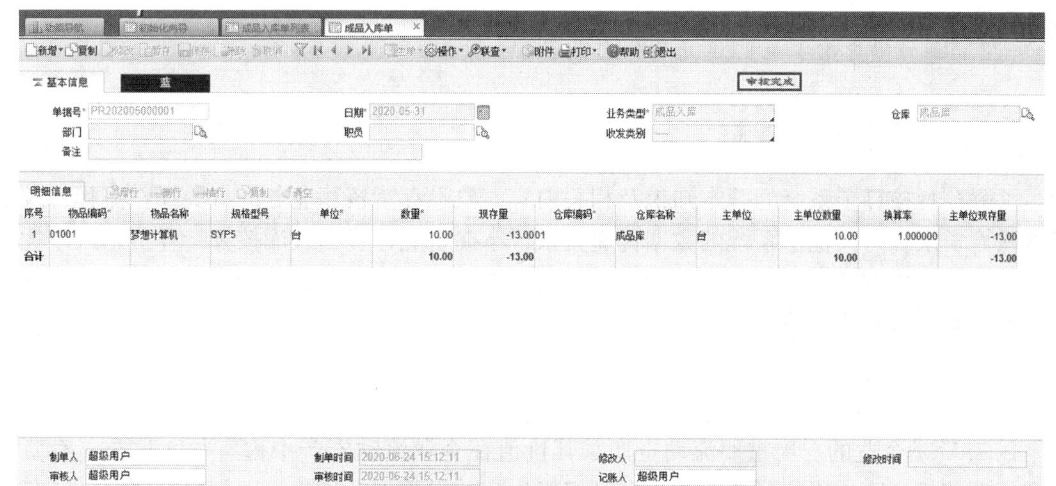

图 1 –4 –122　新增材料出库单录入页面

【第八步】填制盘点单。在“库存管理”页面，点击“库房管理”下拉菜单，选择“库存盘点单”，进入“库存盘点单”页面，点击“新增”菜单项，根据实验资料进行填制，如图 1 –4 –123 所示。

序号	物品编码*	物品名称	规格型号	单位*	数量*	现存量	仓库编码*	仓库名称	主单位	主单位数量	换算率	主单位现存量
1	02001	华硕主板	P5PL2-E	块	10.00	76.00	02	配件库	块	10.00	1.000000	76.00
2	02002	金士顿内存	512M	条	10.00	92.00	02	配件库	条	10.00	1.000000	92.00
3	02003	影驰显卡	8600GT	块	10.00	61.00	02	配件库	块	10.00	1.000000	61.00
4	02004	Inter CPU	Core 2	块	10.00	27.00	02	配件库	块	10.00	1.000000	27.00
5	02005	日立硬盘	160G	块	10.00	49.00	02	配件库	块	10.00	1.000000	49.00
6	02006	三星光驱	TS H652M	个	10.00	104.00	02	配件库	个	10.00	1.000000	104.00
7	02007	漫步者音箱	E3100	套	10.00	43.00	02	配件库	套	10.00	1.000000	43.00
8	02008	长城电源	ATX350P4	个	10.00	142.00	02	配件库	个	10.00	1.000000	142.00
9					0					0		
合计					80.00	594.00				80.00		594.00

图 1-4-123　新增库存盘点单录入页面

(五) 实验总结和实验报告

通过本次实验，我们了解了库存管理系统的基本工作原理及其内容和库存管理系统与其他系统的联系。掌握了库存存货的业务处理流程和库存存货业务核算的主要操作技能。应该总结回顾本次实验的过程，检查实验的结果，写出实验报告（或者填制实验报告表）。

五、存货核算

(一) 实验目的与要求

了解存货核算子系统的基本知识及相关内容，熟悉存货核算业务的有关操作流程，理解存货核算子系统与其他子系统的数据传递关系，掌握企业存货出入库核算，存货出入库凭证处理，核算报表查询，期初期末处理及相关资料维护等内容，通过实验，具备在实际工作中熟练使用存货核算子系统的能力。

(二) 实验知识准备

1. 存货是企业的一项重要流动资产，其价值在企业流动资产中占有很大比重。存货核算和管理的好坏直接影响到企业能否顺利组织生产并且不因存货积压占用过多资金。存货核算子系统主要针对企业存货的收发存业务进行核算，其作用是使企业掌握存货的消耗情况，反映和监督存货的收发、领退、保管；反映和监督存货资金的占用情况，及时准确地把各类存货成本归集到各成本项目和成本对象上，为企业的成本核算提供相关数据。

2. 存货核算子系统的操作流程。

（1）首次使用的操作流程如图 1-4-124 所示。

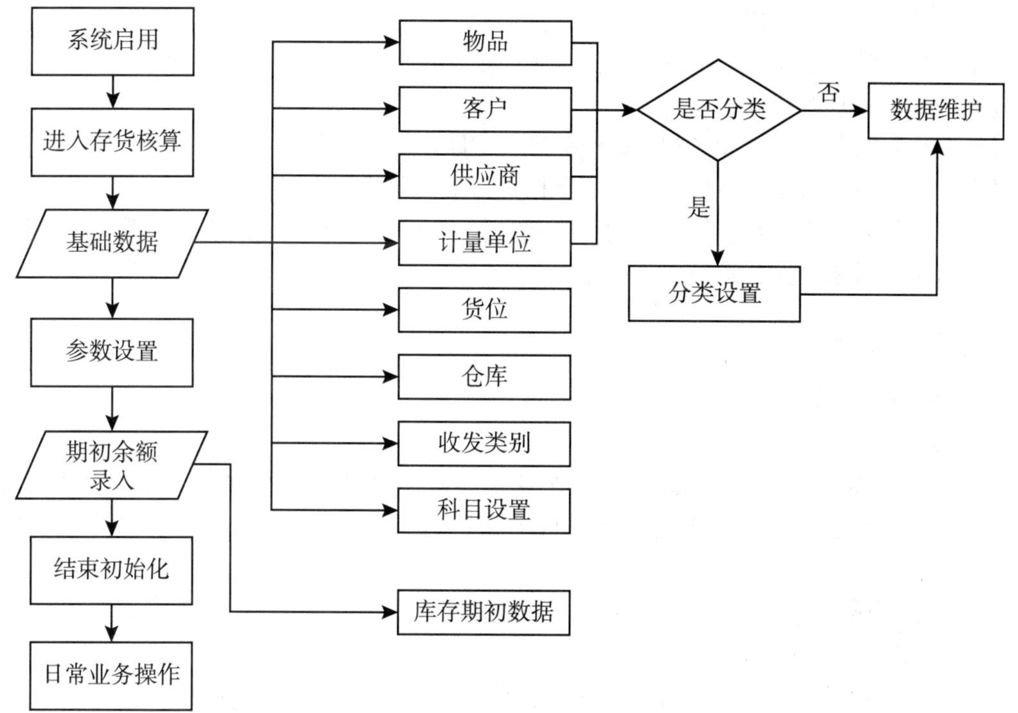

图 1－4－124　存货核算子系统首次使用操作流程

操作流程：

【第一步】进入 Aisino A6 企业管理软件，在基础设置中启用存货核算子系统。

【第二步】进行基础数据的维护，包括物品、客户、供应商、计量单位、货位、仓库、收发类别、科目等相关基础资料的设置。

【第三步】期初余额录入。

【第四步】结束初始化，进入日常工作处理流程。

（2）日常使用流程如图 1－4－125 所示。

存货核算业务流程

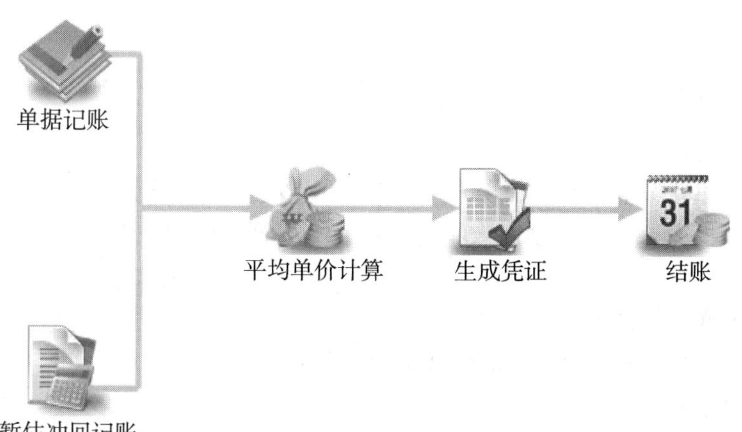

图 1－4－125　存货核算日常使用操作流程

操作流程：

【第一步】填制单据，包括入库单据、出库单据及调整单据。

【第二步】处理暂估业务。

【第三步】对其他入库业务和出库业务进行记账。

【第四步】对全月平均计价法的出库单据进行平均单价计算。

【第五步】将【第二步】【第三步】【第四步】成本计算的单据生成凭证传递到总账系统。

【第六步】月末结账，进行下月工作。

（三）实验内容和资料

1. 入库业务处理。

（1）采购入库。

票货同到业务：5 月 20 日收到丁单位发来的显示器 60 台，增值税专用发票上注明的单价为 745 元，价税合计 52 299 元。公司从工商银行支付，显示器已验收入库，结算号：01013。

借：在途物资

　　应交税费——应交增值税（进项税额）

　　贷：银行存款——工商银行——人民币户

借：库存商品

　　贷：在途物资

货到票未到业务：5 月 18 日向乙单位购进华硕主板 30 块，暂估单价 602 元；512 金士顿内存 40 条，暂估单价 165 元；影驰显卡 30 块，暂估单价 112 元，材料已验收入配件库，金额 28 020 元，发票尚未收到，款项尚未支付。

借：原材料——配件

　　贷：应付账款

（2）产成品入库。

5 月 23 日，将生产的 SYP5 电脑 10 台入成品库，成本单价为（生产成本 - 基本生产成本 + 制造费用 + 10 台显示器价格）/10。

借：库存商品

　　贷：生产成本——基本生产成本

2. 出库业务处理。

（1）普通销售出库。

5 月 20 日向 B 公司销售梦想计算机 SYP5 产品 25 台，发票已开具，每台不含税售价为 10 800 元，增值税率 15%，款项尚未收到，9 月 18 日产品已发往 B 公司。

借：应收账款

　　贷：主营业务收入

　　　　应交税费——应交增值税（销项税额）

借：主营业务成本

　　贷：库存商品

（2）销售退货。

5 月 21 日，收到 B 公司退货，梦想计算机 SYP5 产品 1 台，不含税单价 10 800 元，物品退入成品库。

借：应收账款　　　　　　　　　　　　　　　　　　　红字

　　贷：主营业务收入　　　　　　　　　　　　　　　　红字

　　　　应交税费——应交增值税（销项税额）　　　　　红字

借：主营业务成本　　　　　　　　　　　　　　　　　红字

　　贷：库存商品　　　　　　　　　　　　　　　　　　红字

（3）材料领用出库。

10 月 21 日向生产车间发出材料如表 1 –4 –4 所示。

表 1 –4 –4　　　　发出材料

仓库	物品名称	计量单位	数量	单价
配件库	华硕主板	块	10	—
	金士顿内存 512	条	10	—
	影驰显卡	块	10	—
	Inter CPU	块	10	—
	日立硬盘	块	10	—
	三星光驱	个	10	—
	漫步者音箱	套	10	—
	长城电源	个	10	—

借：生产成本——基本生产成本

　　贷：原材料——配件

（4）其他出库。

调拨出库：5 月 22 日，将成品库中的显示器 10 台，调入配件库，价格 760 元。

借：原材料——配件

　　贷：库存商品

盘亏出库：5 月 25 日，盘点配件库的内存条，发现盘亏 2 条，单价 167 元。

借：营业外支出——盘亏支出

　　贷：原材料——配件

3. 暂估处理。

6 月 1 号收到上述 10 月 18 号暂估业务的发票，各配件的单价与暂估价一致，发票含税金额为 32 783. 4 元。

（四）实验步骤

1. 入库业务处理。

（1）采购入库。

票货同到业务：

该业务是普通采购业务，采购入库后需要对材料进行核算。操作流程：

①开采购管理→填制一张采购发票、现结、审核；

②打开库存管理→填制采购入库单、审核；

③打开采购管理→点击“采购结算”→分别选择采购入库单、采购发票→点击“结算”，完成采购结算操作；

④打开应付管理→应付核销→核销类型“预付冲应付”→选择正确的业务日期→分别在原被核销区域选择单据→点击“核销”按钮，完成预付款冲应付款的核销操作；

⑤在应付管理→生成凭证，对采购发票和预付冲应付业务进行生成凭证的操作；

⑥打开存货核算→单据记账，对入库单记账→（月末平均计算后）生成凭证。

具体操作步骤：

【第一步】以操作员 admin 或拥有采购管理权限的其他操作员登录到“Aisino A6 企业管理软件”的“采购管理”窗口页面，如图 1－4－126 所示，单击“发票/普通发票”菜单命令，打开“普通发票”。

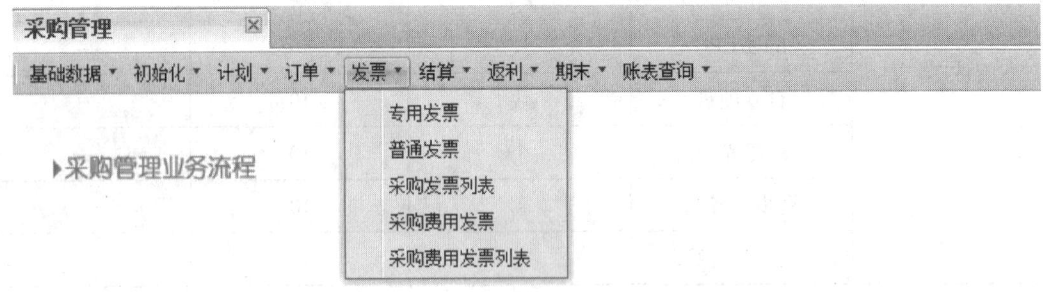

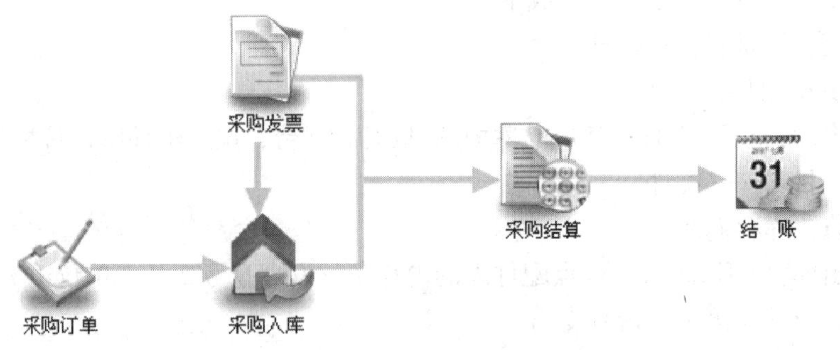

图 1－4－126　采购管理页面

【第二步】在“普通发票”窗口中，单击“新增/蓝字”命令，新增一张蓝字普通采购发票，如图 1－4－127 所示。

新增 暂存 保存 取消 生单 联查 操作 附件 帮助 退出

基本信息　蓝

发票号 CF202005000008　业务类型* 普通采购　业务流程* 无　供应商*

开票日期* 2020-05-29　发票类型* 普通发票　部门　职员

币种* 人民币　汇率* 1.0　采购类型 ----　付款到期日

扣税类别* 应税内含　结算方式 ----　备注　项目

明细信息　增行 删行 插行 复制 清空 行取价

序号	物品编码	物品名称	规格型号	计量单位*	数量	采购计价单位取法	计价单位	计价数量	报价	含税单价	价税合计	税率(%)	税额
1					0			0	0.0	0.0	0.0		0.0
2					0			0	0.0	0.0	0.0		0.0
3					0			0	0.0	0.0	0.0		0.0
4					0			0	0.0	0.0	0.0		0.0
5					0			0	0.0	0.0	0.0		0.0
6					0			0	0.0	0.0	0.0		0.0
合计					0			0			0.0		0.0

图 1-4-127　采购发票页面

【第三步】将有关内容录入采购发票对应的格中，录入完后点击“保存”，保存录入的普通发票信息，同时点击“现结”，打开“采购现结”对话框，录入有关现结信息并保存，如图 1-4-128 所示。

图 1-4-128　采购现结页面

【第四步】单击“审核”对普通发票进行审核，如图 1-4-129 所示，系统弹出“审核完成”对话框，单击该对话框的“确定”按钮，完成审核操作，单击该工具栏的“退出”按钮，退出“采购发票列表”页面，返回到“采购管理”页面并退出采购管理系统。

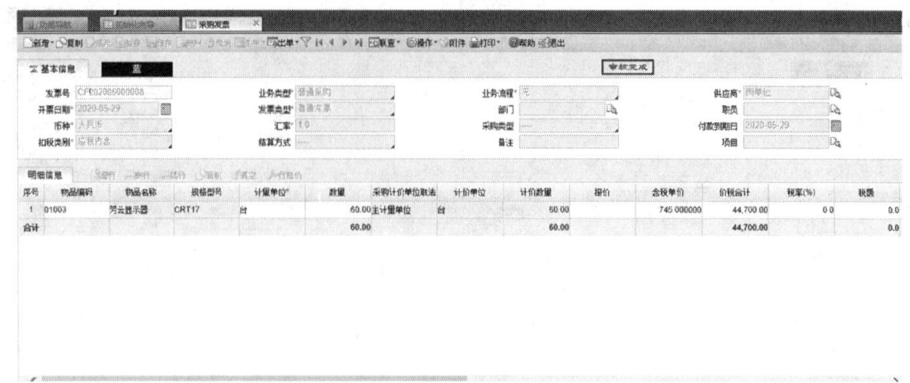

序号	物品编码	物品名称	规格型号	计量单位*	数量	采购计价单位取法	计价单位	计价数量	报价	含税单价	价税合计	税率(%)	税额
1	01003	芳云显示器	CRT17	台	60.00	主计量单位	台	60.00		745.000000	44,700.00	0.0	0.0
合计					60.00			60.00			44,700.00		0.0

图 1 -4 -129　采购发票审核页面

【第五步】单击进入“库存管理”页面，单击“入库/采购入库单”，如图 1 -4 -130 所示，打开“采购入库单”窗口，点击“新增/蓝字”，依照有关内容新增一张蓝字采购入库单，保存并审核，如图 1 -4 -131 所示。

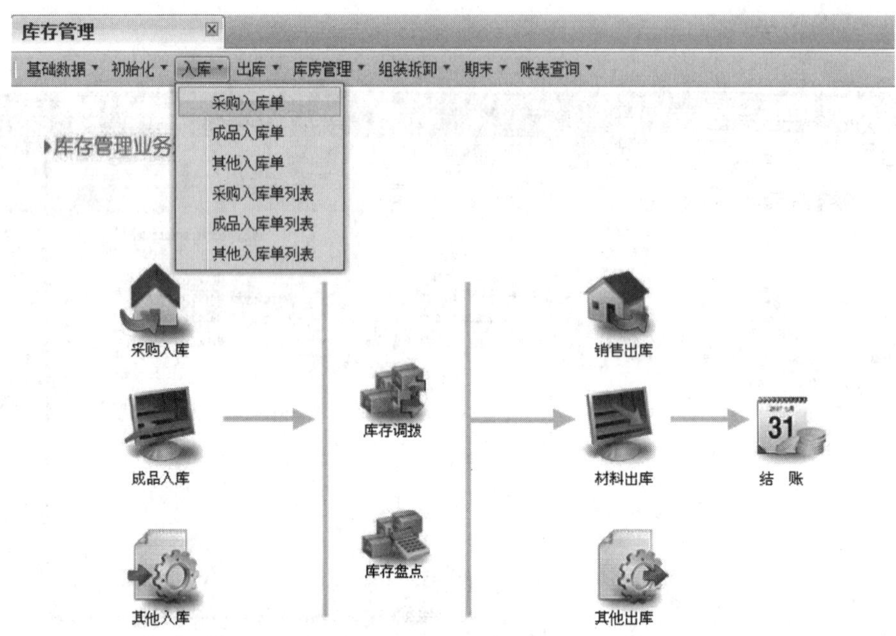

图 1 -4 -130　执行采购入库单菜单命令

序号	物品编码	物品名称	规格型号	仓库编码*	仓库名称	计量单位*	应入数量	数量	采购计价单位取法	计价单位	计价数量	报价	单价
1	01003	芳云显示器	CRT17	01	成品库	台	0.0	60.00	主计量单位	台	60.00		745.00
合计							0.0	60.00			60.00		

图 1 -4 -131　采购入库单填制页面

【第六步】退出“库存管理”窗口，打开“采购管理”窗口，单击“结算/自动结算”菜单，如图1－4－132所示，打开“自动结算”窗口，如图1－4－133所示，单击工具栏的“结算”按钮进行结算，系统弹出“结算成功”对话框。单击此对话框的“确定”按钮，关闭此对话框，系统自动打开结算单列表对话框，显示结算信息，关闭结算单列表对话框，返回到“采购管理”页面（如果自动结算不能进行，也可通过手工结算手动选择发票和入库单进行）。

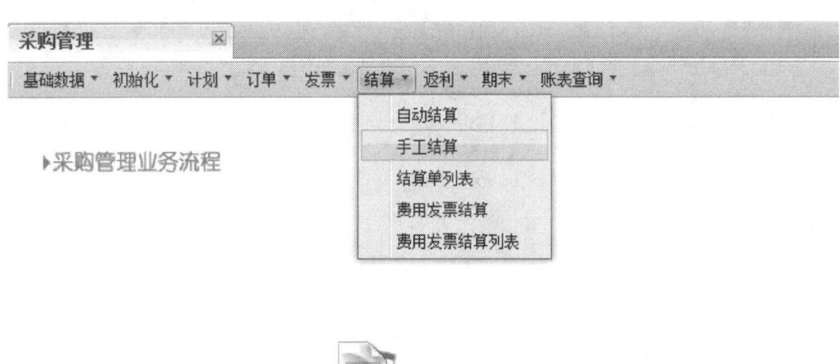

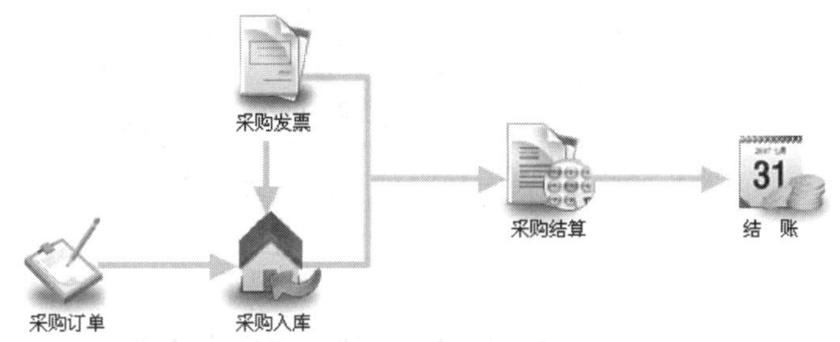

图1－4－132　手工结算菜单命令

图1－4－133　自动结算页面

【第七步】进入“存货核算”，单击“处理/单据记账”，如图 1－4－134 所示，系统弹出“单据记账查询条件”页面，按有关内容设置，如图 1－4－135 所示。单击对话框下方的“查询”按钮，打开“单据记账”，单击单据选择项下复选框选择待记账的单据，再单击工具栏的“记账”按钮，对选择的单据进行记账，系统弹出“单据记账完成!”对话框。单击此对话框的“确定”按钮，完成单据记账操作。

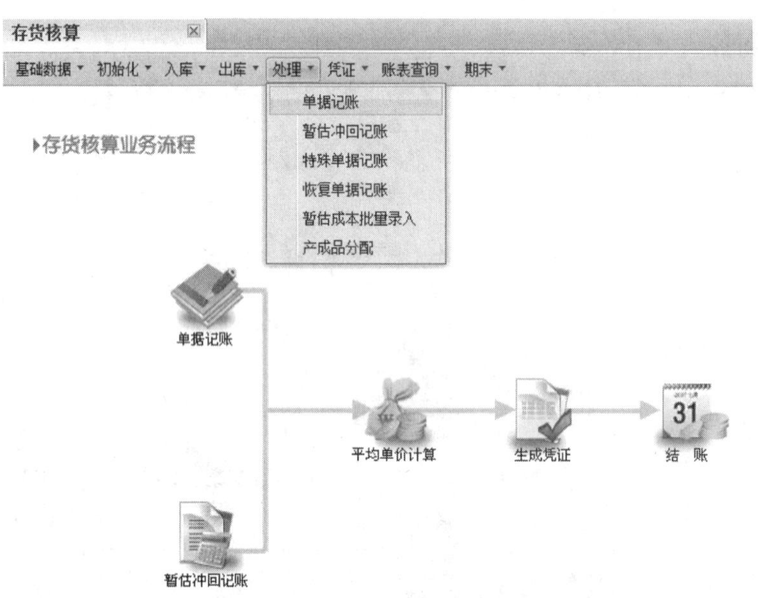

图 1－4－134　执行单据菜单命令

图 1－4－135　单据记账查询条件页面

货到票未到业务：

采购的货物已到而发票未到，为保证账实相符，月末需要进行暂估入账。操作流程：

①打开库存管理→采购入库单→填制一张入库单；

②打开库存核算→单据记账→生成凭证。

具体操作步骤：

【第一步】月末（本例为 5 月 30 日），以操作员“admin”或拥有相关权限的其他操作员登录到“Aisino A6 企业管理软件”的“库存管理”窗口页面，如图 1 –4 –136 所示，单击“入库/采购入库单”菜单命令，打开“采购入库单”页面。

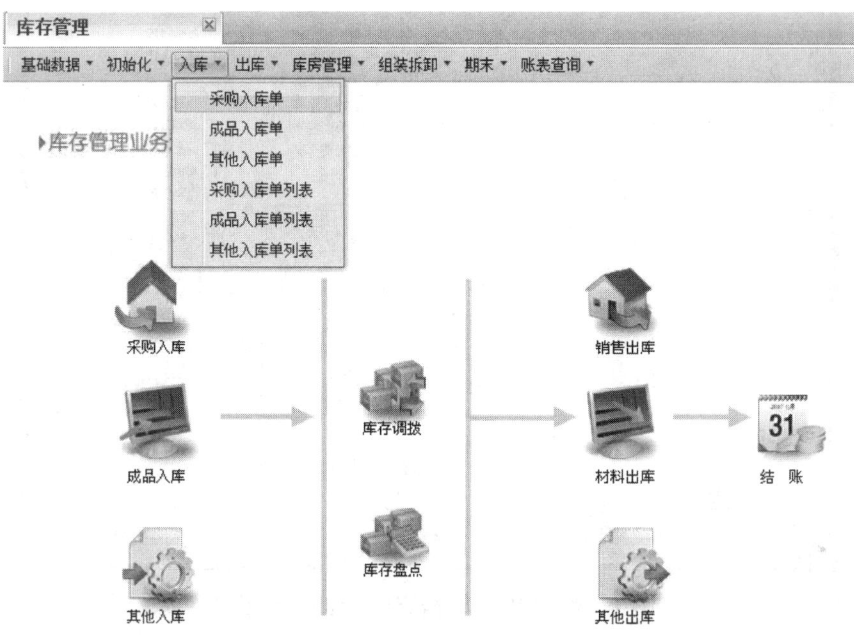

图 1 –4 –136　执行采购入库单菜单命令

【第二步】在“采购入库单”中单击“新增/蓝字”按钮，新增一张蓝字采购入库单，按照实验资料内容填制采购入库单，填写完后点击“保存”按钮保存该入库单信息，同时点击“审核”按钮审核该入库单（有时也可能点击保存后自动审核），系统提示“审核完成，库存更新完成”后退出入库单，如图 1 –4 –137 所示。

序号	物品编码	物品名称	规格型号	仓库编码	仓库名称	计量单位	应入数量	数量	采购计价单位取法	计价单位	计价数量	报价	单价
1	02001	华硕主板	P5PL2-E	02	配件库	块	30.00	30.00	主计量单位	块	30.00		502.00
2	02002	金士顿内存	512M	02	配件库	条	40.00	40.00	主计量单位	条	40.00		165.00
3	02003	影驰显卡	8600GT	02	配件库	块	30.00	30.00	主计量单位	块	30.00		112.00
合计							100.00	100.00			100.00		

图 1 –4 –137　填制采购入库单页面

【第三步】关闭“库存管理”页面，在A6主页面进入“存货核算”，单击“处理/单据记账”，进入“单据记账查询条件”窗口，按要求设置好条件后点击“查询”，如图1－4－138所示。进入“单据记账”页面后，点击左上角的“全选”，点击“记账”，系统提示“单据记账完成”，点击“确定”按钮完成记账工作并退出“单据记账”页面。

图1－4－138　单据记账查询条件页面

【第四步】在“存货核算”页面中点击“凭证/凭证生成”，进入凭证生成页面，系统会弹出“未生成凭证单据查询条件”设置窗口，选择需要设置的采购入库单（暂估）点击“查询”，进入“未生成凭证单据列表”，点击左上角的“全选”，同时设置物品科目及对方科目，如图1－4－139所示，点击“凭证”，出现凭证生成页面，点击左上角的“生成”，系统提示“凭证已暂存”，单击“确定”按钮，确保记账凭证项目完整，保存该凭证，如图1－4－140所示。

功能导航　初始化向导　自动结算　采购入库单汇总　采购入库单　生成凭证

查询　页内查询　刷新　单据　生成　全部生成　选项　不显示隐藏记录　☑极速模式　隐藏　取消隐藏　格式　打印　导出　帮助　退出

序号	☑	单据类型	单据日期	单据号	币种	本币金额	业务类型	收发类别	所属产品	物品分类	规格型号	仓库	项目
1	☑	采购入库单	2020-05-26	CR202005000002	人民币	18,060.00	普通采购			配件类	P5PL2-E	配件库	
2	☑	采购入库单	2020-05-26	CR202005000002	人民币	6,600.00	普通采购			配件类	512M	配件库	
3	☑	采购入库单	2020-05-26	CR202005000002	人民币	3,360.00	普通采购			配件类	8600GT	配件库	
合计													

图1－4－139　未生成凭证单据列表页面

记账凭证

凭证字：记　凭证号：25　凭证日期：2020-05-14　附件数：3

序号	摘要	科目	借方	贷方
1	暂估采购入库单	140301-原材料-配件	2802000	
2	暂估采购入库单	1401-材料采购		2802000
3				
4				
5				
合计：贰万捌仟零贰拾元整			2802000	2802000

记账　审核　出纳　制单：超级用户

图 1－4－140　记账凭证保存页面

（2）产成品入库。

操作流程：

①打开库存管理→填制一张产成本入库单、录入数量、单价→审核；

②打开核算管理→单据记账→生成凭证。

具体操作步骤：

【第一步】5 月 23 日以操作员“admin”或拥有相关权限的其他操作员登录到“Aisino A6 企业管理软件”的“库存管理”窗口页面，单击“入库/成品入库单”菜单命令，如图 1－4－141 所示。打开“成品入库单”页面。

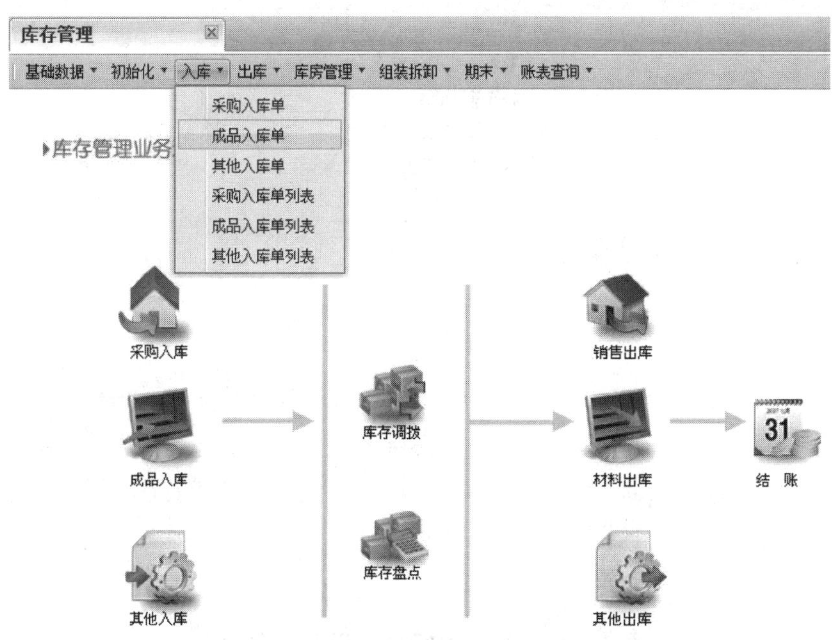

图 1－4－141　执行成品入库单菜单命令

【第二步】在“成品入库单”页面点击“新增/蓝字”菜单，新增一张蓝字成品入库单，按照实验资料内容填制成品入库单，填写完后点击“保存”按钮保存该入库单信息，同时点击“审核”按钮审核该入库单并退出，关闭“库存管理”页面，如图 1－4－142 所示。

成品入库单

新增 复制 修改 删除 操作 联查 附件 打印 帮助 退出

基本信息 蓝 保存待提交

单据号* PR202005000001 日期* 2020-05-25 业务类型* 成品入库 仓库 成品库

部门 职员 收发类别

备注

明细信息

序号	物品编码*	物品名称	规格型号	单位*	数量*	现存量	仓库编码*	仓库名称	主单位	主单位数量	换算率	主单位现存量
1	01001	梦想计算机	SYP5	台	10.00	-48.00	01	成品库	台	10.00	1.000000	-48.00
合计					10.00	-48.00				10.00		-48.00

图 1－4－142 填写成品入库单页面

【第三步】打开“存货核算”页面，选择“处理/单据记账”菜单，如图 1－4－143 所示，系统弹出“单据记账查询条件”页面，设定好条件后点击“查询”，如图 1－4－144 所示，在“单据记账”页面选择左上角的“全选”，点击“记账”，系统提示“单据记账完成”，点击“确定”后退出。

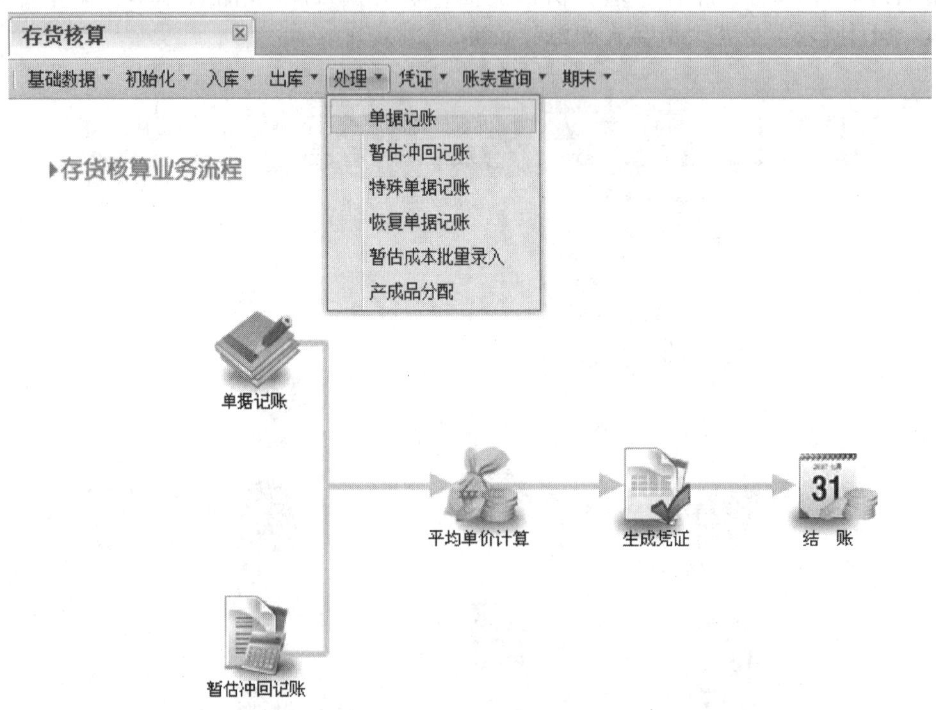

图 1－4－143 执行单据记账菜单命令

单据记账查询条件 -- 网页对话框

保存方案　装载方案　删除方案　退出

方案列表

仓库
- ☑ 成品库
- ☐ 配件库
- ☐ 耗材库

单据类型
- ☐ 采购入库单
- ☐ 销售出库单
- ☐ 其他入库单
- ☐ 其他出库单
- ☑ 成品入库单
- ☐ 材料出库单
- ☐ 入库调整单
- ☐ 出库调整单

☐ 全选　☐ 全选

单据编号　至
单据日期　至
业务员编码　至
部门编码　至
收发类别 ----　至 ----

查 询　取 消

图 1－4－144　单据记账查询条件页面

【第四步】在存货核算中点击“凭证/凭证生成”，弹出“未生成凭证单据查询条件”页面，设定好条件后进入“未生成凭证单据列表”页面，点击“全选”，同时设定默认物品科目为“库存商品”，对方科目为“生产成本——基本生产成本”，如图 1－4－145 所示，点击“凭证”，出现“汇总方式”后点击“生成”，系统出现记账凭证，点击“保存”按钮保存该凭证，如图 1－4－146 所示。

序号	☐	单据类型	单据编号	单据日期	仓库名称	收发类别	物品编码	物品名称	规格型号	物品分类	计量单位	数量	单价	金额	表头备
1	☑	成品入库单	PR202005000001	2020-05-25	成品库		01001	梦想计算机	SYP5	成品类	台	10.00			

图 1－4－145　凭证生成页面

记账凭证

凭证字 记　凭证号 18　日期 2020-05-25　附件数 0

序号	摘要	科目	借方	贷方
1	成品入库单	1406-库存商品	3124000	
2	成品入库单	500101-生产成本-基本生产成本		3124000
3				
4				
5				
合计：叁万壹仟贰佰肆拾元整			3124000	3124000

记账　审核　出纳　制单 admin

图 1－4－146　记账凭证保存页面

2. 出库业务处理。

（1）普通销售出库。

操作流程：

①打开销售管理→填制一张销售发票、审核→生成凭证；

②销售管理→发货→销售发货单→新增→由单据生成→生成一张销售发货单；

③打开库存管理→填制销售出库单→审核；

④打开存货核算→点击“单据记账”→生成凭证。

具体操作步骤：

【第一步】在 A6 主页面中点击“销售管理”，进入销售管理，点击“发票/专用发票”，如图 1－4－147 所示，进入“专用发票”窗口，点击“新增/蓝字”菜单，新增一张蓝字增值税发票，按照实验资料内容填制增值税发票，如图 1－4－148 所示，填写完后点击“保存”按钮保存该发票信息，同时点击“审核”按钮审核该发票并退出。

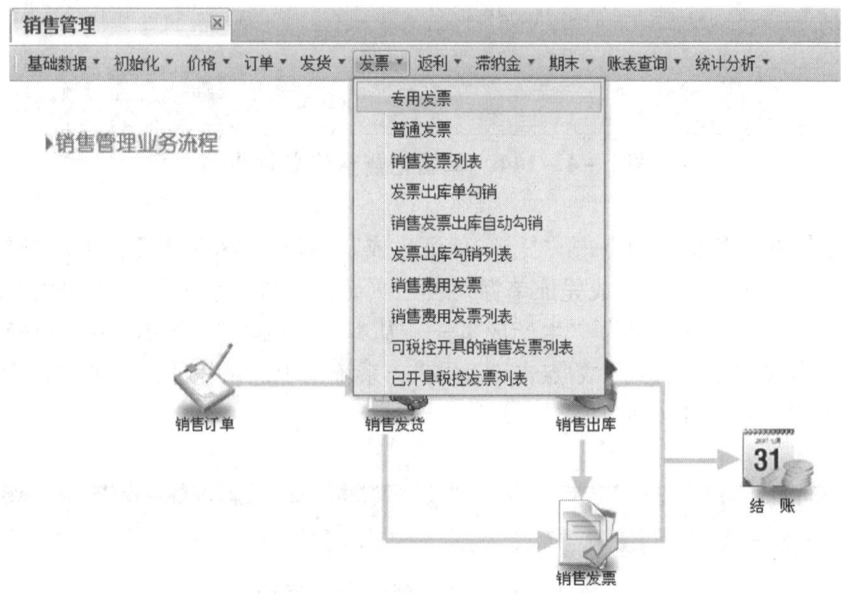

图 1－4－147　执行专用发票菜单命令

图 1－4－148　销售发票填制页面

【第二步】在“销售管理”页面点击“发票/销售发票列表”菜单，如图 1－4－149 所示，进入“销售发票列表”窗口，在该页面中点击“凭证”，提示凭证已经暂存，点击“确定”，在“记账凭证”窗口录入会计科目及金额，如图 1－4－150 所示，保存凭证后退出。

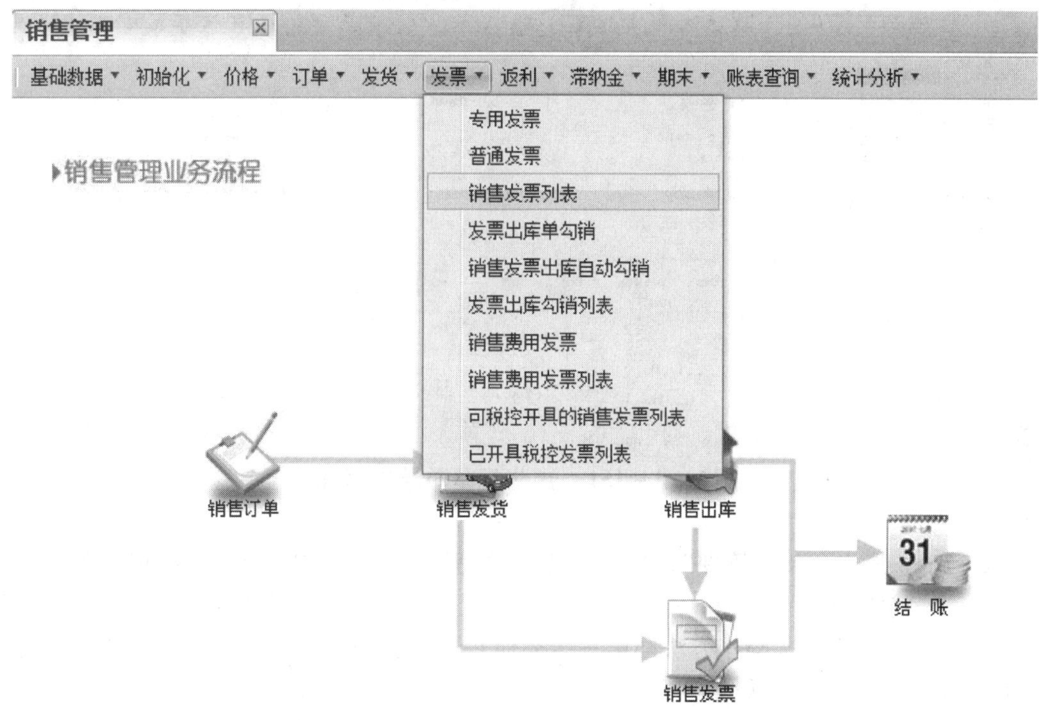

图 1－4－149　执行销售发票列表菜单命令

记账凭证

凭证字* 记　凭证号 25　凭证日期* 2020-05-30　附件数 1

序号	摘要	科目	借方	贷方
1	销售专用发票-2020-05-30	1122-应收账款-01002-B公司	30510000	
2	销售专用发票	6001-主营业务收入		30000000
3	销售专用发票	22210105-应交税费-应交增值税-销项税额		510000
4				
5				
合计：叁拾万零伍仟壹佰元整			30510000	30510000

图 1－4－150　记账凭证保存页面

【第三步】在“销售管理”页面点击“发货/销售发货单”菜单，进入“销售发货单”页面，点击“新增/蓝字”菜单，新增一张蓝字销售发货单，点击“由单据生成”，选择

"销售蓝字发票"，系统弹出"单据选择"对话框，选择刚才填制的蓝字销售发票后点击"确定"，系统会自动根据销售发票填制发货单，如图1-4-151所示，点击"保存"并审核退出。

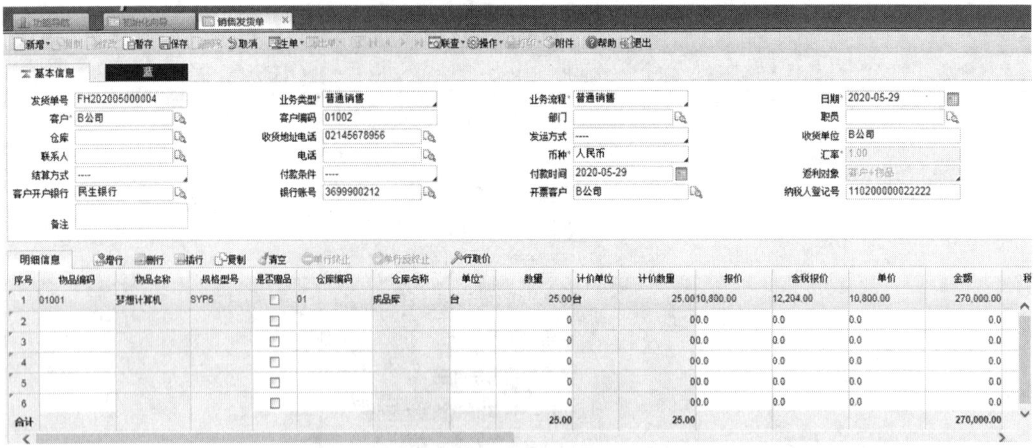

图1-4-151　销售发货单填制页面

【第四步】退出"销售管理"，进入"库存管理"页面，点击"出库/销售出库单"菜单，进入"销售出库单"页面，点击"新增/蓝字"菜单，新增一张蓝字销售出库单（也可根据有关单据自动生成，操作方法同第三步类似），生成后点击"保存"，保存出库单并审核退出，如图1-4-152所示。

图1-4-152　销售出库单生成页面

【第五步】退出"库存管理"，进入"存货核算"页面，点击"处理/单据记账"，弹出"单据记账查询条件"窗口，勾选"成品库"和"销售出库单"后点击"查询"，在单据记账页面中点击"全选"，再点击"记账"，系统提示"单据记账完成"，点击"确定"后退出。

【第六步】在"存货核算"页面点击"凭证/凭证生成"菜单，在查询窗口中勾选"销售出库单"后点击"查询"，系统显示"未生成凭证单据列表"，选择"销售出库单"，录入默认物品科目“库存商品”和对方科目“主营业务成本”，点击“凭证”，出现“凭证生成”窗口，点击“生成”，系统弹出生成的凭证，点击“保存”并退出，如图 1－4－153 所示。

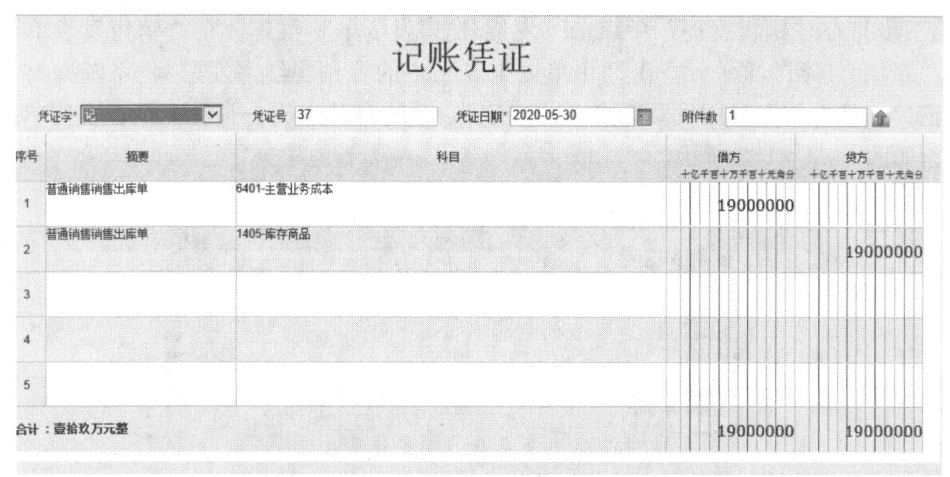

记账凭证

凭证字* 记　凭证号 37　凭证日期* 2020-05-30　附件数 1

序号	摘要	科目	借方	贷方
1	普通销售销售出库单	6401-主营业务成本	19000000	
2	普通销售销售出库单	1405-库存商品		19000000
3				
4				
5				
合计：壹拾玖万元整			19000000	19000000

图 1－4－153　记账凭证保存页面

（2）销售退货。

操作流程：

①打开销售管理→填制一张红字销售发票、审核→生成凭证，同时生成一张红字销售发货单；

②打开库存管理→填制红字销售出库单、只填写数量，不录入单价→审核；

③打开存货核算→点击“单据记账”→生成凭证。

具体操作步骤：

【第一步】进入“销售管理”页面，点击“发票/专用发票”菜单，进入“专用发票”窗口，点击“新增/红字”菜单，增加一张红字专用发票，根据资料录入有关内容（注意销售数量必须用负数），点击“保存”，保存该红字发票并审核，如图 1－4－154 所示。

销售发票

新增　暂存　保存　取消　生单　联查　操作　附件　帮助　退出

基本信息　红

单据编号 ZXF202005000009　业务类型* 普通销售　业务流程* 普通销售　发票类型* 专用发票

开票日期* 2020-05-29　客户* B公司　客户编码 01002　部门

职员　币种* 人民币　汇率* 1.00　付款条件 ----

付款时间 2020-05-29　结算方式 ----　开票地址电话 02145678956　开票客户 B公司

客户开户银行 民生银行　银行账号 3699900212　纳税人登记号 110200000022222　备注

现结　退补标志 ----

明细信息　增行　删行　插行　复制　清空　行取价

序号	物品编码	物品名称	物品开票名称	规格型号	开票规格型号	是否赠品	退补标志*	仓库编码	仓库名称	单位*	数量	计价单位	计价数量	报价	含税报价
1	01001	梦想计算机	梦想计算机	SYP5	SYP5	□	退货	01	成品库	台	-1.00	台	-1.00	10,800.000000	12,204.000
2						□					0		0	0.0	0.0
3						□					0		0	0.0	0.0
4						□					0		0	0.0	0.0
5						□					0		0	0.0	0.0
6						□					0		0	0.0	0.0
合计											-1.00		-1.00		

图 1－4－154　红字销售发票页面

【第二步】单击工具栏中的“处理”，选择“凭证”，系统提示“凭证已经暂存”，点击“确定”后出现记账凭证，在记账凭证中录入会计科目和金额等并点击“保存”，系统提示“应收账款业务日期不能为空”，点击“辅助项”录入业务日期，最后系统提示保存成功退出该窗口。

【第三步】在“销售管理”中点击“发货/销售发货单”菜单，在“销售发货单”页面中点击“新增/红字”菜单，点击“由单据生成”中的“销售红字发票”，系统弹出“单据选择”窗口，选择红字专用发票后点击“确定”，系统自动生成一张红字销售发货单，保存后退出，如图 1－4－155 所示。

图 1－4－155　红字销售发货单生成页面

【第四步】退出“销售管理”，进入“库存管理”页面，点击“出库/销售出库单”菜单，进入“销售出库单”页面，点击“新增/红字”菜单，点击“由单据生成”，选择“销售红字发票”，点击“确定”，系统自动生成红字销售出库单，点击保存并审核后退出。如图 1－4－156 所示。

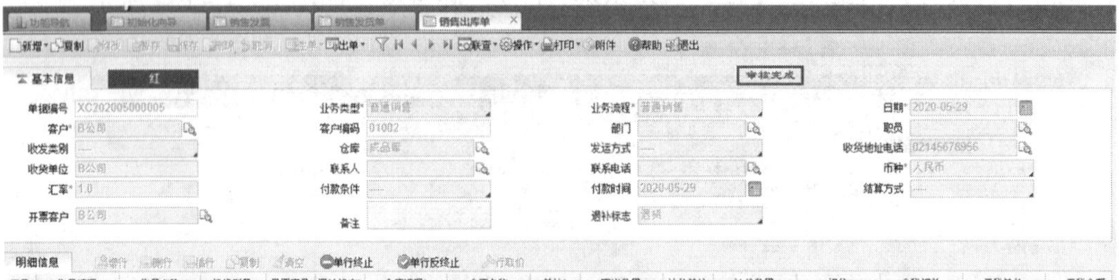

图 1－4－156　红色销售出库单

【第五步】退出“库存管理”，进入“存货核算”页面，点击“处理/单据记账”菜单，在“查询条件”窗口中选择仓库为“成品库”、单据类型为“销售出库单”后点击“查询”，在“单据记账”窗口中选择该单据并点击“记账”，系统提示“记账完成”，退出该窗口。点击“凭证/凭证生成”菜单，系统弹出查询条件，选择销售出库单后点击“查询”，录入默认物品科目为“库存商品”，对方科目为“主营业务成本”，选择销售出库单后点击“凭证”，在新窗口中点击“生成”，系统提示凭证已经暂存，在生成的凭证窗口中点击“保存”，系统提示“凭证保存成功”，退出该系统。

（3）材料出库。

操作流程：

①打开库存管理→填制一张材料出库单、审核；

②打开存货核算→单据记账→生成凭证。

具体操作步骤：

【第一步】进入“库存管理”页面，点击“出库/材料出库单”菜单，如图 1 –4 –157 所示。进入“材料出库单”页面，点击“新增/蓝字”，按资料内容填制材料出库单后，点击“保存”并审核。

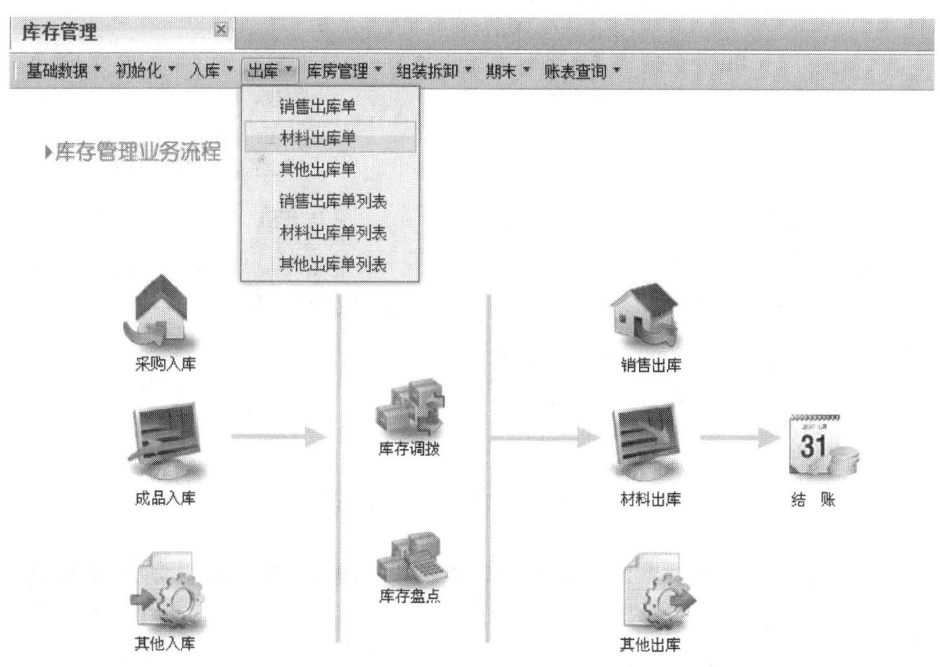

图 1 –4 –157　执行材料出库单菜单命令

【第二步】退出“库存管理”页面，进入“存货核算”页面，点击“处理/单据记账”菜单，在弹出的查询对话框中选择“配件库”和“材料出库单”，点击“查询”，在单据记账中点击“全选”，点击“记账”，系统提示“单据记账完成”，点击“确定”后退出。

【第三步】在“存货核算”页面中点击“凭证/凭证生成”菜单，在查询窗口中选择“材料出库单”，在出现的“未生成凭证单据列表”中点击“全选”，录入默认物品科目为

"原材料——配件"，对方科目为"生产成本——基本生产成本"，点击"凭证"，点击"生成"，系统提示"凭证已经暂存"，点击"确定"后出现凭证，点击"保存"并退出。

（4）其他出库。

①调拨出库。

操作流程：

A. 打开库存管理→库房管理→填制一张调拨单、审核；

B. 生成其他入库单并审核；

C. 打开存货核算→单据记账→生成凭证；

具体操作步骤：

【第一步】进入"库存管理"页面，点击"库房管理/库存调拨单"菜单，如图 1 -4 -158 所示。点击"新增"，按资料录入有关内容，如图 1 -4 -159 所示，点击"保存"并审核退出。

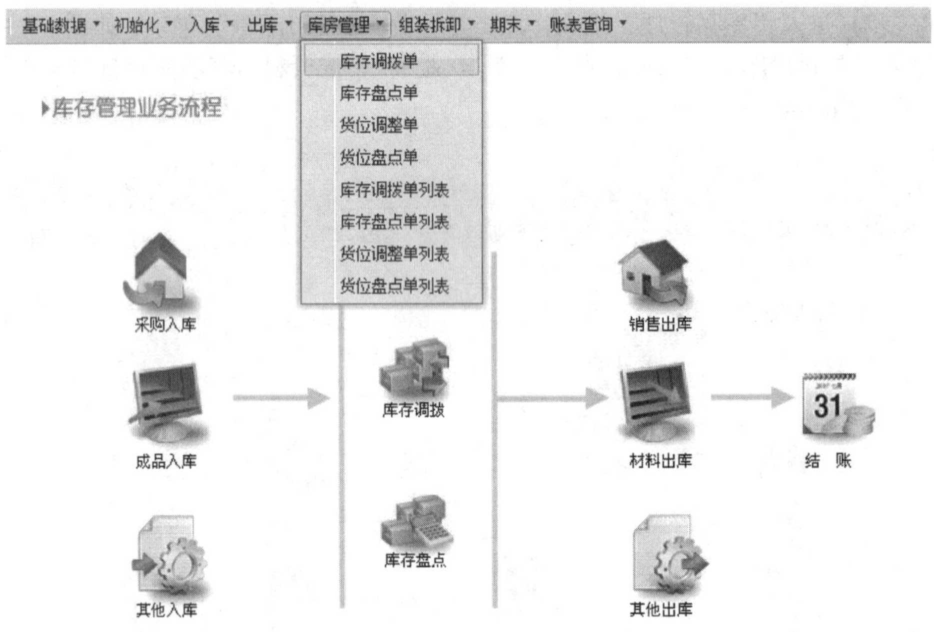

图 1 -4 -158　执行库存调拨单菜单命令

库存调拨单

新增 复制 操作 联查 附件 打印 帮助 退出

基本信息　　审核完成

单据编号 DB202005000001　日期* 2020-05-31　调出仓库 成品库　调入仓库 配件库

调出部门　调入部门　调出职员　调入职员

出库类别　入库类别　备注

明细信息

序号	物品编码*	物品名称	规格型号	单位*	调拨数量*	现存量	调出仓库*	调入仓库*	参考成本单价	调入单价	调入金额	主单位	主单位数量
1	01003	芳云显示器	CRT17	台	10.00	110.00	成品库	配件库		760.00	7,600.00	台	10.00
合计					10.00	110.00					7,600.00		10.00

图 1 -4 -159　库存调拨单录入页面

【第二步】在“存货核算”页面点击“入库/其他入库单”菜单，进入“其他入库单”页面，点击“新增/蓝字”菜单，录入有关内容并保存审核，如图 1 -4 -160 所示。

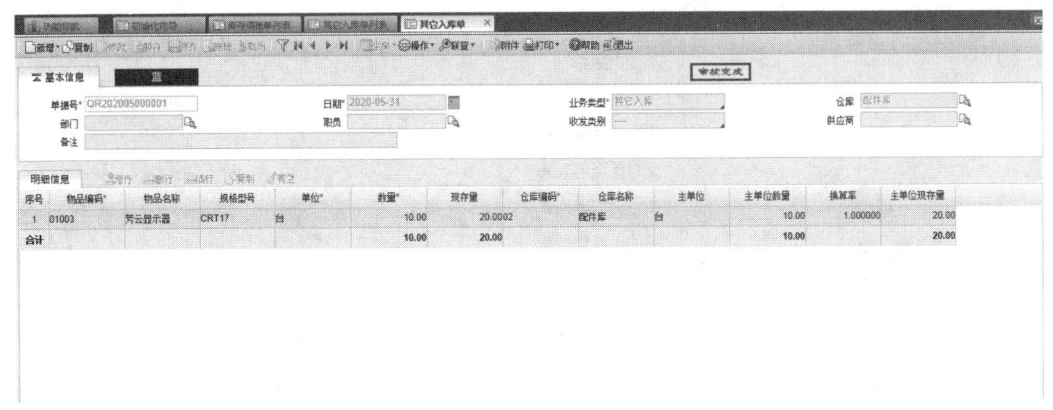

图 1 -4 -160　其他入库单录入页面

【第三步】退出“库存管理”，进入“存货核算”页面，点击“处理/单据记账”菜单，在弹出的查询条件下选择“配件库”“其他入库单”，点击“查询”，在单据记账窗口中选择要记账的单据，点击“记账”，系统提示“单据记账完成”，退出该窗口。点击“凭证/凭证生成”菜单，在查询条件中选择“其他入库单”，点击“查询”后出现“未生成凭证单据列表”，设置默认物品科目为“原材料——配件”，对方科目为“库存商品”，点击“凭证”，点击“生成”，系统自动生成凭证，点击“保存”并退出。

②盘亏出库。

操作流程：

A. 打开库存管理→库房管理→填制一张盘点单→审核；

B. 盘点单生成的其他出库单审核；

C. 打开存货核算→单据记账→生成凭证。

具体操作步骤：

【第一步】进入“库存管理”页面，点击“库房管理/库存盘点单”菜单，如图 1 -4 -160 所示。点击“新增”，弹出“盘点单查询条件”，录入日期，仓库选择“配件库”，点击“查询”，在“库存盘点单”窗口中点击“新增”，选择“金士顿内存”，在盘点数量上录入 40（账面数量 42，盘点 40 数量，盘亏 2 数量），单价录入 167，录入后点击“保存”并审核退出，如图 1 -4 -161 所示。

【第二步】在“库存管理”中点击“出库/其他出库单”菜单，打开“其他出库单”页面，点击“新增/蓝字”菜单，按有关内容录入出库单信息后点击“保存”并审核退出。

【第三步】退出“库存管理”，进入“存货核算”页面，点击“处理/单据记账”菜单，查询条件中选择“配件库”“其他出库单”，点击“查询”，在“单据记账”中选择单据，点击“记账”，系统提示“单据记账完毕”，退出。

【第四步】点击“凭证/凭证生成”菜单，在查询条件中选择“其他出库单”，在“未生成凭证单据列表”中选择单据，录入默认物品科目“原材料——配件”，对方科目“营业

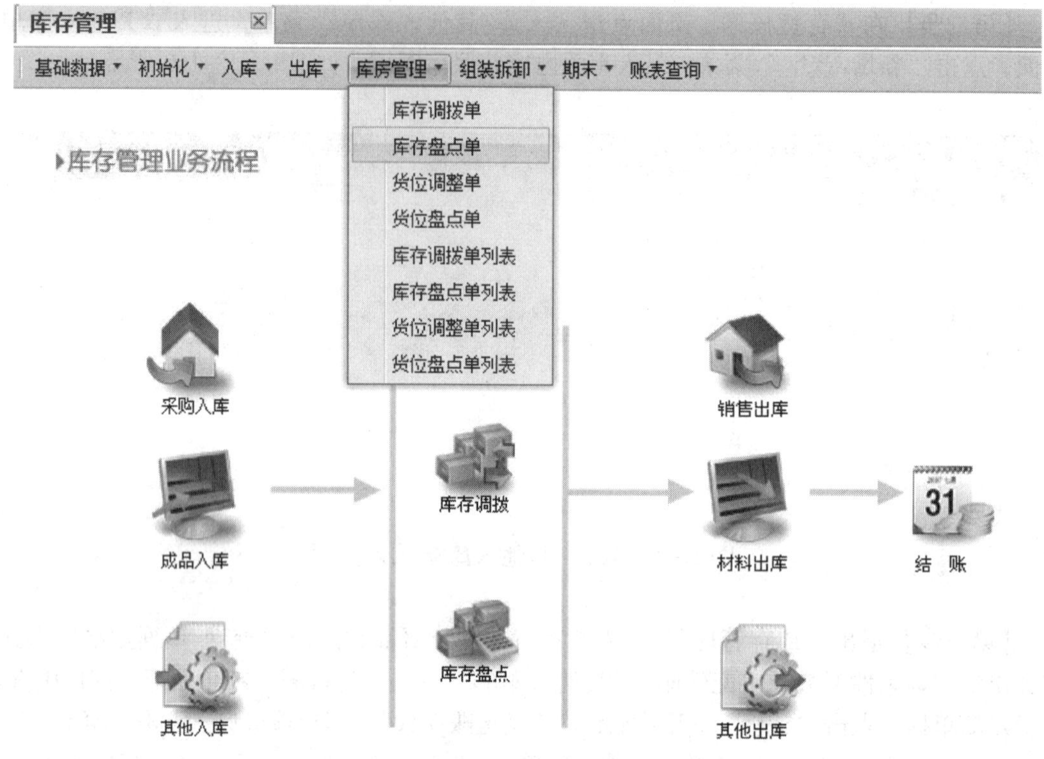

图 1 -4 -161　执行库存盘点单菜单命令

功能导航　初始化向导　材料出库单列表　材料出库单

新增　复制　修改　暂存　保存　删除　取消　生单　操作　联查　附件　打印　帮助　退出

基本信息　蓝　审核完成

单据号* CC202005000001　日期* 2020-05-31　业务类型* 材料出库　仓库 配件库

部门　职员　收发类别 ---　供应商

备注

明细信息　增行　删行　插行　复制　清空

序号	物品编码*	物品名称	规格型号	单位*	数量*	现存量	仓库编码*	仓库名称	主单位	主单位数量	换算率	主单位现存量
1	02001	华硕主板	P5PL2-E	块	10.00	20.00	02	配件库	块	10.00	1.000000	20.00
2	02002	金士顿内存	512M	条	10.00	28.00	02	配件库	条	10.00	1.000000	28.00
3	02003	影驰显卡	8600GT	块	10.00	20.00	02	配件库	块	10.00	1.000000	20.00
4	02004	Inter CPU	Core 2	块	10.00	-10.00	02	配件库	块	10.00	1.000000	-10.00
5	02005	日立硬盘	160G	块	10.00	-10.00	02	配件库	块	10.00	1.000000	-10.00
6	02006	三星光驱	TS H652M	个	10.00	-10.00	02	配件库	个	10.00	1.000000	-10.00
7	02007	漫步者音箱	E3100	套	10.00	-10.00	02	配件库	套	10.00	1.000000	-10.00
8	02008	长城电源	ATX350P4	个	10.00	-10.00	02	配件库	个	10.00	1.000000	-10.00
合计					80.00	18.00				80.00		18.00

制单人 超级用户　制单时间 2020-06-24 14:48:33　修改人　修改时间

审核人 超级用户　审核时间 2020-06-24 14:48:34　记账人 超级用户

图 1 -4 -162　库存盘点单录入页面

外支出——盘亏支出”，点击“凭证”，点击“生成”，保存已生成的凭证并退出。

3. 暂估处理。

该处理有关流程及具体操作步骤请参考“采购管理”实验中的有关内容。

（五）实验总结和实验报告

通过本次实验，我们了解了存货核算子系统的基本工作原理及其内容和存货核算子系统与其他子系统的数据传递关系，熟悉了存货核算业务的有关操作流程，掌握了企业存货出入库核算，存货出入库凭证处理，核算报表查询，期初期末处理及相关资料维护等主要操作技能。实验结束后应该总结回顾本次实验的过程，检查实验的结果，写出实验报告（或者填制实验报告表）。

实验五

应收应付款及出纳管理

一、实验目的和要求

1. 了解应收应付款系统与其他系统的主要关系。

2. 掌握应收应付管理系统收款单录入，全额核销以及反核销操作过程。

3. 掌握应收管理系统收款部分核销的操作、剩余金额转预收功能，以及生成凭证的操作过程。

4. 掌握应付管理系统预付单录入，以及生成凭证的操作过程。

二、实验知识准备

1. 应收管理子系统介绍。

应收款是企业资产的一个重要组成部分，是企业正常经营活动中，由于销售商品、产品或提供劳务等而向购货单位或接受劳务单位收取的款项。应收管理子系统主要是对企业应收账款进行综合管理，通过发票、应收单、收款单等单据的录入与管理，及时、准确地反映客户往来账款情况，并通过各种报表分析企业账龄和往来对账情况。帮助用户合理地进行资金的调配，提高资金的使用效率。应收管理子系统可以单独使用，也可以与销售管理、总账管理子系统集成使用。

应收管理系统操作流程分首次使用与日常操作，首次使用应收管理系统操作流程如图 1 -5 -1 所示。

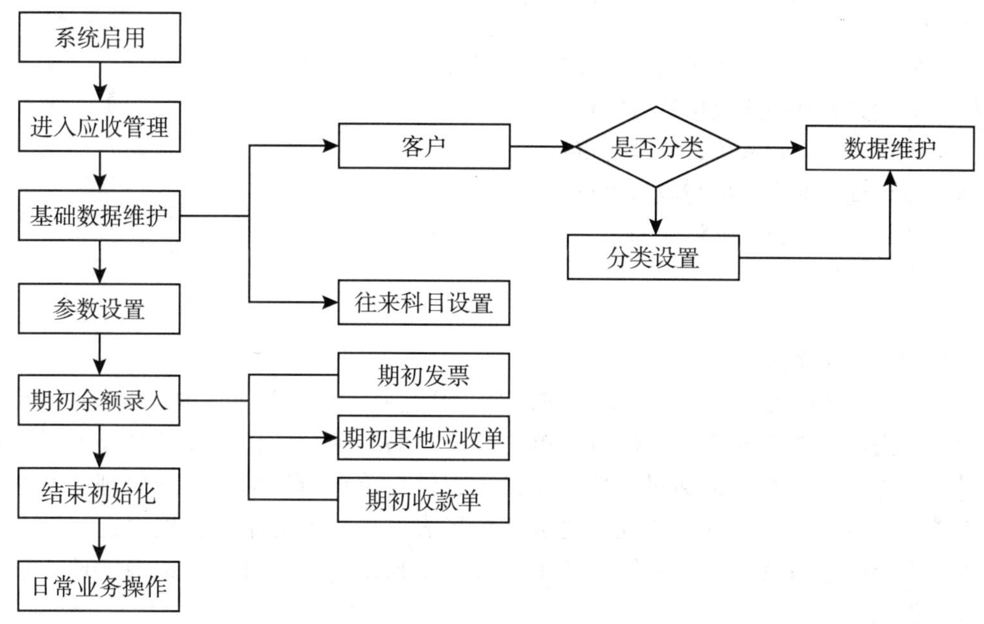

图 1 -5 -1　应收管理系统操作流程

操作流程：

（1）进入 Aisino A6 企业管理软件，在基础设置中启用应收管理子系统。

（2）进入应收管理，进行基础数据的维护，包括客户信息，应收科目设置。

（3）进行参数设置。

（4）期初单据录入，包括发票、其他应收单、收款单。

（5）进入日常业务操作。

日常操作流程如图 1 -5 -2 所示。

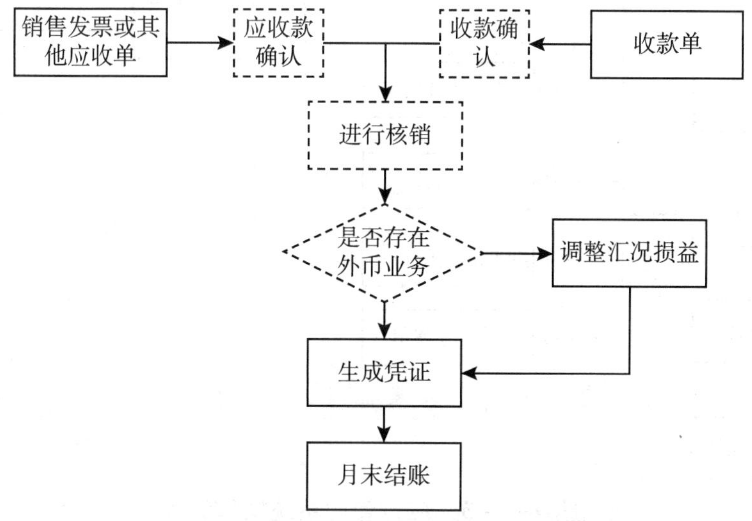

图 1 -5 -2　日常操作流程

操作流程：

（1）发生业务时，录入销售发票或其他应收单。

（2）对发票或其他应收单进行审核。

（3）收款时录入收款单，并进行审核。

（4）发票或其他应收单与收款进行核销。

（5）如果有外币，调整汇兑损益。

（6）生成凭证。

（7）月末结账。

2. 应付管理子系统介绍。

应付账款是企业负债的一个重要组成部分，是企业正常经营活动中，由于采购商品或接受劳务，而应向供货单位或提供劳务单位所支付的款项。应付管理子系统主要是对企业应付账款进行综合管理，通过发票、应付单、付款单等单据的录入与管理，及时、准确地提供与供应商往来账款的情况，通过各种报表分析，帮助用户合理地进行资金的调配，提高资金的使用效率。应付管理子系统可以单独使用，也可以与销售管理、总账管理子系统集成使用。

应付管理系统操作流程同样分首次使用与日常操作。首次使用应收管理系统操作流程如图1－5－3所示。

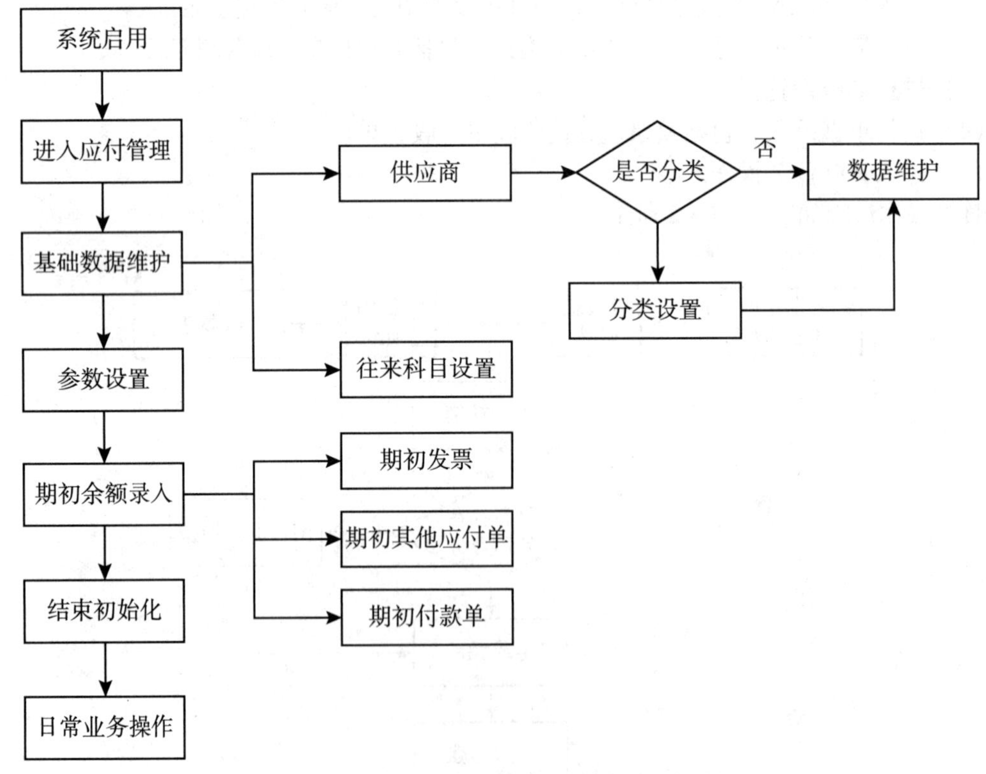

图1－5－3　应付管理系统操作流程

操作流程：

（1）进入 Aisino A6 企业管理软件，在基础设置中启用应付管理子系统。

（2）进入应付管理，进行基础数据的维护，包括供应商信息，应付科目设置。

（3）进行参数设置。

（4）期初单据录入，包括发票、其他应付单、付款单。

（5）进入日常业务操作。

日常业务操作流程如图 1－5－4 所示。

应收管理业务流程

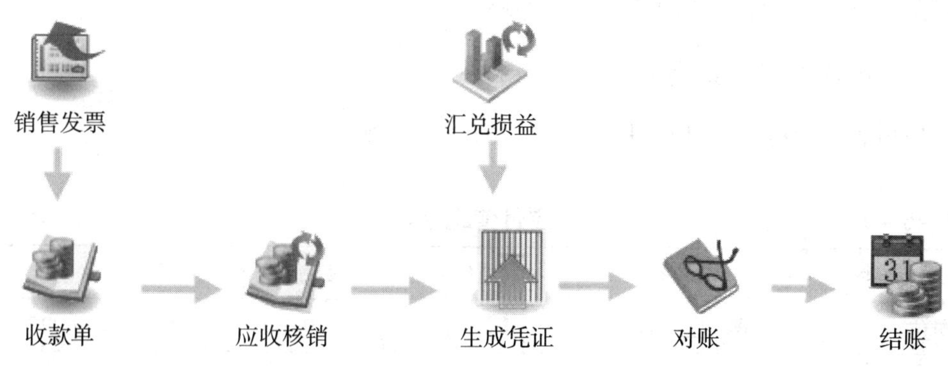

图 1－5－4　日常业务操作流程

操作流程：

（1）发生业务时，录入采购发票或其他应付单。

（2）对发票或其他应付单进行审核。

（3）付款时录入付款单，并审核确认。

（4）发票或其他应付单与付款进行核销。

（5）如果有外币，调整汇兑损益。

（6）生成凭证。

三、实验内容和资料

（一）应收管理期初

1. 应收管理期初（增值税发票）如表 1－5－1 所示。

表 1-5-1　　**应收管理期初**　　单位：元

客户名称	存货名称	计量单位	数量	单价	金额
A 公司	梦想计算机 SYP5	台	5	12 000	67 800
B 公司	梦想计算机 SYP5	台	20	10 000	226 000
	梦想计算机 JTP5	台	30	10 500	355 950

2. 应收管理期初（期初其他应收单）：
应收 C 公司梦想计算机 SYPS 尾款 80 000 元。

（二）应付管理系统期初

1. 应付管理期初（应付专用发票）如表 1-5-2 所示。

表 1-5-2　　**应付管理期初**　　单位：元

供应商名称	存货名称	计量单位	数量	单价	金额
甲单位	芳云显示器	台	20	780	17 628
乙单位	华硕主板	块	60	660	44 748
	金士顿内存 512	条	200	100	22 600
	影驰显卡	块	100	110	12 430

2. 应付管理期初（期初其他应付单）。
（1）应付丙单位漫步者音箱货款 3 300 元；
（2）应付丁单位硬盘等货款 23 750 元。

（三）业务系统

1. 5 月 15 日收到 B 公司前欠货款 500 000 元，分别是 30 台电脑的全部货款和 20 台电脑的部分货款 144 050 元，存入银行，结算号：01007。

借：银行存款——工商银行——人民币户
　　贷：应收账款——B 公司

2. 5 月 15 日，收到 A 公司货款 80 000 元，其中 67 800 元是前欠货款，剩余 12 200 元作为预收账款处理，结算号：01008，01009。

借：银行存款——工商银行——人民币户
　　贷：应收账款
借：银行存款——工商银行——人民币户
　　贷：预收账款

3. 5 月 16 日以银行存款支付乙单位主板货款 44 748 元，内存货款 22 600 元，结算号：01010。

借：应付账款

　　贷：银行存款——工商银行——人民币户

4. 5 月 16 日以银行存款，预付丁单位货款 4 700 元，结算号：01011。

借：预付账款

　　贷：银行存款——工商银行——人民币户

四、实验步骤

（一）应收管理系统期初

1. 实验操作流程：

（1）打开应收管理→初始化→录入 A 公司、B 公司的销售发票。

（2）打开应收管理→初始化→录入 C 公司的期初其他应收单。

（3）结束初始化。

2. 详细操作步骤：

【第一步】以操作员 admin 或拥有应收管理权限的其他操作员登录到“Aisino A6 的应收管理”窗口页面，如图 1－5－5 所示，单击“初始化/期初发票”菜单命令。

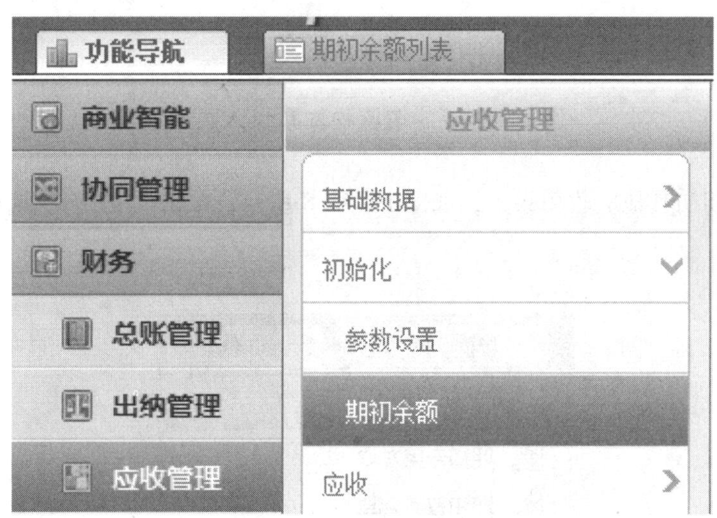

图 1－5－5　执行期初发票菜单命令

【第二步】打开“期初发票”页面，如图 1－5－6 所示，单击“新增/增值税发票”菜单命令，增加一张蓝字空白增值税专用发票。

【第三步】参照实验内容和资料中的应收管理期初的内容，如图 1－5－7 所示，进行增值税发票录入，录入完毕，单击工具栏的“保存”，保存已录入的发票信息。

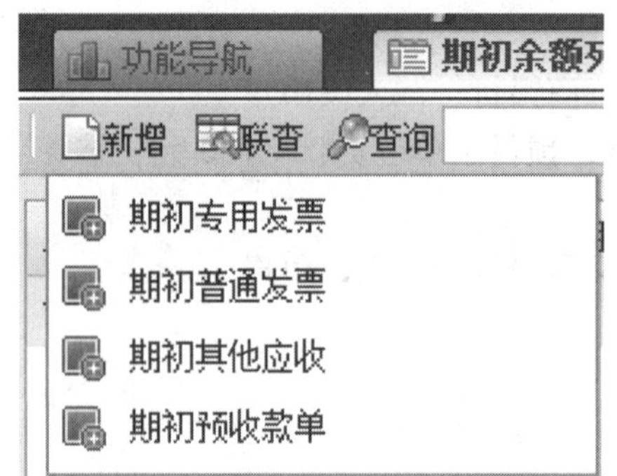

图 1－5－6　执行新增/增值税发菜单命令

图 1－5－7　增值税发票录入页面

【第四步】期初其他应收单录入，如图 1－5－8 所示，单击“初始化/期初其他应收单”菜单命令。

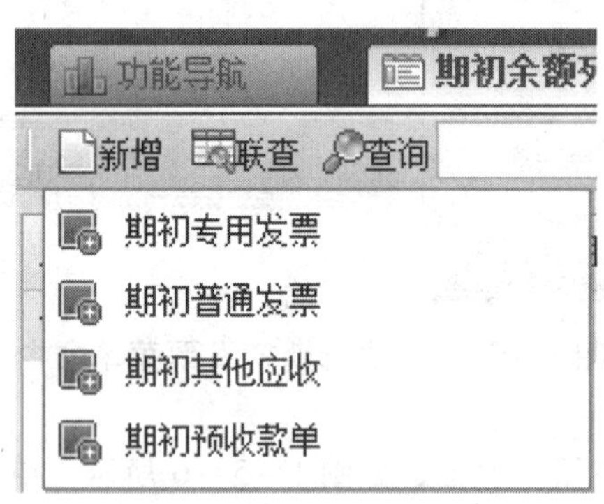

图 1－5－8　执行期初应收单菜单命令

【第五步】打开“期初其他应收单列表”页面，如图 1－5－9 所示，单击“新增/蓝字”菜单命令，增加一张蓝字空白其他应收单。

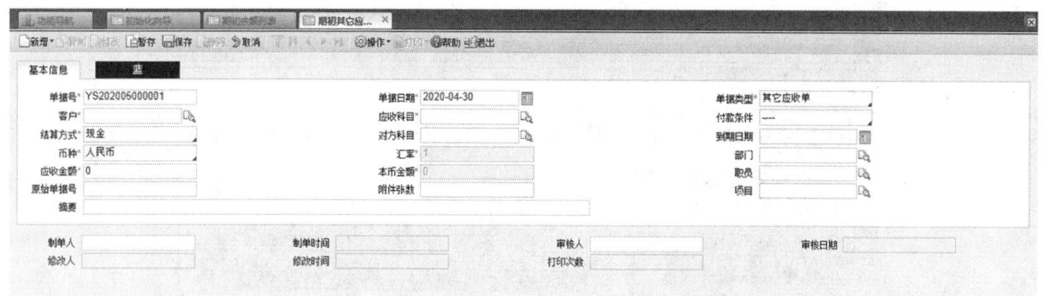

图 1-5-9　增加蓝字空白其他应收单页面

【第六步】参照实验内容和资料中的应收管理期初的内容，进行其他应收单据的录入，如图 1-5-10 所示，输入完毕后，单击工具栏的“保存”，保存已录入的发票信息。

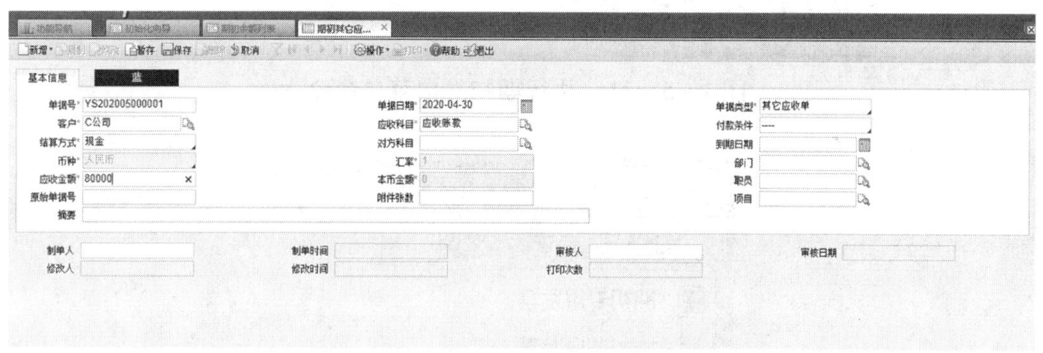

图 1-5-10　期初其他应收单录入页面

（二）应付管理系统期初

1. 实验操作流程：

（1）打开应付管理→初始化→录入甲、乙单位的采购发票。

（2）打开应付管理→初始化→录入丙、丁单位的期初其他应付单。

（3）结束初始化。

2. 详细操作步骤：

【第一步】以操作员 admin 或拥有应付管理权限的其他操作员登录到“Aisino A6 的应付管理”页面，如图 1-5-11 所示，单击“初始化/期初发票”菜单命令。

【第二步】打开“期初发票”页面，如图 1-5-12 所示，单击“新增/应付专用发票（蓝字）”菜单命令，增加一张蓝字空白增值税专用发票。

【第三步】参照实验内容和资料中的应付管理期初的内容，进行增值税专用发票录入如图 1-5-13 所示，输入完毕后，单击工具栏的“保存”，保存已录入的发票信息。

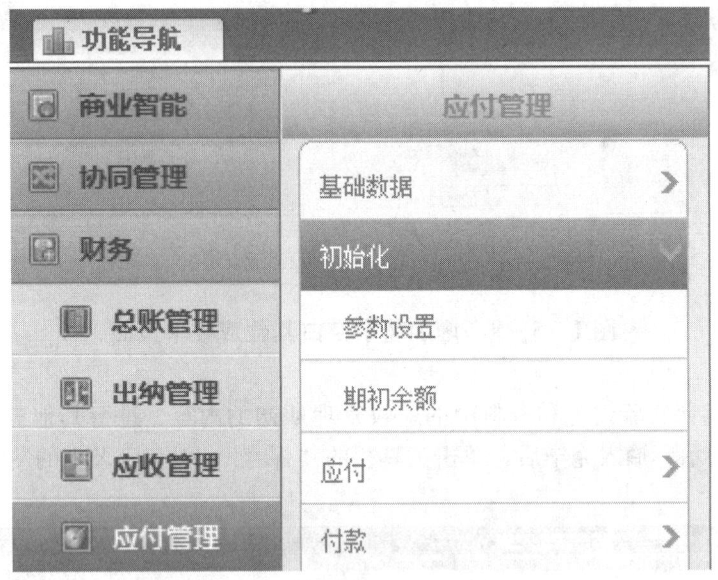

图 1-5-11　执行期初发票菜单命令

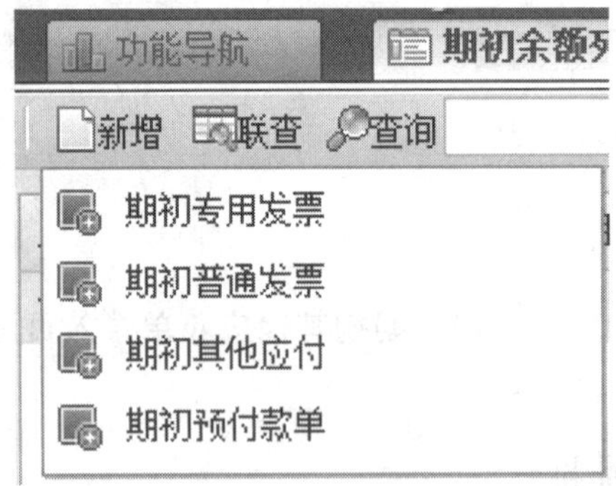

图 1-5-12　增加应付专用发票（蓝字）页面

功能导航　初始化向导　期初余额列表　期初应付发票

新增　暂存　保存　取消　操作　附件　帮助　退出

基本信息　蓝

发票号 YF202005000001　供应商* 甲单位　开票日期* 2020-04-30　发票类型* 专用发票

部门　职员　币种* 人民币　汇率* 1.0

采购类型 ----　应付科目*　付款到期日　扣税类别* 应税外加

备注

明细信息　增行　删行　插行　复制　清空

序号	物品编码	物品名称	规格型号	计量单位*	数量	采购计价单位取法	计价单位	计价数量	报价	单价	金额	含税单价	价税合计
1	01003	芳云显示器	CRT17	台	20.00	主计量单位	台	20.00	780.000000	780.000000	15,600.00	881.400000	17,628.00
2					0			0	0.0	0.0	0.0	0.0	0.0
3					0			0	0.0	0.0	0.0	0.0	0.0
4					0			0	0.0	0.0	0.0	0.0	0.0
5					0			0	0.0	0.0	0.0	0.0	0.0
6					0			0	0.0	0.0	0.0	0.0	0.0
合计					20.00			20.00			15,600.00		17,628.00

图 1-5-13　增值税专用发票录入

【第四步】在“应付管理”页面，单击“初始化/期初其他应付单”菜单命令，如图 1-5-14 所示。

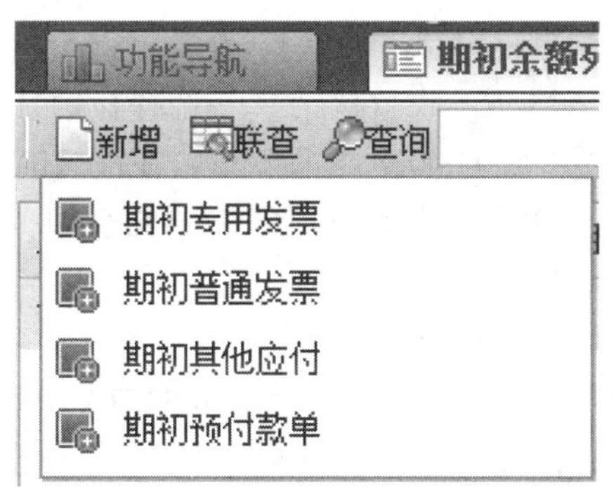

图 1-5-14　执行期初其他应付单菜单命令

【第五步】打开"期初其他应付单"页面，如图 1-5-15 所示，单击"新增/蓝字"菜单命令，增加一张蓝字空白其他应付单。

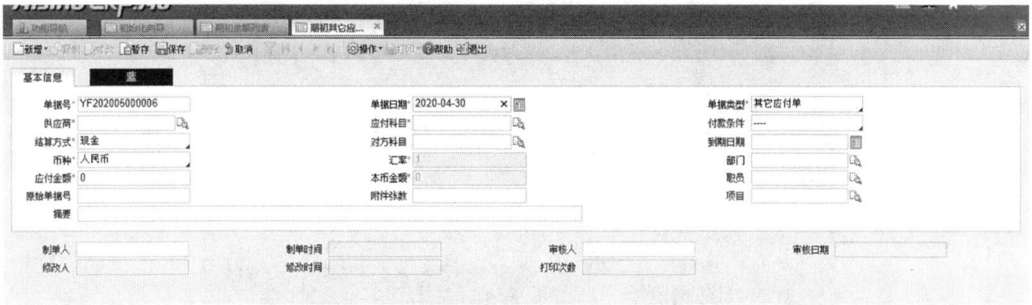

图 1-5-15　增加蓝字空白其他应付单页面

【第六步】参照实验内容和资料中的应收管理期初的内容，进行其他应收单据的录入，如图 1-5-16 所示，输入完毕后，单击工具栏的"保存"，保存已录入的发票信息。

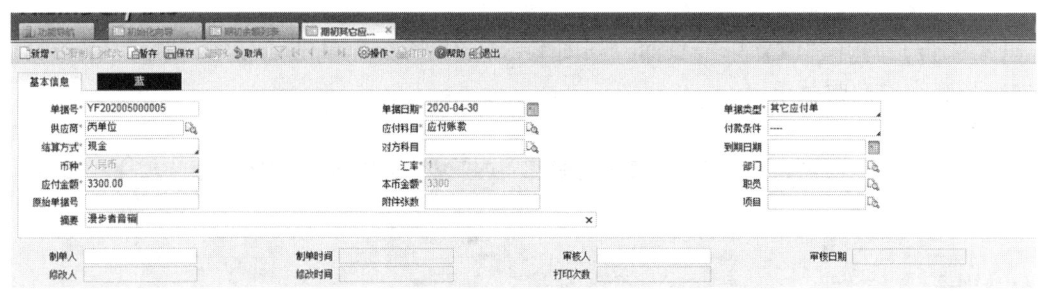

图 1-5-16　期初其他应付单的录入页面

（三）业务系统

业务 1：

1. 实验操作流程：

（1）打开应收管理→收款单→填制收款单。

（2）打开应收核销→核销类型“收款核销”→选择核销日期要包含期初的日期，即要包含9月份→在原核销区域选择500 000元的收款单，在被核销区域选择30台电脑的销售发票，同时选择20台电脑的销售发票并在此发票的“核销金额”处，录入144 050元→选择“业务员”→点击“核销”按钮，完成核销。

（3）点击生成凭证→凭证→执行。

（4）查看应收管理下的账表，跟踪了解此笔业务的情况。

（5）若需取消核销操作：打开应收核销列表→反核销，则取消核销记录。

2. 详细操作步骤：

【第一步】以操作员admin或拥有应付管理权限的其他操作员登录到“Aisino A6的应收管理”页面，如图1－5－17所示，单击“收款单/收款单”菜单命令。

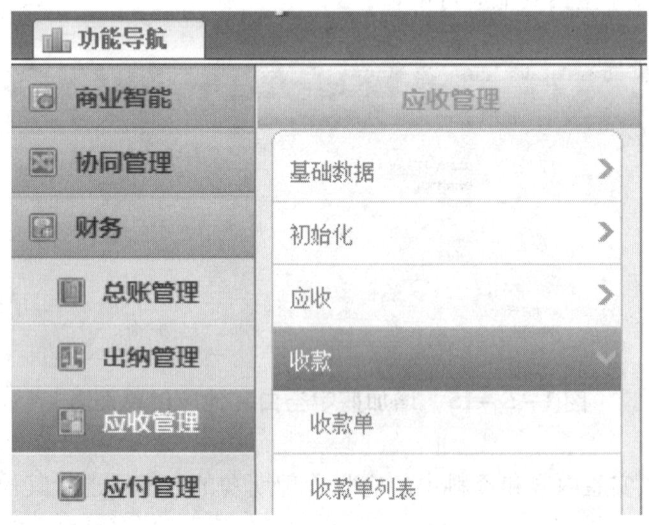

图1－5－17　执行收款单/收款单菜单命令

【第二步】打开“收款单”页面，如图1－5－18所示，单击“新增/蓝字”菜单命令，增加一张蓝字空白收款单。

图1－5－18　增加一张蓝字空白收款单页面

【第三步】根据实验内容和资料业务 1 的内容，进行收款单的录入，如图 1 –5 –19 所示，输入完毕后，单击工具栏的“保存”，保存已录入的发票信息。

图 1 –5 –19　收款单录入页面

【第四步】打开“应收管理”页面，如图 1 –5 –20 所示，单击“应收核销/应收核销”菜单命令，打开“应收核销查询条件”对话框。

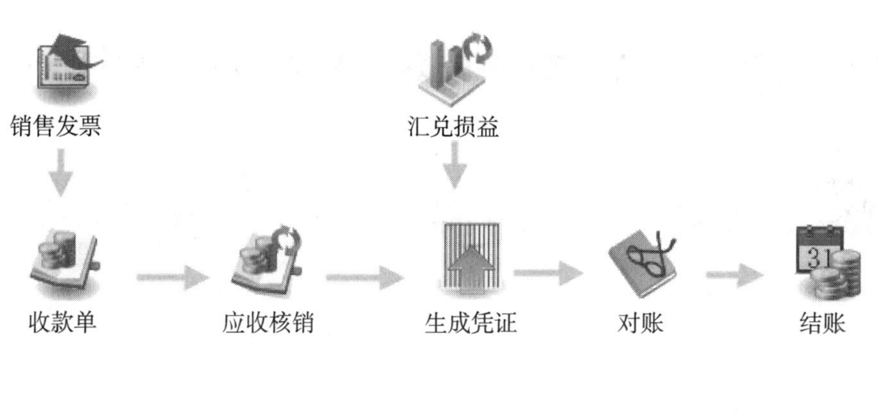

图 1 –5 –20　执行应收核销/应收核销菜单命令

【第五步】在“应收核销查询条件”对话框内选择“核销类型”“客户”“币种”等信息，以上三项为必选项，然后选择“查询”按钮，进入“应收核销”页面，如图 1 –5 –21 所示。

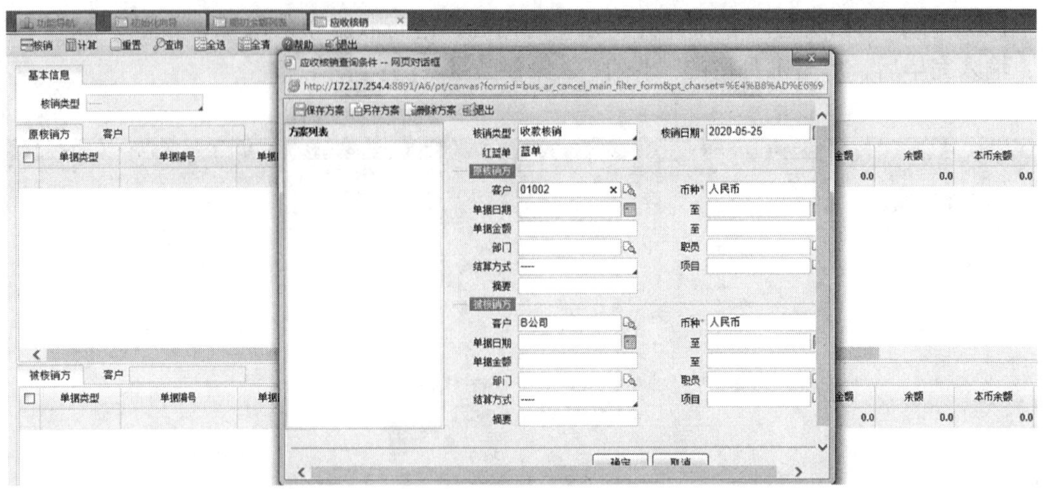

图 1－5－21　应收核销查询条件设置页面

【第六步】在“应收核销”页面中，在“原核销方明细”区域勾选“收款单”，在“被核销明细”区域勾选 500 000 元对应的销售发票，同时选择 20 台电脑的销售发票并在此发票的“本次核销金额”处，录入 131 450 元，然后选择“业务员”，最后点击“核销”按钮，完成核销，如图 1－5－22 所示。

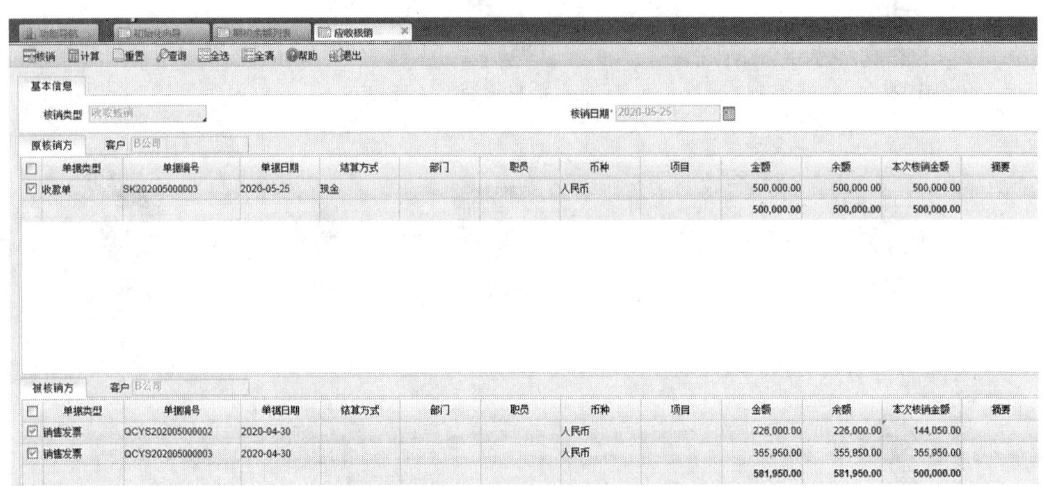

图 1－5－22　完成应收核销页面

【第七步】打开“应收管理”页面，如图 1－5－23 所示，单击“生成凭证/生成凭证”菜单命令，打开“生成凭证”页面，选择应收凭证列表“√”，然后选择“凭证”按钮并在弹出对话框架中选择“生成选中行”，完成凭证生成，如图 1－5－24 所示。

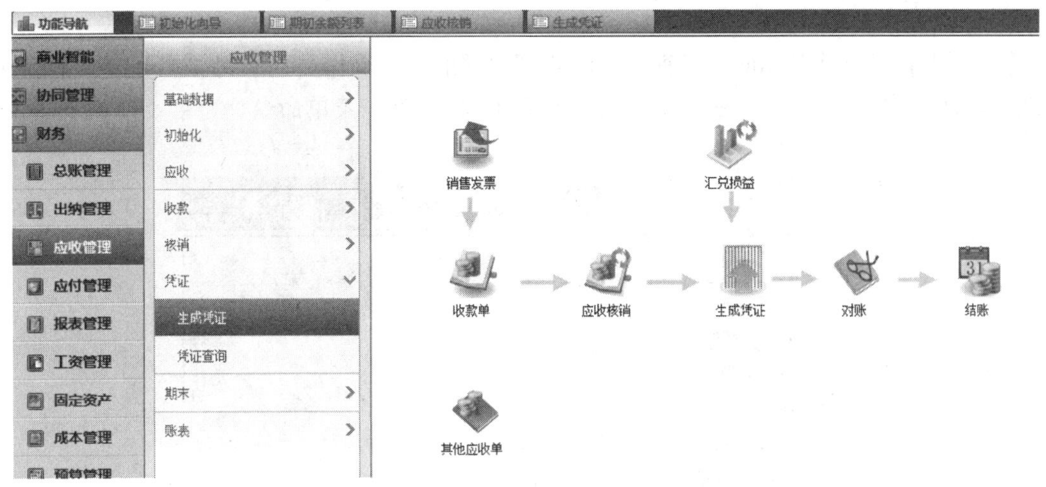

图1－5－23　执行生成凭证/生成凭证菜单命令

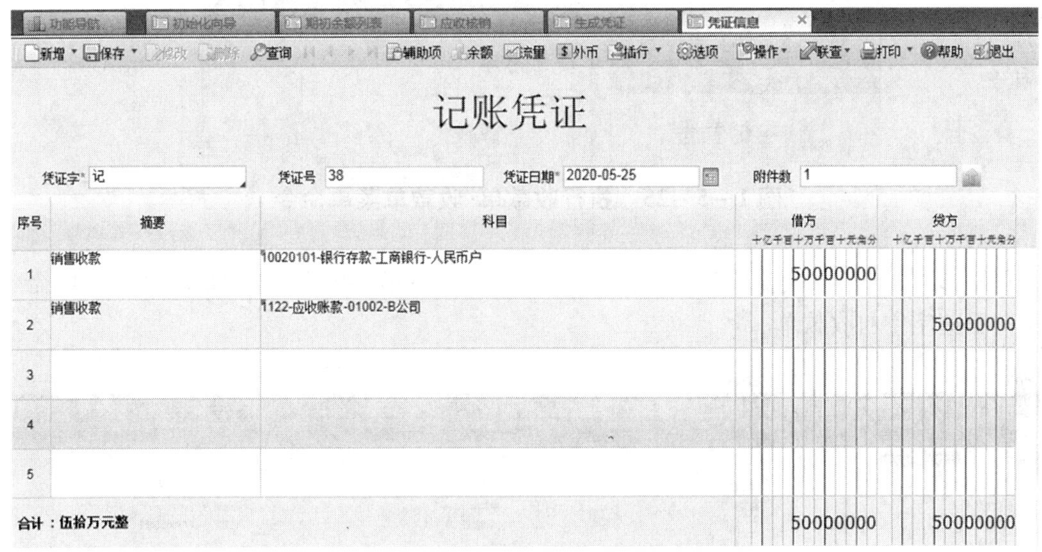

图1－5－24　应收凭证生成页面

业务2：

1. 实验操作流程：

（1）打开应收管理→收款单→填制收款单80 000元。

（2）打开应收核销→核销类型“收款核销”→选择核销日期要包含期初的日期，即要包含9月份→在原核销区域选择80 000元的收款单，在被核销区域选择5台电脑的销售发票70 200元，→选择“业务员”→点击“计算”按钮，注意核销金额的变化→点击“核销”按钮，完成核销。

（3）打开收款单列表→选择80 000元的收款单→点击“转预收”按钮，将剩余款项转做预收款。

（4）打开“生成凭证”，完成上述业务的凭证制作。

2. 详细操作步骤：

【第一步】以操作员 admin 或拥有应收管理权限的其他操作员登录到“Aisino A6 的应收管理”页面，如图 1－5－25 所示，单击“收款单/收款单”菜单命令。

图 1－5－25　执行收款单/收款单菜单命令

【第二步】打开“收款单”页面，如图 1－5－26 所示，单击“新增/蓝字”菜单命令，增加一张蓝字空白收款单。

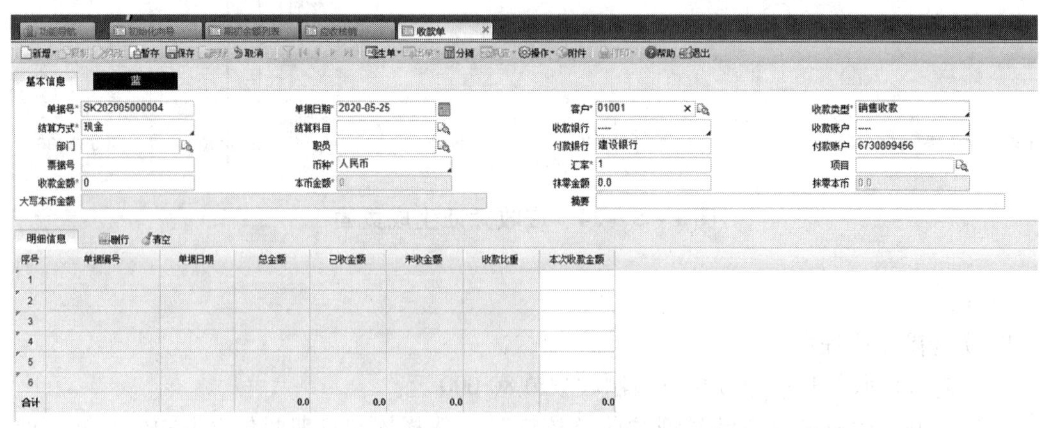

图 1－5－26　增加蓝字空白收款单页面

【第三步】根据实验内容和资料业务 2 的内容，进行收款单的录入，如图 1－5－27 所示，输入完毕后，单击工具栏的“保存”，保存已录入的发票信息。

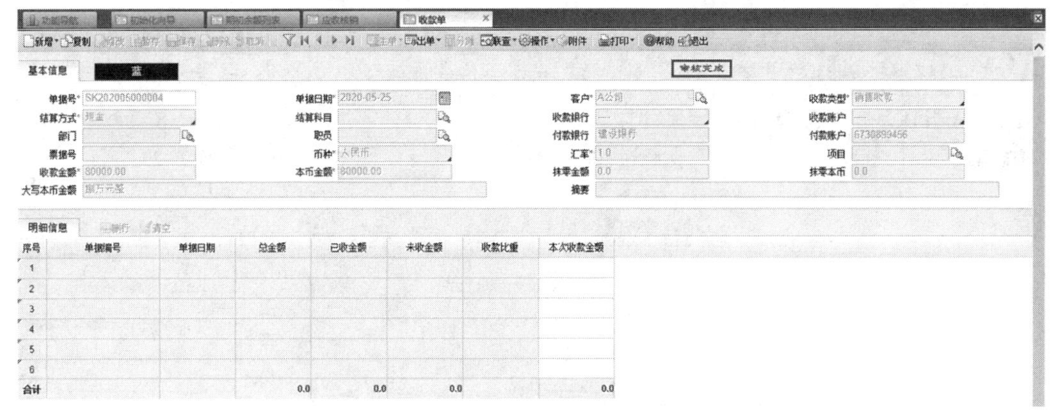

图 1－5－27　收款单录入页面

【第四步】打开“应收管理”页面，如图 1－5－28 所示，单击“应收核销/应收核销”菜单命令，打开“应收核销查询条件”对话框。

图 1－5－28　执行应收核销/应收核销菜单命令

【第五步】在“应收核销查询条件”对话框内选择“核销类型”“客户”“币种”等信息，以上三项为必选项，然后选择“确定”按钮，进入“应收核销”页面，如图 1－5－29 所示。

【第六步】在“应收核销”页面，“原核销方明细”区域选择 80 000 元的收款单，在“被核销方明细”区域选择 5 台电脑的销售发票 67 800 元，选择“业务员”，点击“计算”按钮，注意核销金额的变化，点击“核销”按钮，完成核销，如图 1－5－30 所示。

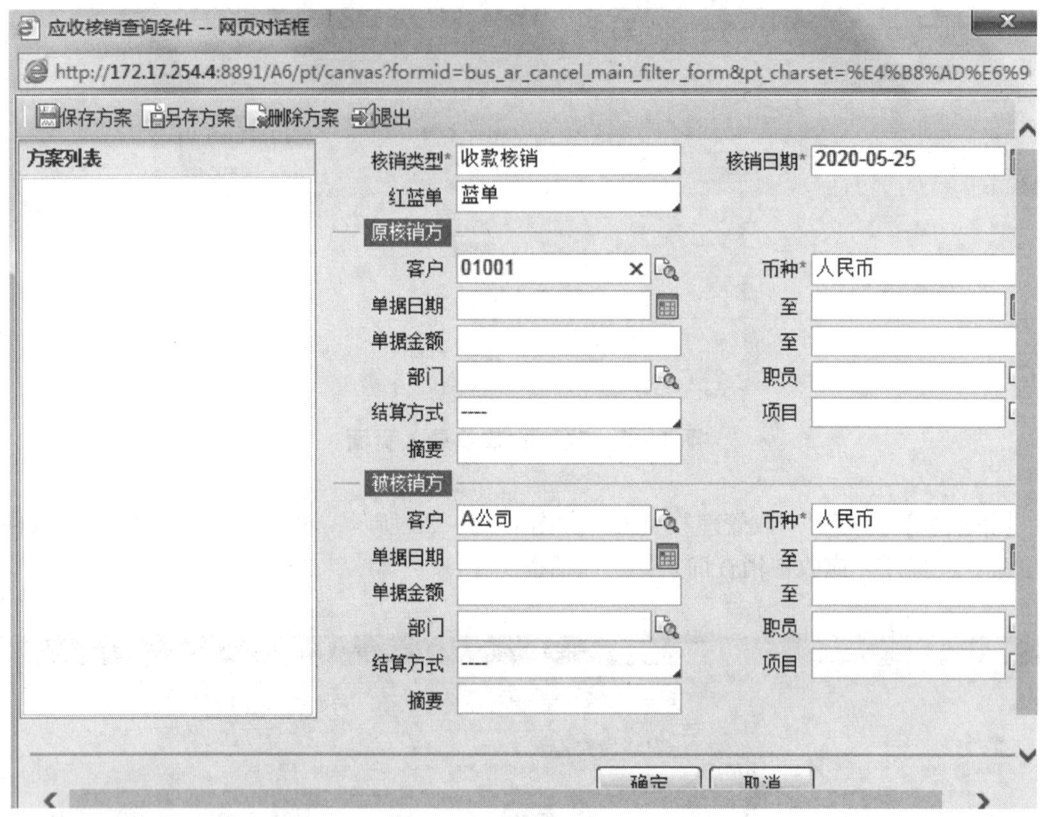

图 1－5－29　应收核销查询条件设置页面

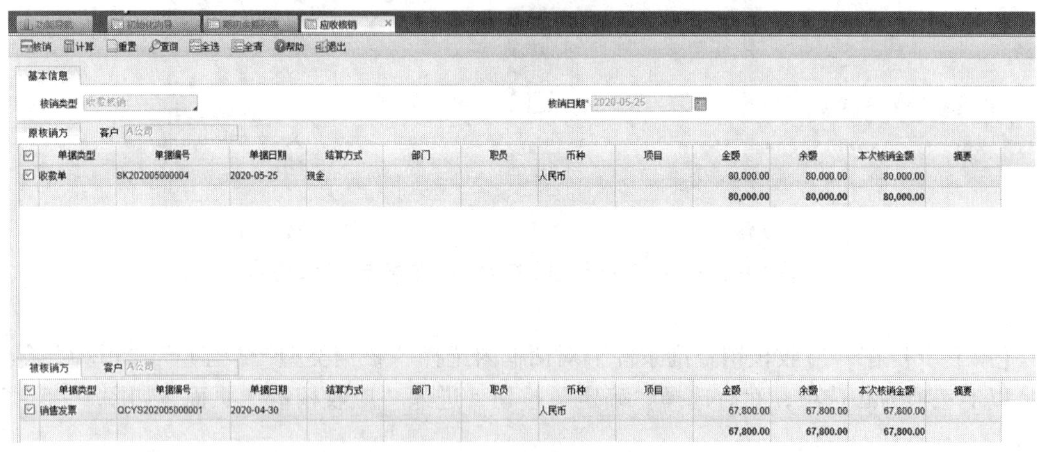

图 1－5－30　应收核销完成页面

【第七步】在“应收管理”页面，单击“收款单/收款单列表”菜单，如图 1－5－31 所示，进入“收款单列表”页面。打开“收款单列表”，选择 80 000 元的收款单，点击“转预收”按钮，将剩余款项转做预收款，如图 1－5－32 所示。

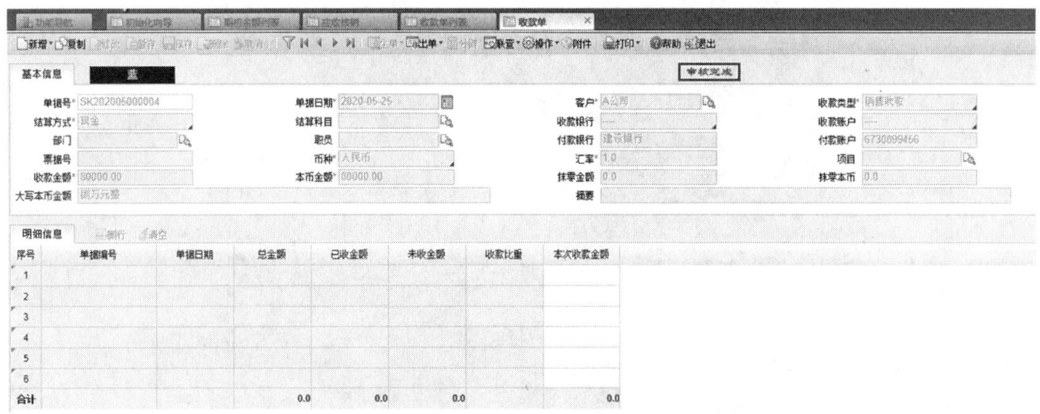

图 1－5－31　执行收款单列表菜单命令

图 1－5－32　转预收完成页面

【第八步】打开“应收管理”系统，如图 1－5－33 所示，单击“生成凭证/生成凭证”菜单命令，打开“生成凭证”页面，选择应收凭证列表，然后点击“凭证”并在弹出对话框架中选择“执行”，完成凭证生成，如图 1－5－34 所示。

业务 3：

1. 实验操作流程：

（1）打开应付管理→付款单→填制一张 67 348 元的付款单。

（2）打开应付核销→核销类型“付款核销”→选择核销日期要包含期初的日期，即要包含九月份→在原核销区域选择 67 348 元的付款单，在被核销区域分别选择 44 748 元和 22 600 元的销售发票→选择“业务员”→点击“核销”按钮，完成核销。

（3）如何取消核销操作：打开应付核销列表→点击“反核销”按钮，取消核销记录。

（4）生产凭证→选中单据→凭证→执行。

图 1 -5 -33　执行生成凭证菜单命令

序号		单据类型	单据日期	单据号	币种	原币金额	本币金额	汇率	客户	部门	职员	项目	收款类型
1	☑	收款单	2020-05-25	SK202005000004-1	人民币	12,200.00	12,200.001		A公司				预收款
2	☑	收款单	2020-05-25	SK202005000004	人民币	80,000.00	80,000.001		A公司				销售收款
合计													

图 1 -5 -34　凭证生成完成页面

2. 详细操作步骤：

【第一步】以操作员 admin 或拥有应付管理权限的其他操作员登录到“Aisino A6 的应付管理”页面，如图 1 -5 -35 所示，单击“付款单/付款单”菜单命令。

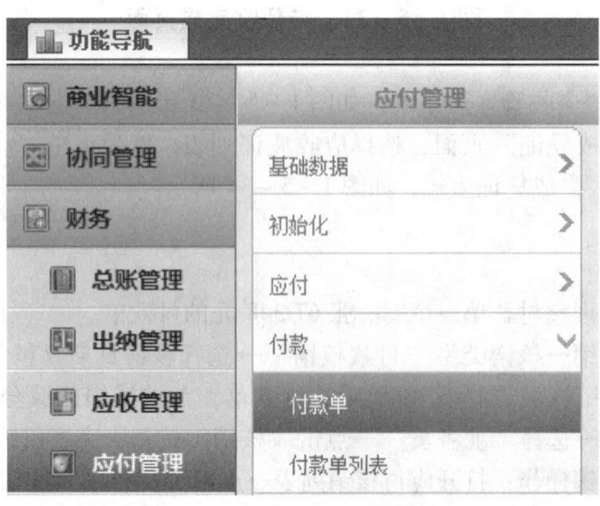

图 1 -5 -35　执行付款单/付款单菜单命令

【第二步】打开“付款单”页面，如图 1－5－36 所示，单击“新增/蓝字”菜单命令，增加一张蓝字空白付款单。

图 1－5－36　增加蓝字空白付款单页面

【第三步】根据实验内容和资料业务 3 的内容，进行付款单的录入，如图 1－5－37 所示，输入完毕后，单击工具栏的“保存”，保存已录入的发票信息。

图 1－5－37　付款单录入页面

【第四步】打开“应付管理”系统，如图 1－5－38 所示，单击“应付核销/应付核销”菜单命令，打开“应付核销查询条件”对话框。

【第五步】在“应付核销查询条件”对话框内选择“核销类型”“供应商”“币种”等信息，以上三项为必选项，然后点击“确定”按钮，进入“应付核销”页面，如图 1－5－39 所示。

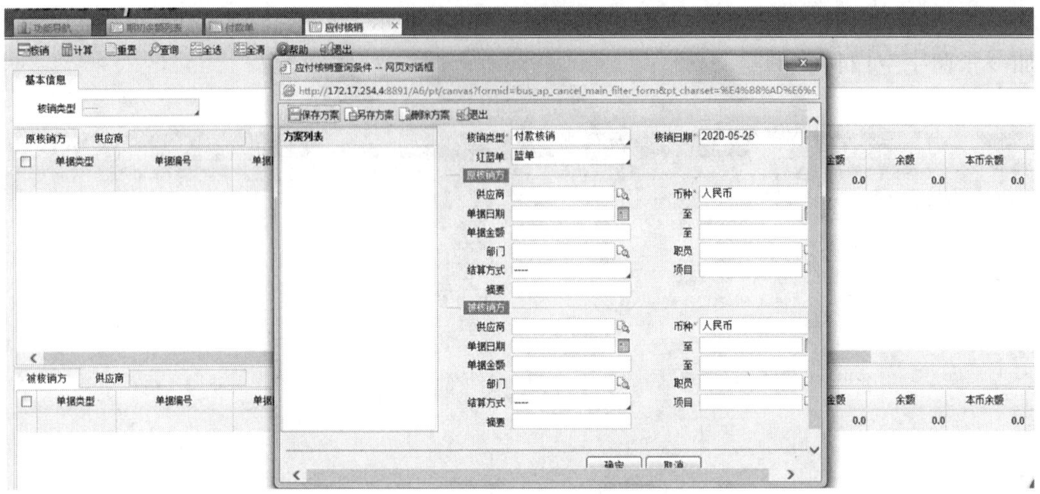

图 1－5－38　执行应付核销菜单命令

应付核销查询条件 -- 网页对话框

http://172.17.254.4:8891/A6/pt/canvas?formid=bus_ap_cancel_main_filter_form&pt_charset=%E4%B8%AD%E6%9

保存方案　另存方案　删除方案　退出

方案列表

核销类型* 付款核销　核销日期* 2020-05-25

红蓝单 蓝单

原核销方

供应商 01002　币种* 人民币

单据日期　至

单据金额　至

部门　职员

结算方式 ----　项目

摘要

被核销方

供应商 乙单位　币种* 人民币

单据日期　至

单据金额　至

部门　职员

结算方式 ----　项目

摘要

确定　取消

图 1－5－39　应付核销查询条件设置页面

【第六步】在“应付核销”页面，“原核销明细”区域选择 69 732 元的付款单，在“被核销明细”区域分别选择 44 748 元和 22 600 元的销售发票，选择“业务员”，点击“核销”按钮，完成核销，如图 1－5－40 所示。

图 1 -5 -40　应付核销完成页面

【第七步】打开“应付管理”系统，单击“生成凭证/生成凭证”菜单命令，如图 1 -5 -41 所示，打开“生成凭证”页面，选择“应付凭证列表”，然后点击“凭证”按钮并在弹出对话框架中选择“执行”，完成凭证生成，如图 1 -5 -42 所示。

业务 4：

1. 实验操作流程：

（1）打开应付管理→付款单→付款类型“预付款”→填制一张付款单、审核。

（2）打开凭证→生成一张预付款凭证。

图 1 -5 -41　执行生成凭证菜单命令

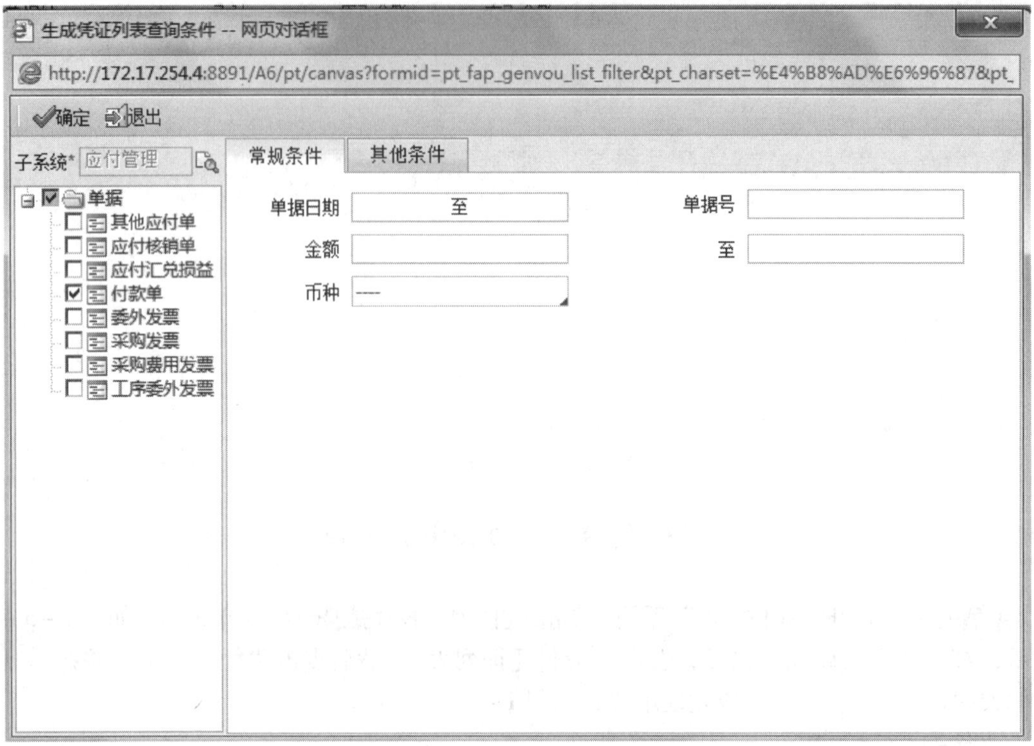

图1－5－42　应付凭证生成页面

2. 详细操作步骤：

【第一步】以操作员 admin 或拥有应付管理权限的其他操作员登录到“Aisino A6 的应付管理”页面，如图1－5－43 所示，单击“付款单/付款单”菜单命令。

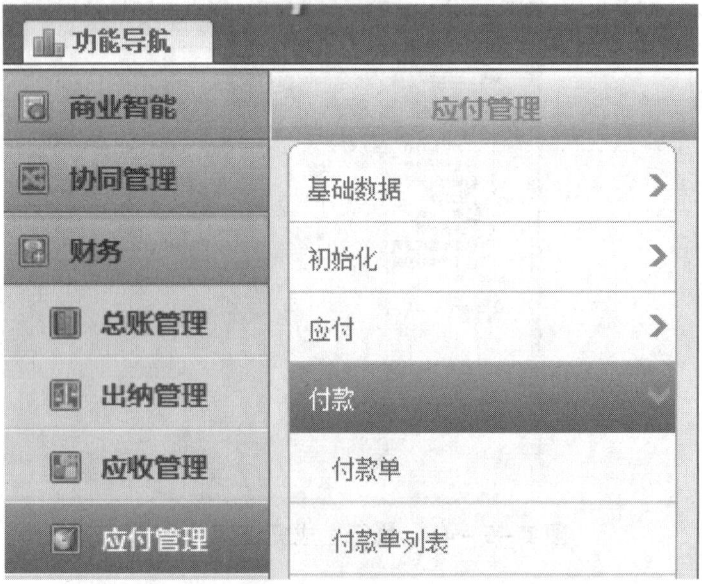

图1－5－43　执行付款单/付款单菜单命令

【第二步】打开“付款单”页面，如图 1－5－44 所示，单击“新增/蓝字”菜单命令，增加一张蓝字空白付款单。

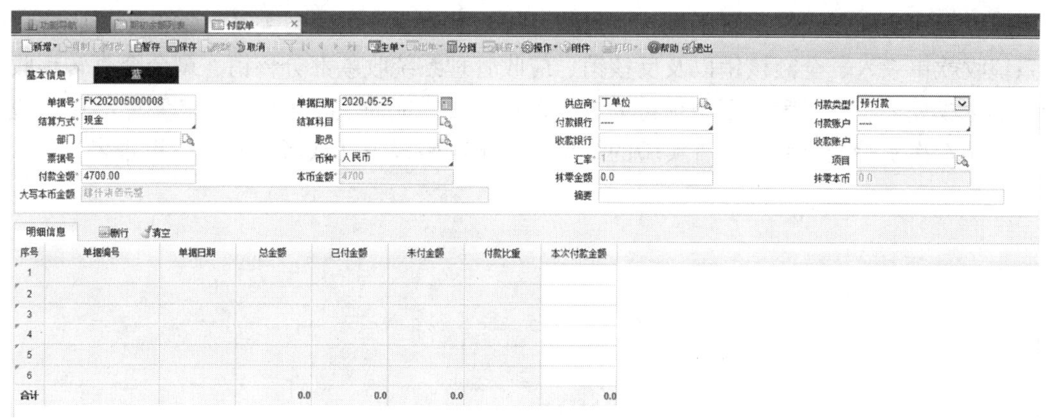

图 1－5－44 增加蓝字空白付款单页面

【第三步】根据实验内容和资料业务 4 的内容，进行付款单的录入，如图 1－5－45 所示，“付款类型”选择“预付款”。输入完毕后，单击工具栏的“保存”，保存已录入的信息。

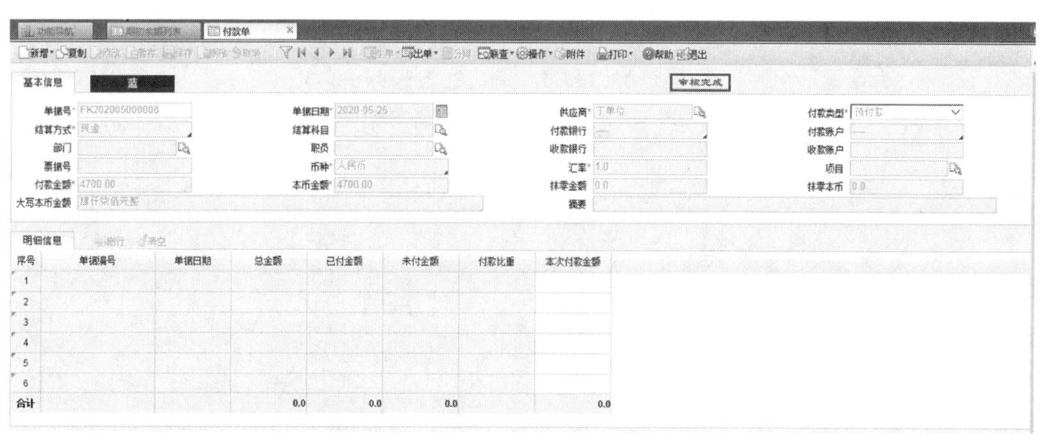

图 1－5－45 付款单录入页面

【第四步】打开“应付管理”系统，单击“生成凭证/生成凭证”菜单命令，打开“生成凭证”页面，选择应付凭证列表，然后点击“凭证”按钮并在弹出对话框架中选择“执行”，完成凭证生成，如图 1－5－46 所示。

图 1－5－46 应付凭证生成页面

五、实验总结和实验报告

通过本次实验，我们了解了应收应付款系统与其他系统的主要关系，掌握了应收应付管理系统收款单录入、全额核销以及反核销、应收管理系统收款部分核销、剩余金额转预收功能以及生成凭证、应付管理系统预付单录入以及生成凭证的主要操作技能。实验结束后应该总结回顾本次实验的过程，检查实验的结果，写出实验报告（或者填制实验报告表）。

实验六

期末结账与报表管理

一、实验目的和要求

（一）实验目的

通过本次实验使学生掌握期末结账处理的过程及处理技能、自定义报表和使用报表模板生成报表的方法。

（二）实验要求

（1）根据实验内容及资料完成实验，将数据备份至移动存储介质。

（2）检查账务处理的全部内容，为报表生成做准备。

（3）掌握报表格式设置和公式设置的方法以及报表数据的计算方法并了解计算机环境下报表系统中有关的基本概念。

（4）了解报表管理子系统业务处理流程和功能结构，理解会计报表的概念和分类，掌握报表管理子系统的概念和分类，熟悉报表管理子系统的基本操作过程。

二、实验知识准备

1. 按照会计制度的要求，月末要进行月结，年末要进行年结。本月账务处理完成后应进行结账，将会计数据结转到下月。本年度账务处理完成后应进行结账，将会计数据结转到下一个会计年度。结账后上月的数据将封存，不允许执行修改、删除等操作，只能查看，同时，结账后系统会自动进入下一会计期间开始下月业务的处理。年结与月结操作方法及流程相同，本教程以月结为例介绍如何结账。

期末处理主要是对库存管理子系统进行月末结账的处理，月末结账是一个会计期间处理完成的标志。如果系统同时启用了采购管理、销售管理，且结账顺序规定必须完成采购管理、销售管理结账后，库存管理子系统才可结账时，库存管理子系统需等以上两个子系统均结账完成后，才可进行月末结账。

期末处理主要是对存货核算子系统进行月末结账的处理，月末结账是一个会计期间处理完成的标志。如果系统同时启用了采购管理、销售管理、库存管理，且结账顺序规定必须完成采购管理、销售管理、库存管理结账后，存货核算子系统才可结账时，存货核算子系统需等以上三个子系统均结账完成后，进行库存物品的成本计算、各种单据的凭证生成，最后进行月末结账。

2. 报表管理子系统既可以作为企业管理软件的报表系统管理企业常用财务报表，又可以作为独立的报表制作软件使用，制作企业日常所用报表模版。

报表管理子系统作为企业管理软件的报表系统使用时，可以从账表间提取数据，即可以运用报表管理提供的公式轻松快捷地从总账管理子系统中取得如资产负债表、利润表、现金流量表等报表的数据。独立使用时，可以满足企业日常办公事务，完成制作表格、数据运算、制作图形、打印等电子表的所有功能。报表管理子系统菜单结构如图 1－6－1 所示。

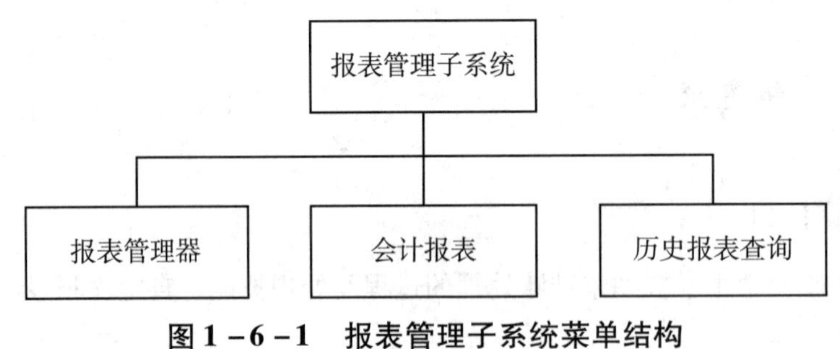

图 1－6－1　报表管理子系统菜单结构

业务流程如图 1－6－2 所示。

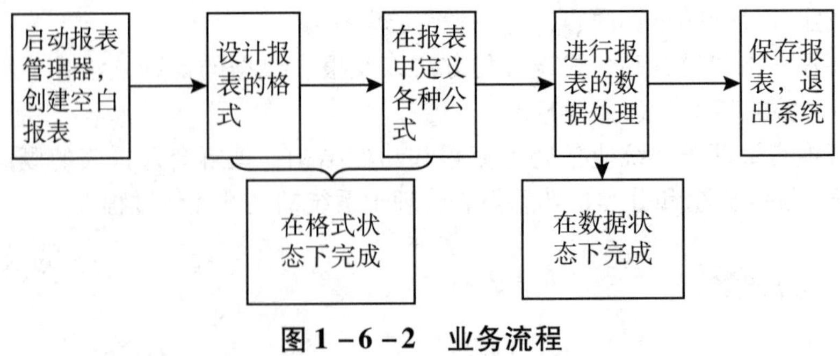

图 1－6－2　业务流程

（1）启动报表管理器。

（2）设计报表格式。

①设置表尺寸：定义报表的行数和列数，定义行高和列宽；

②画表格线；

③设置单元格属性：单元格的属性有三种——表样单元、数值单元、字符单元，把固定内容的单元定义为表样单元，把需要输入数字的单元定义为数值单元，把需要输入字符的单元定义为字符单元，并设置字符单元的字形、字体、字号、颜色等内容；

④定义组合单元：把几个相邻单元合并成一个使用；

⑤确定关键字在表页上的位置，包括单位名称、年、月、日等；

⑥设计好报表格式后，可以输入表样单元的内容。

（3）定义报表公式。

完成格式设计后，接下来就是根据会计报表中各数据单元获取数据的来源和计算方法，编辑适合的报表公式，使报表能够形成公式定义的数据生成方式，从而达到自动生成报表数据的功能。

①单元公式：即计算公式，是指为报表数据单元进行赋值的公式，主要用于定义报表数据来源以及运算关系。

②定义单元公式：主要通过简单数学计算、函数调用和运算符等组成，用于从账簿、凭证、本表或其他报表等处取所需数据，并填入相应的报表单元中。

（4）会计报表的快速生成法——“我的报表”的应用。

利用报表管理器中“我的报表”提供的报表模板，并根据自己的实际情况进行适当修改，可以最大限度地减轻编制报表的工作量，提高效率。

三、实验内容和资料

1. 本章实验一、实验二、实验三、实验四、实验五中数据。

2. 费用明细表编制如表 1－6－1 所示。

（1）6601 销售费用（660101 折旧费、660102 工资、660103 福利费）。

（2）6602 管理费用（660201 办公费、660202 报刊费、660203 差旅费、
660204 会议费、660205 培训费、660206 折旧费、
660207 招待费、660208 咨询费、660209 工资、
660210 福利费、660211 其他费用）。

（3）6603 财务费用（660301 利息）。

表 1－6－1　　费用明细表

编制单位：

项目	行次	本月数	本年累计数	项目	行次	本月数	本年累计数
一、销售费用	1			招待费	13		
折旧费	2			工资	14		
工资	3			福利费	15		
福利费	4			其他费用	16		

续表

项目	行次	本月数	本年累计数	项目	行次	本月数	本年累计数
二、管理费用	5			三、财务费用	17		
办公费	6			利息	18		
报刊费	7			加息	19		
差旅费	8			手续费	20		
会议费	9			其他	21		
培训费	10				22		
折旧费	11				23		
合　计	12			合　计	24		

四、实验步骤

（一）结账（结账前要进行数据备份）

1. 采购管理结账。

【第一步】在采购管理页面上，点击“采购管理/期末/结账”菜单项，或在采购管理业务流程图上单击“结账”按钮，进入“采购管理/结账”页面，如图1－6－3所示。

图1－6－3　采购管理/结账页面

【第二步】点击“完成”按钮，系统提示“结账成功”，点击“确定”按钮，如图1－6－4所示。

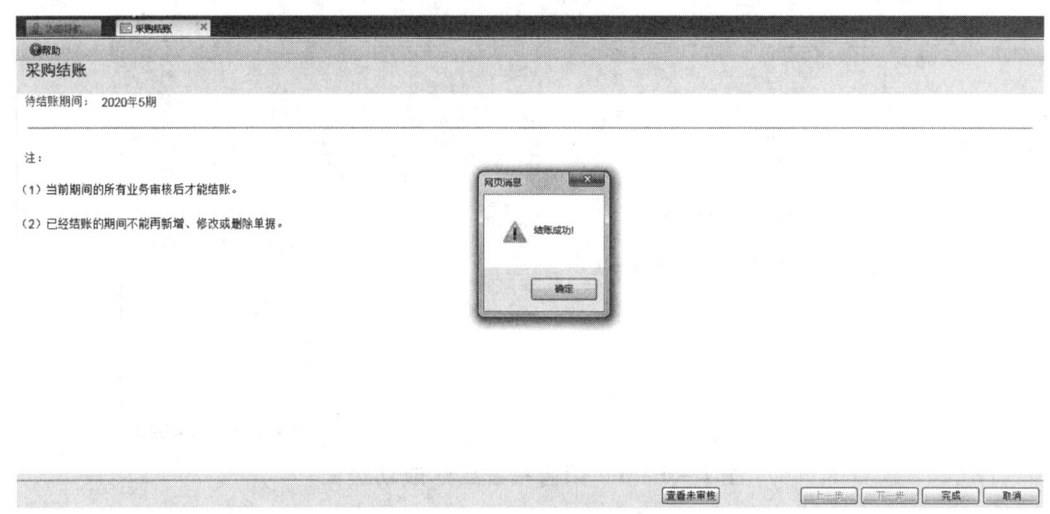

图 1－6－4　采购结账成功页面

2. 销售管理结账。

【第一步】在“销售管理”页面，点击“销售管理/期末/结账”菜单项，或在销售管理业务流程图上单击“结账”按钮，进入“销售管理/结账”页面，如图 1－6－5 所示。

图 1－6－5　销售管理/结账页面

【第二步】点击“完成”，系统提示“销售系统结账成功”，点击“确定”按钮，如图 1－6－6 所示。

3. 库存管理结账。

【第一步】在“库存管理”页面，点击“库存管理/期末/结账”菜单项，或在库存管理业务流程图上单击“结账”按钮，进入“库存管理/结账”页面，如图 1－6－7 所示。

图1-6-6　销售系统结账成功页面

图1-6-7　库存管理/结账页面

【第二步】点击“完成”按钮，系统提示“结账成功”，点击“确定”按钮。如图1-6-8所示。

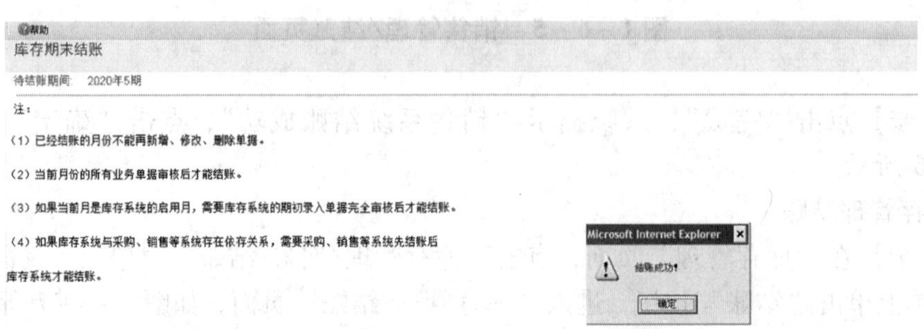

图1-6-8　库存结账成功页面

🗎 **说明：**

①存在未审核的单据时，系统不允许结账。

②已经结账的月份，不能再增加、修改、删除单据。

③如果当前月是库存管理子系统的启用月，需要库存系统的初始化完成后才能结账。

④如果库存系统与采购、销售系统存在依存关系，需要采购、销售等系统先结账后才能结账。

4. 应收管理结账。

【第一步】在“应收管理”页面，点击“应收管理/期末/结账”菜单项，或在应收管理业务流程图上单击“结账”按钮，进入应收管理/结账页面，如图 1 -6 -9 所示。

图 1 -6 -9　应收管理/结账页面

【第二步】点击“下一步”，系统会再次出现结账提示，如图 1 -6 -10 所示。

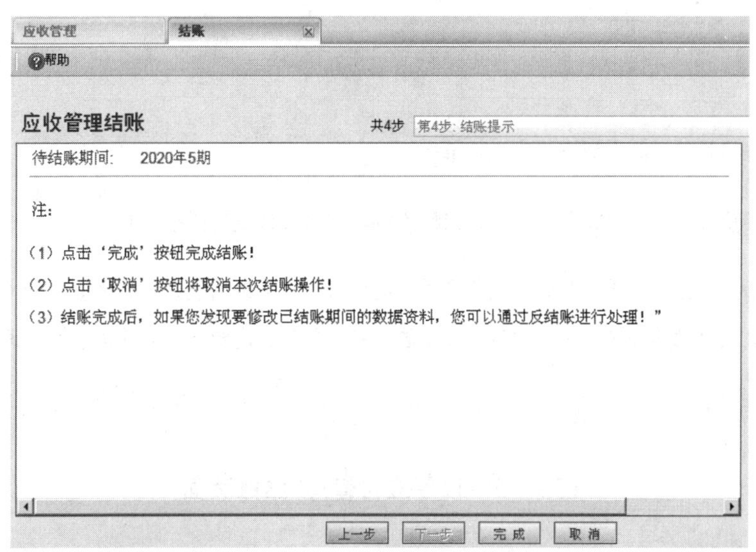

图 1 -6 -10　应收管理/结账提示页面

【第三步】点击“完成”，系统提示“期末结账完成”，点击“确定”按钮，如图 1－6－11 所示。

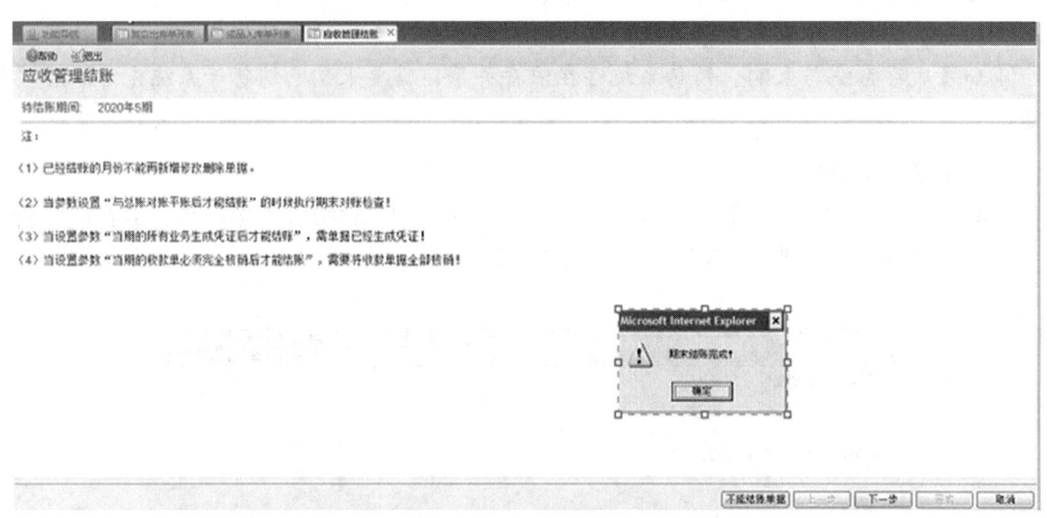

图 1－6－11　应收期末结账完成页面

5. 应付管理结账。

【第一步】在“应付管理”页面，点击“应付管理/期末/结账”菜单项，或在应付管理业务流程图上单击“结账”按钮，进入“应付管理/结账”页面，如图 1－6－12 所示。

图 1－6－12　应付管理/结账页面

【第二步】点击“下一步”，系统会再次出现结账提示，如图 1－6－13 所示。

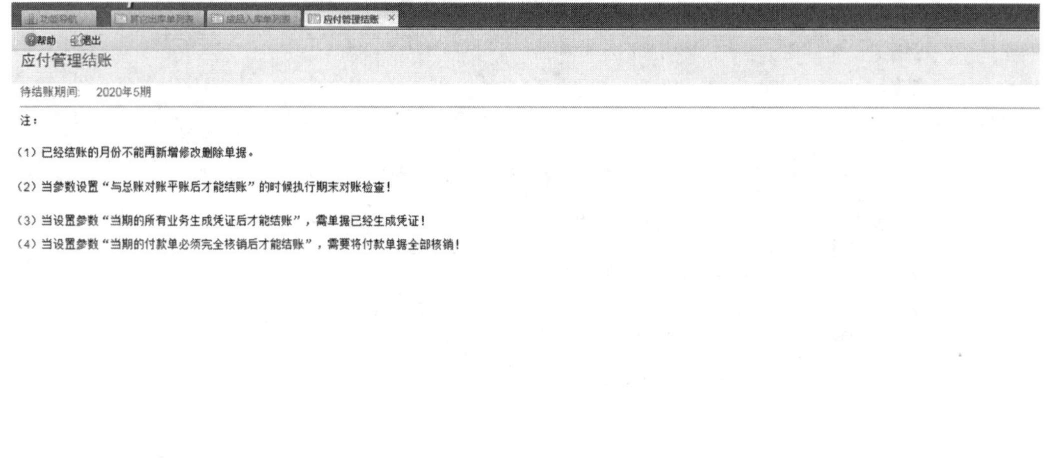

图 1 –6 –13　应付管理/结账提示页面

【第三步】点击“完成”，系统提示“期末结账完成”，点击“确定”按钮，如图 1 –6 –14 所示。

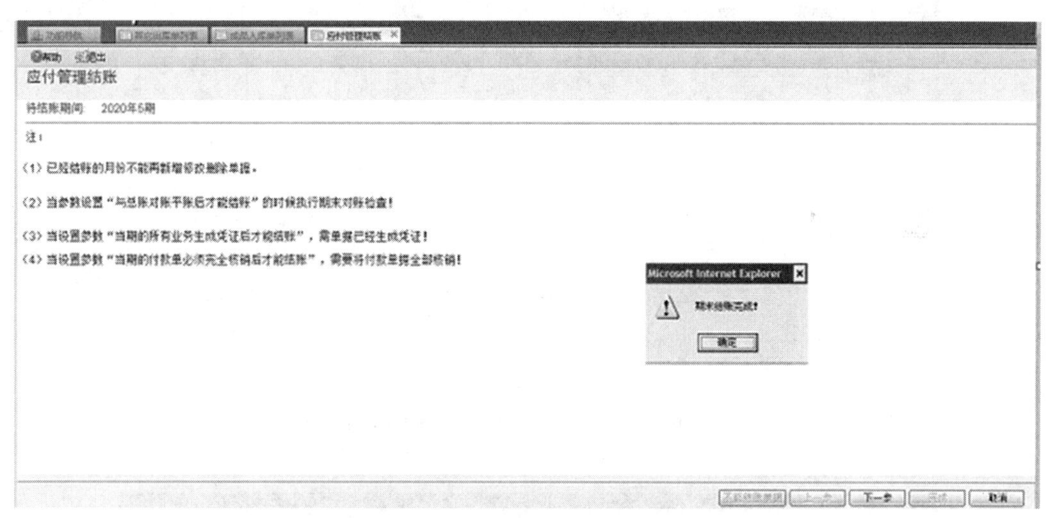

图 1 –6 –14　应付期末结账完成页面

6. 工资管理结账。

【第一步】在“工资管理”页面，点击“工资管理/月末处理/结账”菜单项，或在工资管理业务流程图上单击“结账”按钮，进入“工资管理/结账”页面，如图 1 –6 –15 所示。

【第二步】点击“下一步”，系统会再次出现结账提示，如图 1 –6 –16 所示。

【第三步】点击“完成”，系统提示工资类别的期间已经变更，点击“确定”按钮，结账完成，如图 1 –6 –17 所示。

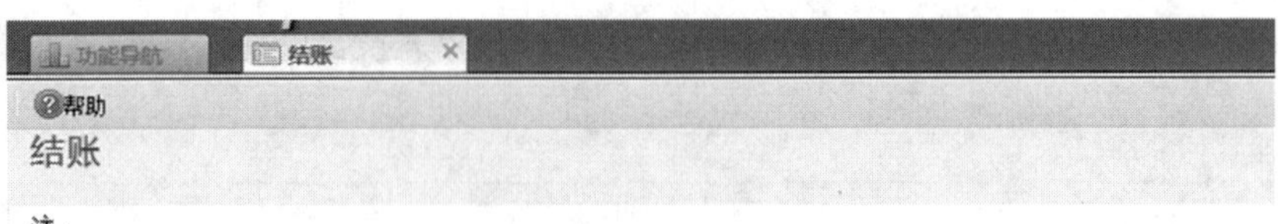

注：

（1）进行月末结账时，系统将会把当前期间的工资数据结转到下个期间。

（2）结转数据时，如果进行了“清零项设置”（在下一步页面），并选择了工资项目，则在结转后，下个月的工资数据中，所选择的工资项目的数据将会被置为零。

（3）工资数据没有审核时，不允许进行月末结账；工资数据审核后，系统将会把该工资数据统计到相关的报表中。

（4）所有的工资类别全部月末结账后，工资子系统的月末结账工作完成。

（5）对于有间隔月份发放工资的工资类别，如果本月不需要发放工资，可以将其临时禁用，在以后需要发放工资时，再将其取消禁用。

（6）禁用的工资类别，不需要进行月末结转。

图 1－6－15　工资管理/结账页面

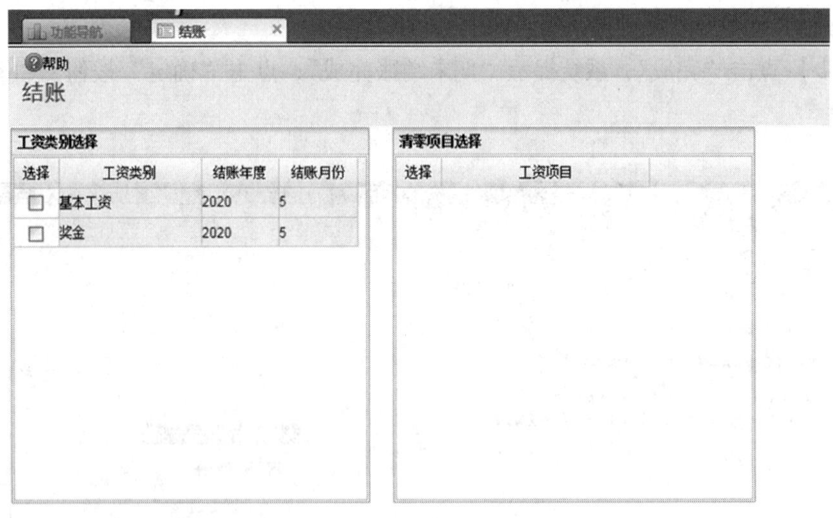

图 1－6－16　工资管理/结账提示页面

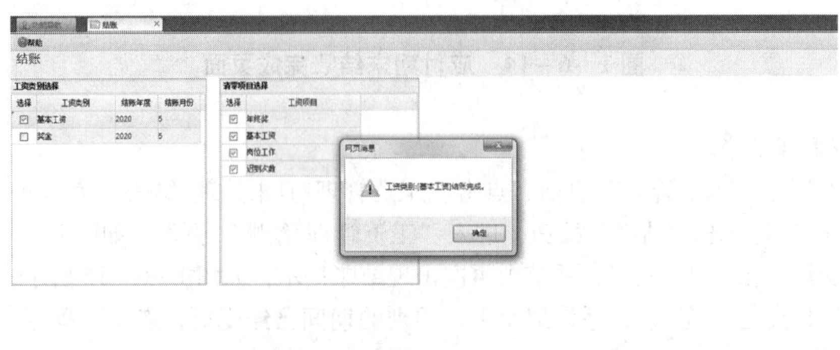

图 1－6－17　工资管理/结账完成页面

🗎 **说明：**

①如有多个工资类别，每个工资类别都要进行月末结账；

②如果本月工资数据未审核，系统将不允许进行月末结账。

7. 固定资产管理结账。

【第一步】在“固定资产管理”页面，点击“固定资产管理/期末/结账”菜单项，或在固定资产管理业务流程图上单击“结账”按钮，进入“固定资产管理/结账”页面，如图 1－6－18 所示。

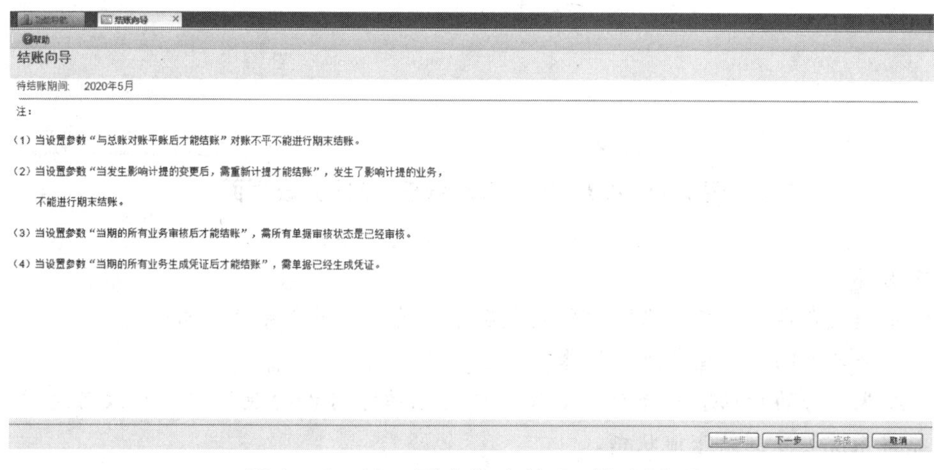

图 1－6－18　固定资产管理/结账页面

【第二步】点击“下一步”，系统会再次出现结账提示，如图 1－6－19 所示。

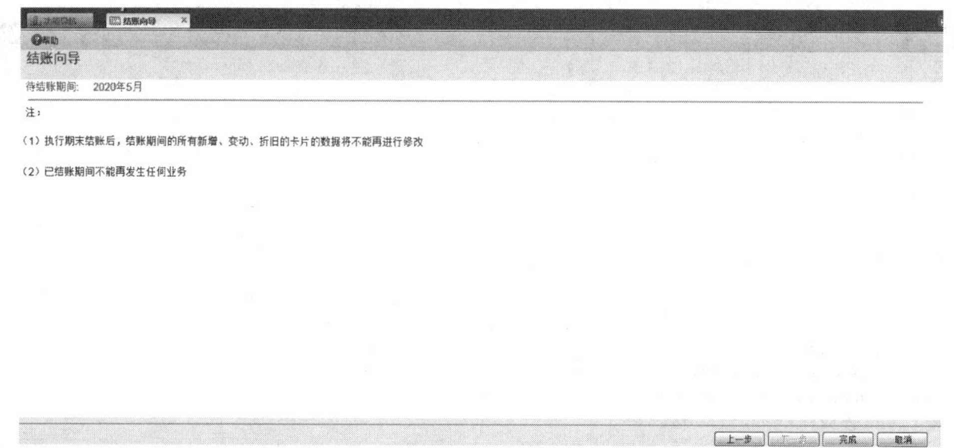

图 1－6－19　固定资产管理/结账提示页面

【第三步】点击“完成”，提示“确定进行结账吗?”，点击“确定”按钮，结账完成，如图 1－6－20 所示。

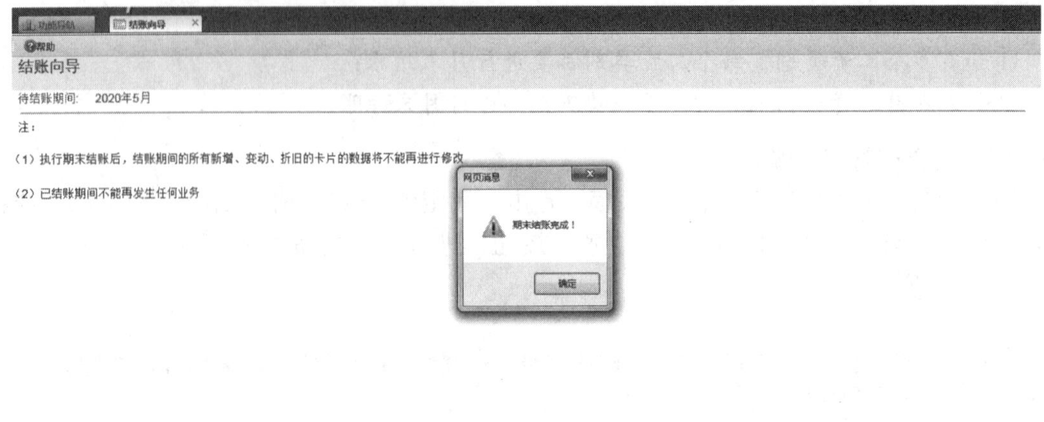

图1-6-20 固定资产管理/结账完成页面

说明：

①结账一般在期末进行，系统结账完成后才能进入下一个会计期间；

②同一会计期间不能重复进行结账；

③已结账月份的数据不能修改，如果需要对已结账月份的数据进行修改可通过“反结账”功能将系统恢复到结账前状态。

8. 存货核算结账。

【第一步】在“存货核算”页面，点击“存货核算/期末/结账”菜单项，或在存货核算业务流程图上单击“结账”按钮，进入“存货核算/结账”页面，如图1-6-21所示。

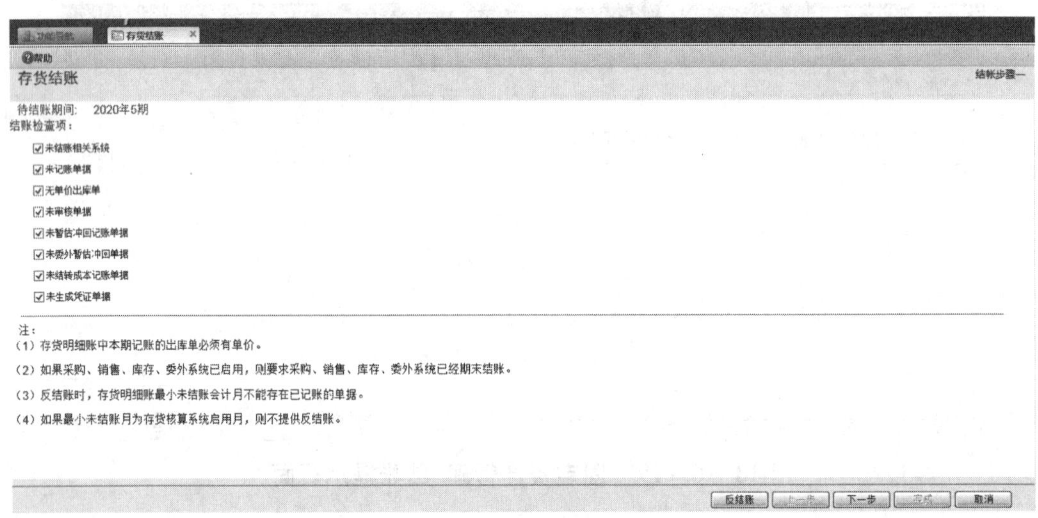

图1-6-21 存货核算/结账页面

【第二步】点击“下一步”，系统会再次出现结账提示，如图1-6-22所示。

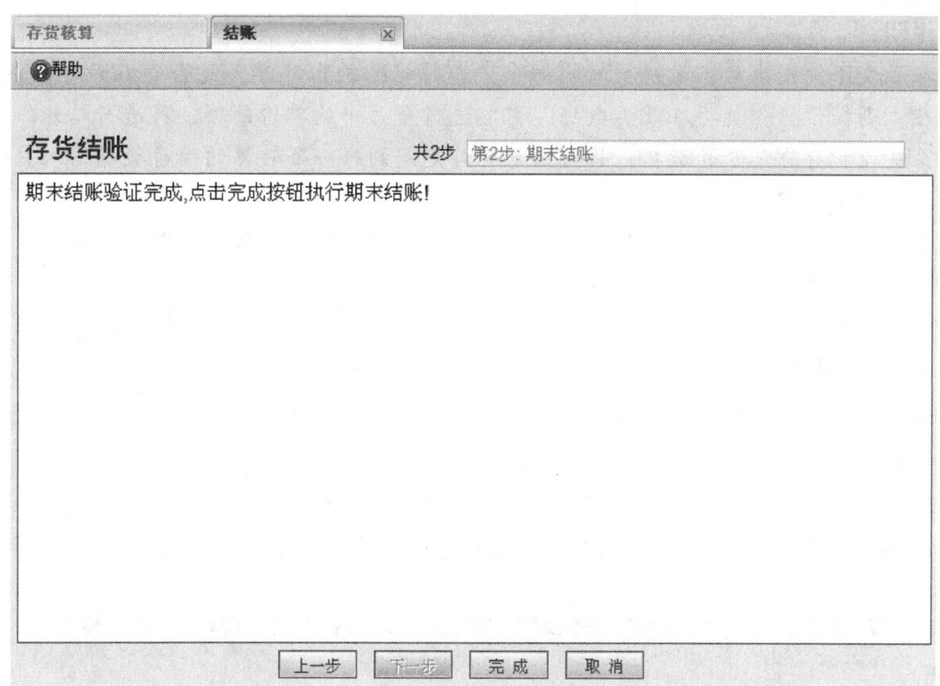

图 1-6-22　存货核算/结账提示页面

【第三步】点击“完成”，系统提示“结账操作完成!”，点击“确定”按钮，如图 1-6-23 所示。

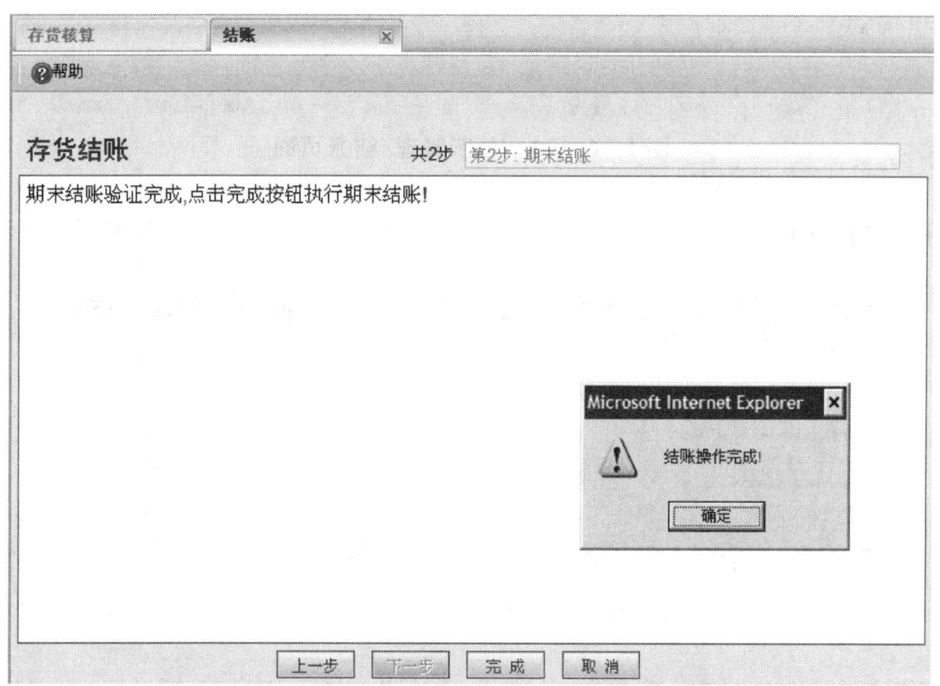

图 1-6-23　存货核算/结账完成页面

🗎 **说明：**

①在触发事件发生后，系统判断明细账中本月记账的出库单，是否存在无单价的情况，如果存在，则提示操作员存在此类数据，需要进行全月平均单价处理，再进行结账。

②系统维护存货总账的数据：将月结前会计期间的每一条数据的结存数据写入月结后会计期间的结存数据中。

月末结账时，如果采购、销售、库存系统已经启用，则要求采购、销售、库存系统已经月末结账，才能进行存货系统的月末结账。

③月末结账时，提示操作员未记账的出、入库单据，及未进行暂估冲回记账的采购结算单，仅提示，不控制必须处理。

④月末结账时，系统仅提供对最小未结账月进行月末结账。

9. 总账管理结账。

【第一步】在“总账管理”页面，点击“总账管理/期末/结账”菜单项，或在总账管理业务流程图上单击“结账”按钮，进入“总账管理/结账”页面，如图1－6－24所示。

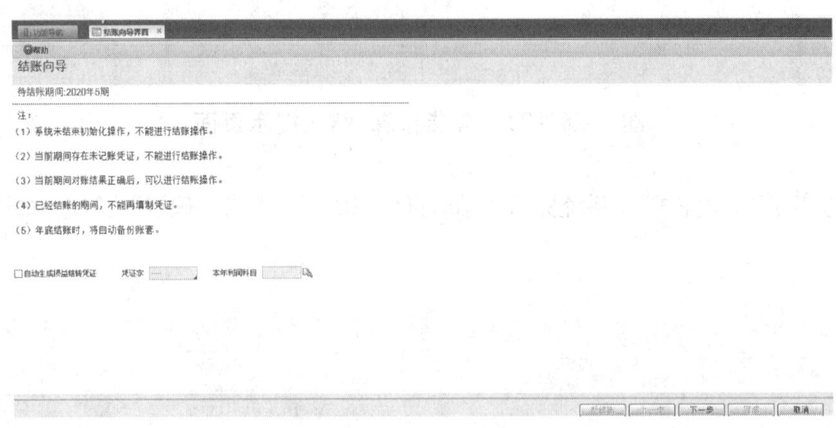

图1－6－24　总账管理/结账页面

【第二步】点击“下一步”，系统会再次出现结账提示，如图1－6－25所示。

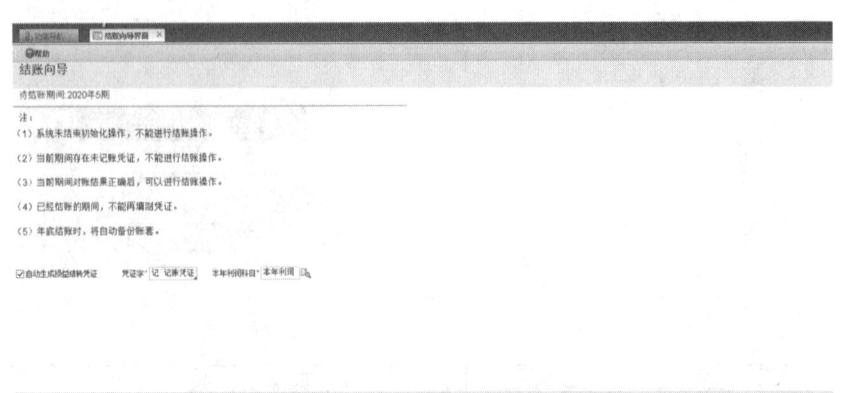

图1－6－25　总账管理/结账提示页面

【第三步】点击“下一步”，系统显示当期“工作报告”，如图 1 -6 -26 所示。

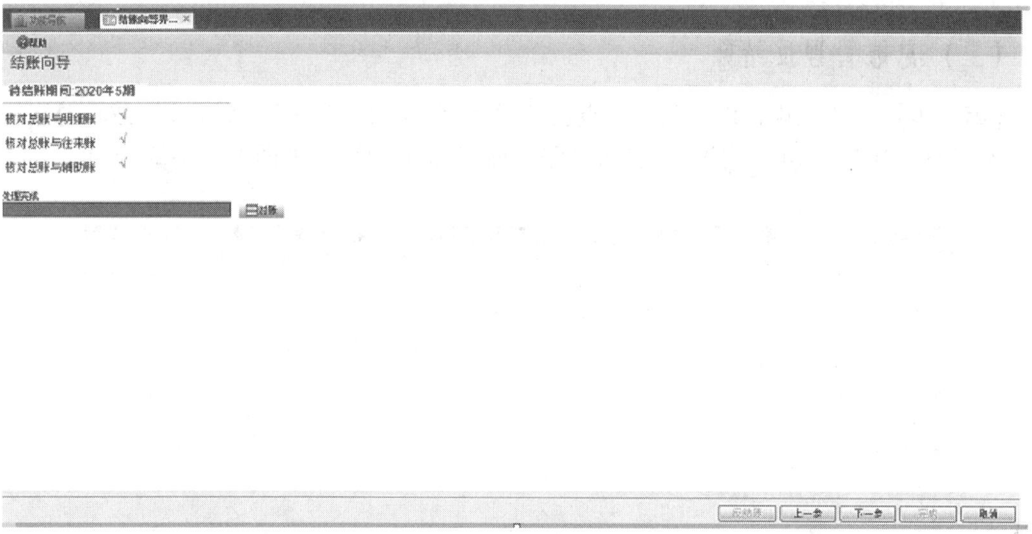

图 1 -6 -26　总账管理/结账向导页面

【第四步】点击“完成”，系统提示“已成功执行结账!”，点击“确定”按钮，如图 1 -6 -27 所示。

图 1 -6 -27　总账管理/结账完成页面

说明：

①如果结账不成功，按结账不成功提示查看工作报告，按照工作报告中的提示执行相应修改操作后，再次进行结账。

②年末结账要求：年结时若勾选了“年结时本年利润结转到利润分配”，并设置了“未

分配利润”科目，则年结完成后系统将自动生成一张本年利润转利润分配的凭证。反年结时，该凭证由系统自动删除。年结时损益类科目余额必须为0。

（二）总账管理反结账

【第一步】在“总账管理”页面，点击“总账管理/期末/结账”菜单项，或在总账管理业务流程图上单击“结账”按钮，进入总账管理/反结账页面，如图1－6－28所示。

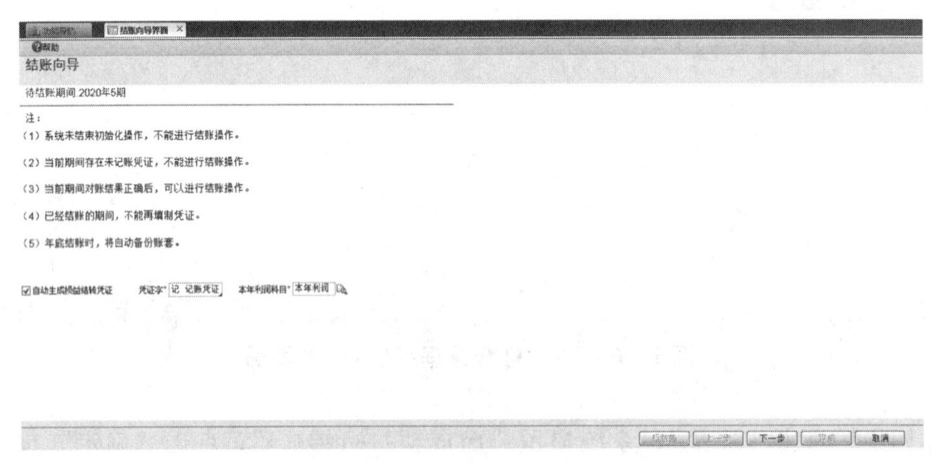

图1－6－28　总账管理/反结账页面

【第二步】点击“反结账”按钮，系统会进入反结账向导，要求输入超级管理员密码，如图1－6－29所示。

图1－6－29　总账管理/反结账向导页面

【第三步】输入超级管理员密码后，点击“下一步”，系统显示“待反结账期间”，如图 1－6－30 所示。

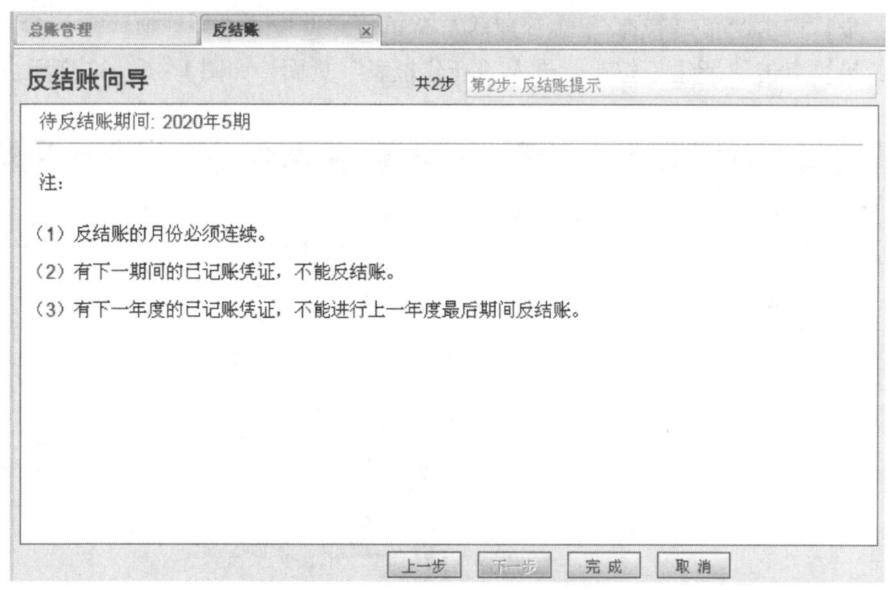

图 1－6－30　总账管理/反结账提示页面

【第四步】点击“完成”，系统提示“此操作将导致当前期间创建的账表失效，是否继续?”，点击“确定”按钮，反结账完成，如图 1－6－31 所示。

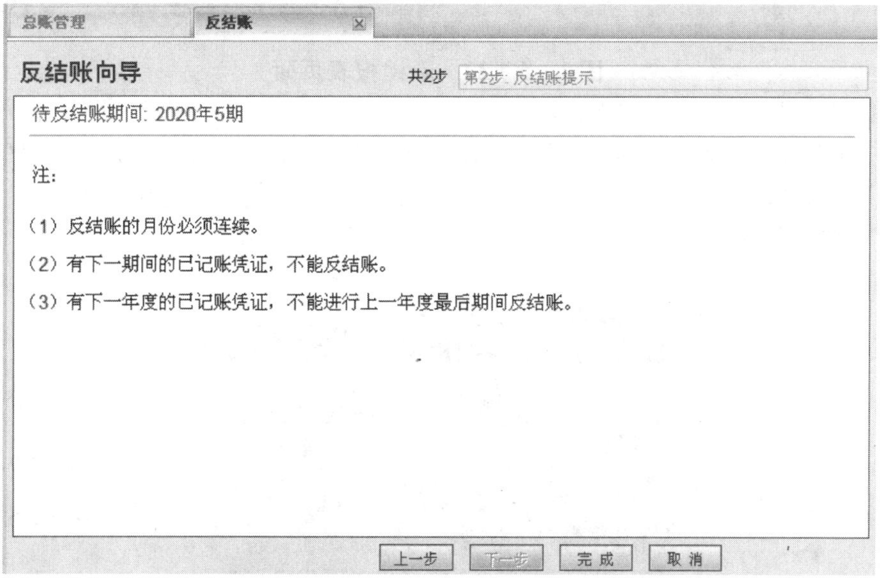

图 1－6－31　总账管理/反结账完成页面

其他模块的反结账操作同上。

（三）自定义报表

操作步骤：

【第一步】点击“报表管理/报表管理器”菜单项，进入“报表管理器”页面。

【第二步】点击“新建”按钮，进入“新建报表”页面，如图1-6-32所示。

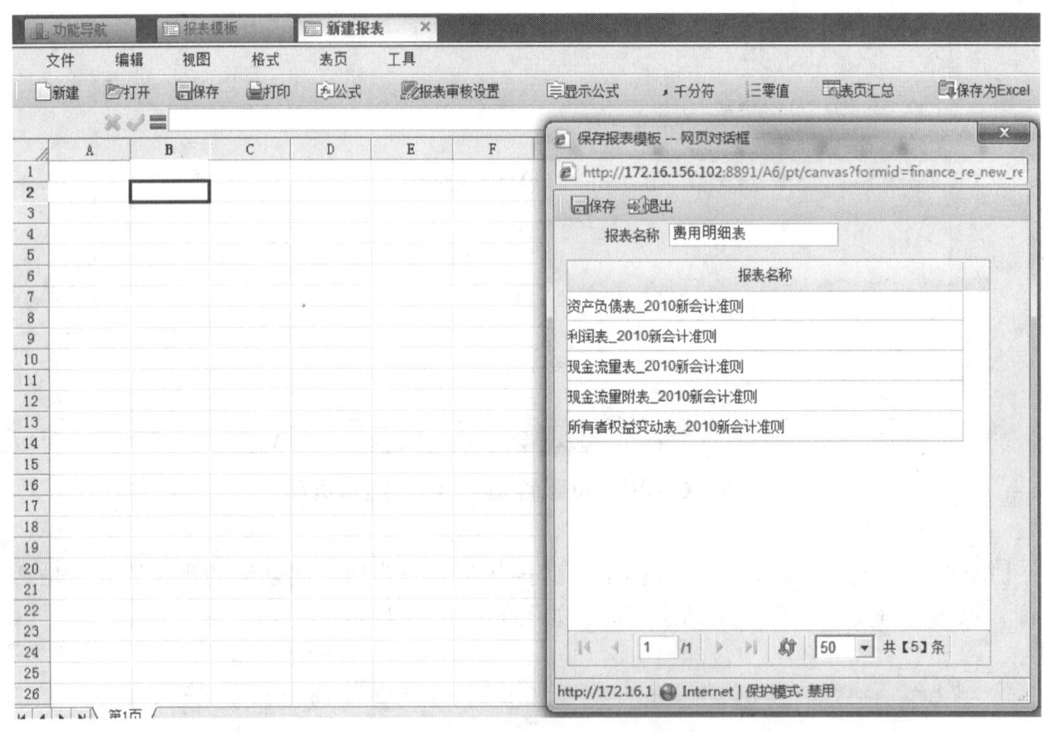

图1-6-32　新建报表页面

【第三步】点击“表页/表页尺寸”菜单，系统弹出“设置表页大小”窗口，如图1-6-33所示，根据报表需要设置报表行数和列数。本实验需在“行数”中设置15行，“列数”为8列，点“确定”按钮。

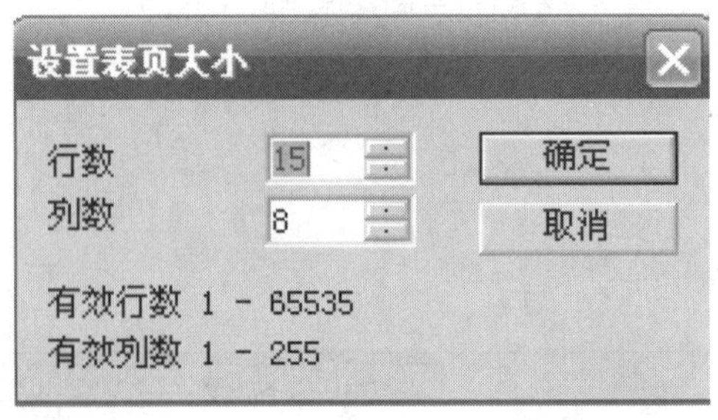

图1-6-33　“设置表页大小”页面

【第四步】点击“格式/单元格”菜单，如图1-6-34所示，在“单元格属性”中选择需要划表格线的区域，根据需要设置表格线模式。

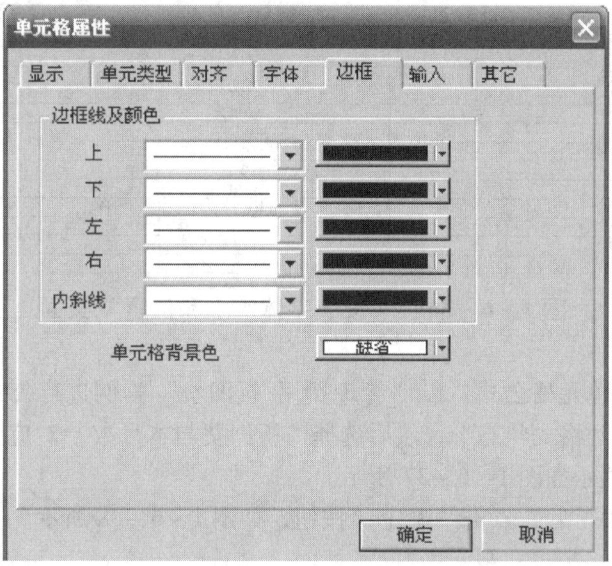

图1-6-34　单元格属性页面

【第五步】点击“格式/设置组合”菜单，对需要组合的区域单元进行组合，如图1-6-35所示。

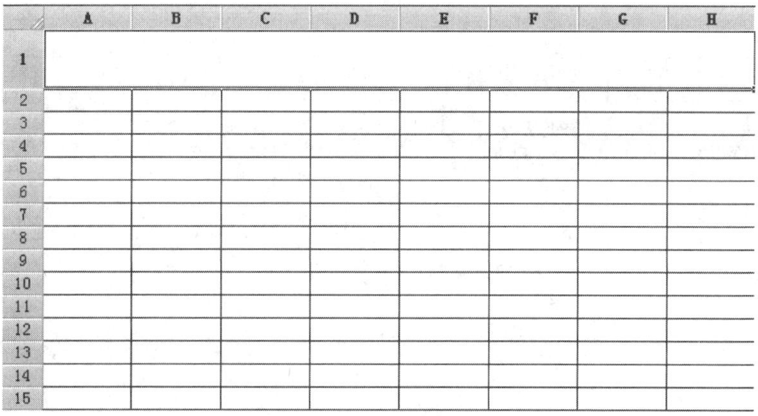

图1-6-35　设置组合页面

【第六步】输入报表文字，点击“格式/单元格/字体”菜单，设置字体大小。点击“格式/单元格/对齐”菜单，设置文字水平和垂直居中，如图1-6-36所示。

	A	B	C	D	E	F	G	H
1	费用明细表							
2	编制单位：@COMPANY				@RPTDATE			单位：@MONEYUNIT
3	项 目	行次	本月数	本年累计数	项 目	行次	本月数	本年累计数
4	一、销售费用	1			招待费	13		
5	折旧费	2			工资	14		
6	工资	3			福利费	15		
7	福利费	4			其他费用	16		
8	二、管理费用	5			三、财务费用	17		
9	办公费	6			利息	18		
10	报刊费	7			加息	19		
11	差旅费	8			手续费	20		
12	会议费	9			其他	21		
13	培训费	10				22		
14	折旧费	11				23		
15	合 计	12			合 计	24		

图1-6-36 “设置字体大小和位置”页面

【第七步】定义单元格公式。以“管理费用/折旧费”为例进行公式设置。首先，点击“公式”把报表切换到格式状态下，然后选择“折旧费与本月数”对应的单元格。最后，点击“公式”按钮，显示如图1-6-37所示。

选择“财务公式”后，点击“确定”按钮，如图1-6-38所示。

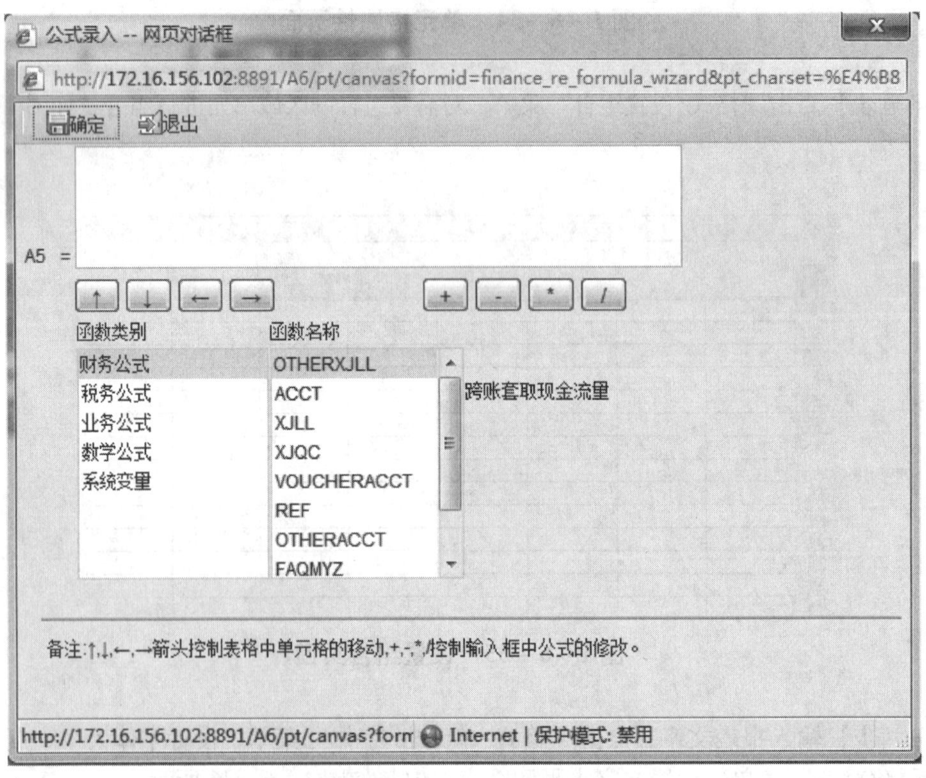

图1-6-37 定义单元格公式页面

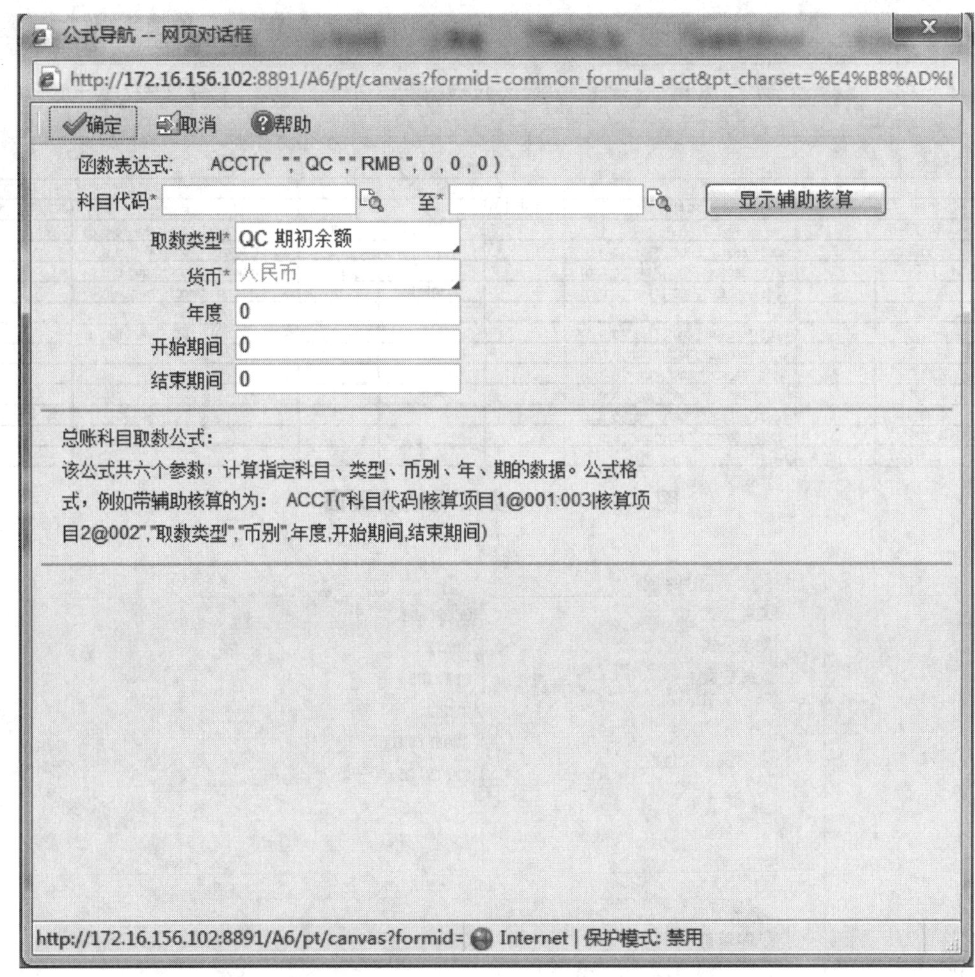

图 1－6－38　财务公式页面

【栏目说明】

（1）科目：录入会计科目，可以手工录入，也可以通过“参照”选入。

（2）货币：默认为记账本位币。

（3）年度：设置取数年度，为 0 时表示取当年会计年度。

（4）起始期间：设置取数开始期间，为 0 时表示取当期会计月份数据。

（5）结束期间：设置取数结束期间，为 0 时表示取当期会计月份数据。

设置完成后点击“确定”按钮，返回报表页面。

按本例本月数在科目中选择“折旧费”，取数类型选择“JFS 借方发生额”，然后点击确定。本年累计数在“取数类型”中选择“JLFS 借方累计发生额”，如图 1－6－39 所示。

【第八步】设置表头取值。

将鼠标点到表头位置处，点击“公式”，如图 1－6－40 所示。

	A	B	C	D	E	F	G	H
1	费用明细表							
2	填制单位：@COMPANY			@RPTDATE			单位：@MONEYUNIT	
3	项目	行次	本月数	本年累计数	项目	行次	本月数	本年累计数
4	一、销售费用	1			招待费	13	=ACCT("660207","QC","RMB",0,0,0)	
5	折旧费	2	=ACCT("660101","QC","RMB",0,0,0)		工资	14	=ACCT("660209","QC","RMB",0,0,0)	
6	工资	3	=ACCT("660102","QC","RMB",0,0,0)		福利费	15	=ACCT("660210","QC","RMB",0,0,0)	
7	福利费	4	=ACCT("660103","QC","RMB",0,0,0)		其他费用	16	=ACCT("660211","QC","RMB",0,0,0)	
8	二、管理费用	5			三、财务费用	17		
9	办公费	6	=ACCT("660201","QC","RMB",0,0,0)		利息	18	=ACCT("660301","QC","RMB",0,0,0)	
10	报刊费	7	=ACCT("660202","QC","RMB",0,0,0)		加息	19		
11	差旅费	8	=ACCT("660203","QC","RMB",0,0,0)		手续费	20		
12	会议费	9	=ACCT("660204","QC","RMB",0,0,0)		其他	21		
13	培训费	10	=ACCT("660205","QC","RMB",0,0,0)			22		
14	折旧费	11	=ACCT("660206","QC","RMB",0,0,0)			23		
15	合计	12			合计	24		

图 1-6-39　费用明细表页面

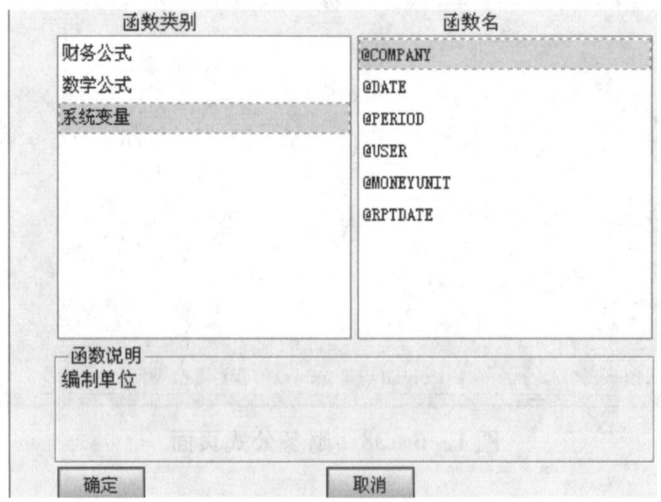

图 1-6-40　公式界面弹出

【参数说明】

（1）@ COMPANY 在指定表格中添加编制单位。

（2）@ DATE 在指定表格中添加打印日期。

（3）@ PERIOD 在指定表格中添加会计期间。

（4）@ USER 在指定表格中添加制表人。

（5）@ MONEYUNIT 在指定表格中添加金额单位。

（6）@ RPTDATE 在指定表格中添加编制日期。

【第九步】保存报表。

点击“文件/另存为”，系统弹出报表名称录入页面，如图 1-6-41 所示。在新增报表名称中输入“费用明细表”，点击“确定”，报表将自己动保存到“我的报表”。

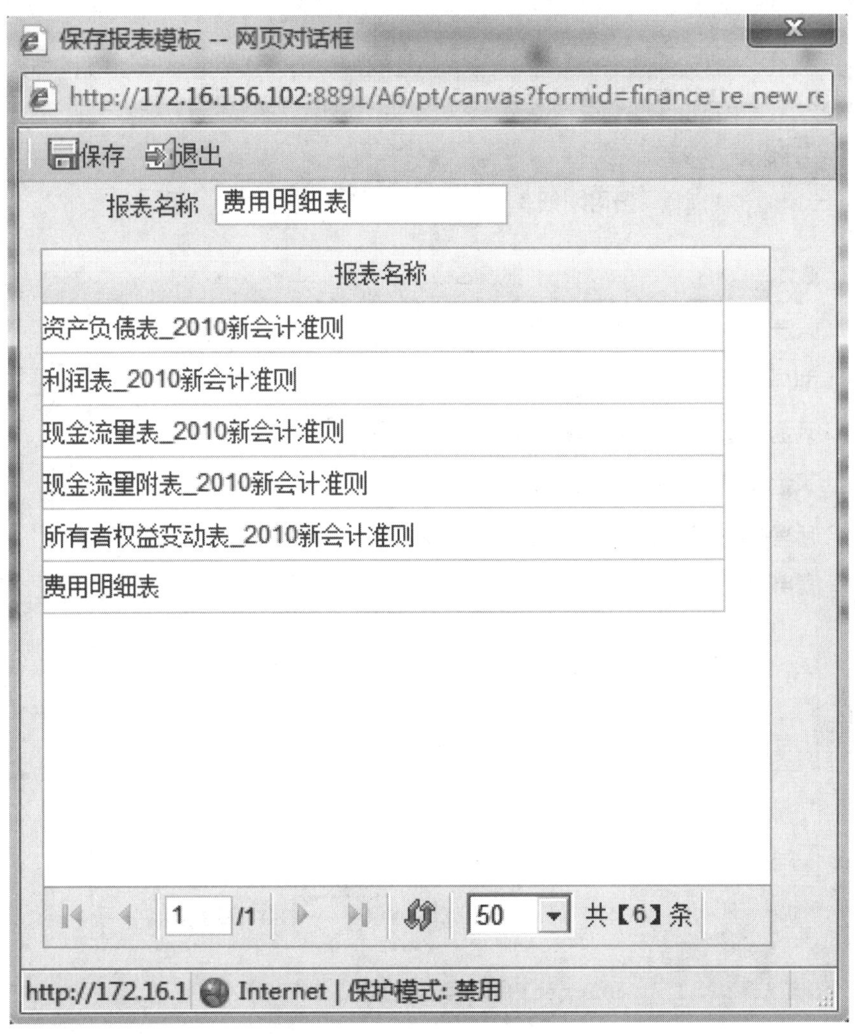

图 1-6-41 报表录入页面

(四) 引入报表

【第一步】点击“报表管理/报表管理器”菜单项，进入报表管理器页面。

【第二步】点击“导入”按钮，系统自动弹出引入报表窗口，如图 1-6-42 所示。

【第三步】选中引入的报表，点击“确定”按钮，系统弹出引入报表成功窗口，如图 1-6-43 所示。系统会在报表管理器中自动增加一种报表。

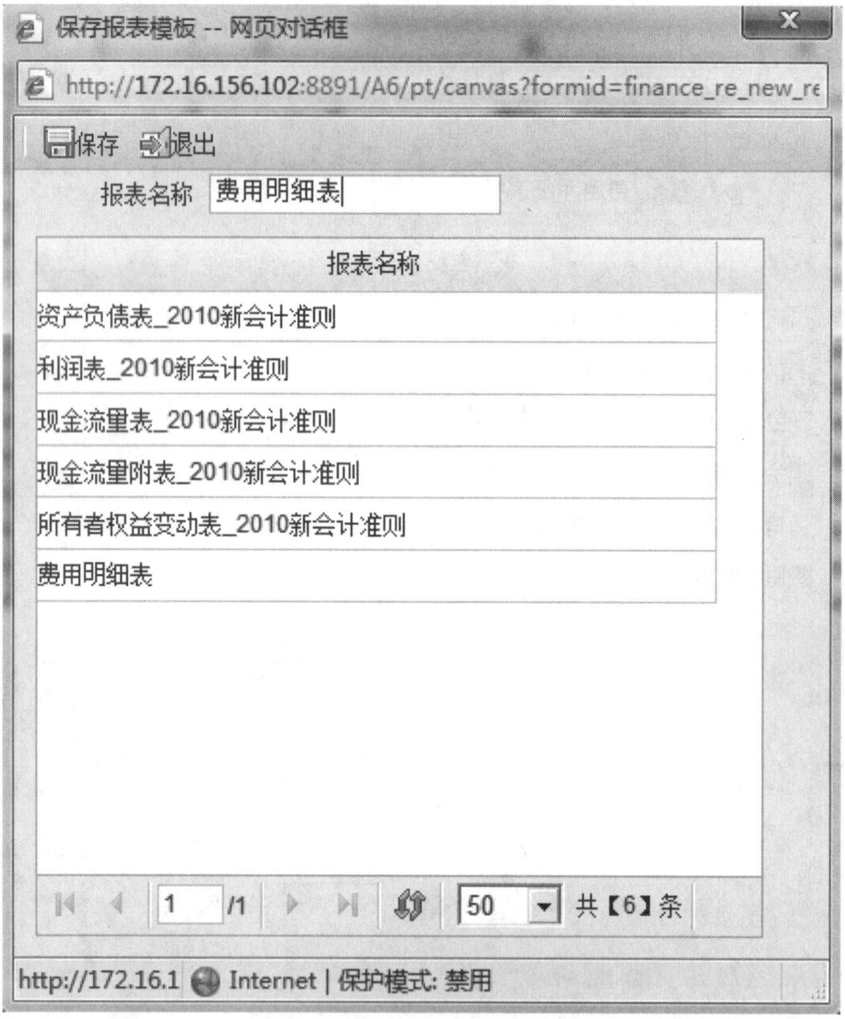

保存报表模板 -- 网页对话框
http://172.16.156.102:8891/A6/pt/canvas?formid=finance_re_new_re
保存
退出
报表名称
费用明细表
报表名称
资产负债表_2010新会计准则
利润表_2010新会计准则
现金流量表_2010新会计准则
现金流量附表_2010新会计准则
所有者权益变动表_2010新会计准则
费用明细表
1
/1
50
共【6】条
http://172.16.1
Internet | 保护模式: 禁用

图 1－6－42　报表窗口页面

Windows Internet Explorer
引入成功!
确定

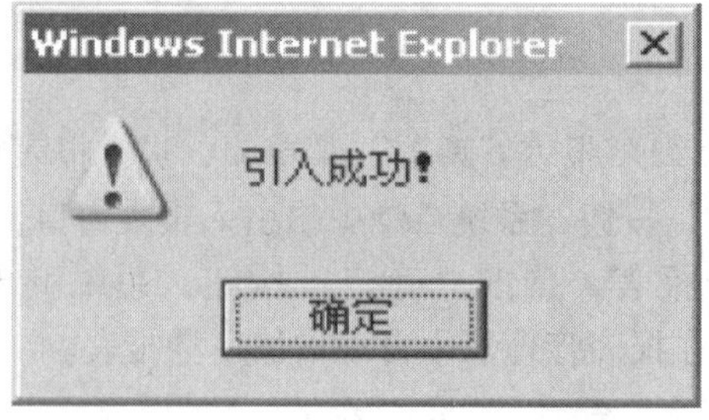

图 1－6－43　引入成功页面

（五）报表查询

主要功能： 设置查询条件，查看历史表报。

操作步骤：

【第一步】点击“历史报表查询”菜单项，进入历史报表查询页面，如图 1－6－44、图 1－6－45 所示。

报表管理器　会计报表▼　历史报表查询　报表合并查询

▸报表管理业务流程

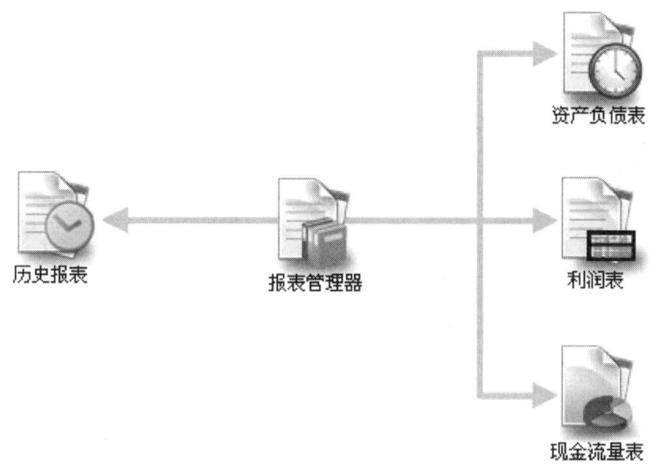

图 1－6－44　选择报表查询页面

功能导航　报表模板　费用明细表　报表查询 ×

查询　刷新　打开　审核　取消审核　删除　帮助　退出

报表 ---　年度 2020　开始期间 5　结束期间 5

序号	报表名	年度	开始期间	结束期间	开始日期	结束日期	是否审核	审核用户
1	费用明细表	2020	5	5	2020-05-01	2020-05-31	未审核	

图 1－6－45　历史报表页面

【第二步】点击“查询”按钮，进入查询条件页面，如图 1－6－46 所示。不输入任何查询条件表示查询所有已经保存的报表。

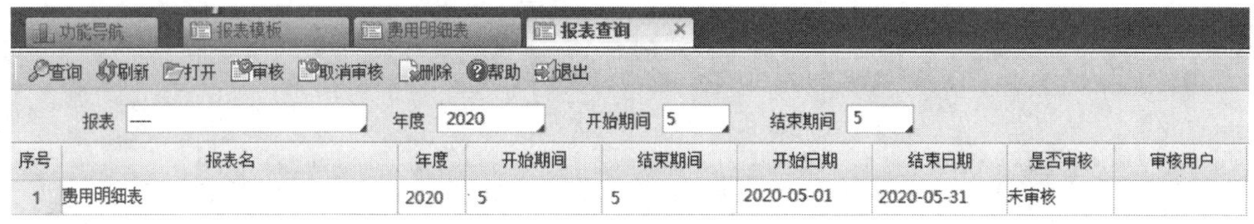

功能导航　报表模板　费用明细表　报表查询 ×

查询　刷新　打开　审核　取消审核　删除　帮助　退出

报表 ---　年度 2020　开始期间 5　结束期间 5

序号	报表名	年度	开始期间	结束期间	开始日期	结束日期	是否审核	审核用户
1	费用明细表	2020	5	5	2020-05-01	2020-05-31	未审核	

图 1－6－46　查询条件页面

【第三步】输入查询条件，点击“查询”按钮，返回历史报表页面。

【第四步】选中要查询的报表，点击“打开”按钮，可以查看报表数据。

五、实验总结和实验报告

通过本次实验，我们掌握了期末结账、检查账务处理的全部内容，为报表生成做准备的主要操作技能；了解了计算机环境下报表系统中有关的基本概念以及报表管理子系统业务处理流程和功能结构，掌握了报表格式设置和公式设置的方法以及报表数据的计算方法以及报表管理子系统的主要操作技能。应该总结回顾本次实验的过程，检查实验的结果，写出实验报告（或者填制实验报告表）。

第二模块

增值税管理信息化实验

实验一

增值税税控开票软件初始设置

一、实验目的和要求

（一）实验目的

通过本实验使学生学习了解增值税发票税控开票系统软件安装，学习掌握税控开票系统软件基础信息设置。

（二）实验要求

1. 根据实验资料进行系统初始化操作；

2. 根据实验资料和内容熟练设置角色和用户。

二、实验知识准备

1. 增值税防伪税控系统，是经国务院同意推行的，使用专用设备和通用设备、运用数字密码和电子存储技术管理增值税专用发票的计算机管理系统，是国家“金税工程”的重要组成部分。

2. 首次领用增值税专用发票和普通发票的纳税人，可通过所在省电子税务局申请购买税控设备，并到办税服务厅办理税控设备领取、税控设备发行等手续；也可在税控服务单位网点购买税控设备后，到办税服务厅办理税控设备发行等手续。

3. 纳税人可自愿选择使用航天信息股份有限公司生产的增值税税控系统专用设备（金税盘）或国家信息安全工程技术研究中心生产的增值税税控系统专用设备（税控盘）。

4. 税务机关依据纳税人的申请，在增值税税控系统中将税务登记信息、资格认定信息、税种税目认定信息、票种核定信息、增值税发票系统升级版离线开票时限和离线开票总金额等信息载入金税盘或税控盘，或在增值税税控系统中注销纳税人发行信息档案，收缴金税盘或税控盘、报税盘。

5. 企业初次购买增值税税控系统专用设备支付的费用以及缴纳的技术维护费允许在增值税应纳税额中全额抵减。

6. 增值税税控开票软件是增值税防伪税控系统的核心组成部分，其专用设备是金税盘或税控盘。一般纳税人和小规模纳税人发生增值税业务对外开具发票时，可利用该系统根据本企业核定的票种开具增值税专用发票、增值税普通发票和增值税电子发票的正数发票及红字发票。该系统还具备企业基本信息管理、客户及商品编码管理、发票管理、开票数据查询、远程抄报等功能。

7. 首次开具发票之前，应先对该系统进行设置，包括系统初始设置（仅初次登录设置）、客户编码设置、商品编码设置、领购发票等。以后可根据业务需要开具经核定票种的发票，并在每月 1 日至 15 日内进行抄报税处理，并打印发票资料。增值税发票税控开票软件的操作基本流程如图 2－1－1 所示。

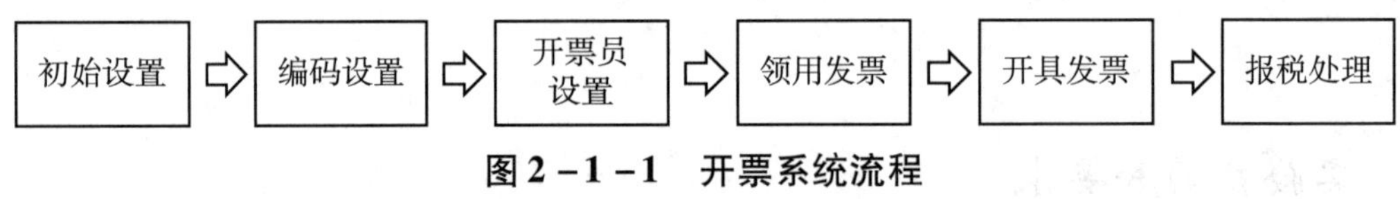

图 2－1－1　开票系统流程

8. 开票系统内设置管理员及开票员两种角色，管理员的角色拥有系统内最高权限，且只有一名；而开票员用户角色权限较低，可设置多名；企业还可根据业务需求设置复核人等用户角色。

9. 系统中可增加角色、用户和对其进行修改、删除，也可为不同的角色设定菜单权限，一个角色可赋予一个或多个用户。

三、实验内容与资料

1. 系统账户。

初始用户名：管理员

初始密码：123456

证书口令：12345678

2. 系统初始化。

主管姓名：李媛

用户密码：123456

营业地址：北京市海淀区学院路 10 号

联系电话：13810857006

开户银行名称：中国工商银行海淀支行

银行账号：6206331209271882l3

上传服务器地址：本校访问的服务器地址

3. 系统维护。

新增系统用户信息如表 2－1－1 所示。

表 2－1－1　　系统用户信息

操作员代码	操作员姓名	角色	密码	权限
0002	王阳	开票员	123456	系统设置、发票管理、报税处理
0011	赵鑫	复核员	123456	系统管理、报税处理

四、实验步骤

1. 系统安装及初始化。

【第一步】双击“税控开票软件 KPXT”安装程序，按照提示完成软件安装工作。

【第二步】打开快捷图标“防伪开票子系统”，进入“增值税发票税控开票软件（教学版）”系统启动界面，输入初始密码及口令，点击“登录”按钮，如图 2－1－2 所示。

【第三步】在初始化设置界面，输入“主管姓名”和“用户密码”，点击“下一步”，如图 2－1－3 所示。

【第四步】在基本信息设置中录入“营业地址”“电话号码”“银行账号”信息后，点击“确定”，如图 2－1－4 所示。

【第五步】在“凭证接口”设置界面，因无须连接凭证接口，按系统默认设置，点击“确定”进入“上传设置”界面，根据本校访问的服务器地址输入“安全接入服务器地址”，完成初始设置，如图 2－1－5 所示。

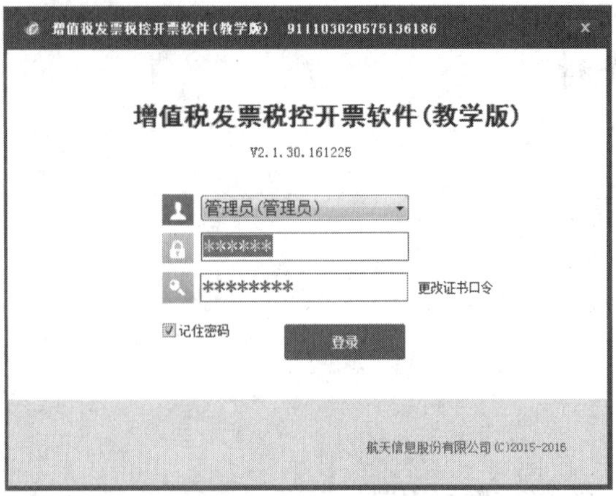

图 2－1－2　系统登录页面

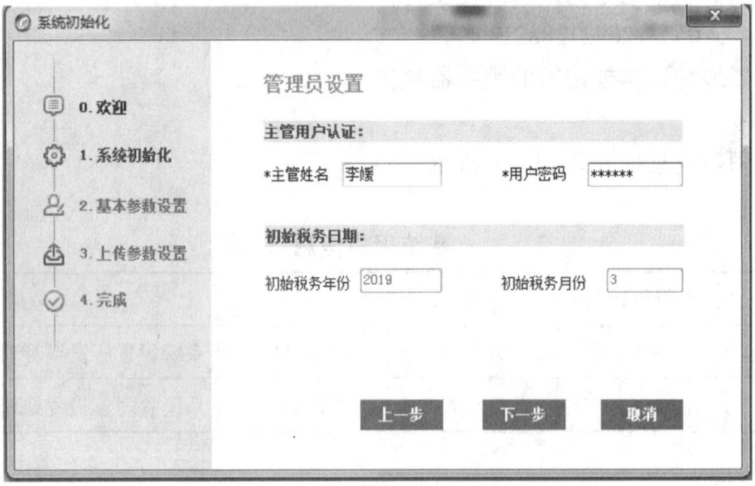

图 2－1－3　管理员设置页面

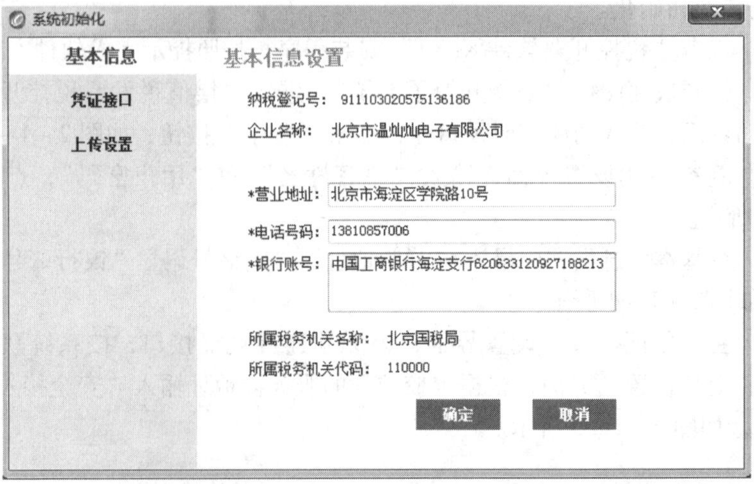

图 2－1－4　基本信息设置页面

系统初始化

基本信息

凭证接口

上传设置

上传参数设置

输入本校访问服务器地址

安全接入服务器地址: http://120.76.190.130:8081 测试

发票上传方式

√ 单张上传（每一张发票即可上传）

每隔 分钟后上传

未上传张数达 张后上传

上传数据包大小: 10张/包

确定 取消

图 2－1－5　上传参数设置页面

2. 系统维护。

【第一步】在“系统维护”中点击“角色权限管理”进行角色设置，点击“新增”按钮，根据实验资料勾选“角色权限”，输入“角色名称”，点击“保存”，如图 2－1－6 所示。

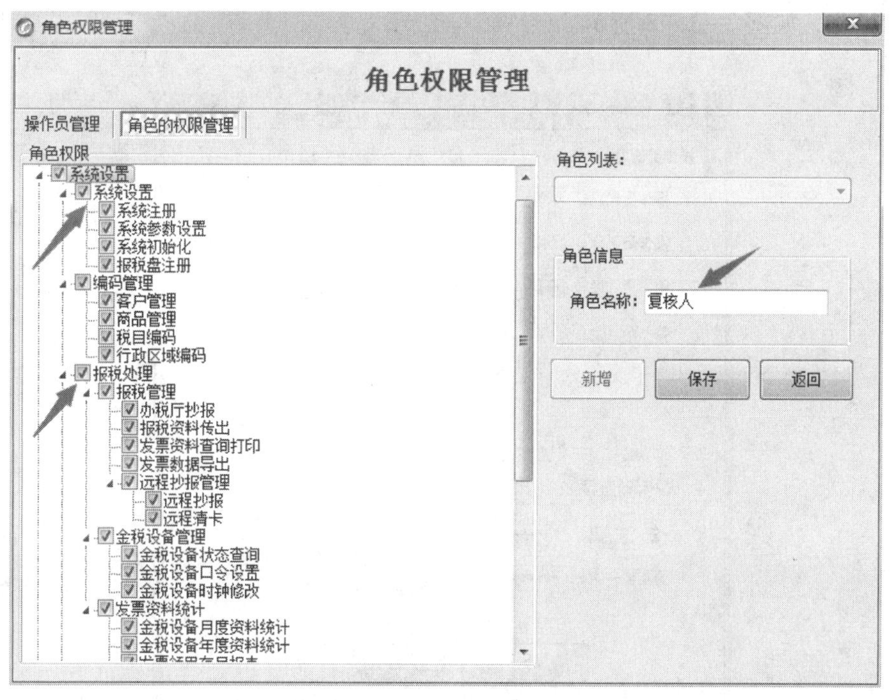

图 2－1－6　新增角色

【第二步】在“系统维护”中点击“操作员管理”进行操作员设置，单击“新增”按钮，如图 2－1－7 所示。

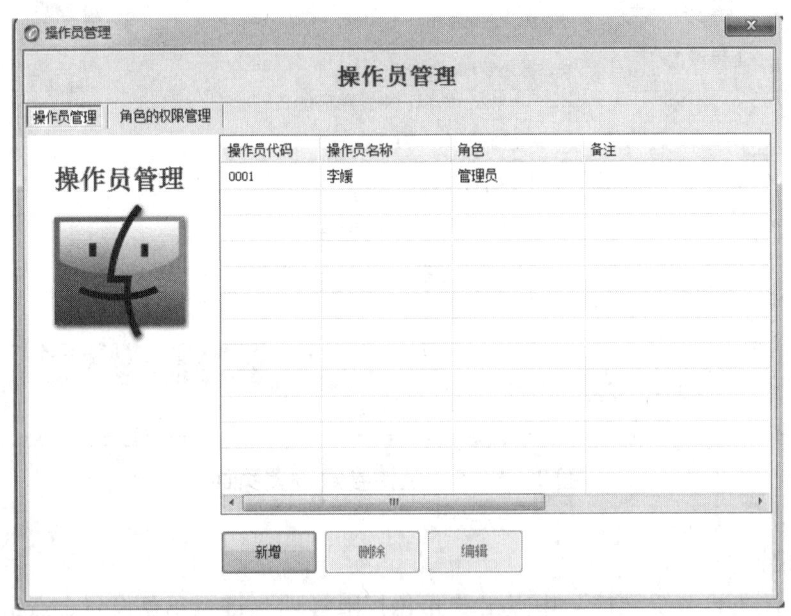

图 2－1－7　操作员管理页面

【第三步】根据实验内容，输入“操作员名称”“角色”“密码”等信息，单击“确定”完成新增操作，如图 2－1－8 所示。

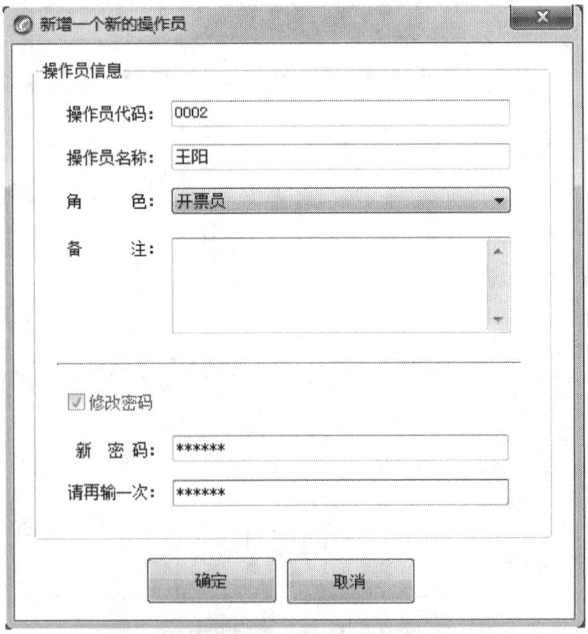

图 2－1－8　新增开票员操作页面

【第四步】填写完毕后，新增的用户会全部显示在“操作员管理”页面中，如图 2－1－9 所示。

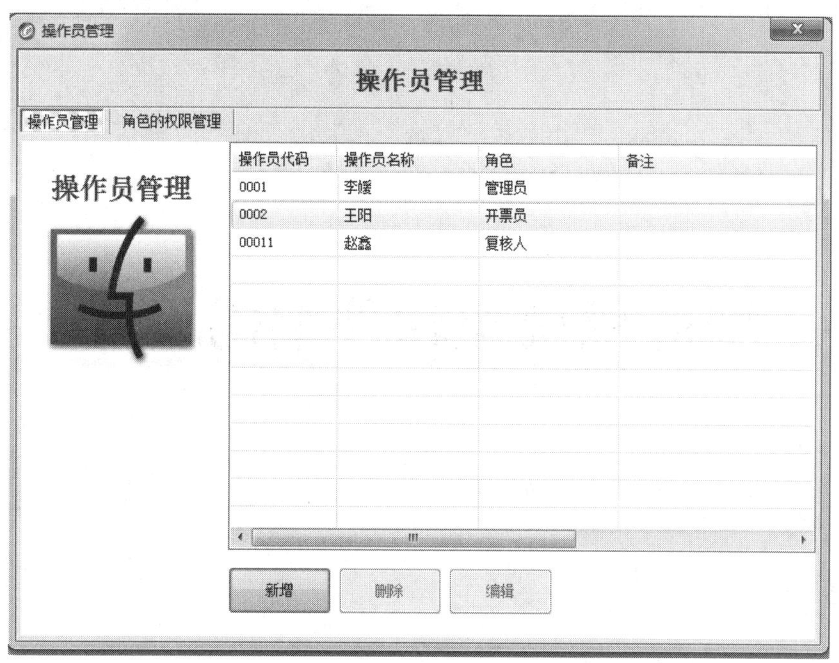

图 2－1－9　操作员管理设置完成页面

五、实验总结和实验报告

通过本次实验，我们知道了如何进行系统安装及初始化，如何登录税控开票软件，如何进行税控系统维护等操作，理解了设置管理员及开票员两种角色的意义。应该总结回顾本次实验的过程，检查实验的结果，写出实验报告（或者填制实验报告表）。

实验二

增值税税控软件编码设置

一、实验目的和要求

（一）实验目的

通过本实验使学生掌握增值税税控开票软件按编码簇设置编码的方法，掌握区分行业商品分类、税率等具体操作。

（二）实验要求

1. 根据实验内容与资料正确设置编码簇；
2. 根据商品选择正确的税收分类编码、税率等。

二、实验知识准备

1. 用户开具发票前，应进行“客户编码”“商品编码”“税目编码”“行政区域编码”“商品和服务税收分类编码”的设置和维护。

2. 客户编码：用来录入与企业发生业务关系，需要对其开具发票的客户信息，填开发票时，“购方信息”可从客户编码库中选取，已录入的客户编码可对其进行更改或删除。

3. 商品编码：用来录入本企业所销售的商品信息，填开发票时，“商品信息”可从商品编码库中选取，已录入的商品编码可对其进行更改或删除。

4. 商品和服务税收分类编码：用于和商品编码进行关联，实现税务机关等有关方面的统计、核算和管理要求，由国家税务总局统一编制和维护，企业不能自行进行编辑修改。

5. 建立编码库，不仅可以方便管理客户和商品信息，还可在开票时提高工作效率，避免录入错误。

6. 自2018年1月1日起，纳税人通过增值税税控软件开具增值税发票（包括增值税专用发票、增值税普通发票、增值税电子普通发票）时，商品和服务税收分类编码对应的简称会自动显示并打印在发票票面“货物或应税劳务、服务名称”或“项目”栏次中。

三、实验资料与内容

1. 客户编码——本地客户。

名称：北京市德泰环保科技有限公司

统一社会信用代码：9111030568316025XR

地址电话：北京市七星区五磨大道国家高新区大学科技园22房　13601013690

开户行及账号：民生银行七星支行5632546866577

名称：瑶城电器集团荣洲工程设备有限公司

统一社会信用代码：911102057087475602

地址电话：北京市海淀区学院路21号　13307366906

开户行及账号：建设银行海淀支行96553421685764

2. 客户编码——外地客户。

名称：广西南宁市沃刚贸易有限公司

统一社会信用代码：914501015768149853

地址电话：南宁市江南区洪胜路5号　0771－4686556

开户行及账号：工商银行江南支行62235886354268

名称：长沙市湖山科技有限公司

统一社会信用代码：912303025859588891

地址电话：长沙市秀峰区伏合巷11号14栋　15678395660

开户行及账号：农业银行秀峰支行56355526874566

3. 商品编码——货物。

打印机：1 680元/台，适用税率，含税标志否，税收分类编码109051103

复印机：2 650元/台，适用税率，含税标志否，税收分类编码109062503

扫描仪：1 280元/台，适用税率，含税标志否，税收分类编码109051102

键盘：80元/套，适用税率，含税标志否，税收分类编码109051299

4. 商品编码——服务。

检测服务：150元/次，适用税率，含税标志否，税收分类编码3040203

远程服务：50元/次，适用税率，含税标志否，税收分类编码3040205

培训服务：200元/次，适用税率，含税标志否，税收分类编码307020102

四、实验步骤

1. 用户编码。

【第一步】进入开票系统的“系统设置”模块，单击“客户编码”，进入“编码簇管理”界面，点击“增加”按钮新增一级编码，如图2－2－1、图2－2－2所示。

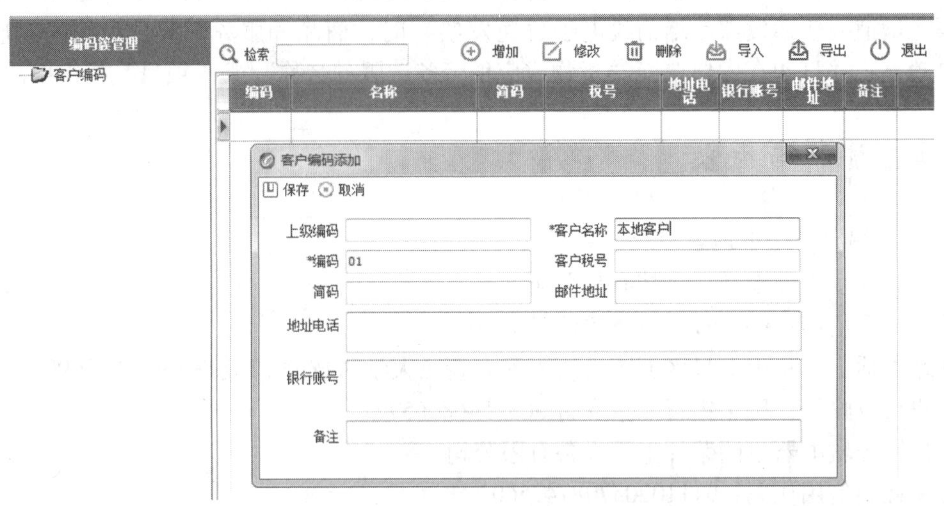

图2－2－1　新增客户分类1（一级编码）操作页面

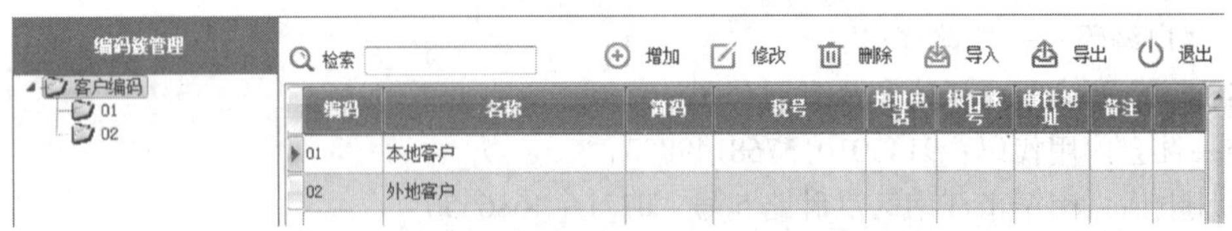

图2－2－2　新增客户分类2（一级编码）操作页面

【第二步】在新增一级编码下，继续点击“新增”按钮输入客户明细信息，输入完成后点击左上角“保存”按钮，完成新增二级编码如图2－2－3所示。

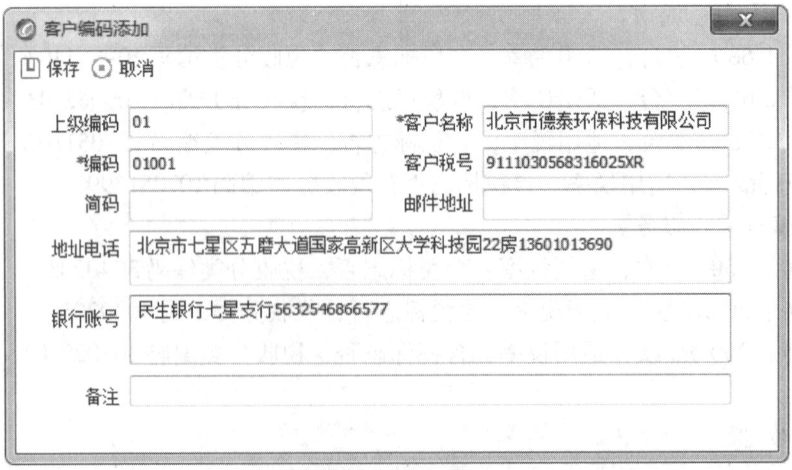

客户编码添加

保存　取消

上级编码　01　　*客户名称　北京市德泰环保科技有限公司

*编码　01001　　客户税号　9111030568316025XR

简码　　邮件地址

地址电话　北京市七星区五磨大道国家高新区大学科技园22房13601013690

银行账号　民生银行七星支行5632546866577

备注

图2－2－3　新增客户明细（二级编码）操作页面

说明：

(1) 上级编码：即一级编码，用来区分各个不同区域的客户，编码长度决定可分类的最大数值。

(2) 客户名称：即客户单位名称，此项数据不能为空，最大长度为50个汉字。

(3) 编码：二级编码，也成为一级编码的下级编码，采用变长分级编码方案，最大长度为16个字符。

(4) 客户税号：即客户的统一社会信用代码，可以为6~20位数字或字母，也可以为空。

(5) 地址电话：填写的是客户的注册地址及联系电话。

(6) 银行账号：填写的客户对公的开户行及账号信息。

【第三步】将所有客户编码添加完成后，所有信息将保存在系统数据库中，列表如图2-2-4所示。

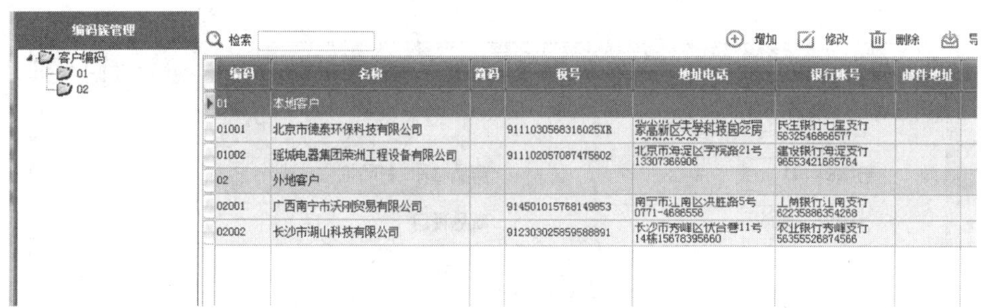

编码	名称	简码	税号	地址电话	银行账号	邮件地址
01	本地客户					
01001	北京市德泰环保科技有限公司		9111030568316025XR	家高新区大学科技园22房	民生银行七星支行 5632546866577	
01002	瑶城电器集团荣洲工程设备有限公司		911102057087475602	北京市海淀区学院路21号 13307366906	建设银行海淀支行 96553421685764	
02	外地客户					
02001	广西南宁市沃刚贸易有限公司		914501015768149853	南宁市江南区洪胜路5号 0771-4686556	上商银行江南支行 62235886354268	
02002	长沙市湖山科技有限公司		912303025859588891	长沙市秀峰区伏台巷11号 14栋15678395660	农业银行秀峰支行 56355526874566	

图2-2-4　客户编码页面

2. 商品编码。

【第一步】进入开票系统的“系统设置”模块，单击“商品编码”，进入“编码簇管理”界面，点击“增加”按钮新增一级编码，如图2-2-5、图2-2-6所示。

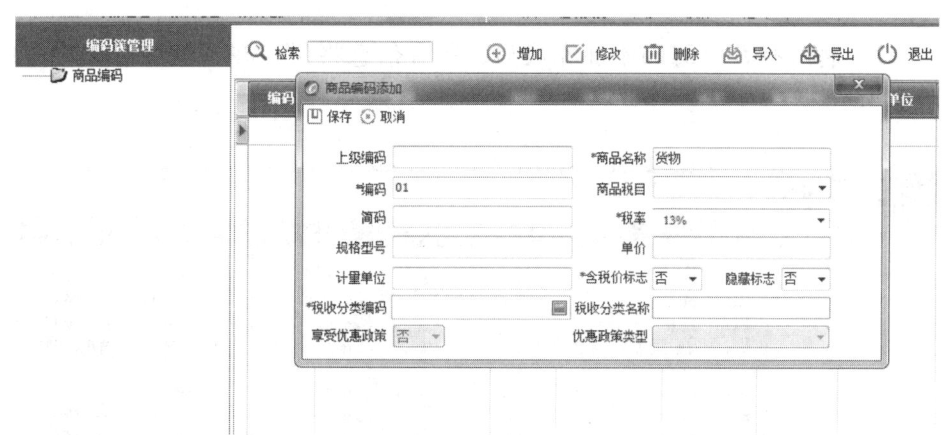

图2-2-5　新增商品分类1（一级编码）操作页面

图2-2-6　新增商品分类2（一级编码）操作页面

【第二步】在一级编码下，点击“增加”按钮，根据商品所属分类，选择对应上级编码进行编辑商品明细信息，即新增二级编码，如图2-2-7所示。

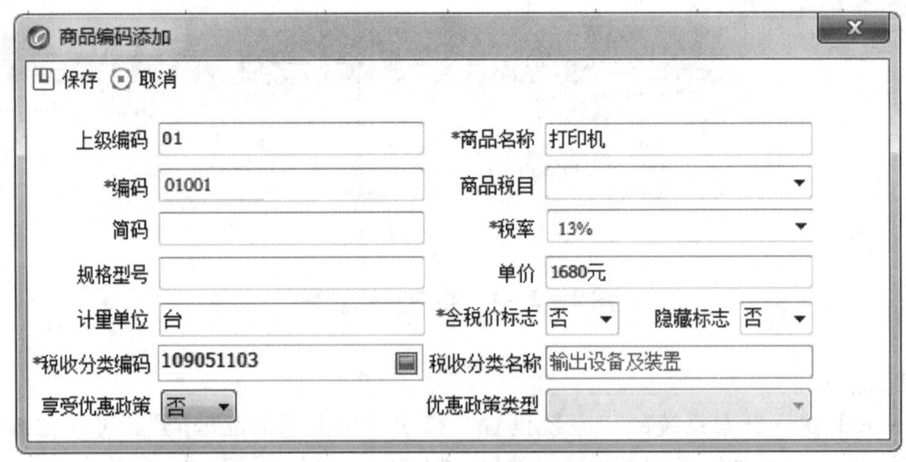

图2-2-7　新增商品明细（二级编码）操作页面

【第三步】将所有客户编码添加完成后，所有信息将保存在系统数据库中，列表如图2-2-8所示。

编码簇管理

商品编码

货物

服务

检索

编码	名称	简码	类型税目	税率	规格型号	计量单位	单价	含税价标志	隐藏标志	税收分类编码	税收分类编码名称
01	货物			0.13			0	否	否		
01001	打印机			0.13		台	1680	否	否	109051103	输出设备及装置
01002	复印机			0.13		台	2650	否	否	109062503	办公印刷设备
01003	扫描仪			0.13		台	1280	否	否	109051102	输入设备及装置
01004	键盘			0.13		套	80	否	否	109051299	其他电子计算机配套产品及耗材
02	服务			0.06			0	否	否		
02001	检测服务			0.06		次	150	否	否	3040203	信息系统服务
02002	远程服务			0.06		次	50	否	否	3040205	信息系统增值服务
02003	培训服务			0.06		次	200	否	否	307020102	非学历教育服务

图2-2-8　商品编码页面

五、实验总结和实验报告

通过本次实验，我们学习了“客户编码”“商品编码”“税目编码”“行政区域编码”“商品和服务税收分类编码”的设置和维护，掌握了税控开票系统按编码簇设置编码的方法，以及区分行业商品分类、税率等知识。应该总结回顾本次实验的过程，检查实验的结果，写出实验报告（或者填制实验报告表）。

实验三

增值税税控发票领用

一、实验目的和要求

（一）实验目的

通过本实验使学生掌握增值税发票领用管理流程，熟练掌握发票领用读入的两种方式，及增值税发票查询等管理功能。

（二）实验要求

1. 根据实验内容和资料熟练操作增值税发票的领用管理。
2. 查询新购发票是否已正确读入，及开具部分发票后，系统剩余的发票库存。

二、实验知识准备

1. 发票领用管理是税控开票软件的核心，用于管理销项发票的领用存信息、开具、打印、查询、冲红、作废等。单击系统主界面工具条上的“发票管理”按钮，打开“发票领用管理”导航界面，如图 2－3－1 所示。

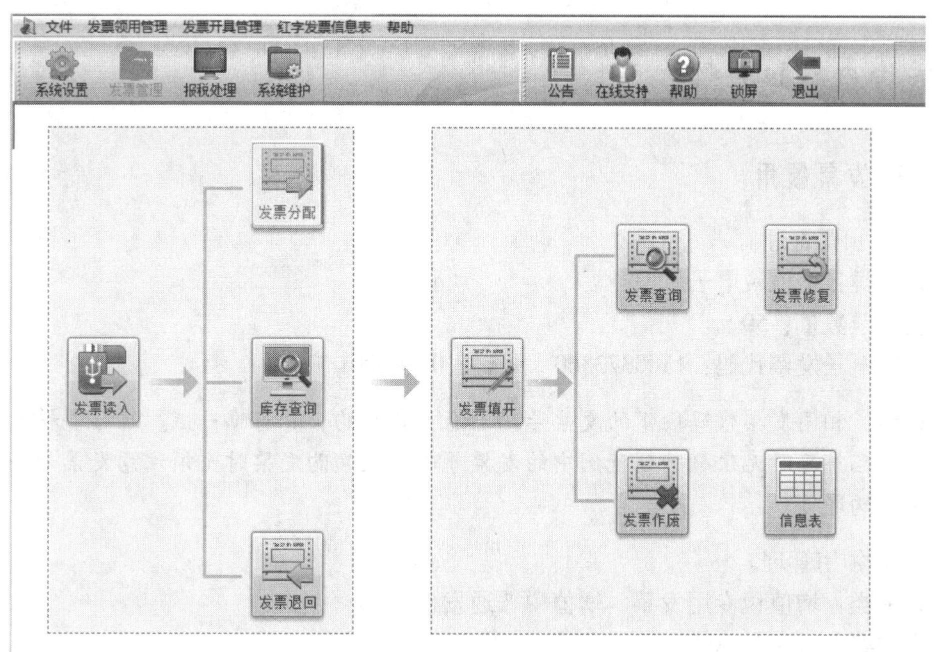

图 2-3-1　发票管理界面

2. 发票领用管理包括“发票库存查询”“网上领票管理”“介质领用管理”三个功能模块，如图 2-3-2 所示。

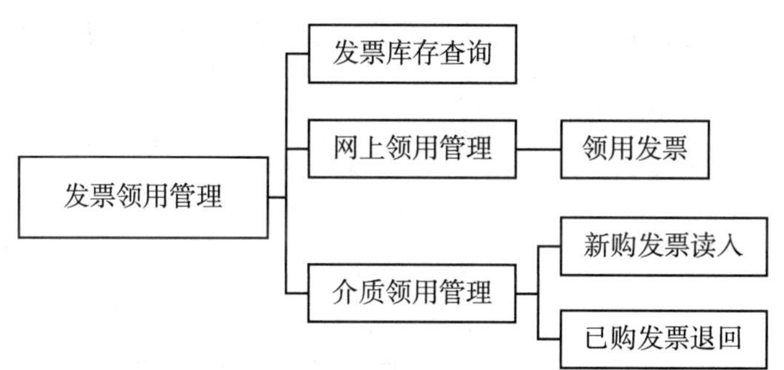

图 2-3-2　发票领用管理功能模块

3. 税局端向企业用户发售发票的方式有两种，一种是介质发售，另一种是网络发售。因此，企业读入发票的方式也有两种，一种是通过网络领用发票，为企业购票时通过网上申领，税局端通过网络发售电子发票号段，企业在开票系统中进行网上领用；另一种是从金税设备中读取发票，即为介质领用。只有将已购发票信息读入开票系统中，才可以开具发票。网上领用管理和介质领用管理均是领用发票的方式。

4. 发票可从金税设备读入税控开票系统，当出现发票号段错误或企业注销时，也可以从税控开票系统退回金税设备，最后退回税务端业务系统。

5. 企业一次可购买多卷发票，但不能超过 5 卷。

三、实验内容和资料

（一）发票领用

1. 网上领票管理。

购票种类：增值税电子发票

本次购票数量：50

增值税电子发票代码：1100373360　号码：00000001

🗎 **说明：**相同发票代码段下的发票号码不能重复领购，具有唯一性。练习资料中的号码为范例，自己练习时无法领购到范例中的发票号码，做领购发票时无须注意发票号码，请按数理要求领购即可。

2. 介质领用管理。

购票种类：增值税专用发票、增值税普通发票

本次购票数量：各 50

增值税专用发票代码：1100171320　号码：00000001

增值税普通发票代码：1100272340　号码：00000001

发票退回：发票退回一般在企业注销时，将系统未使用完的发票退回到税务机关。

（二）发票库存查询

查询新购发票是否已正确读入，及开具部分发票后系统剩余的发票库存。

四、实验步骤

（一）发票领用管理

操作步骤：

【第一步】登录增值税税控开票软件，选择“发票管理”，单击“发票领用管理”，在子菜单中选择“网上领票管理”中的“领用发票”，如图 2－3－3 所示。

【第二步】在“网上领票”对话框中选择要下载的发票类型，单击“发票下载”，将发票读入开票系统中，如图 2－3－4 所示。

【第三步】选择“发票管理”，单击“发票领用管理”，在子菜单中选择“介质领用管理”中的“读入新购发票”，如图 2－3－5 所示。

【第四步】系统提示“您确定要从金税设备读取吗?”，单击“是”按钮，将发票读入开票系统中，如图 2－3－6 所示。

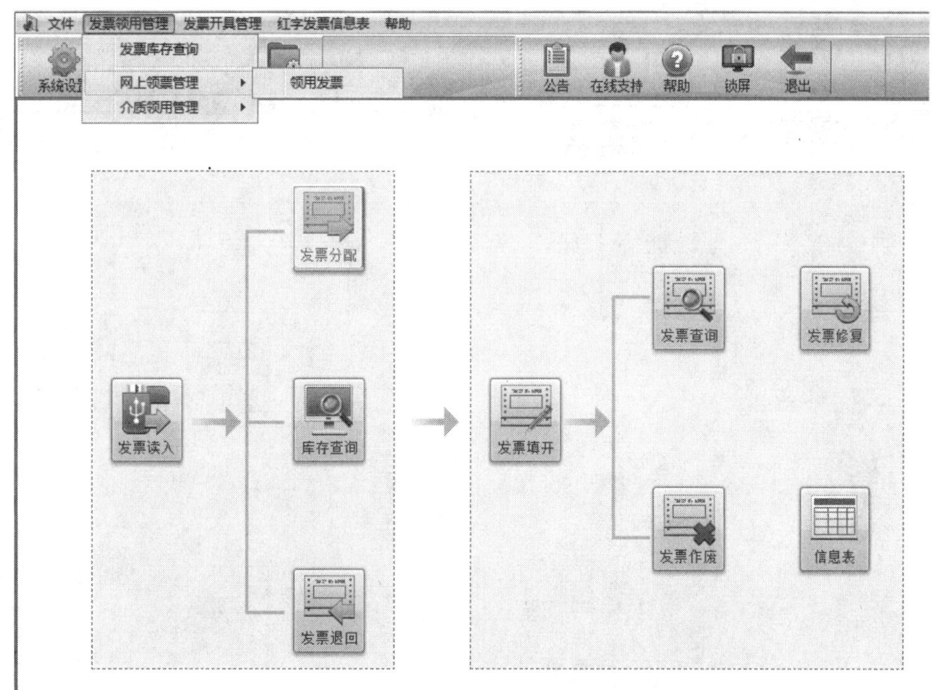

图 2-3-3　网上领票读取界面

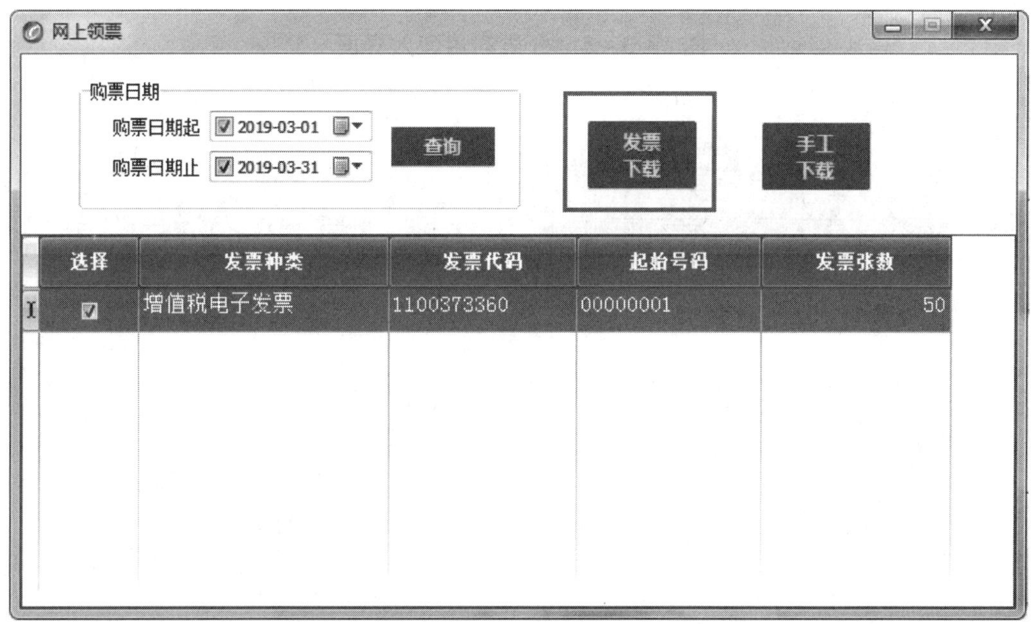

图 2-3-4　发票下载界面

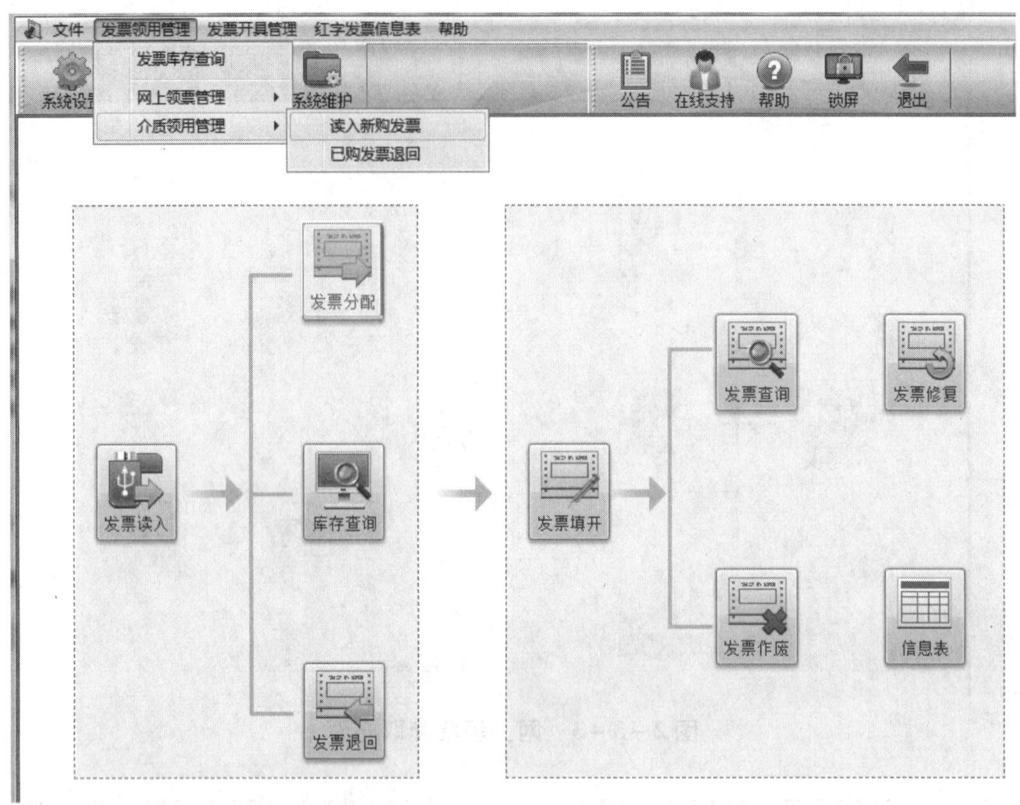

图 2-3-5　介质领用读入界面

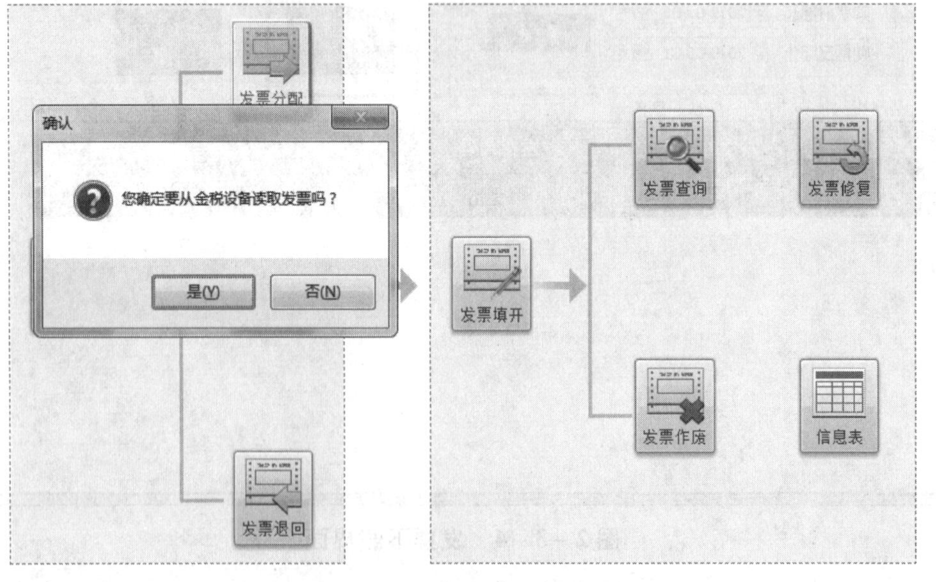

图 2-3-6　发票读入操作界面

若发现购买的发票号码或发票代码有误，需要退回更换时，可点击“介质领用管理”下的“已购发票退回”功能将错误发票卷退回金税盘中，如图 2-3-7 所示。

图 2-3-7 发票退回界面

（二）发票库存查询

操作步骤：

【第一步】选择"发票管理"，单击"发票查询管理"在子菜单中选择"发票库存查询"，如图 2-3-8 所示。

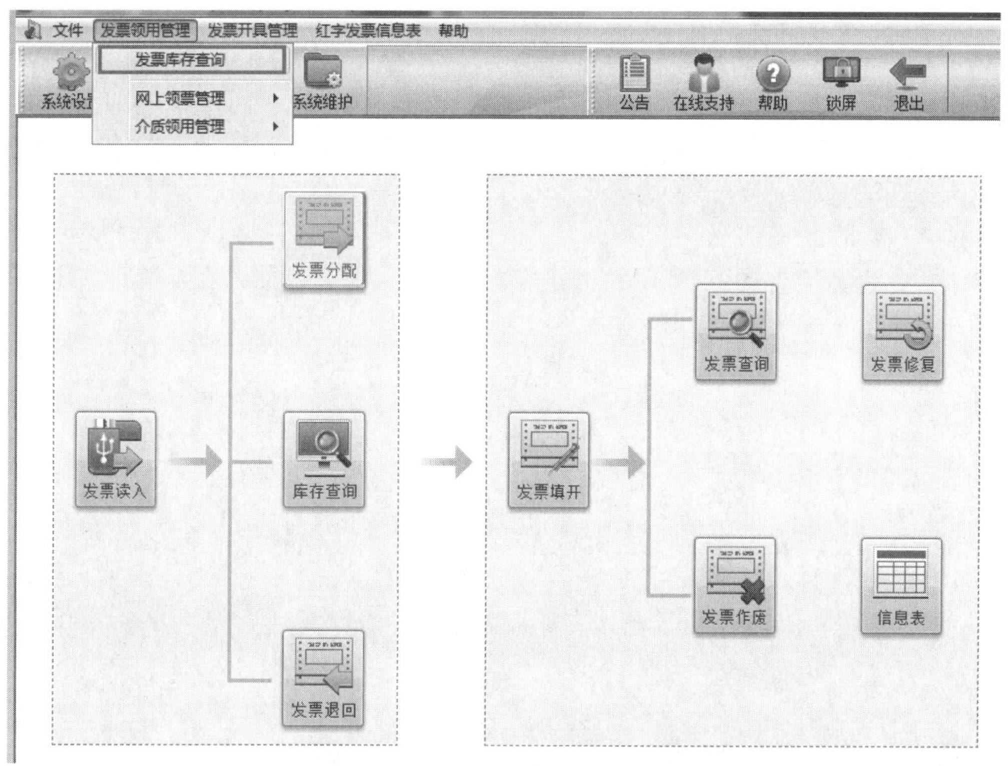

图 2-3-8 发票库存查询界面

【第二步】弹出的窗口中，显示的为当前发票库的发票信息，包含发票种类、开票限额、起始号、发票张数等，如图 2－3－9 所示。

发票种类	开票限额	类别代码	类别名称	起始号码	发票张数	终止号码	领购日期	领购张数
电子发票	9999999.99	1100373360	增值税电子发票	1	50	50	2019-03-11 16	50
普通发票	9999999.99	1100272340	增值税普通发票	1	50	50	2019-03-11 16	50
专用发票	9999999.99	1100171320	增值税专用发票	1	50	50	2019-03-11 16	50

图 2－3－9　发票库存信息界面

五、实验总结和实验报告

通过本次实验，我们掌握了发票领用读入的两种方式，及发票查询等管理功能的操作。应该总结回顾本次实验的过程，检查实验的结果，写出实验报告（或者填制实验报告表）。

实验四

增值税发票开具

一、增值税发票开具

（一）实验目的和要求

通过本实验使学生掌握多种情形的增值税发票开具的内容与方法、未开发票和已开发票的作废处理，能够按照实验内容与资料准确地开具相对应的发票，根据日常业务发生情形对发票做出相应处理。

（二）实验知识准备

1. 发票开具管理包含“发票填开”“已开发票查询”“已开发票作废”“未开发票作废”“发票修复”“抵扣发票下载导出”六个子菜单，如图2－4－1所示。

2. 增值税税控开票系统支持开具增值税专用发票、增值税普通发票和增值税电子普通发票的正数发票、红字发票，并且可以对其进行作废和查询。

3. 税控开票系统需联网使用，确保开具的每一张发票全票面信息实时上传。

4. 税控开票系统可查询本机所有发票的状态，如查询发票的库存、已开、作废等。

5. 一般纳税人企业可向一般纳税人开具增值税专用发票和增值税普通发票、增值税电子普通发票，向小规模纳税人只能开具增值税普通发票、增值税电子普通发票。

6. 增值税专用发票开具必须项目齐全，与实际交易相符；发票打印必须字迹清楚，不得压线、错格；发票联和抵扣联必须加盖发票专用章。

7. 增值税发票开具时，除了正常的正数发票外，按照当前业务需求，若出现销售折让、返利时，可开具带折扣的增值税发票；若出现大批量商品销售时，可开具增值税清单发票。

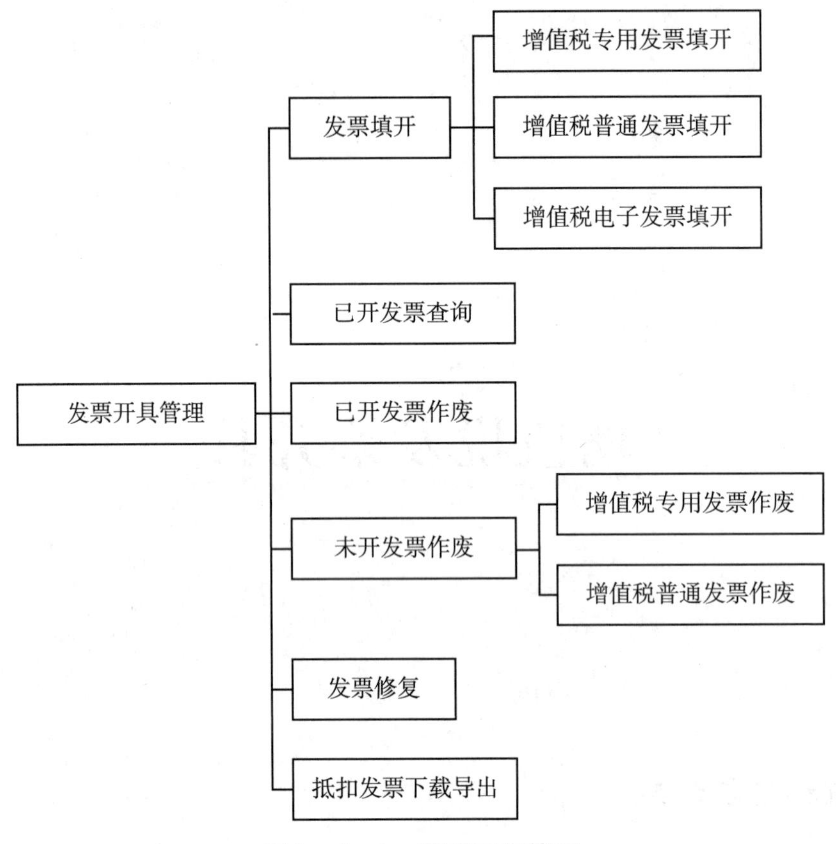

图 2－4－1　发票开具管理

8. 增值税发票作废分为已开发票作废和未开发票作废两种。已开发票作废是指纳税人在开具增值税发票当月，发生销货退回、开票有误等情形，收到退回的发票联、抵扣联符合作废条件（即同时具有下列情形的：①收到退回的发票联、抵扣联时间未超过销售方开票当月；②销售方未对发票进行抄税）的，按作废处理；开具时发现有误的，可即时作废。作废增值税发票须在税控开票系统中将电子版发票做相应的“作废”处理，在纸质专用发票（含未打印的专用发票）各联次上注明“作废”字样，全联次留存。未开发票作废是指所购买的纸质版发票，出现误打印、票面受损、遗失等无法正常使用的情况下，在系统中对其电子发票号做未开发票作废处理，纸质发票各联次上注明“作废”字样。

9. 增值税专用发票、增值税普通发票跨月后发现有误的，无法做作废处理，只能对其进行冲红。

10. 增值税电子普通发票没有作废功能，只能对其进行冲红。

（三）实验内容与资料

1. 填开正数增值税专用发票。

发票代码：1100171320

发票号码：00000001

购方信息：北京市德泰环保科技有限公司 9111030568316025XR

商品名称：打印机
数量：1
单价：1 680 元
备注：下周一送货上门
开票员：李媛
收款人：王阳
复核：赵鑫
2. 填开带折扣的增值税专用发票。
发票代码：1100171320
发票号码：00000002
购方信息：瑶城电器集团荣洲工程设备有限公司 911102057087475602
商品名称：打印机
数量：3
单价：1 680 元
折扣率：20%
开票员：李媛
收款人：王阳
复核：赵鑫
3. 填开带销货清单的增值税专用发票。
发票代码：1100171320
发票号码：00000003
购方信息：广西南宁市沃刚贸易有限公司 914501015768149853
商品信息：打印机 1 680 元/台、复印机 2 650 元/台、扫描仪 1 280 元/台、键盘 80 元/套
数量：各 1
开票员：李媛
收款人：王阳
复核：赵鑫
4. 填开增值税普通发票。
发票代码：1100272340
发票号码：00000001
购方信息：广西南宁市沃刚贸易有限公司 914501015768149853
商品名称：培训服务
数量：1
单价：200 元
开票员：李媛
收款人：王阳
复核：赵鑫
5. 填开电子增值税普通发票。
发票代码：1100373360

发票号码：00000001

购方信息：长沙市湖山科技有限公司 912303025859588891

商品信息：复印机

数量：2

单价：2 650 元

开票员：李媛

收款人：王阳

复核：赵鑫

6. 已开发票作废。

作废发票代码：1100171320，发票号码：00000002 的增值税专用发票一张。

7. 未开发票作废。

作废发票代码：1100272340，发票号码 00000004、00000005 的两张发票。

8. 已开发票查询。

查询本月税控开票系统中不属于发票库存所有种类发票的状态。

（四）实验步骤

1. 填开正数增值税专用发票。

操作步骤：

【第一步】单击“发票开具管理”，在下拉菜单中选择“发票填开”，并在子菜单中选择“增值税专用发票填开”，或单击导航图上“发票填开”按钮，并选择“增值税专用发票填开”，如图 2 –4 –2 所示。

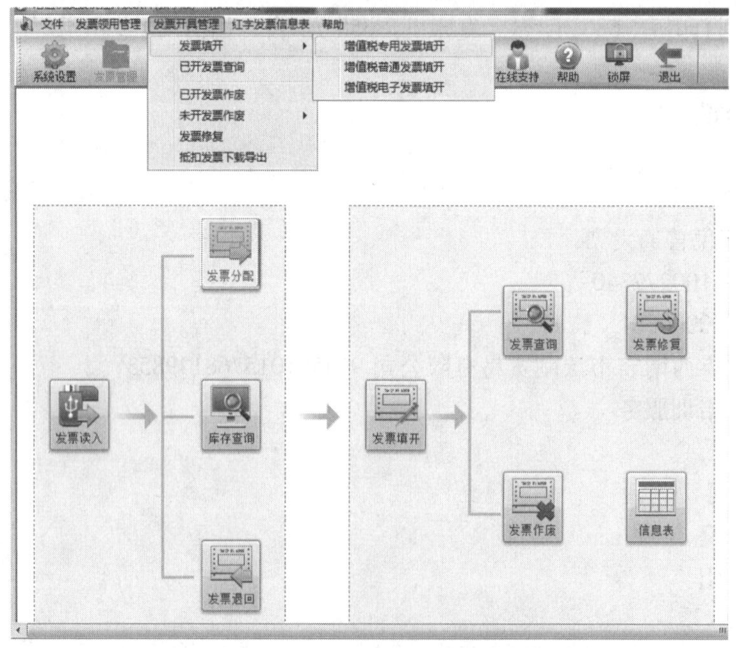

图 2 –4 –2　增值税专用发票开具菜单

【第二步】系统弹出“发票号码确认”窗口，仔细核对提示框中的发票种类、发票代码、发票号码，确认无误后点击“确定”按钮，如图2-4-3所示。

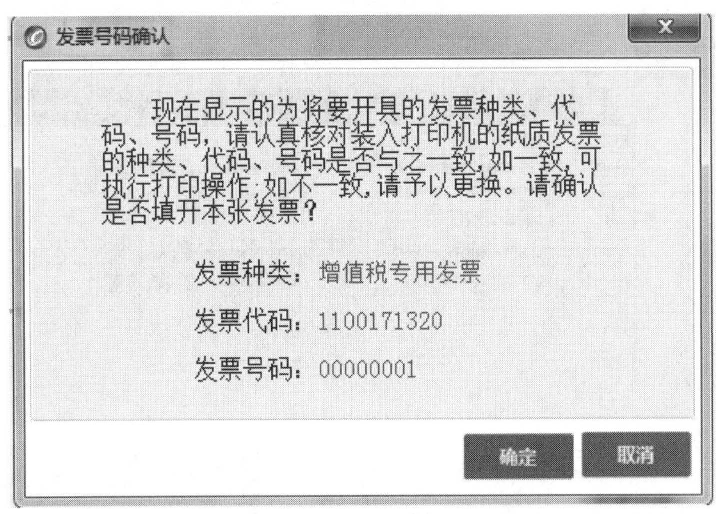

图2-4-3　发票号码确认窗口

【第三步】系统弹出“增值税专用发票填开”窗口，该窗口的格式与实际票面格式基本相同，由购方信息区、密文区、商品信息区、销方信息区、备注区组成，如图2-4-4所示。

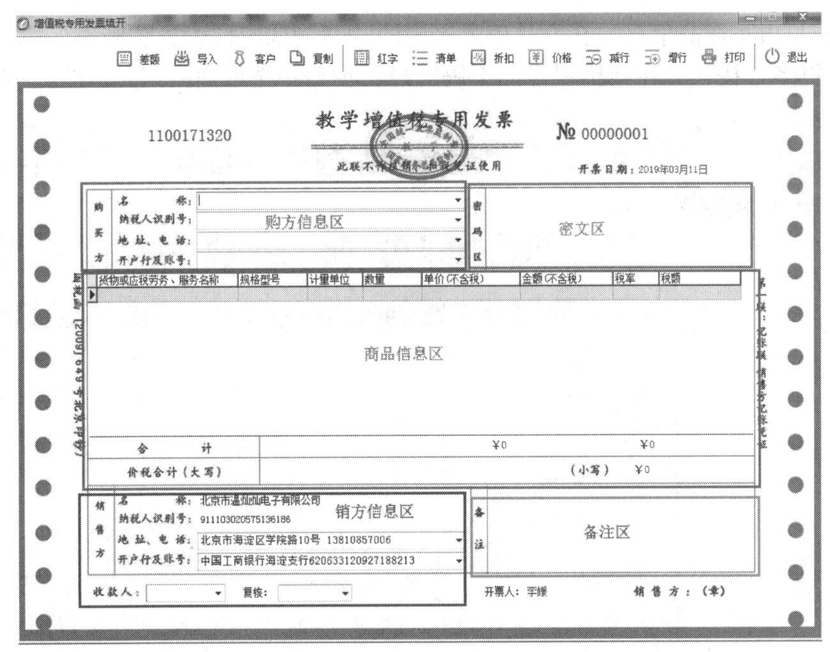

图2-4-4　增值税专用发票填开界面

【第四步】根据实验资料提供的内容，在购方信息区中“名称”的右侧点击“▼”按钮，在弹出“客户编码设置”窗口中选取客户明细信息，如图 2-4-5 所示。

客户编码设置

编码簇管理

客户编码
01
02

检索

编码	名称	简码	税号	地址电话	银行账号	邮件地址	备注
01	本地客户						
01001	北京市德泰环保科技有限公司		9111030568316025X	[illegible]	[illegible]		
01002	珠城电器集团荣洲工程设备有限公司		91110205708747560	[illegible]	[illegible]		
02	外地客户						
02001	广西南宁市沃刚贸易有限公司		91450101576814985	[illegible]	[illegible]		
02002	长沙市湖山科技有限公司		91230302585958889	[illegible]	[illegible]		

每页 15 条　　第 1 /页　　共 1 页

图 2-4-5　客户信息选择界面

🗎 **说明**：*可在开票界面手工输入购方的开票资料信息，也可从客户编码中选取。*

【第五步】填写商品信息，在商品信息区中的“货物或应税劳务、服务名称”编辑框的右侧单击“更多”按钮，在弹出“商品编码选择”窗口中选取商品信息，图 2-4-6 所示。

商品编码设置

编码簇管理

商品编码
货物
服务

检索

编码	名称	简码	类型税目	规格型号	计量单位	单价	含
01	货物					0	否
01001	打印机				台	1680	否
01002	复印机				台	2650	否
01003	扫描仪				台	1280	否
01004	键盘				套	80	否
02	服务					0	否
02001	检测服务				次	150	否
02002	远程服务				次	50	否
02003	培训服务				次	200	否

每页 15 条　　第 1 /页　　共 1 页

图 2-4-6　商品信息选择界面

【第六步】按要求填写商品行中的“数量”“金额”等，并填写收款人及复核人，及备注信息，最后检查票面所有信息是否正确，核对无误后点击“打印”按钮，即可打印和保存本张发票，如图 2 -4 -7 所示。

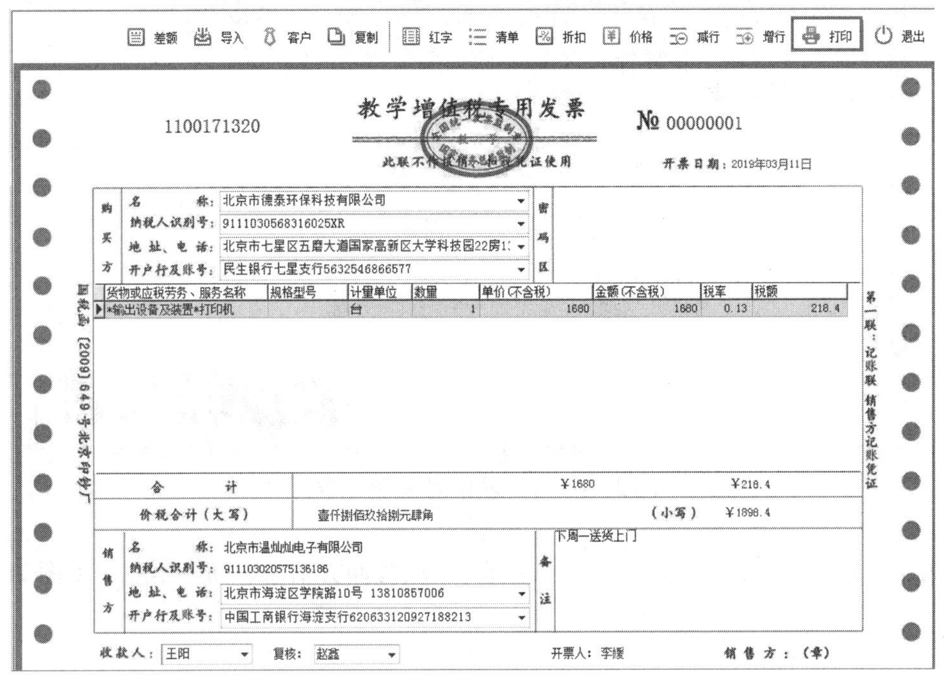

图 2 -4 -7 发票信息填写完毕界面

🗎 **说明：**

（1）商品信息区，用于填写所销售的商品详细信息，以及清单信息、折扣信息等。商品信息可在商品编码库中预先设置，选择后可直接在发票填开界面中显示，若发生商品信息改动时，除商品名称、税额外，均可在商品栏中进行修改。商品信息最多能填写 8 行，超过 8 行商品需使用清单开票。

（2）复核人员与开票人员不能为同一人。

（3）备注栏信息根据实际业务需要填写。

（4）密文区在点击“打印”按钮时，系统将汇总票面各区域信息生成密文，在发票明细查看时呈现。

2. 填开带折扣的增值税专用发票。

操作步骤：

【第一步】单击“发票开具管理”，在下拉菜单中选择“发票填开”，并在子菜单中选择“增值税专用发票填开”，或单击导航图上“发票填开”按钮，并选择“增值税专用发票填开”，在“发票号码确认”界面确认发票种类、发票代码及发票号码，如图 2 -4 -8 所示。

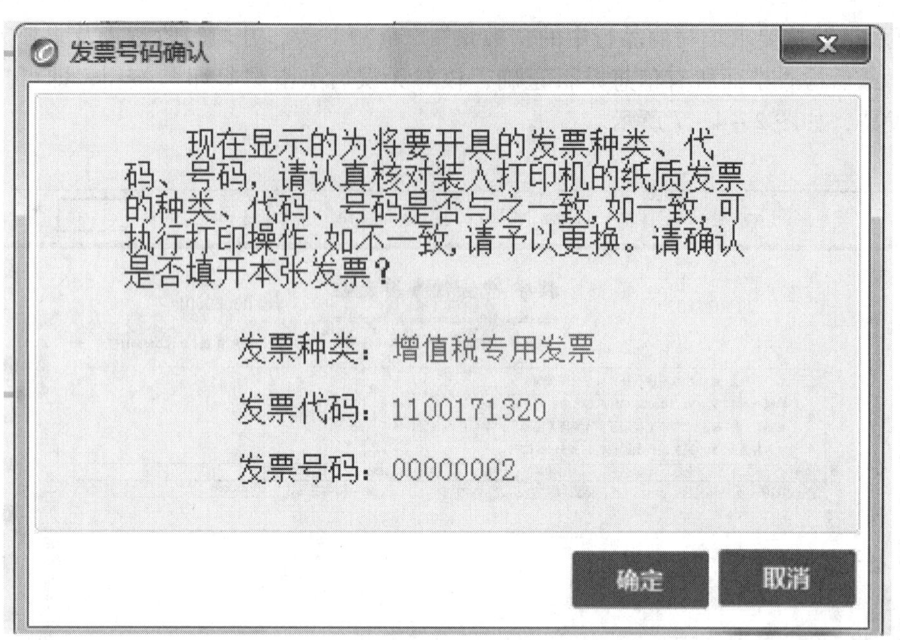

图 2-4-8　发票号码确认界面

【第二步】根据实验资料内容和【第一步】，填写购方信息、商品信息，如图 2-4-9 所示。

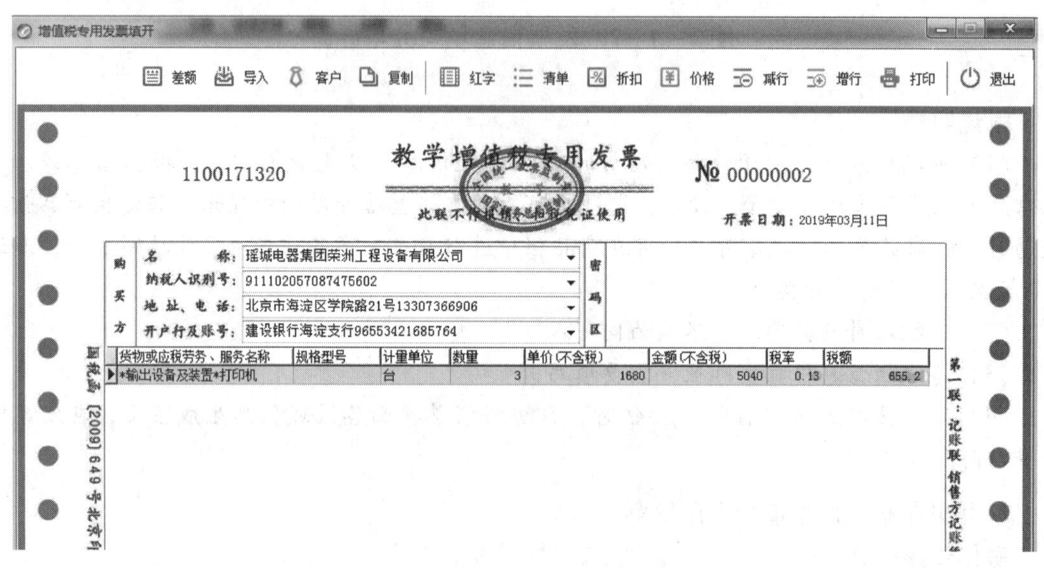

图 2-4-9　开具正数发票界面

【第三步】在“增值税专用发票填开”界面中，点击“折扣”按钮，弹出“添加折扣行”窗口，在“折扣率”行输入实验资料中的折扣率，如图 2-4-10 所示。

图 2－4－10　添加折扣行信息界面

【第四步】输入折扣信息后单击“确定”按钮，票面上显示折扣行信息，折扣行显示在折扣商品行的下一行，折扣金额、税额为负数，且商品行与其折扣行之间不允许插入其他记录，如图 2－4－11 所示。

图 2－4－11　带折扣增值税专用发票界面

说明：当某一行商品添加折扣后，商品行信息即不允许修改，若需修改，应先将折扣行删除，待修改完毕后重新添加折扣，折扣行与商品行之和不可超过发票商品行的上限。

3. 填开带销货清单的增值税专用发票。

操作步骤：

【第一步】单击“发票开具管理”，在下拉菜单中选择“发票填开”，或单击导航图上“发票填开”按钮，选择“增值税专用发票填开”，确认发票种类、发票代码及发票号码，如图 2－4－12 所示。

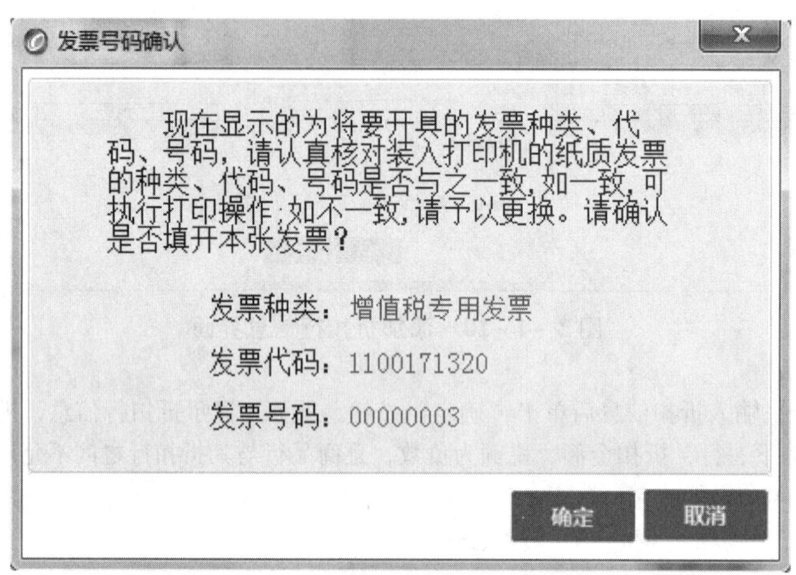

图 2－4－13　发票号码确认界面

【第二步】进入发票填开界面后，选择购方信息后，单击工具栏中的“清单”按钮，如图 2－4－13 所示。

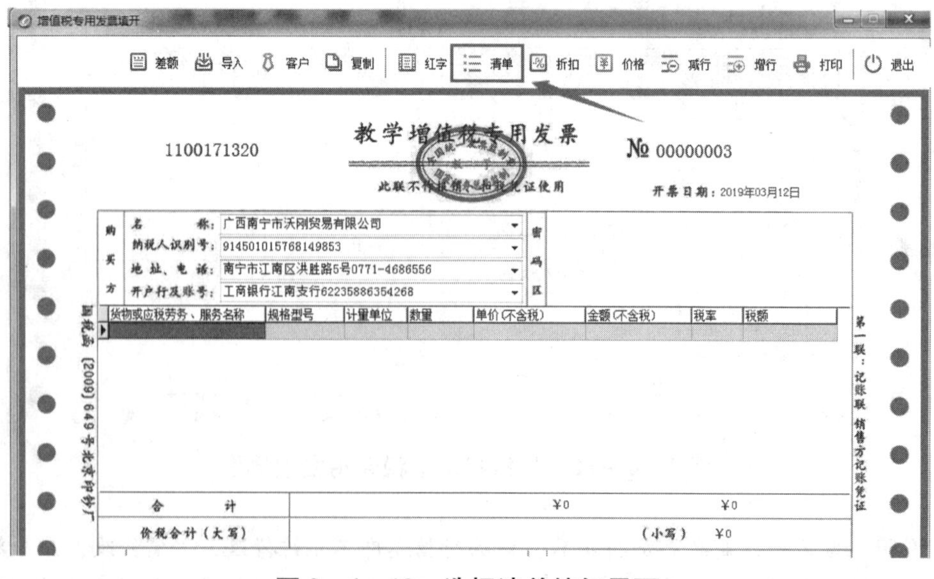

图 2－4－13　选择清单按钮界面

【第三步】按照实验资料提供内容，在弹出的“清单填开”窗口添加商品，添加商品方法与填开正数发票填开一致，商品添加完毕后，点击工具栏中的“完成”按钮，返回发票填开界面，如图 2 -4 -14 所示。

清单填开

转发票 折扣 价格 增行 减行 打印 完成

发票代码： 1100171320　　发票号码： 00000003

货物或应税劳务、服务名称	规格型号	计量单位	数量	单价(不含税)	金额(不含税)	税率	税额
*输出设备及装置*打印机		台	1	1680	1680	0.13	218.4
*办公印刷设备*复印机		台	1	2650	2650	0.13	344.5
*输入设备及装置*扫描仪		台	1	1280	1280	0.13	166.4
*其他电子计算机配套产品及耗材*il		套	1	80	80	0.13	10.4

图 2 -4 -14　销货清单填开界面

说明：清单填写界面，若有商品需要添加折扣，也可选中该商品后点击“折扣”按钮进行添加折扣行操作。

【第四步】返回发票填开界面后，在商品信息区的商品栏中出现“（详见销货清单）”行，且只有一行记录，显示清单所有的商品合计金额和税额，栏目中所有信息不允许修改，且此界面上无法再增加其他商品行信息，如图 2 -4 -15 所示。

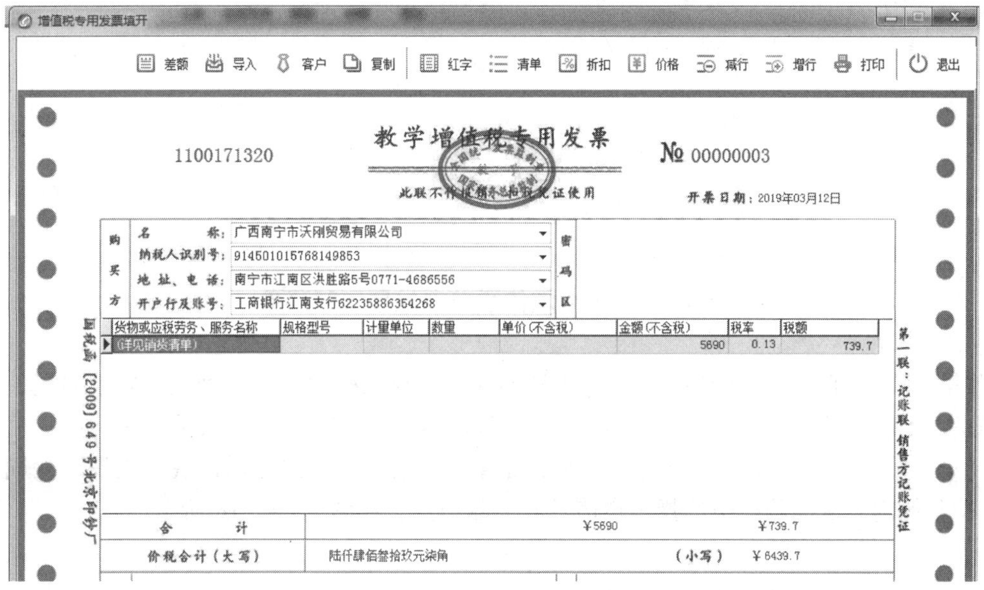

增值税专用发票填开

差额 导入 客户 复制 红字 清单 折扣 价格 减行 增行 打印 退出

1100171320　　教学增值税专用发票　　№ 00000003

此联不作报销、扣税凭证使用　　开票日期：2019年03月12日

购买方　名　　称：广西南宁市沃刚贸易有限公司
纳税人识别号：914501015768149853
地 址、电 话：南宁市江南区洪胜路5号0771-4686556
开户行及账号：工商银行江南支行62235886354268

货物或应税劳务、服务名称	规格型号	计量单位	数量	单价(不含税)	金额(不含税)	税率	税额
(详见销货清单)					5690	0.13	739.7
合　　计					¥5690		¥739.7

价税合计（大写）　陆仟肆佰叁拾玖元柒角　　（小写）¥6439.7

第一联：记账联　销售方记账凭证

国税函〔2009〕649号北京印钞厂

图 2 -4 -15　清单发票界面

【第五步】核对信息无误后，单击“打印”按钮进行发票打印和保存，打印时，仅能打印发票，销货清单需在发票查询中打印。

4. 填开增值税普通发票。

操作步骤：

【第一步】单击“发票开具管理”，在下拉菜单中选择“发票填开”，并在子菜单中选择“增值税普通发票填开”，或单击导航图上“发票填开”按钮，选择“增值税普通发票填开”，如图2－4－16所示。

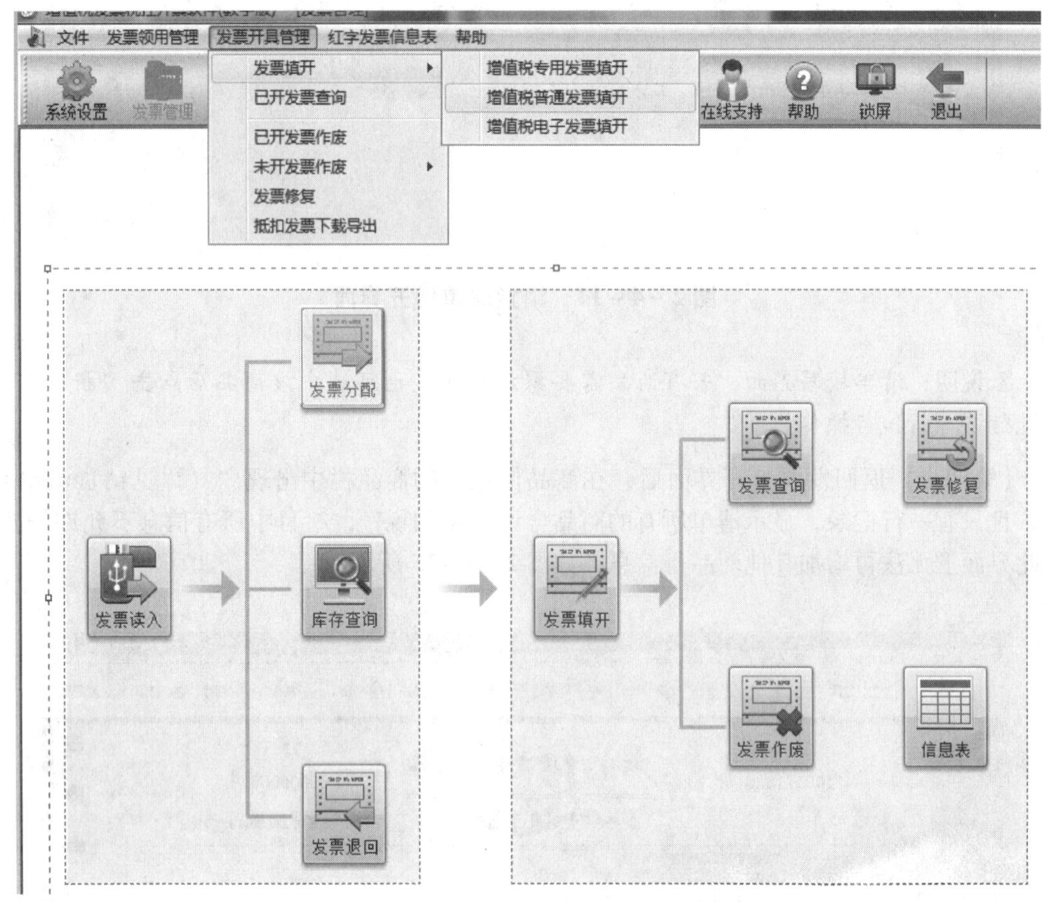

图2－4－16　增值税普通发票填开菜单

【第二步】仔细核对系统弹出“发票号码确认”对话框中的发票种类、发票号码、发票代码是否正确，核对无误后点击“确定”按钮进入到发票填开界面，如图2－4－17所示。

【第三步】进入发票填开界面后，增值税普通发票填开方法和增值税专用发票相同，根据实验资料内容从编码库中选择客户信息和商品信息，如图2－4－18所示。

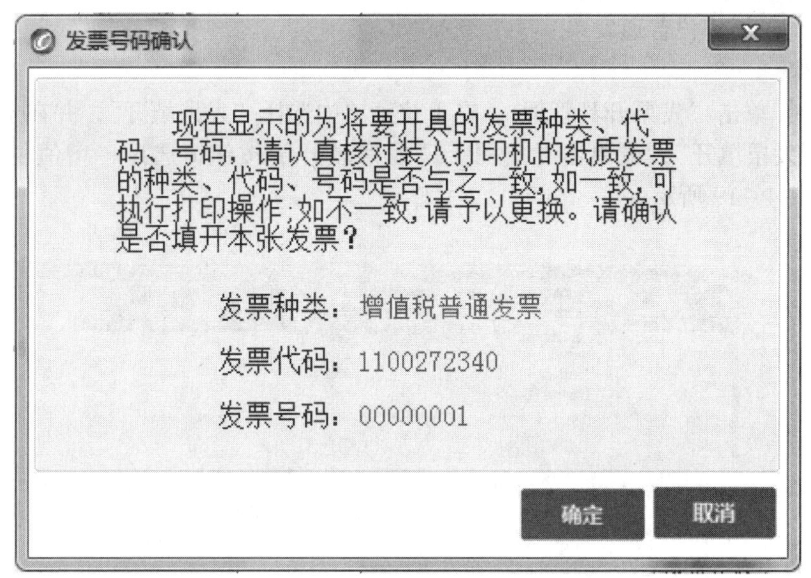

图 2-4-17　发票号码确认界面

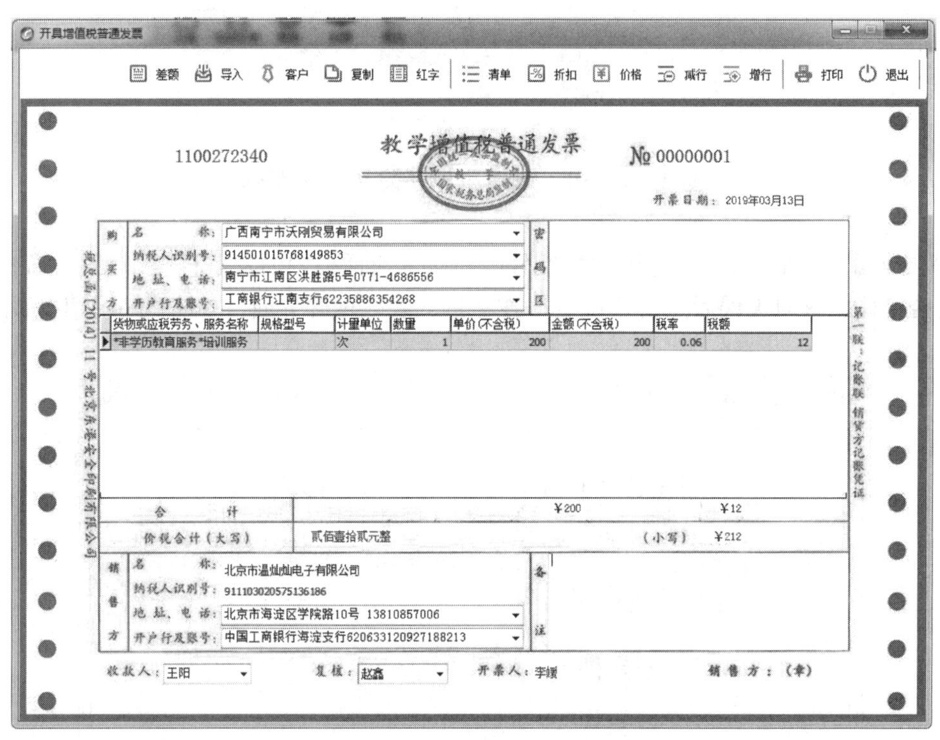

图 2-4-18　增值税普通发票界面

【第四步】检查票面信息无误后，点击“打印”按钮，对本张发票进行打印和保存。

说明：增值税普通发票也可以填开折扣发票和带销货清单的发票，操作方法与增值税专用发票相同。

5. 填开电子增值税普通发票。

操作步骤：

【第一步】单击“发票开具管理”，在下拉菜单中选择“发票填开”，并在子菜单中选择“增值税电子发票填开”，或单击导航图上“发票填开”按钮，选择“增值税电子发票填开”，如图 2－4－19 所示。

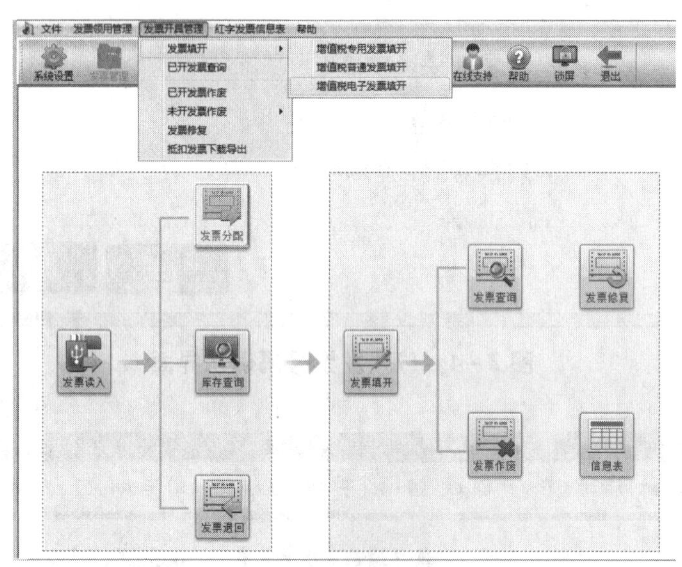

图 2－4－19　增值税电子发票填开菜单

【第二步】仔细核对系统弹出“发票号码确认”对话框中的发票种类、发票号码、发票代码是否正确，核对无误后点击“确定”按钮进入发票填开界面，如图 2－4－20 所示。

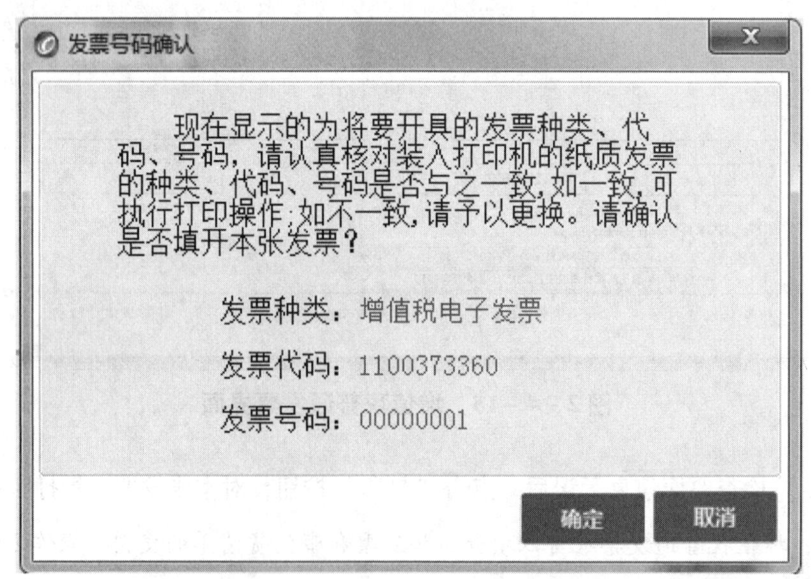

图 2－4－20　发票号码确认界面

【第三步】进入发票填开界面后，增值税电子发票的填开方法与增值税专用发票相同，根据实验资料内容从编码库中选择客户信息和商品信息，如图 2－4－21 所示。

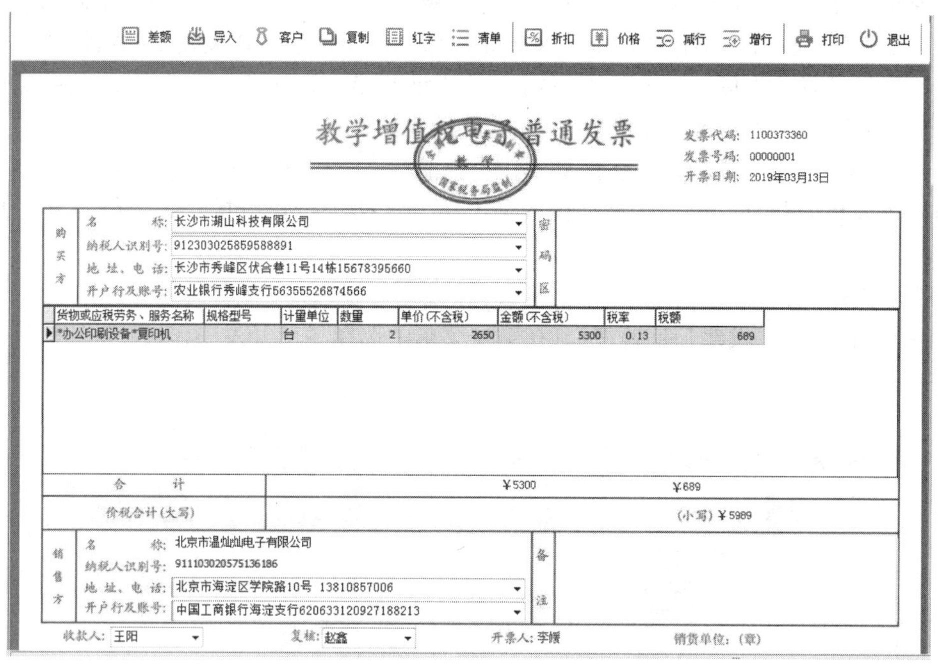

图 2－4－21　增值税电子发票界面

【第四步】单击“打印”按钮，系统提示开票成功，且将所开发票信息记入金税盘与开票软件数据库，如图 2－4－22 所示。

图 2－4－22　开票成功界面

说明：

（1）增值税电子发票商品行最多可为 100 行，不支持开具销售货物或者提供应税劳务清单；

（2）增值税电子发票不支持发票作废（含已开发票和未开发票），只能开具负数发票冲红；

6. 已开发票作废。

当企业所开具的发票有误或因商品质量等问题发生购方退货时，若该张发票未跨月且未被抄税，则可利用已开发票作废功能作废该张发票的电子信息。作废发票时需注意：

（1）对已开发票作废，通常情况下需遵循“谁开票、谁作废”的原则，但系统管理员可以作废其他操作员所开具的发票；

（2）发票一旦作废成功，无法恢复到作废前的状态，因此要慎重使用本功能；

（3）若发票未跨月，但却已被抄税的情况下，无法进行作废操作，只能对其开具负数发票冲红。

操作步骤：

【第一步】单击“发票开具管理”，在下拉菜单中选择“已开发票作废”，如图 2－4－23 所示。

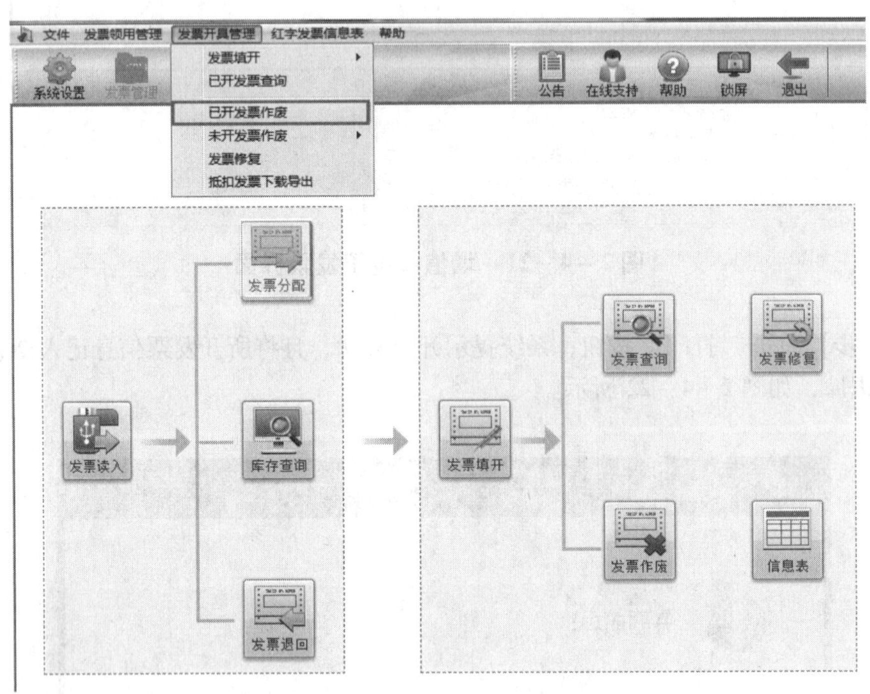

图 2－4－23　发票作废菜单

【第二步】系统弹出当前操作员可作废的发票列表，根据实验资料内容作废对应的发票，选中“发票代码 1100171320，发票号码：00000002”的增值税专用发票，单击“作废”按钮，如图 2－4－24 所示。

【第三步】系统弹出是否确认作废的提示框，单击“确认”按钮确定作废，如图 2－4－25 所示。

图 2-4-24　已开发票作废窗口

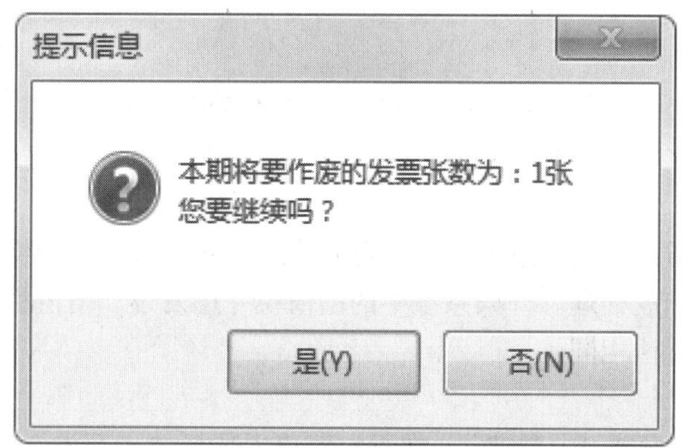

图 2-4-25　确认作废提示框

【第四步】单击“是”按钮，则可将选择的发票成功作废，如图 2-4-26 所示。

图 2-4-26　作废成功界面

【第五步】发票作废成功后，可到“发票查询”功能中查看此发票，打开发票明细，在发票左上方有“作废”字样标志，如图 2-4-27 所示。

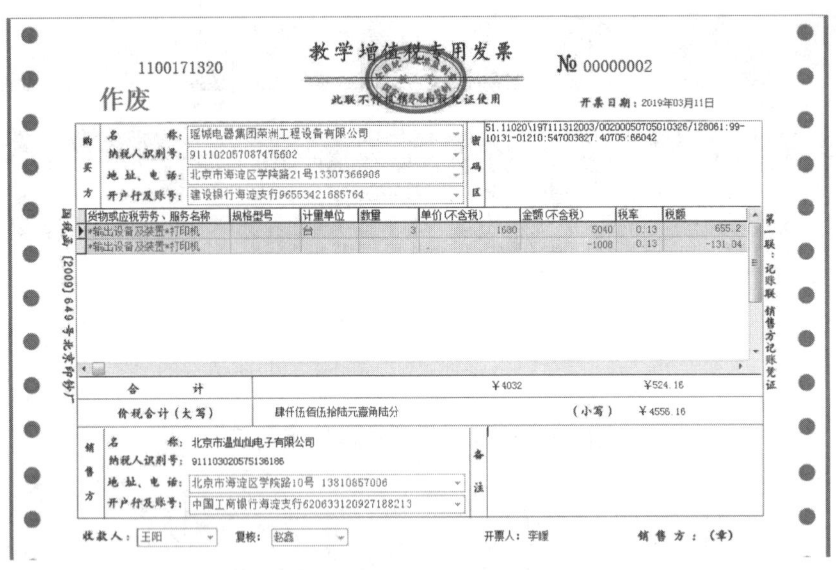

教学增值税专用发票

1100171320　　№ 00000002

作废

此联不作报销、扣税凭证使用　　开票日期：2019年03月11日

购买方	名　　称：瑶城电器集团荣洲工程设备有限公司 纳税人识别号：911102057087475602 地 址、电 话：北京市海淀区学院路21号13307366906 开户行及账号：建设银行海淀支行96553421685764	密码区	51.11020\197111312003/00200050705010326/128061:99-10131-01210:547003827.40705:66042

货物或应税劳务、服务名称	规格型号	计量单位	数量	单价(不含税)	金额(不含税)	税率	税额
*输出设备及装置*打印机		台	3	1680	5040	0.13	655.2
*输出设备及装置*打印机					-1008	0.13	-131.04
合　　计					¥4032		¥524.16
价税合计（大写）	肆仟伍佰伍拾陆元壹角陆分			（小写）	¥4556.16		

销售方	名　　称：北京市温灿灿电子有限公司 纳税人识别号：911103020575136186 地 址、电 话：北京市海淀区学院路10号 13810857006 开户行及账号：中国工商银行海淀支行620633120927188213	备注	

收款人：王阳　　复核：赵鑫　　开票人：李媛　　销售方：（章）

国税函 [2009] 649号北京印钞厂

第一联：记账联 销售方记账凭证

图 2－4－27　作废发票界面

7. 未开发票作废。

当尚未使用的纸质发票遗失或损毁时，可利用未开发票作废功能将税控开票系统发票库中相应的发票号进行作废处理。开票系统中的增值税专用发票、增值税普通发票均可进行未开发票作废，且操作方法相同。

操作步骤：

【第一步】单击“发票开具管理”，在下拉菜单中选择“未开发票作废”，并在子菜单中单击“增值税专用发票作废”，如图 2－4－28 所示。

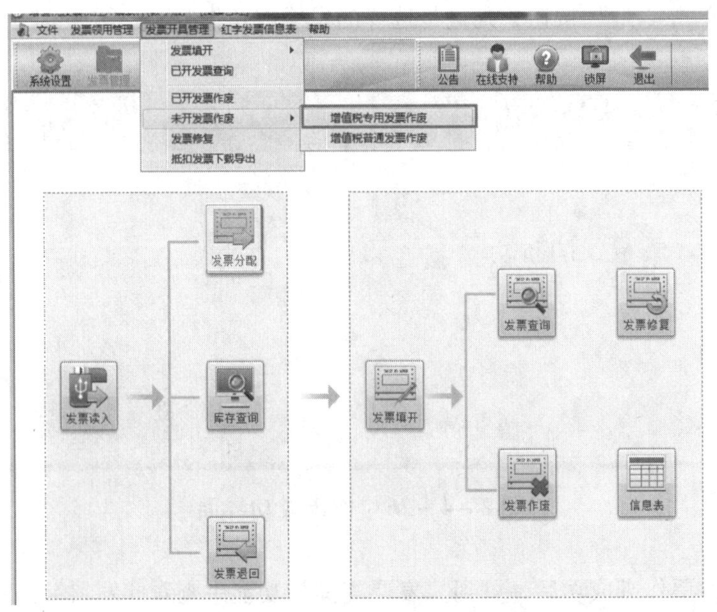

图 2－4－28　未开发票作废菜单

【第二步】根据实验资料内容信息，在系统弹出“发票号码确认”提示框中仔细核对发票种类、发票代码和发票起始号码，并输入需要作废的发票份数，系统可以对一张或多张发票进行作废，如图 2-4-29 所示。

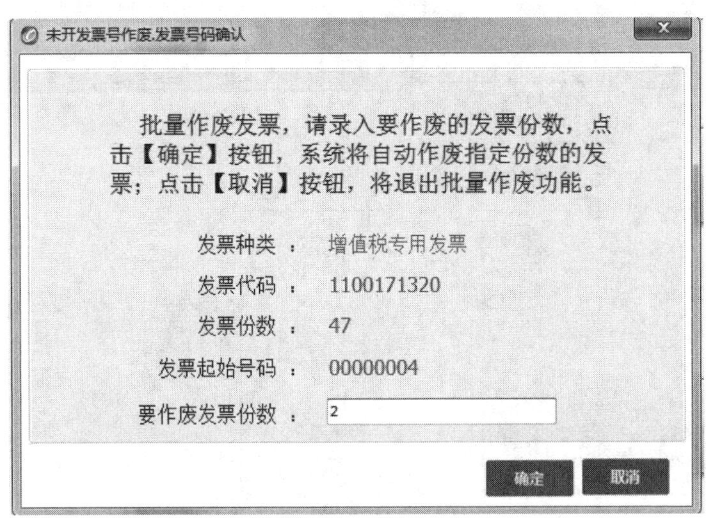

图 2-4-29　未开发票作废发票信息确认窗口

【第三步】核对窗口信息无误后，点击“确定”按钮，完成未开发票作废操作，如图 2-4-30 所示。

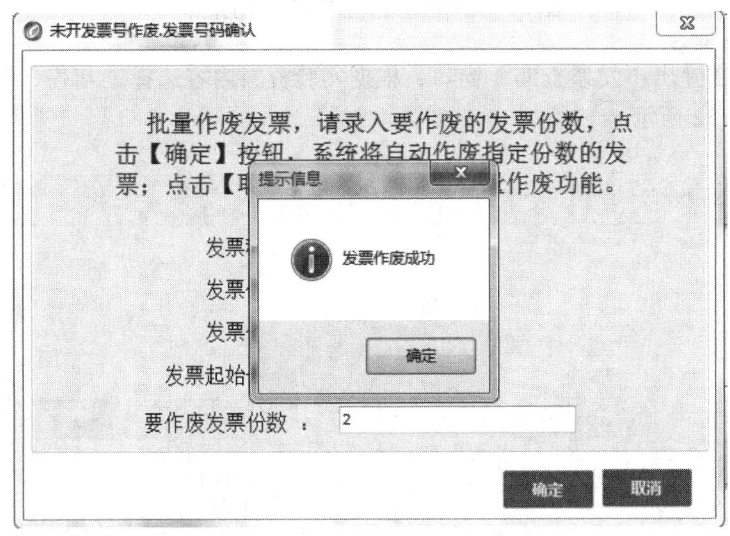

图 2-4-30　未开发票作废成功

8. 已开发票查询。

可按月或全年度数据查询税控开票系统中不属于发票库存所有种类发票的状态。

操作步骤：

【第一步】点击“发票开具管理”，在下拉菜单中选择“已开发票查询”，或在导航图中点击“发票查询”按钮，如图2－4－31所示。

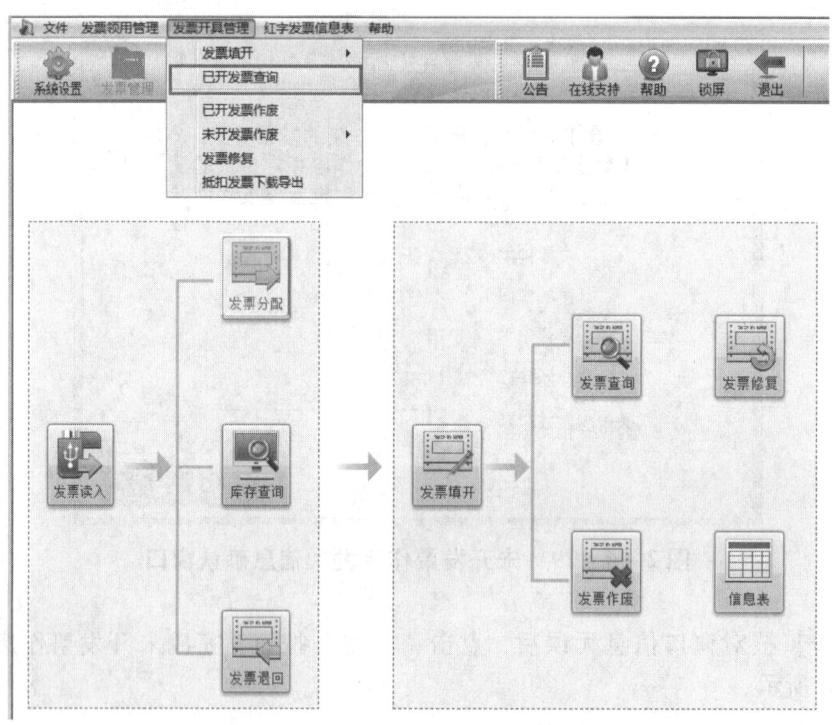

图2－4－31　已开发票查询菜单

【第二步】在弹出“发票查询”窗口，根据实验资料内容选择“年份”“月份”进行查询，如图2－4－32所示。

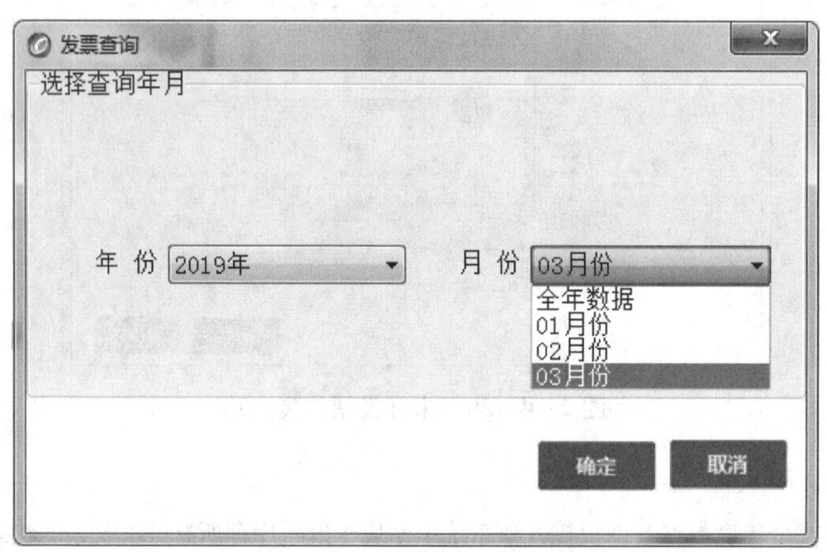

图2－4－32　选择查询年份和月份

【第三步】选择好查询条件后，单击“确定”按钮，系统会默认弹出所有已开具的正数发票、正数废票、未开具的作废发票以及红字发票列表，往右拖动滚动条可查看发票的明细信息、各种标志信息等，如图 2 -4 -33、图 2 -4 -34、图 2 -4 -35 所示。

2019年 ▾ 03月份 ▾ 全部 ▾ 请输入检索关键字... 报送状态 ▾

发票种类	发票代码	发票号码	开票机号	购方名称	购方税号	购方地址电话
增值税电子发票	1100373360	00000001	0	长沙市湖山科技有限公司	9123030258595888	长沙市秀峰区伏合巷11号14栋
增值税普通发票	1100272340	00000001	0	广西南宁市沃刚贸易有限公司	9145010157681498	南宁市江南区洪胜路5号
增值税专用发票	1100171320	00000001	0	北京市德泰环保科技有限公司	9111030568316025	北京市七星区五磨大道国家高新区大
增值税专用发票	1100171320	00000002	0	瑶城电器集团荣洲工程设备有限公司	9111020570874756	北京市海淀区学院路21号
增值税专用发票	1100171320	00000003	0	广西南宁市沃刚贸易有限公司	9145010157681498	南宁市江南区洪胜路5号
增值税专用发票	1100171320	00000004	0	0	000000000000000	
增值税专用发票	1100171320	00000005	0	0	000000000000000	

图 2 -4 -33　发票查询列表 1

购方银行账号	开票日期	报送状态	报送日志	填开日期	所属月份	合计金额	税率	合计税额	主要商品名称
农业银行秀峰支行563555526874566	2019-03-13	已报送		2019-03-13 10:27:2	2019-03	5300	0.16	848	*办公印刷设备*复印机
工商银行江南支行62235886354268	2019-03-13	已报送		2019-03-13 10:08:0	2019-03	200	0.06	12	*非学历教育服务*培训服务
民生银行七星支行5632546866577	2019-03-11	已报送		2019-03-11 19:49:4	2019-03	1680	0.16	268.8	*输出设备及装置*打印机
建设银行海淀支行96553421685764	2019-03-11	已报送		2019-03-11 20:46:5	2019-03	4032	0.16	645.12	*输出设备及装置*打印机
工商银行江南支行62235886354268	2019-03-12	已报送		2019-03-12 18:14:0	2019-03	5690	0.16	910.4	*输出设备及装置*打印机
	2019-03-14	已报送		2019-03-14 18:07:3	2019-03	0	0.17	0	
	2019-03-14	已报送		2019-03-14 18:07:3	2019-03	0	0.17	0	

图 2 -4 -34　发票查询列表 2

开票人	收款人	复核人	打印标志	作废标志	清单标志	修复标志	作废日期
李媛	王阳	赵鑫	否	否	否	是	
李媛	王阳	赵鑫	是	否	否	是	
李媛	王阳	赵鑫	是	否	否	是	
李媛	王阳	赵鑫	是	是	否	是	2019-03-13 16:59:58
李媛	王阳	赵鑫	是	否	是	是	
李媛			否	是	否	是	2019-03-14 18:07:32
李媛			否	是	否	是	2019-03-14 18:07:32

图 2 -4 -35　发票查询列表 3

（五）实验总结和实验报告

通过本次实验，我们学习了发票开具管理中“发票填开”“已开发票查询”“已开发票作废”“未开发票作废”的操作，掌握了多种情形的增值税发票开具的内容与方法、未开发票和已开发票的作废处理，能够按照实验内容与资料准确地开具相对应的发票，根据日常业务发生情形对发票做出相应处理。应该总结回顾本次实验的过程，检查实验的结果，写出实验报告（或者填制实验报告表）。

二、增值税红字发票开具

（一）实验目的和要求

通过实验使学生熟练掌握发票冲红的业务流程，以及增值税普通发票和增值税专用发票冲红的不同操作方法。能够根据实验内容与资料，快速做出正确的发票冲红流程。

（二）实验知识准备

1. 纳税人企业在发生日常销售业务开具增值税发票后，发生销售退回、销售折让、开票有误等情形时，符合作废条件时，可做作废处理，但不符合发票作废条件时，需开具红字增值税发票。

2. 一般纳税人取得专用发票后，发生销货退回、开票有误等情形但不符合作废条件的，或者因销货部分退回及发生销售折让的，购买方应向主管税务机关填报《红字增值税专用发票信息表》，取得审核通过的《红字增值税专用发票信息表》编号后，销售方凭信息表编号在防伪税控系统中开具红字增值税专用发票进行冲销。

3. 销售方开具增值税专用发票后，在未交付购买方前发现发票有误，且已跨月，需由销售方向税务机关填报《红字增值税专用发票信息表》，取得审核通过的《红字增值税专用发票信息表》编号后，销售方凭信息表编号在防伪税控系统中开具红字增值税专用发票进行冲销。

4. 一张信息表只能对应一张蓝字发票，相应地，也只能开具一张红字发票，一张信息表若重复开具红字发票，因输入的信息表编号已经开具过红字专用发票，系统则会有相应提示；但一张蓝字可对应多张信息表，即可分为多次冲红，直至该蓝字发票金额冲减完毕为止。

5. 增值税普通发票冲红无须经过税局端审批，在业务发生销售退回或开票有误等情形时，直接在税控开票系统中填写红字增值税普通发票，并将红字增值税普通发票的发票联提供给购方即可，若已收回全部联次，即无须提供给购方，可将蓝字正数发票与红字负数发票一并保存留档。

6. 增值税普通发票与增值税电子发票，均可部分冲红。

（三）实验资料与内容

1. 开具红字增值税普通发票。

事因：4 月 2 日，广西南宁沃刚贸易有限公司发现 3 月份购买的扫描仪存在质量问题，要求退货。

蓝字发票代码：1100272340

蓝字发票号码：00000002

商品名称：扫描仪

数量：1

合计金额：1 280 元

合计税额：166. 4 元

2. 开具红字增值税专用发票。

事因：北京市德泰环保科技有限公司 3 月购买打印机一台，4 月发现发票税号填写有误，发票未认证，已开具拒收证明连同原蓝字发票推给销方。

蓝字发票代码：1100171320

蓝字发票号码：00000001

商品名称：打印机

数量：1

合计金额：1 680 元

合计税额：218. 4 元

申请理由：销方申请，因开票有误购买方拒收。

（四）实验步骤

1. 红字增值税普通发票。

操作步骤：

【第一步】登录“增值税发票税控开票软件”，打开“发票管理”模块，单击界面导航图标“发票填开”，选择“增值税普通发票填开”，如图 2 –4 –36 所示。

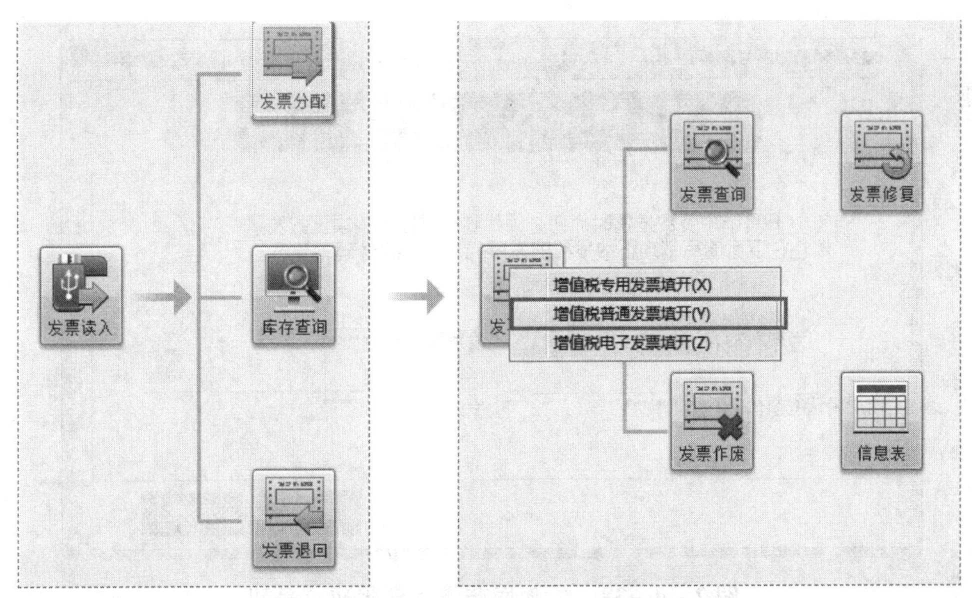

图 2 –4 –36　增值税普通发票填开菜单

【第二步】核对好发票代码、号码后，点击“确定”进入发票填写界面，因填开的为负数发票，故无须输入购方信息，点击上方菜单栏“红字”按钮，如图 2 –4 –37 所示。

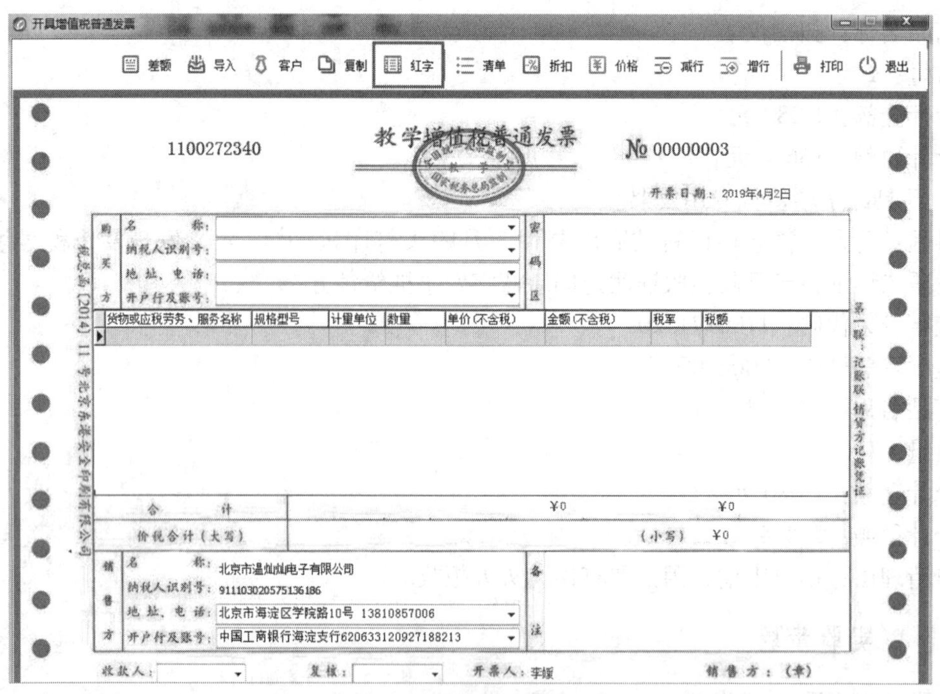

图 2－4－37　红字增值税普通发票填写界面

【第三步】点击“红字”按钮后，在弹出的“销项正数发票代码、号码确认”框中，输入原蓝字发票代码与号码，并以“＊”显示，如图 2－4－38 所示。

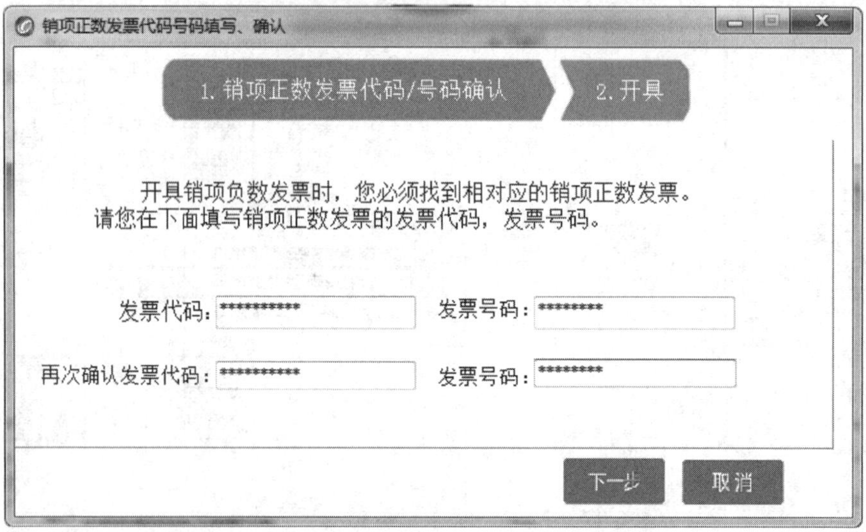

销项正数发票代码号码填写、确认

1. 销项正数发票代码/号码确认　2. 开具

开具销项负数发票时，您必须找到相对应的销项正数发票。
请您在下面填写销项正数发票的发票代码，发票号码。

发票代码：***********　发票号码：*********

再次确认发票代码：***********　发票号码：*********

下一步　取消

图 2－4－38　输入原蓝字发票代码、号码

【第四步】点击“下一步”后，系统将会自动从发票库中调取出本张发票明细信息，并提示“本张发票可以开具红字发票”，如图 2－4－39 所示。

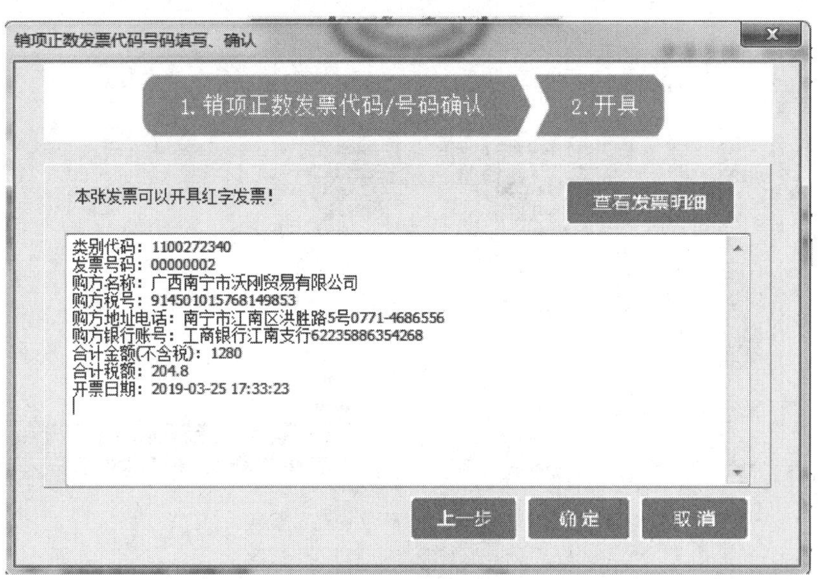

图 2-4-39　蓝字发票明细信息

【第五步】点击"确定"后，发票明细信息会自动载入发票填写界面，且显示为负数，在备注栏中显示原蓝字发票代码及号码，核对所有信息无误后，点击"打印"按钮进行打印和保存本发票，如图 2-4-40 所示。

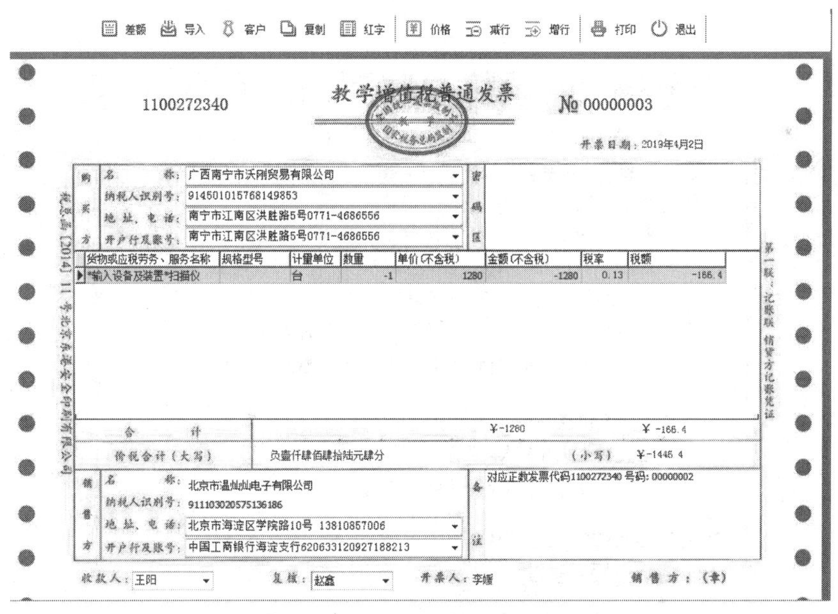

图 2-4-40　红字增值税普通发票

2. 红字增值税专用发票。

操作步骤：

【第一步】在"发票管理"模块中，点击导航图"信息表"，并选择"红字增值税专用发票信息表填开"，如图 2-4-41 所示。

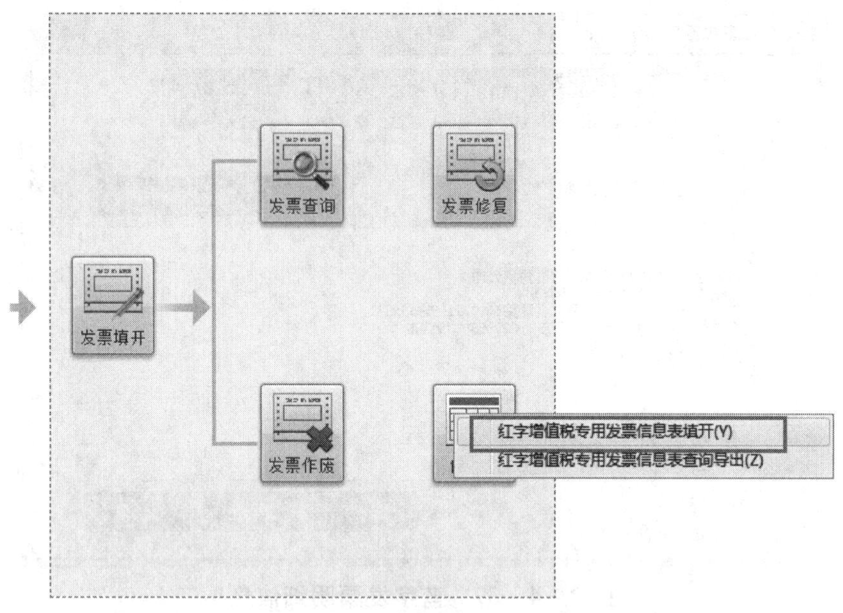

图 2－4－41　红字增值税专用发票信息表填开菜单

【第二步】系统弹出“红字发票信息表信息选择”对话框，根据实验资料，选择“销方申请”和“因开票有误购买方拒收”，并输入原蓝字发票代码及发票号码，如图 2－4－42 所示。

红字发票信息表信息选择

开具红字发票信息选择

一、购买方申请
　1、已抵扣
　2、未抵扣
　　(1)、无法认证
　　(2)、纳税人识别号认证不符
　　(3)、增值税专用发票代码、号码认证不符
　　(4)、所购货物或劳务、服务不属于增值税扣税项目范围

二、销方申请
　(1). 因开票有误购买方拒收
　(2). 因开票有误等原因尚未交付的

对应蓝字增值税专用发票信息

发票种类：专用发票

发票代码：1100171320　发票号码：00000001

确定　取消

图 2－4－42　红字发票信息表信息选择

【第三步】点击“确定”按钮，系统提示拟开红字发票信息表内容，且与蓝字发票信息相符，并提示“本张发票可以开负数”字样，如图2－4－43所示。

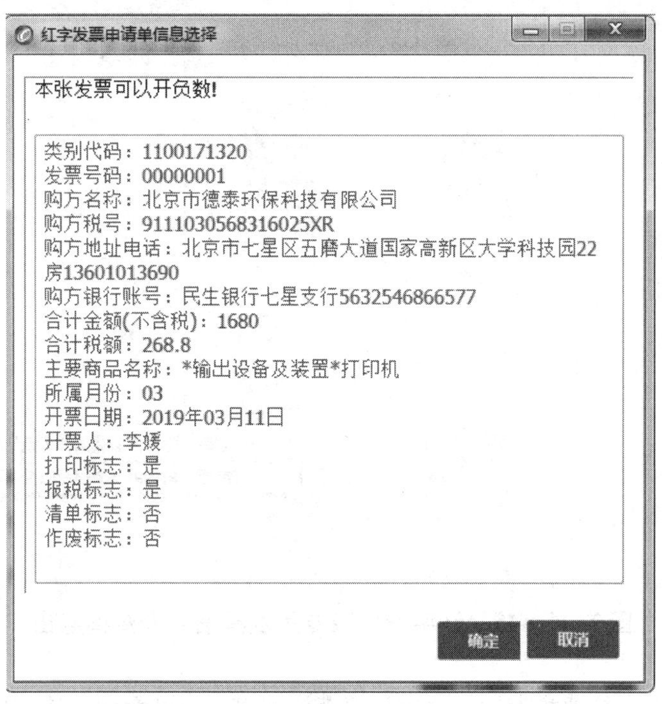

图2－4－43　拟开红字发票信息表信息

【第四步】核对拟开信息无误后，单击“确定”按钮，系统即生成“开具红字增值税专用发票信息表”，显示原蓝字发票信息的负数数据，并在下方显示申请方及申请理由、对应的蓝字发票代码、发票号码等，点击“打印”即可向税局端提交本张申请表信息，如图2－4－44所示。

减行　增行　价格　打印　退出

开具红字增值税专用发票信息表

填开日期：2019年4月2日　　申请方经办人：李媛　　No：190300001

销售方　名称：北京市温灿灿电子有限公司　纳税人识别号：911103020575136186　汉字防伪标志：是汉字防伪企业　非汉字防伪企业

购买方　名称：北京市德泰环保科技有限公司　纳税人识别号：9111030568316025XR

货物（劳务 服务）名称	规格型号	单位	数量	单价(不含税)	金额(不含税)	税率	税额
*输出设备及装置*打印机		台	-1	1680	-1680	0.13	-218.4

合计：金额：¥-1680　税额：¥-218.4

说明

一、购买方申请

对应蓝字专用发票抵扣增值税销项税额情况：

1. 已抵扣

2. 未抵扣

(1). 无法认证

(2). 纳税人识别号认证不符

(3). 增值税专用发票代码、号码认证不符

(4). 所购货物或劳务、服务不属于增值税扣税项目范围

二、销方申请

(1). 因开票有无购买方拒收

(2). 因开票有无等原因尚未交付的

对应蓝字专用发票密码区内打印的发票信息：

发票代码：1100171320

发票号码：00000001

发票种类：专用发票

图2－4－44　红字增值税专用发票信息表

【第五步】打印红字增值税专用发票信息表后，返回主界面导航图中的“信息表”菜单，并选择“红字增值税专用发票信息表查询导出”，如图2－4－45所示。

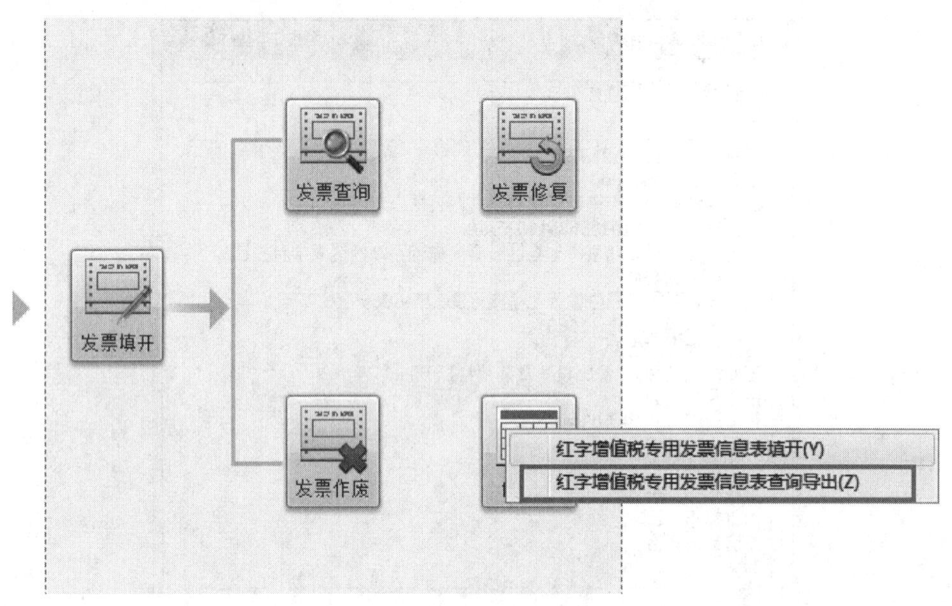

图2－4－45　红字增值税专用发票信息表查询导出

【第六步】在红字增值税专用发票信息表查询列表中，可看到申请的信息表显示“审核通过”状态，并生成“信息表编号”，即表示该信息表已生效，如图2－4－46所示。

统计　打印　查找　退出

信息表流水号	信息表编号	信息表状态	信息表描述	发票代码	发票号码	开票机号	购方名称
190300001	9111031903000015	TZD0500	审核通过	1100171320	00000001	0	北京市德泰环保科技有限公司

图2－4－46　红字发票信息表编号

【第七步】在“发票管理”模块下，点击“发票填开”，选择“增值税专用发票填开”，如图2－4－47所示。

【第八步】核对发票代码、发票号码后，进入发票填开界面，点击上方菜单栏中的“红字”按钮，并输入已获取的红字信息表编号，如图2－4－48所示。

【第九步】点击“下一步”后，系统弹出输入“销项正数发票代码号码填写、确认”框，并将原蓝字发票代码、号码输入，如图2－4－49所示。

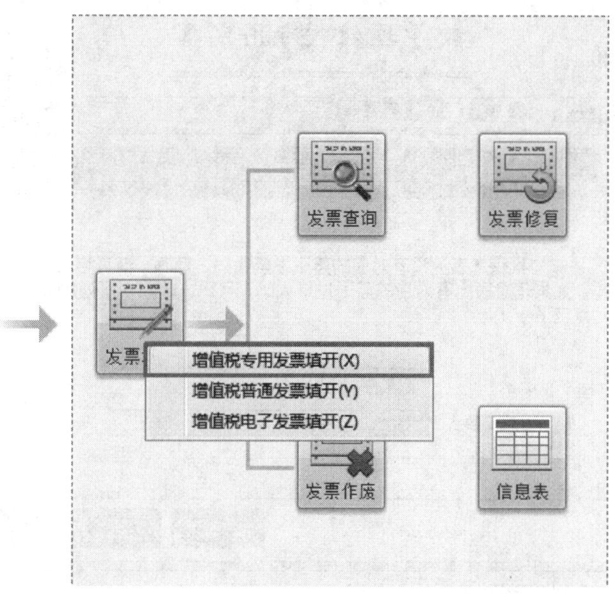

图 2－4－47　增值税专用发票填开菜单

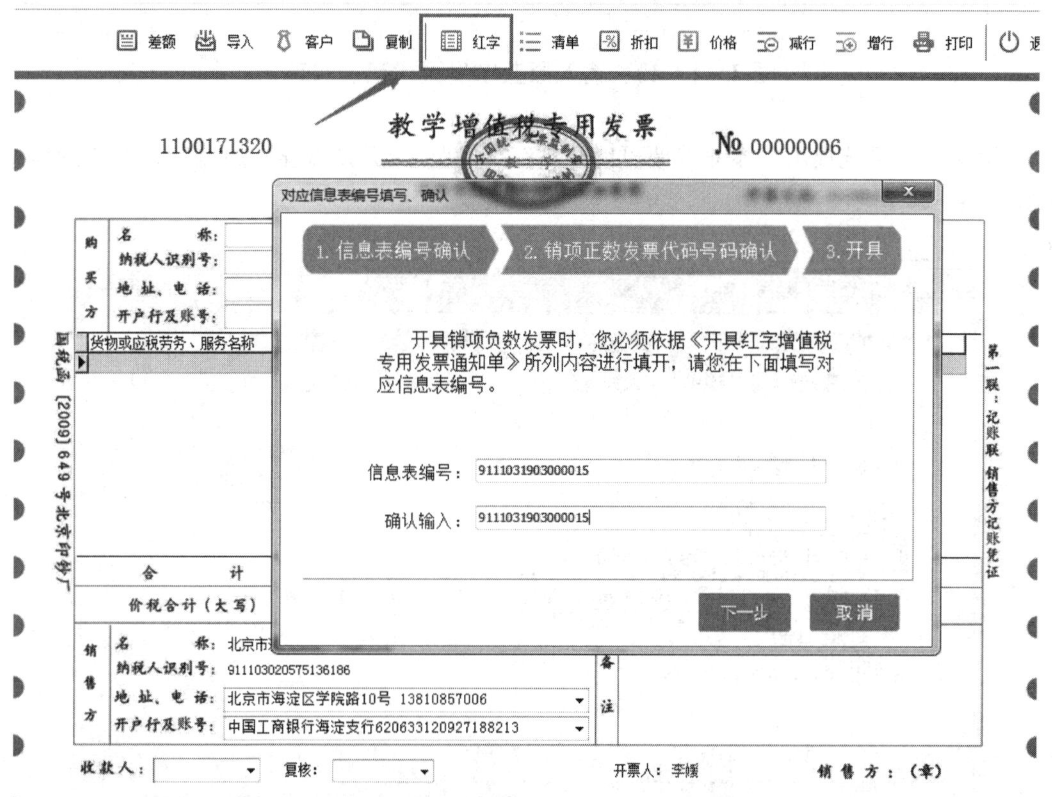

图 2－4－48　输入红字发票信息表编号

图 2 –4 –49　输入原蓝字发票代码、号码

【第十步】系统提示“本张发票可以开具红字发票”，并调取显示原蓝字发票明细信息，如图 2 –4 –50 所示。

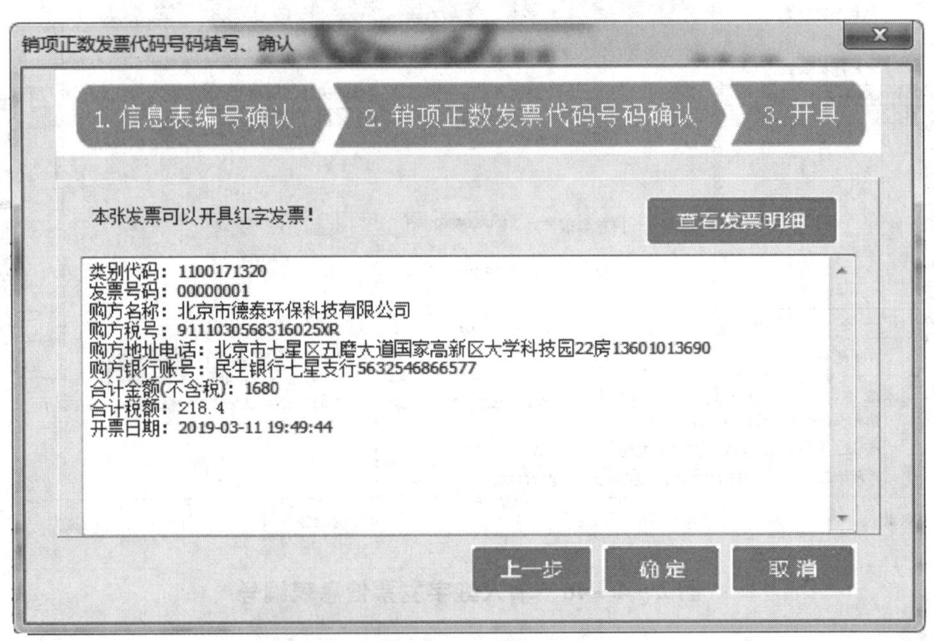

图 2 –4 –50　显示原蓝字发票信息

【第十一步】点击“确定”按钮后，发票明细信息会自动载入发票填写界面，且显示为负数，在备注栏中显示红字发票信息表编号及原蓝字发票代码及号码，核对所有信息无误后，点击“打印”按钮进行打印和保存本发票，如图 2 -4 -51 所示。

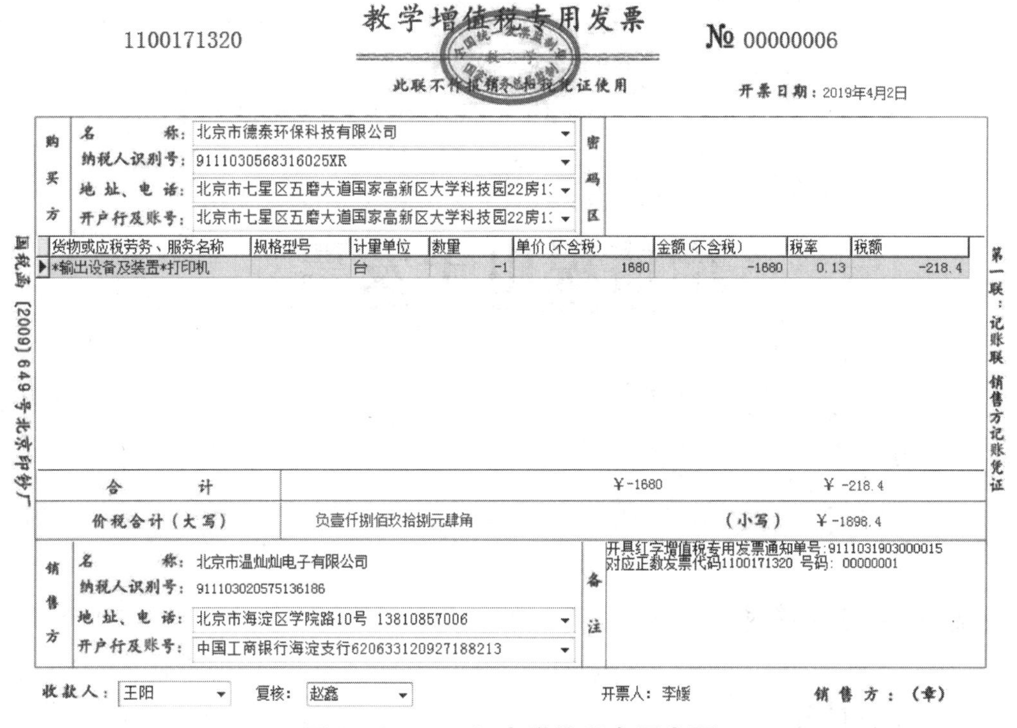

教学增值税专用发票

1100171320　　　№ 00000006

此联不作报销、扣税凭证使用　　　开票日期：2019年4月2日

购买方	
名　　称：	北京市德泰环保科技有限公司
纳税人识别号：	9111030568316025XR
地 址、电 话：	北京市七星区五磨大道国家高新区大学科技园22房1:
开户行及账号：	北京市七星区五磨大道国家高新区大学科技园22房1:

密码区

货物或应税劳务、服务名称	规格型号	计量单位	数量	单价(不含税)	金额(不含税)	税率	税额
*输出设备及装置*打印机		台	-1	1680	-1680	0.13	-218.4
合　　计					¥-1680		¥-218.4

价税合计（大写）　负壹仟捌佰玖拾捌元肆角　　（小写）　¥-1898.4

销售方	
名　　称：	北京市温灿灿电子有限公司
纳税人识别号：	911103020575136186
地 址、电 话：	北京市海淀区学院路10号 13810857006
开户行及账号：	中国工商银行海淀支行620633120927188213

备注：开具红字增值税专用发票通知单号:9111031903000015
对应正数发票代码1100171320 号码: 00000001

收款人：王阳　　复核：赵鑫　　开票人：李媛　　销售方：（章）

国税函〔2009〕649号北京印钞厂

第一联：记账联 销售方记账凭证

图 2 -4 -51　红字增值税专用发票

五、实验总结和实验报告

通过本次实验，我们学习掌握了发票冲红的业务流程，以及增值税普通发票和增值税专用发票冲红的不同操作方法。能够根据实验内容与资料，正确完成发票冲红流程。应该总结回顾本次实验的过程，检查实验的结果，写出实验报告（或者填制实验报告表）。

实验五

增值税电子发票

一、实验目的和要求

（一）实验目的

企业使用电子发票平台时，作为购买方身份登录，可查询本企业所取得的进项增值税电子发票信息，即本企业发生采购业务时，销售方开给本企业的增值税电子普通发票，可通过本系统进行查询、打印、下载。

（二）实验要求

1. 了解电子发票与纸质发票的不同；
2. 取得增值税电子发票以后，登录电子发票平台查询、下载、打印等操作。

二、实验知识准备

1. 为进一步适应经济社会发展和税收现代化建设需要，国家税务总局在增值税发票系统升级版基础上，组织开发了增值税电子发票系统，自2015年12月1日起在全国范围推行。

2. 推行通过增值税电子发票系统开具的增值税电子发票，对降低纳税人经营成本，节约社会资源，方便消费者保存使用发票，营造健康公平的税收环境具有重要作用。

3. 电子发票只发放电子数据。增值税电子普通发票的开票方和受票方需要纸质发票的，可以自行打印增值税电子普通发票的版式文件，其法律效力、基本用途、基本使用规定等与税务机关监制的增值税普通发票相同。

4. 增值税电子普通发票与增值税其他发票不同，增值税电子普通发票只有电子票号，不能开具对应的纸质发票，如需打印，选择 A4 纸张打印即可。

5. 增值税电子普通发票没有未开发票作废和已开发票作废的功能，若已开增值税电子普通发票发生销售退回，该发票无论是否跨月、是否抄税，均需做冲红处理。

6. 增值税电子普通发票在开具成功后，可通过下载功能将发票下载后，再推送给购买方。

7. 增值税电子普通发票因无对应的纸质发票，使用安全，不存在伪造、“阴阳票”等违法行为。

三、实验内容与资料

购方名称：北京市温灿灿电子有限公司

下载发票号码：45033000

代码：00000098

销方名称：北京大航科技信息有限公司

注：本章节实验为开放性实验，学生之间可以相互开具增值税电子普通发票，并根据自身企业进行查询、下载、打印。

四、实验步骤

【第一步】登录“增值税发票税控开票软件”，点击“帮助”按钮，并在下拉菜单中单击“登录【电子发票平台】”，如图 2 -5 -1 所示。

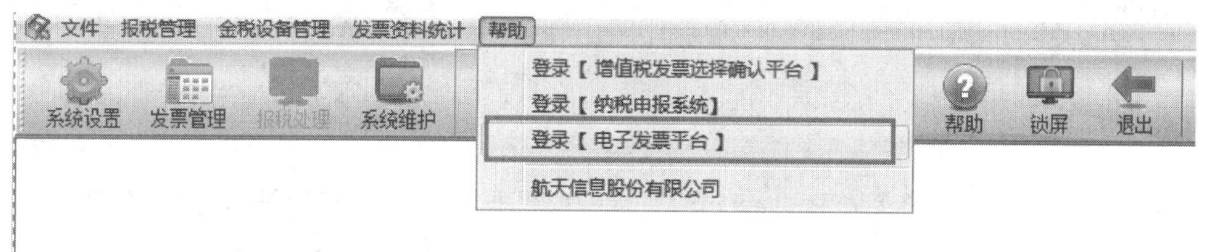

图 2 -5 -1　电子发票平台菜单

【第二步】在登录界面输入本企业名称进行登录系统，如图 2 -5 -2 所示。

【第三步】进入电子发票平台查询列表，找到所需发票后，单击“下载”按钮，如图 2 -5 -3 所示。

【第四步】下载的电子发票为 PDF 格式，企业可自行打印，如图 2 -5 -4 所示。

图 2－5－2　电子发票平台登录

欢迎您：北京市温灿灿电子有限公司

电子发票查询

查询条件

销方名称：　　销方税号：　　查 询

查询结果

	发票下载	发票类型	发票代码	发票号码	开票日期	销方名称	销方税号
1	下载	增值税电子发票	45033000	00000098	2019年03月25日	北京大航科技信息有限公司	110120999999920
2	下载	增值税电子发票	45033000	00000097	2019年03月25日	北京大航科技信息有限公司	110120999999920
3	下载	增值税电子发票	45033000	00000097	2019-03-25	北京大航科技信息有限公司	110120999999920

图 2－5－3　电子发票下载

教学增值税电子普通发票

发票代码：450330000033
发票号码：00000098
开票日期：2019年03月25日
校验码：20190325163711

机器编号：4C53100154I214111272

购买方	名称：北京市温灿灿电子有限公司 纳税人识别号：911103020575136186 地址、电话：北京市海淀区学院路10号13810857006 开户行及账号：中国工商银行海淀支行620633120927188213	密码区	343510.30330/010100013230<909090909090099280√29011191-00330-22055<725410306.10806>

货物或应税劳务、服务名称	规格型号	单位	数量	单价	金额	税率	税额
*输入设备及装置*扫描仪		台	2	1034.49	2068.97	16%	331.03
合计					￥2068.97		￥331.03
价税合计（大写）	⊗贰仟肆佰元整				（小写）￥2400.0		

销售方	名称：北京大航科技信息有限公司 纳税人识别号：110120999999920 地址、电话：11 开户行及账号：1	备注	

收款人：张三　复核：张三　开票人：王大山　销售方：（章）

图2－5－4　电子发票

五、实验总结和实验报告

通过本次实验，我们知道了购货方企业在取得销货方开具的增值税电子发票后如何登录电子发票平台查询、下载、打印电子发票，掌握了电子发票与纸质发票的不同，理解了推行增值税电子发票，对降低纳税人经营成本、节约社会资源、方便消费者保存使用发票、营造健康公平的税收环境的重要作用。应该总结回顾本次实验的过程，检查实验的结果，写出实验报告（或者填制实验报告表）。

实验六

增值税发票选择确认

一、实验目的和要求

（一）实验目的

通过本实验熟练掌握发票增值税专用发票勾选认证或扫描认证的操作流程，熟练掌握销货方企业开具发票后，该发票在税控开票系统中的流转过程，以及购货方企业取得增值税发票抵扣联后，如何进行抵扣操作。

（二）实验要求

1. 了解增值税发票认证的作用与意义；
2. 了解增值税发票管理新系统的功能；
3. 了解增值税发票管理新系统电子底账库的功能；
4. 理解将增值税发票认证改为登录使用增值税发票选择确认平台勾选认证的意义；
5. 根据所给的实验资料登录增值税专用发票选择确认平台进行增值税进项税额勾选认证。

二、实验知识准备

1. 增值税发票认证是指通过增值税发票税控系统对增值税发票所包含的数据进行识别、确认。纳税人通过增值税发票税控系统开具发票时，系统会自动将发票上的开票日期、发票号码、发票代码、购买方纳税人识别号、销售方纳税人识别号、金额、税额等要素，经过加密形成防伪电子密文打印在发票上。认证时，税务机关利用扫描仪采集发票上的密文和明文图像，或由纳税人自行采集发票电子信息传送至税务机关，通过认证系统对密文解密还原，再与发票明文进行比对，比对一致则通过认证。发票认证是税务机关进行纳税申报管理、出口退税审核、发票稽核比对、异常发票核查以及税务稽查的重要依据，在推行“以票控税”、加强税收征管中发挥着重要作用。

一是识别专用发票信息真伪。发票是纳税人开展经营活动的主要记录凭证，承载着商业活动的基本信息。通过专用发票认证，税务部门比对信息可以有效识别假发票，防范和打击专用发票违法犯罪。

二是采集纳税人用于申报抵扣税款或出口退税的专用发票信息。由于增值税专用发票可以抵扣税款，具有“金钱符号”的性质。很多不法分子铤而走险，倒卖、虚开专用发票，导致国家税款流失，严重破坏市场经济秩序。实施发票认证后，纳税人必须将从销售方获取的进项发票经过税务机关，认证相符后才能用于抵扣增值税或办理出口退税。

2. 增值税发票管理新系统将包括增值税普通发票在内的所有增值税发票纳入管理范围，实现购销单位、货物品名等发票全要素信息自动实时采集，形成所有发票的电子底账库。用于申报抵扣或办理出口退税的发票只需与电子底账自动比对，便可确认发票信息的真实性，免去了以往纸质发票必须逐张扫描后解密认证的烦琐程序，特别是解决了有些发票由于票面污损、扫描设备分辨率过低等原因导致密文无法识别的难题。目前增值税发票管理新系统已覆盖全部一般纳税人，为取消专用发票认证提供了基础条件。

3. 2019 年 3 月 1 日起，国家税务总局发布《关于扩大小规模纳税人自行开具增值税专用发票试点范围等事项的公告》（国家税务总局公告 2019 年第 8 号），将取消增值税发票认证的纳税人范围扩大至全部一般纳税人。一般纳税人取得增值税发票（包括增值税专用发票、机动车销售统一发票、收费公路通行费增值税电子普通发票，下同）后，可以自愿使用增值税发票选择确认平台查询，选择用于申报抵扣、出口退税或者代办退税的增值税发票信息。增值税发票选择确认平台的登录地址由国家税务总局各省、自治区、直辖市和计划单列市税务局确定并公布。

4. 取消增值税发票认证，就是由手工扫描需要抵扣的纸质发票，调整为由纳税人网上选择确认需要抵扣的增值税发票电子信息，是税务系统深化“放管服”改革的重要举措。手工扫描需要抵扣的纸质发票有两种方式：一种是纳税人自行购置扫描设备进行网上认证，另一种是前往办税服务厅办理发票认证。将取消增值税发票认证的纳税人范围扩大至全部一般纳税人后，能够节约纳税人因购买扫描设备产生的经济成本，减少纳税人前往税务机关认证发票所花费的时间，进一步减轻纳税人的办税负担，是税务部门推出的一项利民、惠民、便民的办税服务措施。

5. 纳税人取得增值税发票，通过增值税发票查询平台未查询到对应发票信息的，仍可进行扫描认证。

三、实验内容与资料

查询系统中收到的发票记录，并进行认证。

注：本章节实验为开放性实验，学生之间可相互开具发票作为进项发票，因业务不同，

收到的进项发票数量和金额有所不同。

四、实验步骤

【第一步】登录税控开票系统，选择“帮助”，并在下拉菜单中单击“登录【增值税发票选择确认平台】”，如图 2－6－1 所示。

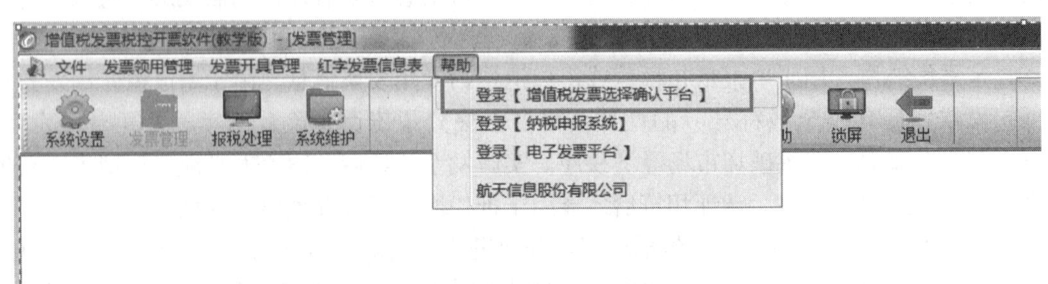

图 2－6－1　增值税发票选择确认平台菜单

【第二步】在增值税发票选择确认平台登录界面，输入证书密码（密码：12345678），如图 2－6－2 所示。

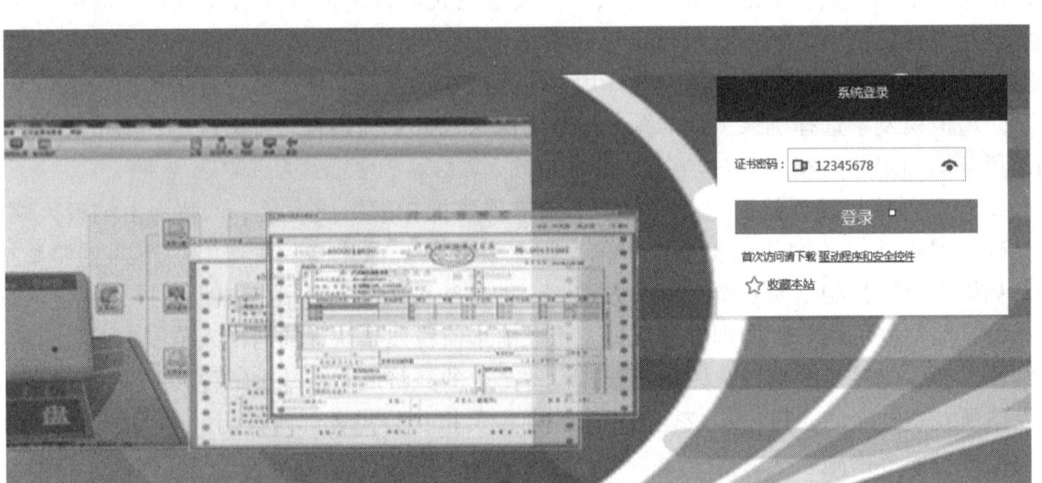

图 2－6－2　增值税发票选择确认平台登录

【第三步】登录后进入工作台界面，可显示当月取得的进行税额发票的份数及税额合计，以便了解当月的进行税额情况，如图 2－6－3 所示。

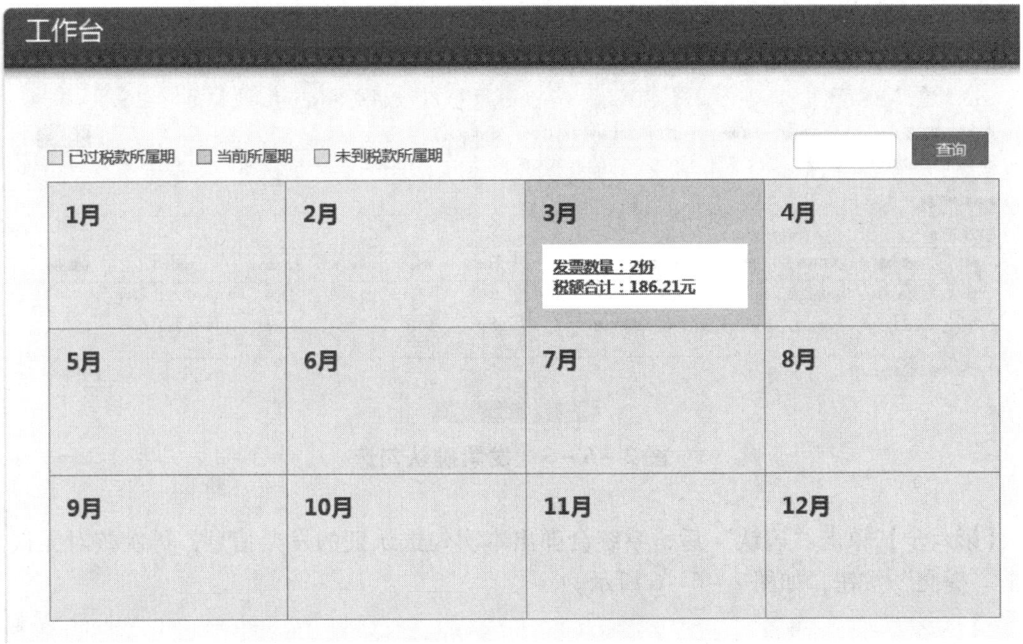

图 2－6－3　工作台界面

【第四步】单击“发票勾选”菜单，发票勾选列表会显示当月取得的所有进项税额发票信息，企业可以按条件进行查询，选择符合条件的发票，选择后单击“保存”按钮，对所需认证的发票进行勾选，如图 2－6－4 所示。

图 2－6－4　发票勾选

【第五步】单击“确认勾选”菜单，会显示“已勾选未确认”的发票列表，即需确定认证的发票列表，核对无误后，单击“确认”按钮即可完成认证操作，如图 2－6－5 所示。

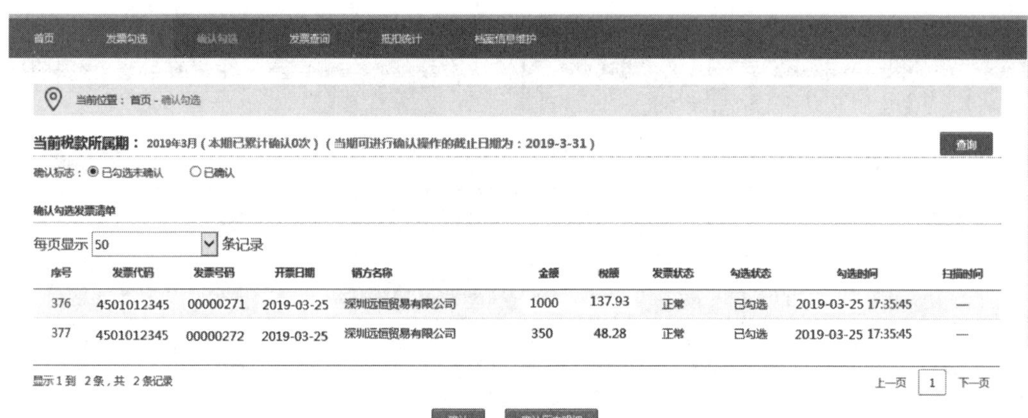

图 2－6－5　发票确认勾选

【第六步】单击“确认”后，系统会弹出本次勾选认证的发票信息，再次核对无误后，点击“提交”按钮，如图 2－6－6 所示。

确认勾选（请您核对本次待确认发票，若无问题，请“提交”。若有问题，请重新勾选）

尊敬的 北京市温灿灿电子有限公司，税号为 911103020575136186。

本次为所属期 2019年3月 第 1次发票勾选确认。共勾选 2张发票，其中：
（1）有效勾选发票 2 张
（2）勾选且扫描认证发票 0 张
（3）勾选不可抵扣发票 0 张。

本次有效勾选统计如下：

	数量（份）	金额（元）	税额（元）
增值税专用发票	2	1350	186.21
机动车发票	0	0.00	0.00
货运发票	0	0.00	0.00
合计	2	1350	186.21

截止本次勾选确认，共确认 1 次，累计勾选 2张发票，其中：
（1）有效勾选发票 2 张
（2）勾选且扫描认证发票 0 张
（3）勾选不可抵扣发票 0 张。

累计有效勾选统计如下：

提交　打印本页

图 2－6－6　提交确认

【第七步】提交确认勾选信息后，完成本次发票认证操作，所认证通过的增值税专用发票票面上注明的税额，在适用范围内可进行抵扣，点击“抵扣统计”菜单，可查询到当月认证发票的汇总信息，如图 2 –6 –7 所示。

首页 发票勾选 确认勾选 发票查询 抵扣统计 档案信息维护

当前位置：首页 - 抵扣统计

税款所属期：201903 统计查询

申报抵扣发票统计表 —— 当期

纳税人名称：北京市温知卿电子有限公司 纳税人识别号：911103020575136186 认证月份：2019年3月 单位：（份、元）

发票类型 \ 认证方式	勾选认证			扫描认证			合计		
	份数	金额	税额	份数	金额	税额	份数	金额	税额
增值税专用发票	2	1350	186.21	0	0.00	0.00	2	1350	186.21
货物运输业增值税专用发票	0	0.00	0.00	0	0.00	0.00	0	0.00	0.00
机动车销售统一发票	0	0.00	0.00	0	0.00	0.00	0	0.00	0.00
总计	2	1350	186.21	0	0.00	0.00	2	1350	186.21

图 2 –6 –7　抵扣统计

五、实验总结和实验报告

通过本次实验，我们知道了企业开具发票会上传至电子底账库，且只有上传至电子底账库的增值税专用发票才可以在增值税专用发票选择确认平台中进行勾选认证。应该总结回顾本次实验的过程，检查实验的结果，写出实验报告（或者填制实验报告表）。

第三模块

财税管理一体化实验

实验一

财务凭证、发票数据共享

一、实验目的和要求

（一）实验目的

让学生掌握在财务软件基本操作中，如何实现财务凭证、发票数据的共享。

（二）实验要求

1. 根据实验内容及资料完成增值税进项发票、销项发票数据在A6财务系统中的录入；

2. 根据实验内容及资料完成进项、销项凭证从 A6 财务系统导入税务会计，完成基础数据和财务业务数据录入。

二、实验知识准备

这部分的学习，要求学员具备扎实的财务基础知识以及熟练的电脑操作技能，初步了解企业实际业务流程，懂得发票与凭证之间的钩稽关系。

1. 会计科目及专栏设置。

增值税一般纳税人应当在“应交税费”科目下设置“应交增值税”“未交增值税”“预交增值税”“待抵扣进项税额”“待认证进项税额”“待转销项税额”“增值税留抵税额”“简易计税”“转让金融商品应交增值税”“代扣代交增值税”等明细科目。

2. 增值税一般纳税人应在“应交增值税”明细账内设置“进项税额”“销项税额抵减”“已交税金”“转出未交增值税”“减免税款”“出口抵减内销产品应纳税额”“销项税额”“出口退税”“进项税额转出”“转出多交增值税”等专栏。其中：

（1）“进项税额”专栏，记录一般纳税人购进货物、加工修理修配劳务、服务、无形资产或不动产而支付或负担的、准予从当期销项税额中抵扣的增值税额；

（2）“销项税额抵减”专栏，记录一般纳税人按照现行增值税制度规定因扣减销售额而减少的销项税额；

（3）“已交税金”专栏，记录一般纳税人当月已交纳的应交增值税额；

（4）“转出未交增值税”和“转出多交增值税”专栏，分别记录一般纳税人月度终了转出当月应交未交或多交的增值税额；

（5）“减免税款”专栏，记录一般纳税人按现行增值税制度规定准予减免的增值税额；

（6）“出口抵减内销产品应纳税额”专栏，记录实行“免、抵、退”办法的一般纳税人按规定计算的出口货物的进项税抵减内销产品的应纳税额；

（7）“销项税额”专栏，记录一般纳税人销售货物、加工修理修配劳务、服务、无形资产或不动产应收取的增值税额；

（8）“出口退税”专栏，记录一般纳税人出口货物、加工修理修配劳务、服务、无形资产按规定退回的增值税额；

（9）“进项税额转出”专栏，记录一般纳税人购进货物、加工修理修配劳务、服务、无形资产或不动产等发生非正常损失以及其他原因而不应从销项税额中抵扣、按规定转出的进项税额。

3. “未交增值税”明细科目，核算一般纳税人月度终了从“应交增值税”或“预交增值税”明细科目转入当月应交未交、多交或预缴的增值税额，以及当月交纳以前期间未交的增值税额。

4. “预交增值税”明细科目，核算一般纳税人转让不动产、提供不动产经营租赁服务、提供建筑服务、采用预收款方式销售自行开发的房地产项目等，以及其他按现行增值税制度规定应预缴的增值税额。

5. “待抵扣进项税额”明细科目，核算一般纳税人已取得增值税扣税凭证并经税务机关认证，按照现行增值税制度规定准予以后期间从销项税额中抵扣的进项税额。包括：一般纳税人自2016年5月1日后取得并按固定资产核算的不动产或者2016年5月1日后取得的不动产在建工程，按现行增值税制度规定准予以后期间从销项税额中抵扣的进项税额；实行纳税辅导期管理的一般纳税人取得的尚未交叉稽核比对的增值税扣税凭证上注明或计算的进项税额。

6. “待认证进项税额”明细科目，核算一般纳税人由于未经税务机关认证而不得从当期销项税额中抵扣的进项税额。包括：一般纳税人已取得增值税扣税凭证、按照现行增值税制度规定准予从销项税额中抵扣，但尚未经税务机关认证的进项税额；一般纳税人已申请稽核但尚未取得稽核相符结果的海关缴款书进项税额。

7. “待转销项税额”明细科目，核算一般纳税人销售货物、加工修理修配劳务、服务、无形资产或不动产，已确认相关收入（或利得）但尚未发生增值税纳税义务而需于以后期间确认为销项税额的增值税额。

8. “增值税留抵税额”明细科目，核算兼有销售服务、无形资产或者不动产的原增值税一般纳税人，截止到纳入“营改增”试点之日前的增值税期末留抵税额按照现行增值税制度规定不得从销售服务、无形资产或不动产的销项税额中抵扣的增值税留抵税额。

9. “简易计税”明细科目，核算一般纳税人采用简易计税方法发生的增值税计提、扣减、预缴、缴纳等业务。

10. “转让金融商品应交增值税”明细科目，核算增值税纳税人转让金融商品发生的增值税额。

11. “代扣代交增值税”明细科目，核算纳税人购进在境内未设经营机构的境外单位或个人在境内的应税行为代扣代缴的增值税。

小规模纳税人只需在“应交税费”科目下设置“应交增值税”明细科目，不需要设置上述专栏及除“转让金融商品应交增值税”“代扣代交增值税”外的明细科目。

三、实验内容与资料

（一）基础数据

1. 企业信息。

公司名称：宏景科技有限公司

税号：110234223300985

地址：北京市海淀区中关村

电话：01086686678

银行及账号：工商银行955582343456665

所属行业：计算机服务业

2. 行业明细：计算机系统服务，如表3－1－1、表3－1－2和表3－1－3所示。

表 3-1-1　　物品

物品分类编码	物品分类	物品编码	物品名称	计量单位	计价方式
01	配件	01001	Inter CPU	块	先进先出
		01002	硬盘 320G	个	先进先出
		01003	硬盘 160G	个	先进先出
		01004	内存条 4G	条	先进先出
		01005	内存条 2G	条	先进先出
		01006	显卡	块	先进先出
		01007	电源	个	先进先出
		01008	主板	块	先进先出
02	耗材	02001	数据线	条	先进先出
		02002	键盘	个	先进先出
		02003	鼠标	个	先进先出
		02004	鼠标垫	张	先进先出
03	成品	03001	蓝天 SY 计算机	台	先进先出
		03002	蓝天 JY 计算机	台	先进先出
		03003	蓝天笔记本电脑	台	先进先出
		03004	显示器	台	先进先出

表 3-1-2　　供应商

供应商分类编码	供应商分类	供应商编码	供应商名称	供应商税号
01	长期供应商	01001	广东东莞数码电子有限公司	441900777849345
		01002	威尔（中国）有限公司	350206612020483
		01003	上海市东方贸易公司	31010175500646X
02	短期供应商	02001	上海市汇通集团有限公司	310104630589497
		02002	广东纵横科技有限责任公司	441900777845634

表 3-1-3　　客户

客户分类编码	客户分类	客户编码	客户名称	客户税号
01	本地	01001	北京畅联电子有限公司	110101251328321
		01002	北京东方威力股份公司	110102251328333

续表

客户分类编码	客户分类	客户编码	客户名称	客户税号
02	外地	02001	天津金诚贸易公司	220115133842835
		02002	天津天龙实业公司	210115133842834
		02003	浙江长青塑胶制品厂	330281144586925

打开“A6 企业管理软件”，在基础设置中，填写物品信息。

（二）增值税发票信息

1. 采购收到的增值税进项发票，税率为13%，如表3－1－4所示。

表3－1－4　　增值税进项发票

序号	发票类型	开票日期	供应商税号	供应商名称	商品名称	数量	含税单价	金额合计	税额合计	价税合计
1	专用发票	2019－6－5	441900777849345	广东东莞数码电子有限公司	Inter CPU	105	790	73 407.08	9 542.92	82 950
2	专用发票	2019－6－5	441900777849345	广东东莞数码电子有限公司	内存条4G	30	200	5 309.73	690.27	6 000
3	专用发票	2019－6－5	310103X07229596	广东东莞数码电子有限公司	主板	35	800	24 778.76	3 221.24	28 000
4	专用发票	2019－6－9	350206612020483	威尔（中国）有限公司	硬盘320G	20	450	7 964.60	1 035.40	9 000
5	专用发票	2019－6－9	350206612020483	威尔（中国）有限公司	硬盘160G	26	300	6 902.65	897.35	7 800
6	专用发票	2019－6－9	350206612020483	威尔（中国）有限公司	电源	40	180	6 371.68	828.32	7 200
7	专用发票	2019－6－15	31010175500646X	上海市东方贸易公司	鼠标	35	30	929.20	120.80	1 050
8	专用发票	2019－6－15	31010175500646X	上海市东方贸易公司	键盘	38	80	2 690.27	349.73	3 040
9	专用发票	2019－6－20	310104630589497	上海市汇通集团有限公司	显卡	43	480	18 265.49	2 374.51	20 640

续表

序号	发票类型	开票日期	供应商税号	供应商名称	商品名称	数量	含税单价	金额合计	税额合计	价税合计
10	专用发票	2019－6－22	441900777849345	广东纵横科技有限责任公司	内存条2G	30	128	3 398. 23	441. 77	3 840
11	专用发票	2019－6－25	31010175500646X	上海市东方贸易公司	数据线	251	5	1 110. 62	144. 38	1 255
12	专用发票	2019－6－25	31010175500646X	上海市东方贸易公司	鼠标垫	58	2	102. 65	13. 35	116

2. 销售开具增值税专用发票，税率为13%，如表3－1－5所示。

表3－1－5　　增值税专用发票

序号	发票类型	开票日期	客户税号	开票客户	商品名称	数量	含税单价	金额	税额	价税合计
1	专用发票	2019－06－21	220115133842835	天津金诚贸易公司	蓝天SY计算机	7	5 800	35 929. 20	4 670. 80	40 600. 00
2	专用发票	2019－06－21	220115133842835	天津金诚贸易公司	蓝天JY计算机	2	4 980	8 814. 16	1 145. 84	9 960. 00
3	专用发票	2019－06－21	110101251328321	北京畅联电子有限公司	蓝天SY计算机	10	5 800	51 327. 44	6 672. 56	58 000. 00
4	专用发票	2019－06－21	110101251328321	北京畅联电子有限公司	显示器	5	1 200	5 309. 73	690. 26	6 000. 00
5	专用发票	2019－06－13	110102251328333	北京东方威力股份公司	蓝天SY计算机	10	5 800	51 327. 43	6 672. 57	58 000. 00
6	专用发票	2019－06－13	110102251328333	北京东方威力股份公司	蓝天笔记本电脑	9	6 900	54 955. 75	7 144. 24	62 100. 00
7	专用发票	2019－06－13	210115133842834	天津天龙实业公司	蓝天SY计算机	20	5 800	102 654. 87	13 345. 13	116 000. 00
8	专用发票	2019－06－13	210115133842834	天津天龙实业公司	蓝天JY计算机	5	4 980	22 035. 40	2 864. 60	24 900. 00

续表

序号	发票类型	开票日期	客户税号	开票客户	商品名称	数量	含税单价	金额	税额	价税合计
9	专用发票	2019-06-13	330281144586925	浙江长青塑胶制品厂	蓝天 JY 计算机	3	4 980	13 221. 24	1 718. 76	14 940. 00
10	专用发票	2019-06-13	330281144586925	浙江长青塑胶制品厂	蓝天 SY 计算机	30	5 800	153 982. 30	20 017. 70	174 000. 00

（三）增值税凭证信息

1. 在应付账款系统中，根据已经开具的发票，汇总生成记账凭证。增值税进项发票，税率为 13%，在试验一中已经根据采购发票在应收管理系统中生成。下面所述发票分录是按供应商合并生成凭证的结果。

（1）借：材料采购　103 495. 58
　　应交税费——应交增值税（进项税额）　13 454. 42
　　贷：应付账款——广东东莞数码电子有限公司　116 950

（2）借：材料采购　21 238. 94
　　应交税费——应交增值税（进项税额）　2 761. 06
　　贷：应付账款——威尔（中国）有限公司　24 000

（3）借：材料采购　3 619. 47
　　应交税费——应交增值税（进项税额）　470. 53
　　贷：银行存款　4 090

（4）借：材料采购　18 265. 49
　　应交税费——应交增值税（进项税额）　2 374. 51
　　贷：银行存款　20 640

（5）借：材料采购　3 398. 23
　　应交税费——应交增值税（进项税额）　441. 77
　　贷：银行存款　3 840

（6）借：材料采购　1 212. 39
　　应交税费——应交增值税（进项税额）　158. 61
　　贷：应付账款——上海市东方贸易公司　1 371

2. 根据已经开具的销售发票，在应收账款系统中，按客户汇总生成记账凭证。

（1）借：应收账款——浙江长青塑胶制品厂　188 940
　　贷：主营业务收入　167 203. 54
　　　　应交税费——应交增值税（销项税额）　21 736. 46

（2）借：应收账款——天津天龙实业公司　140 900
　　贷：主营业务收入　124 690. 27

会计分录	借方	贷方
应交税费——应交增值税（销项税额）		16 209.73
（3）借：应收账款——北京东方威力股份公司	120 100	
贷：主营业务收入		106 283.19
应交税费——应交增值税（销项税额）		13 816.81
（4）借：银行存款	64 000	
贷：主营业务收入		56 637.17
应交税费——应交增值税（销项税额）		7 362.83
（5）借：银行存款	50 560	
贷：主营业务收入		44 743.36
应交税费——应交增值税（销项税额）		5 816.63

四、实验步骤

【第一步】进入“基础设置”中，设置企业信息，如图 3－1－1 所示。

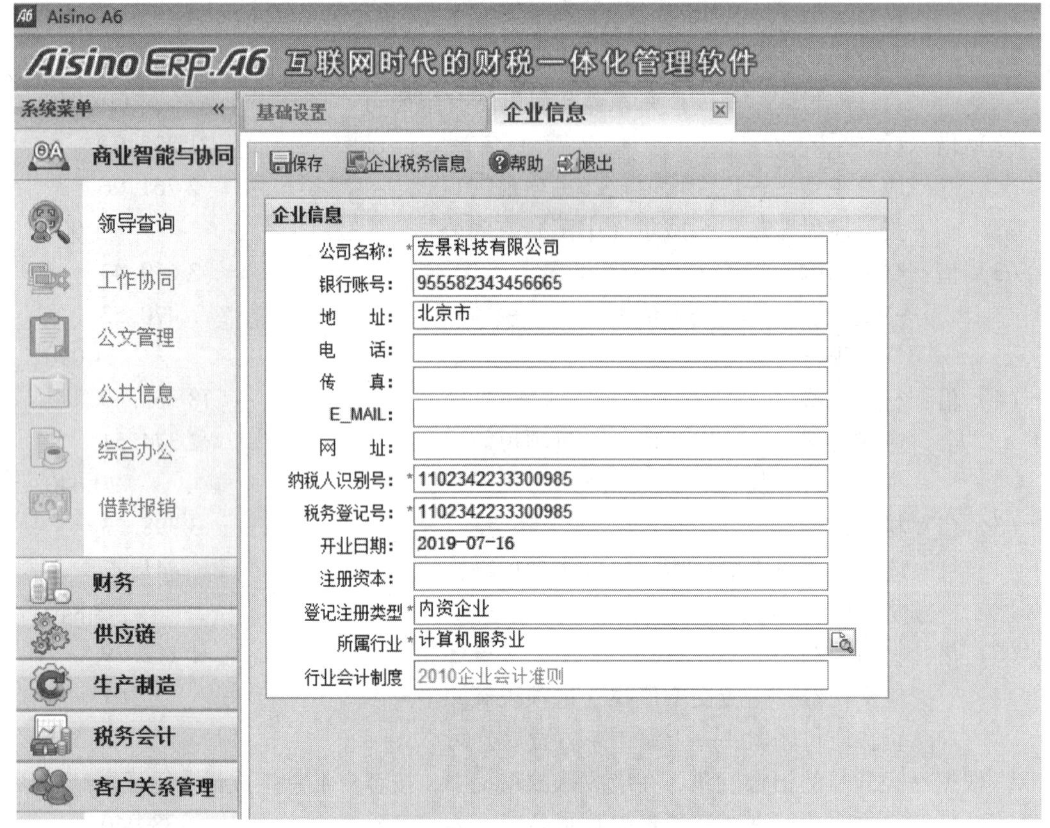

图 3－1－1　企业信息

【第二步】点击“企业税务信息”，设置行业类别及行业明细等内容，如图 3－1－2 所示。

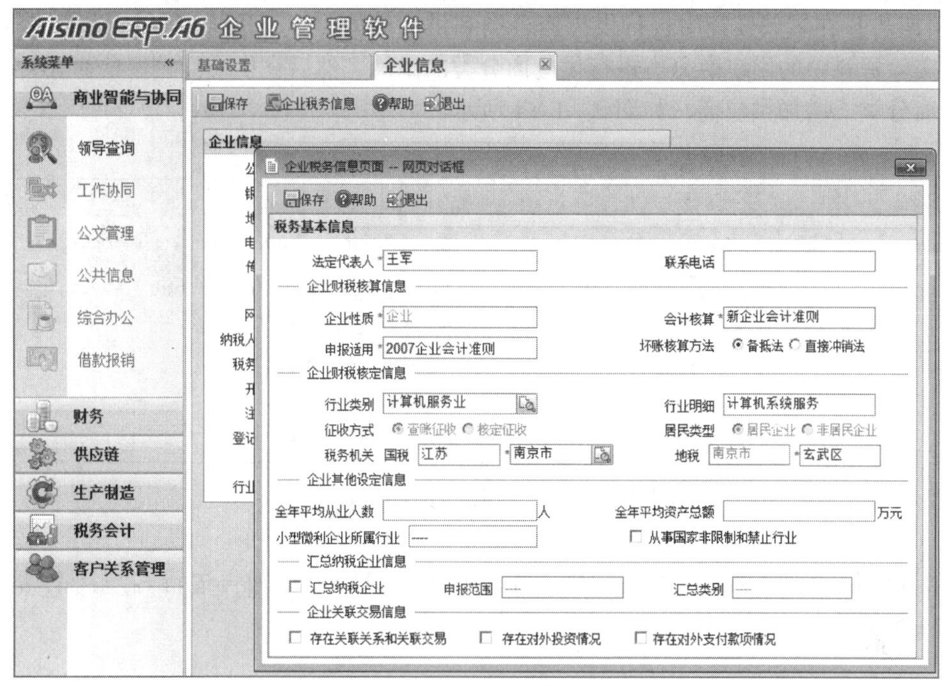

图 3-1-2　企业税务信息页面

【第三步】进入“基础设置物品”，先录入物品分类档案，再录入物品档案，如图 3-1-3 所示。

基础设置　物品

新增　修改　删除　复制　查询　刷新　批改　禁用　打印　导出　帮助　退出

物品分类：01 配件；02 耗材；03 成品

编码	名称	数量精度	主计量单位	物品分类
010001	Inter CPU	2	个	配件
010002	硬盘 320G	2	个	配件
010003	硬盘 160G	2	个	配件
010004	内存条 4G	2	个	配件
010005	内存条 2G	2	个	配件
010006	显卡	2	个	配件
010007	电源	2	个	配件
010008	主板	2	个	配件
020001	数据线	2	个	耗材
020002	键盘	2	个	耗材
020003	鼠标	2	个	耗材
020004	鼠标垫	2	个	耗材
030001	蓝天SY计算机	2	个	成品
030002	蓝天JY计算机	2	个	成品
030003	蓝天笔记本电脑	2	个	成品

图 3-1-3　基础档案物品界面

【第四步】在基础设置中进行供应商分类和供应商的设置。进入“基础设置/供应商”，先根据实验资料中的供应商分类进行供应商分类的添加，然后在供应商档案的界面，在相应的供应商分类下增加供应商，如图3－1－4所示。

基础设置　供应商

新增　修改　删除　查询　刷新　复制　复制到客户　合并　禁用　打印　帮助　退出

供应商分类：01 长期供应商；02 短期供应商

代码	名称	类别	简称	地区
010001	广东东莞数码电子	长期供应商		
010002	威尔（中国）有限	长期供应商		
020001	上海市汇通集团有	短期供应商		
020002	广东纵横科技有限	短期供应商		

图3－1－4　基础档案供应商界面

【第五步】在“基础设置客户”中，先进行客户分类的增加再进行客户档案增加，如图3－1－5所示。

基础设置　客户

新增　修改　删除　查询　刷新　复制　复制到供应商　合并　禁用　打印　帮助　退出

客户分类：01 本地；02 外地

代码	名称	类别	简称	地区
010001	北京畅联电子有限	本地		
010002	北京东方威力股份	本地		
010003	天津天龙实业	本地		
020001	天津金诚贸易公	外地		
02000[illegible]	浙江长青塑胶制品	外地		

图3－1－5　基础档案客户界面

【第六步】根据实验资料中的进项税发票信息，在“基础设置/采购管理”中，点击采购管理业务流程中的“采购发票”，打开采购发票界面，根据资料进行填写，如图3－1－6、图3－1－7所示。

【第七步】在销售系统中，点击销售管理业务流程中的销售发票，录入销项发票，如图3－1－8、图3－1－9所示。

【第八步】在应付管理系统中，由发票生成进项凭证。打开应付管理系统，点击应付管理业务流程中的“生成凭证”，选择需要生成凭证的发票记录，进行凭证生成，如图3－1－10、图3－1－11所示。

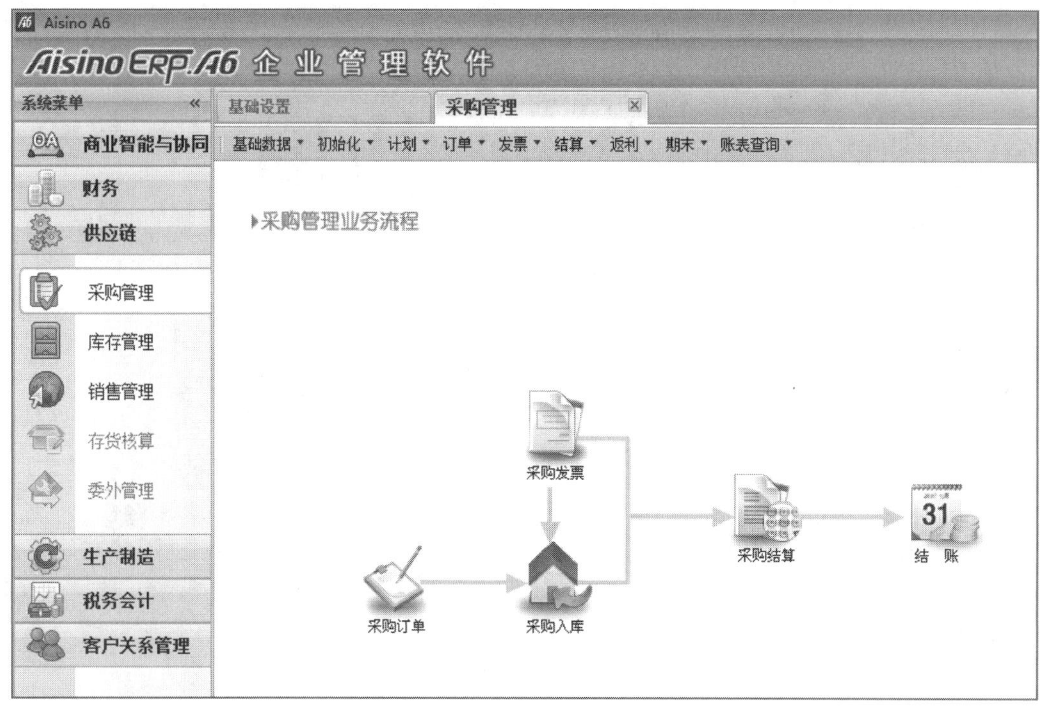

图 3－1－6 采购管理业务流程

采购管理 采购发票

新增 保存 取消 删行 插行 增行 生单 联查 帮助 退出

发票号 * CF2012062400001　　供应商 * 广东东莞数码电子有限　　开票日期 * 2019-06-05　　发票类型 * 专用发票

部门　　职员　　币种 * 人民币　　汇率 * 1.000000000

采购类型 ----　　备注

序号	物品编码	物品名称	规格型号	数量	金额	含税单价	价税合计	税率(%)	税额	主计量单位	换算率	主计量单位数量	采购订单号	蓝字采购发票号
1	010001	Inter CPU		105.00	73407.08	790.000000	82950.00	13.00	9542.92	个	1.000000	105.00		
2														
合计				105.00	73407.08		82950.00		9542.92			105.00		

制单人 admin　　审核人

图 3－1－7 采购发票界面

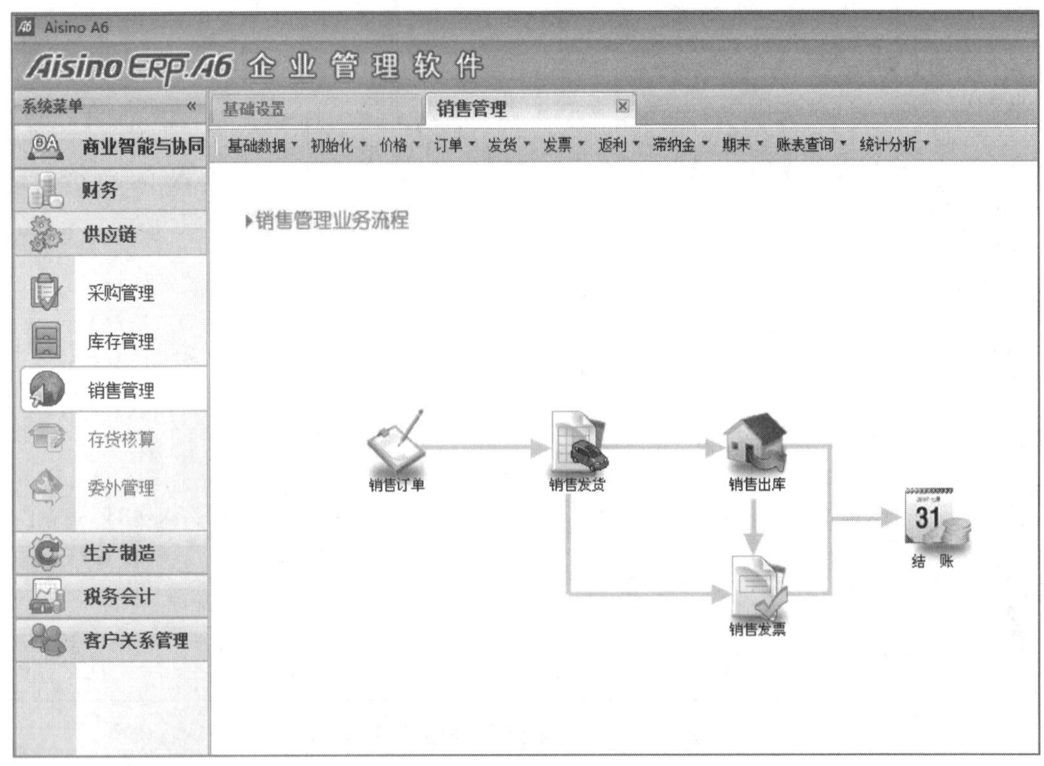

图 3－1－8　销售管理业务流程

销售管理　销售发票

新增　保存　取消　删行　插行　增行　生单　联查　操作　帮助　退出

发票号	XF201206240001	客户	天津金诚贸易公司	开票日期	2019-06-21	发票类型	专用发票
部门		职员		地址电话			
银行账号				结算方式	----	销售类型	----
币种	人民币	汇率	1.000000000	开票客户	天津金诚贸易公司	审核状态	未审核
现结状态	未现结	未收款金额		备注		纳税人登记号	220115133842835

序号	物品编码	物品名称	数量	含税报价	金额	税率(%)	含税单价	价税合计	税额
1	010001	蓝天SY计算机	7.00	5,800.000000	35, 929. 20	13	5, 800. 000000	4, 0600. 00	4, 670. 807.12
2									
合计			7.00		35, 929. 20			4, 0600. 00	7.12

制单人	admin	审核人		开户银行	----	本单位账号	----
本单位地址		电话		收款人			

图 3－1－9　销售发票界面

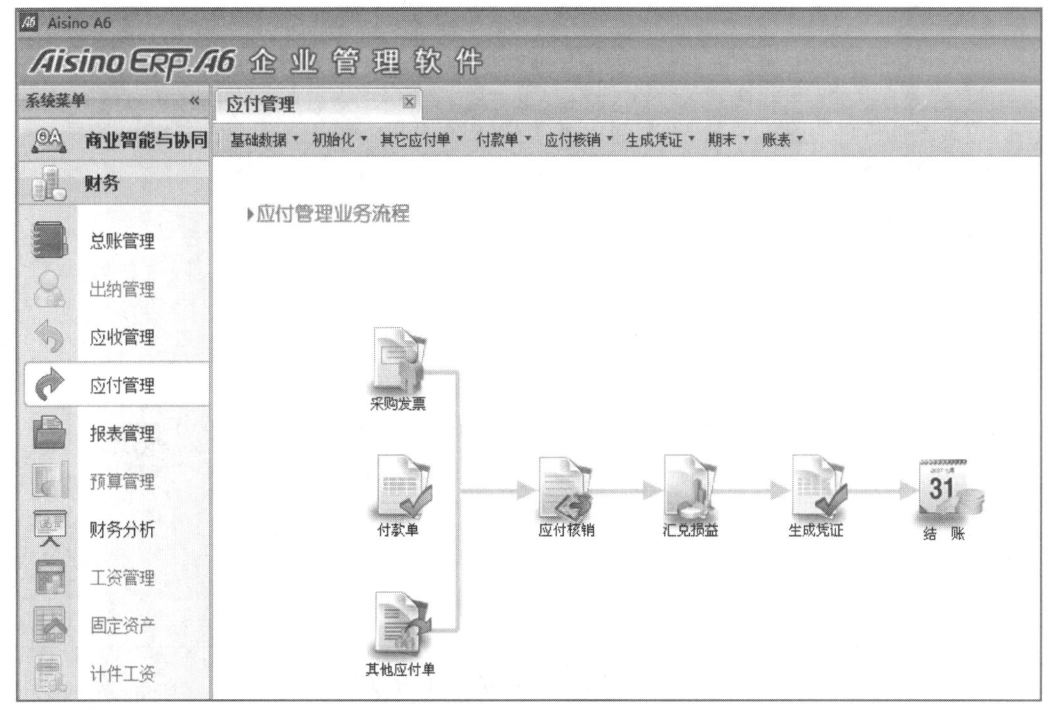

图 3 - 1 - 10　应付管理业务流程

记账凭证

凭证字 记　　凭证号 1　　日期 2019-06-05　　附件数

序号	摘要	科目	借方	贷方
1	专用发票	1401-材料采购	10349558	
2	专用发票	22210101-应交税费-应交增值税-进项税额	1345442	
3	专用发票	220201-应付账款-广东东莞数码电子有限公司		11695000
4				
5				
合计：			1699273	11695000

记账　　审核　　出纳　　制单 admin

图 3 - 1 - 11　进项凭证界面

【第九步】在应收管理系统，由发票生成销项凭证。打开应收管理系统，在应收管理业务流程的界面上点击“生成凭证”，选择需要生成凭证的发票记录，进行凭证生成，如图 3 - 1 - 12、图 3 - 1 - 13 所示。

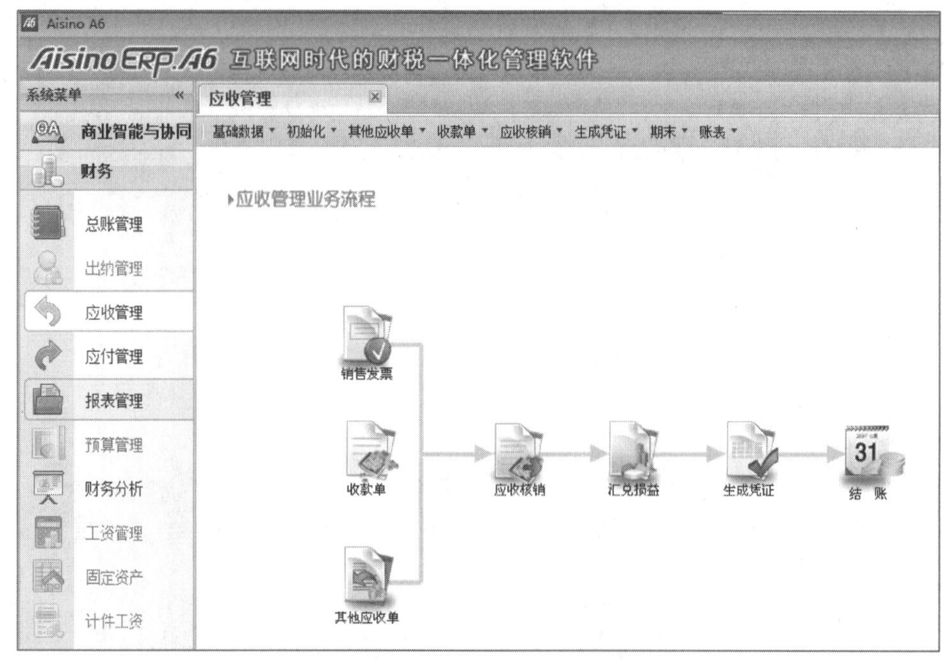

图3－1－12　应收管理业务流程

记账凭证

凭证字 记　　凭证号 1　　日期 2019-06-21　　附件数

序号	摘要	科目	借方	贷方
1	专用发票-2012-06-05	1122-应收账款-020002-浙江长青塑胶制品厂	18894000	
2	专用发票	6001-主营业务收入		16720354
3	专用发票	22210105-应交税费-应交增值税-销项税额		2173646
4				
5				
合计：壹拾捌万捌仟玖佰肆拾元整			18894000	18894000

记账　　审核　　出纳　　制单 admin

图3－1－13　销项凭证界面

五、实验总结和实验报告

通过本次实验，我们根据实验内容及资料完成了增值税进项发票、销项发票数据从A6业务系统中录入，并导入至税务会计；完成了进项、销项凭证从A6财务系统导入税务会计。完成基础数据和财务业务数据录入，学习了在财务软件基本操作中，理解如何实现财务凭证、发票数据的共享，应该总结回顾本次实验的过程，检查实验的结果，写出实验报告（或者填制实验报告表）。

实验二

发票、凭证数据自动比对

一、实验目的和要求

（一）实验目的

让学生了解记账凭证和发票之间的逻辑关系，学习利用软件进行发票、凭证数据自动比对。

（二）实验要求

在涉税会计中将凭证和发票进行对比，确认发票信息和凭证信息核对无误。

二、实验知识准备

这部分学习，要求学员了解采购发票、记账凭证。

1. 增值税实行税款抵扣原则，应用在会计处理上，就是将进项税额记入“应交税费——应交增值税”账户借方，以在账户中实现抵扣。

2. 如已支付的进项税额不符合税法的抵扣规定，就不能记入“应交税费——应交增值税”账户的借方，而应计入相应采购物资的入账价值。

三、实验内容和资料

1. 根据实验一中已经录入的发票和凭证，在涉税会计模块中完成发票和凭证的导入，并进行销项比对和进项比对，确保凭证和发票上数据一致，减少财务数据录入的错误。

2. 整体流程如图 3－2－1 所示，先进行进项凭证、进项发票、销项凭证、销项发票的采集，再完成进项比对和销项比对，确认财税数据录入无误。

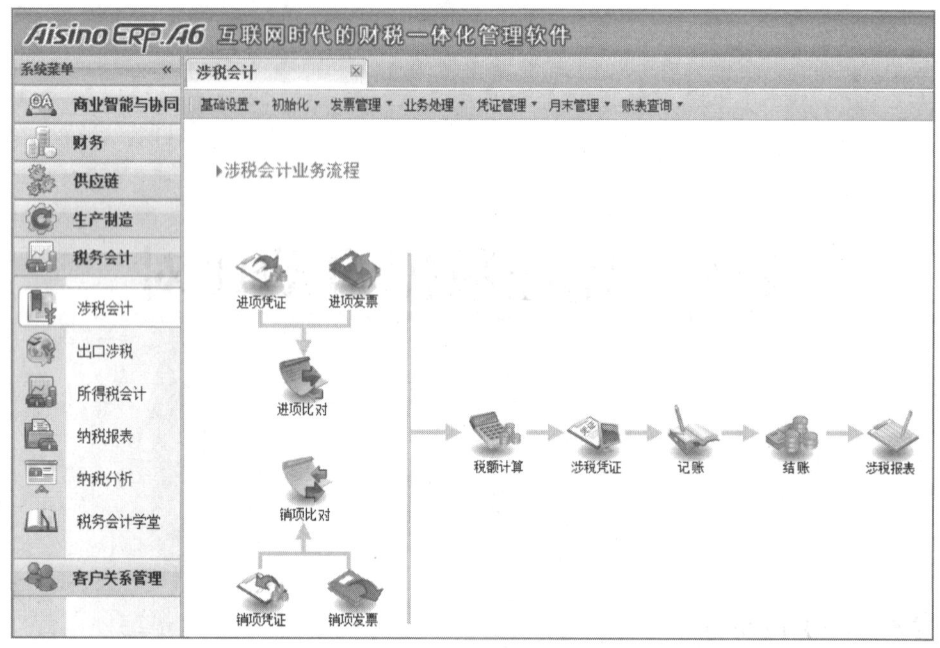

图 3－2－1 涉税会计系统界面

（1）进项发票采集。采购时收到的增值税进项发票列表如表 3－2－1 所示，税率为 13%。

表 3－2－1 增值税进项发票列表

序号	发票类型	开票日期	供应商税号	供应商名称	商品名称	数量	含税单价	金额合计	税额合计	价税合计
1	专用发票	2019－6－5	441900777849345	广东东莞数码电子有限公司	Inter CPU	105	790	73 407.08	9 542.92	82 950
2	专用发票	2019－6－5	441900777849345	广东东莞数码电子有限公司	内存条 4G	30	200	5 309.73	690.26	6 000
3	专用发票	2019－6－5	310103X07229596	广东东莞数码电子有限公司	主板	35	800	24 778.76	3 221.23	28 000
4	专用发票	2019－6－9	350206612020483	威尔（中国）有限公司	硬盘 320G	20	450	7 964.60	1 035.40	9 000

续表

序号	发票类型	开票日期	供应商税号	供应商名称	商品名称	数量	含税单价	金额合计	税额合计	价税合计
5	专用发票	2019－6－9	350206612020483	威尔（中国）有限公司	硬盘160G	26	300	6 902.65	897.35	7 800
6	专用发票	2019－6－9	350206612020483	威尔（中国）有限公司	电源	40	180	6 371.68	828.32	7 200
7	专用发票	2019－6－15	31010175500646X	上海市东方贸易公司	鼠标	35	30	929.20	120.80	1 050
8	专用发票	2019－6－15	31010175500646X	上海市东方贸易公司	键盘	38	80	2 690.27	349.73	3 040
9	专用发票	2019－6－20	310104630589497	上海市汇通集团有限公司	显卡	43	480	18 265.49	2 374.51	20 640
10	专用发票	2019－6－22	441900777849345	广东纵横科技有限责任公司	内存条2G	30	128	3 398.23	441.76	3 840
11	专用发票	2019－6－25	31010175500646X	上海市东方贸易公司	数据线	251	5	1 110.62	144.38	1 255
12	专用发票	2019－6－25	31010175500646X	上海市东方贸易公司	鼠标垫	58	2	102.65	13.34	116

（2）销项发票采集。销售时开具的增值税专用发票列表如表3－2－2所示，税率为13%。

表3－2－2　　增值税销项发票列表

序号	发票类型	开票日期	客户税号	开票客户	商品名称	数量	含税单价	金额	税额	价税合计
1	专用发票	2019－06－21	220115133842835	天津金诚贸易公司	蓝天SY计算机	7	5 800	35 929.20	4 670.80	40 600.00
2	专用发票	2019－06－21	220115133842835	天津金诚贸易公司	蓝天JY计算机	2	4 980	8 814.16	1 145.84	9 960.00
3	专用发票	2019－06－21	110101251328321	北京畅联电子有限公司	蓝天SY计算机	10	5 800	51 327.43	6 672.57	58 000.00

续表

序号	发票类型	开票日期	客户税号	开票客户	商品名称	数量	含税单价	金额	税额	价税合计
4	专用发票	2019－06－21	110101251328321	北京畅联电子有限公司	显示器	5	1 200	5 309.73	690.27	6 000.00
5	专用发票	2019－06－13	110102251328333	北京东方威力股份公司	蓝天SY计算机	10	5 800	51 327.43	6 672.57	58 000.00
6	专用发票	2019－06－13	110102251328333	北京东方威力股份公司	蓝天笔记本电脑	9	6 900	54 955.75	7 144.25	62 100.00
7	专用发票	2019－06－13	210115133842834	天津天龙实业公司	蓝天SY计算机	20	5 800	102 654.87	13 345.13	116 000.00
8	专用发票	2019－06－13	210115133842834	天津天龙实业公司	蓝天JY计算机	5	4 980	22 035.40	2 864.60	24 900.00
9	专用发票	2019－06－13	330281144586925	浙江长青塑胶制品厂	蓝天JY计算机	3	4 980	13 221.24	1 718.76	14 940.00
10	专用发票	2019－06－13	330281144586925	浙江长青塑胶制品厂	蓝天SY计算机	30	5 800	153 982.30	20 017.70	174 000.00

（3）在应付账款系统中，根据已经开具的发票，汇总生成记账凭证。生成的凭证在总账系统可以进行查询、审核、记账。相同供应商的业务生成一张凭证，共六张凭证。

①借：材料采购 103 495.58
　　应交税费——应交增值税（进项税额） 13 454.42
　　贷：应付账款——广东东莞数码电子有限公司 116 950

②借：材料采购 21 238.94
　　应交税费——应交增值税（进项税额） 2 761.06
　　贷：应付账款——威尔（中国）有限公司 24 000

③借：材料采购 3 619.47
　　应交税费——应交增值税（进项税额） 470.53
　　贷：银行存款 4 090

④借：材料采购 18 265.49
　　应交税费——应交增值税（进项税额） 2 374.51
　　贷：银行存款 20 640

⑤借：材料采购 3 398.23
　　应交税费——应交增值税（进项税额） 441.77
　　贷：银行存款 3 840

⑥借：材料采购 1 213.27

应交税费——应交增值税（进项税额） 157.73

贷：应付账款——上海市东方贸易公司 1 371

在应收账款系统中，根据已经开具的发票，汇总生成记账凭证。凭证可以在总账系统中查询，审核，记账。相同客户的业务合并生成凭证，共5张凭证。

①借：应收账款——浙江长青塑胶制品厂 188 940

贷：主营业务收入 167 203.54

应交税费——应交增值税（销项税额） 21 736.46

②借：应收账款——天津天龙实业公司 140 900

贷：主营业务收入 124 690.27

应交税费——应交增值税（销项税额） 16 209.73

③借：应收账款——北京东方威力股份公司 120 100

贷：主营业务收入 106 283.19

应交税费——应交增值税（销项税额） 13 816.81

④借：银行存款 64 000

贷：主营业务收入 56 637.17

应交税费——应交增值税（销项税额） 7 362.83

⑤借：银行存款 50 560

贷：主营业务收入 44 743.36

应交税费——应交增值税（销项税额） 5 816.63

四、实验步骤

【第一步】税务会计系统中采集的进项税额发票，可以来源于采购管理中采购发票，如图3-2-2所示。

图3-2-2 采购系统中的采购发票列表

【第二步】进入涉税会计系统，在涉税会计业务流程界面，点击“进项发票”，打开进项发票信息界面，在此界面点击上方菜单中的“导入”，选择“已开具发票导入”，选择需要导入的发票，点击上方“引入”按钮，提示“导入成功”，则完成了从采购管理系统中导入采购发票的操作。完成导入后，点击“汇总”按钮，如图3－2－3所示。

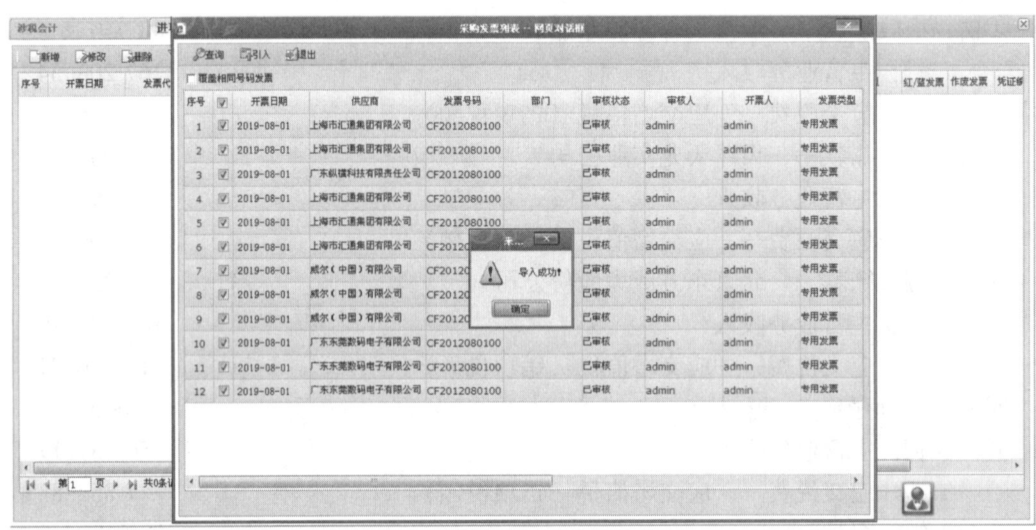

序号		开票日期	供应商	发票号码	部门	审核状态	审核人	开票人	发票类型
1	☑	2019-08-01	上海市汇通集团有限公司	CF2012080100		已审核	admin	admin	专用发票
2	☑	2019-08-01	上海市汇通集团有限公司	CF2012080100		已审核	admin	admin	专用发票
3	☑	2019-08-01	广东纵横科技有限责任公司	CF2012080100		已审核	admin	admin	专用发票
4	☑	2019-08-01	上海市汇通集团有限公司	CF2012080100		已审核	admin	admin	专用发票
5	☑	2019-08-01	上海市汇通集团有限公司	CF2012080100		已审核	admin	admin	专用发票
6	☑	2019-08-01	上海市汇通集团有限公司	CF20120		已审核	admin	admin	专用发票
7	☑	2019-08-01	威尔（中国）有限公司	CF20120		已审核	admin	admin	专用发票
8	☑	2019-08-01	威尔（中国）有限公司	CF20120		已审核	admin	admin	专用发票
9	☑	2019-08-01	威尔（中国）有限公司	CF20120		已审核	admin	admin	专用发票
10	☑	2019-08-01	广东东莞数码电子有限公司	CF2012080100		已审核	admin	admin	专用发票
11	☑	2019-08-01	广东东莞数码电子有限公司	CF2012080100		已审核	admin	admin	专用发票
12	☑	2019-08-01	广东东莞数码电子有限公司	CF2012080100		已审核	admin	admin	专用发票

图3－2－3　从A6中导入采购发票界面

【第三步】总账系统中已经有发票相应的凭证，在总账凭证查询中可以查看，如图3－2－4所示。

Aisino A6

Aisino ERP.A6 企业管理软件

总账管理　凭证查询

展开 折叠 单显 刷新 查询 整理 复制 明细账 打印 帮助 退出

审核	复核	记账	凭证字号	制单日期	制单人	摘要	科目	借方	贷方	币种	外币金额	单价	数量	状态	来源
			记-1	2019-07-17	admin	专用发票		116950.00	116950.00					有效	应付管理
			记-2	2019-07-17	admin	专用发票		24000.00	24000.00					有效	应付管理
			记-3	2019-07-17	admin	专用发票		1371.00	1371.00					有效	应付管理
			记-4	2019-07-17	admin	专用发票		3840.00	3840.00					有效	应付管理
			记-5	2019-07-17	admin	专用发票		20640.00	20640.00					有效	应付管理
			记-6	2019-07-17	admin	专用发票		4090.00	4090.00					有效	应付管理
			记-7	2019-07-17	admin	专用发票		64000.00	64000.00					有效	应收管理
			记-8	2019-07-17	admin	专用发票		120100.00	120100.00					有效	应收管理
			记-9	2019-07-17	admin	专用发票		188940.00	188940.00					有效	应收管理
			记-10	2019-07-17	admin	专用发票		140900.00	140900.00					有效	应收管理
			记-11	2019-07-17	admin	专用发票		50560.00	50560.00					有效	应收管理

图3－2－4　总账系统凭证查询界面

【第四步】在涉税会计中进行进项凭证的导入，可以从总账系统中导入凭证。如图3－2－5

所示，点击“导入”下的“A6 进项凭证导入”，导入完成点击上方菜单上的“汇总”按钮。

图 3－2－5　涉税会计进项凭证导入

【第五步】点击“进项对比”，选择月份，过滤出当月的凭证和发票信息。如图 3－2－6 所示，左边是发票信息，右边是凭证信息，核对一致的，左右勾选相应记录，点击“比对”按钮。

图 3－2－6　发票凭证对比界面

【第六步】涉税会计中销项发票的采集可以来源于销售管理系统中的销售发票。如图 3－2－7 所示。

序号	开票日期	发票号	客户	部门	职员	制单人	审核状态	审核人	现结状态	发票类型	
1	2019-07-16	XF20120716001	浙江长青塑胶制品厂			admin	已审核	admin		专用发票	蓝字
2	2019-07-16	XF20120716000	浙江长青塑胶制品厂			admin	已审核	admin		专用发票	蓝字
3	2019-07-16	XF20120716000	天津天龙实业公司			admin	已审核	admin		专用发票	蓝字
4	2019-07-16	XF201207160007	天津天龙实业公司			admin	已审核	admin		专用发票	蓝字
5	2019-07-16	XF20120716000	北京东方威力股份公司			admin	已审核	admin		专用发票	蓝字
6	2019-07-16	XF20120716000	北京东方威力股份公司			admin	已审核	admin		专用发票	蓝字
7	2019-07-16	XF201207160004	北京畅联电子有限公司			admin	已审核	admin		专用发票	蓝字
8	2019-07-16	XF20120716000	北京畅联电子有限公司			admin	已审核	admin		专用发票	蓝字
9	2019-07-16	XF20120716000	天津金诚贸易公司			admin	已审核	admin		专用发票	蓝字
10	2019-07-16	XF201207160001	天津金诚贸易公司			admin	已审核	admin		专用发票	蓝字
总计											

图 3－2－7　销售管理系统销售发票列表

【第七步】在涉税会计系统中进行销项发票数据的采集和汇总，操作方法与进项发票采集类似。在涉税会计业务流程界面，点击“销项发票”，打开销项发票信息界面，在此界面点击上方菜单中的“导入”，选择“已开具发票导入”，选择需要导入的发票，点击上方“引入”按钮，提示“导入成功”，则完成了从销售管理系统中导入销售发票的操作。完成导入后，点击“汇总”按钮，如图 3－2－8 所示。

序号	开票日期	发票代码	发票号码	开票客户	客户纳税人登记号	无税金额	税率	税额合计	发票类型
1	2019-07-16	A6	XF2012071600	浙江长青塑胶制品	330281144586	153982. 300	0. 130	20017. 700	专用发票
2	2019-07-16	A6	XF2012071600	浙江长青塑胶制品	330281144586	13222. 240	0. 130	1717. 760	专用发票
3	2019-07-16	A6	XF2012071600	天津天龙实业公司	210115133842	22035. 400	0. 130	2864. 600	专用发票
4	2019-07-16	A6	XF2012071600	天津天龙实业公司	210115133842	102654. 870	0. 130	13345. 130	专用发票
5	2019-07-16	A6	XF2012071600	北京东方威力股份	110102251328	54955. 750	0. 130	7144. 250	专用发票
6	2019-07-16	A6	XF2012071600	北京东方威力股份	110102251328	51327. 430	0. 130	6672. 570	专用发票
7	2019-07-16	A6	XF2012071600	北京畅联电子有限	110101251328	5309. 730	0. 130	690. 270	专用发票
8	2019-07-16	A6	XF2012071600	北京畅联电子有限	110101251328	51327. 430	0. 130	6672. 570	专用发票
9	2019-07-16	A6	XF2012071600	天津金诚贸易公司	220115133842	35939. 200	0. 130	4670. 800	专用发票
10	2019-07-16	A6	XF2012071600	天津金诚贸易公司	220115133842	8814. 160	0. 130	1145. 840	专用发票
总计						499557. 520		64942. 480	

图 3－2－8　涉税会计系统销项发票信息

【第八步】在涉税会计中进行销项凭证采集。采集销项凭证数据来源于总账系统中的销项税额凭证。

【第九步】导入凭证时，选择的导入方式为“A6 销项凭证导入”，完成销项凭证的采集，并进行汇总，如图 3－2－9 所示。

序号	客户纳税人登记号	客户	税额合计	科目	凭证号码	凭证行	凭证日期	凭证类型
1			15655.560	销项税额	10	3	2019-07-17	记账凭证
2			5617.780	销项税额	11	3	2019-07-17	记账凭证
3			7111.110	销项税额	7	3	2019-07-17	记账凭证
4			13344.450	销项税额	8	3	2019-07-17	记账凭证
5			20993.330	销项税额	9	3	2019-07-17	记账凭证

图 3－2－9　涉税会计系统销项凭证信息

【第十步】最后进行销项比对，在销项比对过滤界面选择月份，过滤出当月的销项发票和凭证的数据，将能对应上的数据勾选，点击比对按钮，如图 3－2－10 所示。

序号		核算年	核算期间	税额合计	客户税号	客户名称
1		2019	7	5617.780	220115133842	天津金诚贸易公
2		2019	7	7111.110	110101251328	北京畅联电子有
3		2019	7	13344.450	110102251328	北京东方威力服
4		2019	7	15655.560	210115133842	天津天龙实业公
5		2019	7	20993.330	330281144586	浙江长青塑胶制

序号		核算年	核算期间	税额合计
1		2019	7	62722.220

图 3－2－10　增值税销项对比

五、实验总结和实验报告

通过本次实验，我们理解和掌握了记账凭证和发票之间的逻辑关系，利用软件进行发票、凭证数据自动比对实验，根据实验内容及资料完成了在涉税会计中将凭证和发票进行对比，确认发票信息和凭证信息核对无误。应该总结回顾本次实验的过程，检查实验的结果，写出实验报告（或者填制实验报告表）。

实验三

税收会计业务自动处理

一、实验目的和要求

（一）实验目的

在管理软件中实现税额的自动计算。

（二）实验要求

定义分录模板，然后在税额计算中，自动涉税数据生成凭证，传入总账。熟悉增值税期末结转，掌握设置不同税种公式的思路和方法。

二、实验知识准备

掌握基本的城市维护建设税和教育费附加的含义以及基本ERP函数逻辑术语。

1. 城市维护建设税（简称“城建税”），是国家对缴纳增值税、消费税的单位和个人，以其实际缴纳的两税税额为计税依据，计算征收的一种附加税。

2. 城建税根据地区不同税率分为：7%（市区）、5%（县城镇）和1%，教育费附加税率为3%。

3. 应纳城市维护建设税 =（实纳增值税税额 + 实纳消费税税额）× 城市维护建设税税率

应纳教育费附加 =（实纳增值税税额 + 实纳消费税税额）× 教育费附加税率

4. 城市维护建设税的会计核算均应通过“应交税费——应交城市维护建设税”科目进行。

5. 教育费附加虽不是税金，但根据新会计准则的核算要求，在“应交税费”账户下设

“应交教育费附加”明细科目核算其应交、已交和欠交情况。计算应交教育费附加时，借记“税金及附加”“其他业务成本”“固定资产清理”等科目，贷记“应交税费——应交教育费附加”科目；上交教育附加费时，借记“应交税费——应交教育费附加”科目，贷记“银行存款”科目。

三、实验内容和资料

在完成实验一操作的基础上，进行城市维护建设税、教育费附加的税额计算，以及增值税期末结转的操作。

1. 城市维护建设税，可在税额计算中设置如下取数公式。

IF[ACCT(“222101”，“QM”，“RMB”，0，0，0)>0，ACCT(“222101”，“QM”，“RMB”，0，0，0)，0]×7%

公式含义为：当未交增值税为贷方余额，贷方余额×7%则为当月需缴纳的城市维护建设税的金额。

2. 教育费附加，可在税额计算中设置如下取数公式。

IF[ACCT(“222101”，“QM”，“RMB”，0，0，0)>0，ACCT(“222101”，“QM”，“RMB”，0，0，0)，0]×3%

公式含义为：当未交增值税为贷方余额，贷方余额×3%则为当月需缴纳的教育费附加的金额。

3. 凭证模板设置。

计提教育费附加的分录：

借：税金及附加

　　贷：应交税费——应交教育费附加

缴纳教育费附加的分录：

借：应交税费——应交教育费附加

　　贷：银行存款

计提城市维护建设税的分录：

借：税金及附加

　　贷：应交税费——应交城市维护建设税

缴纳城市维护建设税的分录：

借：应交税费——应交城市维护建设税

　　贷：银行存款

4. 使用涉税会计，月末管理中的增值税期末处理功能，完成转出未交增值税的处理。

四、实验步骤

计算教育费附加和城市维护建设税的操作方法相同，实验步骤中以教育费附加为例。先设置计提教育费附加的分录模板。

【第一步】在涉税会计系统主界面，点击“业务处理/分录模板”菜单。从左边税种栏中点击“教育费附加”，再点击菜单中的“新增”，根据计提教育费附加的分录填写该凭证的借方和贷方科目，如图 3－3－1 所示。

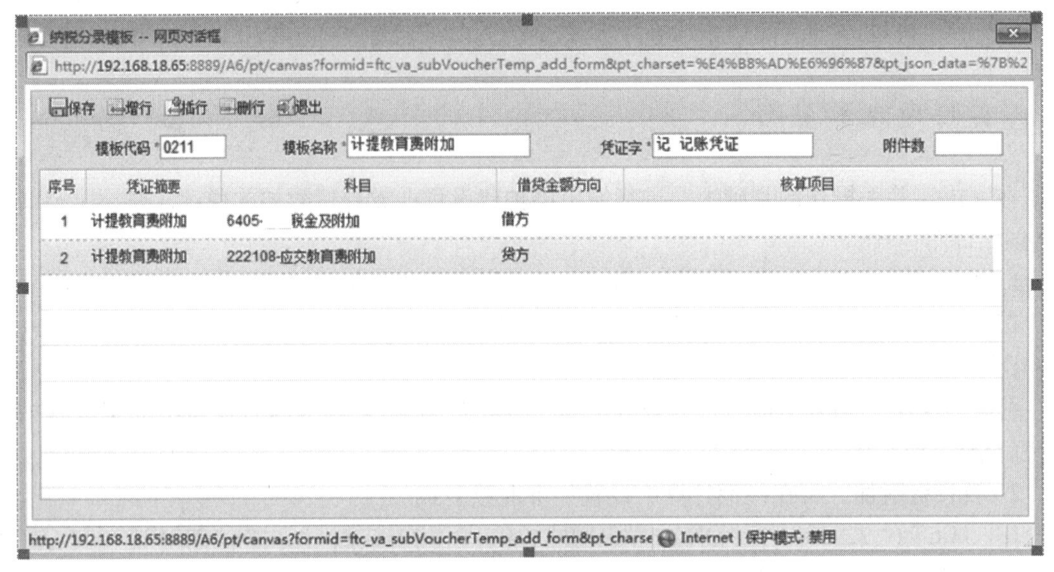

图 3－3－1　纳税分录模板

【第二步】设置教育费附加的公式。进入涉税会计系统，在涉税会计业务流程界面点击“税额计算”。在税额计算界面，点击左边税种栏中的“教育费附加”，再点击菜单中的“新增”按钮，出现新增税额公式界面，填写公式，填写之后点击“保存”。

完整的公式为：IF[ACCT(“222101”，“QM”，“RMB”，0，0，0）>0，ACCT（“222101”，“QM”，“RMB”，0，0，0)，0]×0.03，如图 3－2－2 所示。

该公式的含义是：教育费附加是在缴纳的增值税额基础上计算出来的，应交增值税科目余额为贷方余额，则表示销项税额大于进项税额，此余额则为应缴纳的增值税额。教育费附加为应缴纳的增值税额的 3%。该公式可用于月底在未结转未交增值税时计算教育费附加。

该公式中涉及一个判断公式，公式由 IF、括号，括号中两个逗号组成，两个逗号将括号内部分隔为三个部分，分别填写表达式、结果①、结果②。公式书写格式为：IF（表达式，表达式成立时取结果①，表达式不成立时取结果②)，表达的意义为：判断某表达式，如果成立则取结果①，否则取结果②。ACCT（“222101”，“QM”，“RMB”，0，0，0）是总账科目取数公式，222101 是应交增值税科目代码，“QM”指期末余额，公式表达的意义为：取应交增值税科目期末数。公式的设置可以根据实际需求灵活处理。

【第三步】完成公式设置后，点击菜单栏中“计算”按钮，出现本次计算税额结果的提示，如图 3－3－3 所示。

图 3 –3 –2　新增税务公式界面

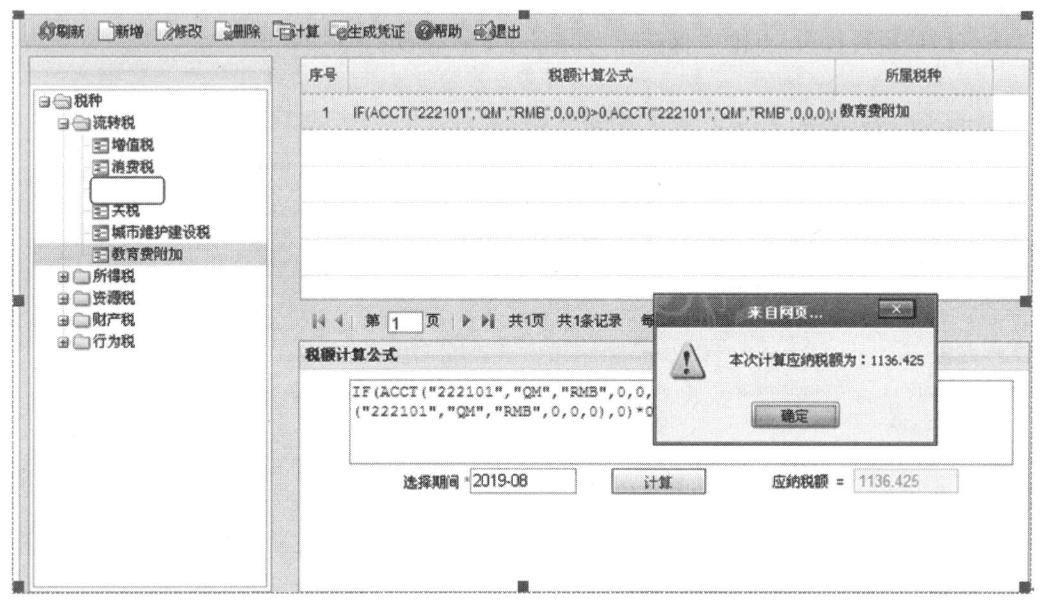

图 3 –3 –3　教育费附加计算结果

【第四步】点击“生成凭证”，系统自动根据计算出的税额，调用之前设置好的凭证模板，生成凭证，如图 3 –3 –4 所示。

记账凭证

凭证字 记　凭证号 22　日期 2019-08-09　附件数 0

序号	摘要	科目	借方	贷方
1	应缴教育费附加	6403-　税金及附加	113643	
2	应缴教育费附加	222108-应交税费-应交教育费附加		113643
3				
4				
5				
合计：壹仟壹佰叁拾陆元肆角叁分			113643	113643

记账　审核　出纳　制单 admin

图 3－3－4　教育费附加凭证界面

【第五步】增值税期末结转，实现系统自动计算增值税并生成凭证的功能。本月发生的业务产生的增值税，下个月月初抄税报税并缴纳。当月业务完成计算出下月需要交纳的增值税金额，需要做转出未交增值税的凭证。在涉税会计中，点击菜单栏的“期末处理”中的“增值税期末结转”。打开结转界面，结转类别选择“转出未交”，填写“应交增值税科目”和“未交增值税科目”，点击“保存”，如图 3－3－5 所示。

刷新　保存　生成凭证　帮助　退出

凭证字 记 记账凭证　结转类别 转出未交　结转期间 2019.08

银行存款科目 银行存款　应交增值税科目 应交增值税　未交增值税科目 未交增值税

应交增值税科目明细

序号	科目代码	科目名称	科目方向	核算项目
1	22210101	进项税额	借方	
2	22210102	已交税金	借方	
3	22210103	转出未交增值税	贷方	
4	22210104	减免税款	贷方	
5	22210105	销项税额	贷方	
6	22210106	出口退税	贷方	
7	22210107	进项税额转出	贷方	
8	22210108	转出多交增值税	贷方	

☑ 包括未记账凭证

图 3－3－5　期末结转界面

【第六步】在增值税期末结转界面，点击“生成凭证”，会自动计算出未交增值税额，并生成凭证，如图 3－3－6 所示。

记账凭证

凭证字 记　凭证号 22　日期 2019-08-01　附件数 0

序号	摘要	科目	借方	贷方
1	增值税期末结转	22210103-应交税费-应交增值税-转出未交增值税	2896769	
2	增值税期末结转	222102-应交税费-未交增值税		2896769
3				
4				
5				
合计：叁万柒仟捌佰捌拾元捌角叁分			2896769	2896769

记账　审核　出纳　制单 admin

图 3-3-6　生成凭证界面

五、实验总结和实验报告

通过本次实验，我们理解和掌握了如何在管理软件中实现税额的自动计算。根据实验内容及资料完成了定义分录模板，了解了在税额计算中如何进行自动涉税数据生成凭证，传入总账。熟悉增值税期末结转，掌握设置不同税种公式的思路和方法。应该总结回顾本次实验的过程，检查实验的结果，写出实验报告（或者填制实验报告表）。

实验四

纳税申报数据自动提取

一、实验目的和要求

（一）实验目的

让学生学习从企业管理软件中自动获取纳税报表数据，掌握纳税申报操作步骤。

（二）实验要求

以增值税纳税申报为例学习熟悉网上申报系统，进行网上申报操作。

二、实验知识准备

在新形式、新技术和新管理要求下，管理软件在助力企业发展中已经起到了越来越不可替代的作用，将企业的财务、业务性管理与涉税工作进行高度集成，实现财务、业务、税务等系统的无缝整合，搭建了畅通的财税一体化流程，有效降低了财税管理维护和操作成本，提高了企业财税管理质量与效率。

1. 纳税申报是纳税人在发生纳税义务后按照税法规定的期限和内容向主管税务机关提交有关纳税书面报告的法律行为，是界定纳税人法律责任的主要依据，是税务机关税收管理信息的主要来源。

2. 纳税人、扣缴义务人可以直接到税务机关办理纳税申报或者报送代扣代缴、代收代缴税款报告表，也可以按照规定采取邮寄、数据电文或者其他方式办理上述申报、报送事项。

3. 数据电文方式，是指税务机关确定的电话语音、电子数据交换和网络传输等电子方式办理的纳税申报。

4. 经税务机关批准，纳税人、扣缴义务人可以采取邮寄、数据电文方式办理纳税申报或者报送代扣代缴、代收代缴税款报告表。

5. 纳税人无论采取哪一种申报方式，都需要根据各税种的要求，向税务机关报送纳税申报表和有关申报资料。

6. 为进一步优化纳税服务，减轻纳税人负担，国家税务总局对增值税一般纳税人申报资料进行了简化，自 2019 年 5 月 1 日起，一般纳税人在办理纳税申报时，需要填报“一主表四附表”，即申报表主表和附列资料（一）、（二）、（三）、（四），《增值税纳税申报表附列资料（五）》《营改增税负分析测算明细表》不再需要填报。

三、实验内容和资料

根据实验一（财务凭证、发票数据共享）和实验二（发票、凭证数据自动比对）中的数据在纳税申报系统生成增值税纳税申报表，完成网上纳税申报的操作。

四、实验步骤

【第一步】进入税务报表模块，打开“增值税报表管理”，导入增值税纳税申报表一般纳税人，如图 3－4－1 所示。

图 3－4－1　导入增值税纳税申报表界面

【第二步】打开增值税纳税申报表，点击菜单栏中的“工具”按钮，在公式取数参数中设置取数期间，如图 3 –4 –2 所示。

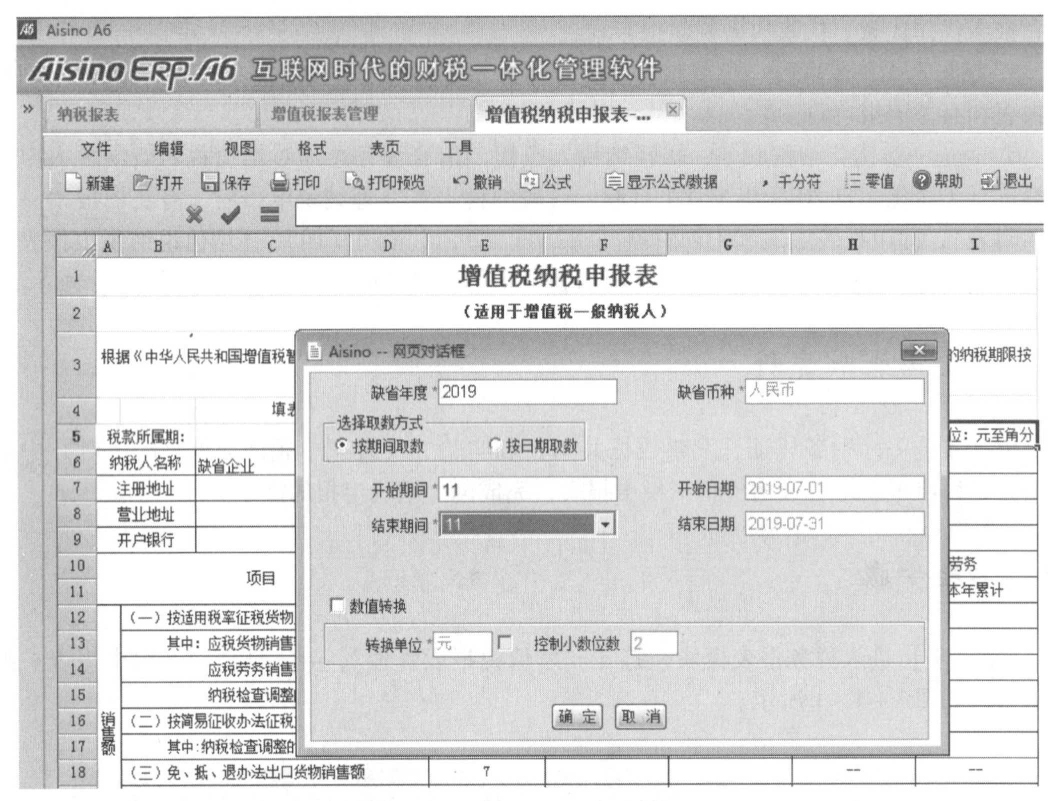

图 3 –4 –2　设置取数期间

【第三步】点击菜单栏中的“工具”下的“重算全表”，即可进行报表的计算，退出前点击“保存”按钮。如果直接点击“保存”按钮，系统会自动进行报表的计算并保存。纳税报表模块从涉税会计模块中进行取数，取实验一中涉税会计模块采集到的销项发票和进项发票的数据，如图 3 –4 –3 所示。

【第四步】打开网上申报系统进行注册，用次月的日期登录网上申报系统。在网上申报系统中进行注册和登录。先打开网上申报系统，点击界面中的“注册”按钮。在注册界面输入税号和六位密码，点击“提交”，提示“注册成功”，如图 3 –4 –4 所示。返回登录界面，用注册的税号及密码进行登录。注意登录时选择的账套是录入发票和凭证数据的账套，如图 3 –4 –5 所示。

【第五步】在网上申报系统中的税务报表申报中逐一打开增值税申报表，点击“取数”按钮。网上申报系统中取数的来源为 A6 报表管理和纳税报表模块中的财务报表和税务报表。取数操作完成后点击“保存”并提交。若不进行取数操作，可以手工填写报表，如图 3 –4 –6 所示。

Aisino A6

Aisino ERP.A6 企业管理软件

纳税报表 | 增值税历史报表 | 增值税纳税申报表-...

文件 编辑 视图 格式 表页 工具

新建 打开 保存 打印 打印预览 撤销 公式 显示公式/数据 千分符 零值 帮助 退出

	A	B	C	D	E	F	G	H	I
7	注册地址							登记注册类型	
8	营业地址							电话号码	
9	开户银行				银行账号			所属行业	
10	项目				栏次	一般货物及劳务		即征即退货物及劳务	
11						本月数	本年累计	本月数	本年累计
12	销售额	（一）按适用税率征税货物及劳务销售额			1	482478.63			
13		其中：应税货物销售额			2	482478.63			
14		应税劳务销售额			3				
15		纳税检查调整的销售额			4				
16		（二）按简易征收办法征税货物销售额			5				
17		其中：纳税检查调整的销售额			6				
18		（三）免、抵、退办法出口货物销售额			7				--
19		（四）免税货物及劳务销售额			8				--
20		其中：免税货物销售额			9			--	--
21		免税劳务销售额			10			--	--
22	税款	销项税额			11	62722.22			
23		进项税额			12	18987.87			
24		上期留抵税额			13				--
25		进项税额转出			14				
26		免抵退货物应退税额			15				--
27		按适用税率计算的纳税检查应补缴税额			16				--
28		应抵扣税额合计			17=12+13-14-15+16	18987.87			

来自网页的消息

报表重算成功！

确定

图 3-4-3　增值税纳税申报表计算

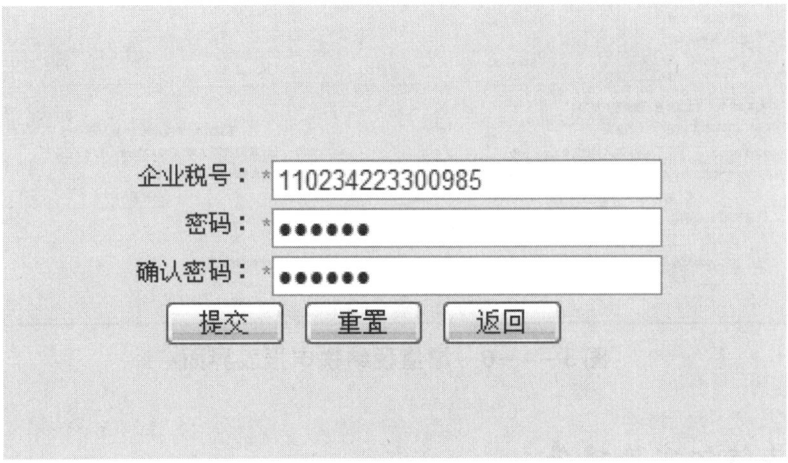

企业税号：* 110234223300985

密码：* ●●●●●●

确认密码：* ●●●●●●

提交　重置　返回

图 3-4-4　网上申报注册界面

图 3－4－5　网上申报登录界面

增值税纳税申报表 -- 网页对话框

	项目	栏次
	简易征收办法计算的应纳税额	21
	按简易征收办法计算的纳税检查应补缴税额	22
	应纳税额减征额	23
	应纳税额合计	24=19+21-23
税款缴纳	期初未缴税额（多缴为负数）	25
	实收出口开具专用缴款书退税额	26
	本期已缴税额	27=28+29+30+31
	①分次预缴税额	28
	②出口开具专用缴款书预缴税额	29
	③本期缴纳上期应纳税额	30
	④本期缴纳欠缴税额	31
	期末未缴税额（多缴为负数）	32=24+25+26-27
	其中：欠缴税额（≥0）	33=25+26-27
	本期应补(退)税额	34=24-28-29
	即征即退实际退税额	35
	本期入库查补税额	36
	期末未缴查补税额	37
	应纳税额合计	38=16+22+36-37

如果你已委托代理人申报，请填写下列资料：
授权声明　为代理一切税务事宜，现授权（姓名）　（地址）　为本纳税人的代理申报人，任何申报表有关的往来文件，都可寄予此人。
授权人签字：

申报人声明　此纳税申报表是根据《中华人民共和国增值税暂行条例》的规定填报的，我相信它是真实的、可靠的、完整的。
声明人签字：

以下由税务机关填写：
收到日期：　接收人：　主管税务机关名称：

取数　保存　重置

图 3－4－6　增值税纳税申报表界面

五、实验总结和实验报告

通过本次实验，我们学习了从企业管理软件中自动获取纳税报表数据，掌握了纳税申报操作步骤记账凭证和发票之间的逻辑关系，以增值税纳税申报为例学习熟悉网上申报系统，进行网上申报操作。应该总结回顾本次实验的过程，检查实验的结果，写出实验报告（或者填制实验报告表）。

实验五

企业税收评估与自动预警

一、实验目的和要求

实验目的：让学生学习进行企业税收评估与风险预测。

实验要求：以增值税纳税评估监测为例，学习本企业增值税税负与行业增值税平均税负计算比对，分析企业的税负率是否合理。

二、实验知识准备

本部分是分析企业税负率的实操，要求学校懂得税负率的概念以及行业正常的税负率。

1. 税负也称为税收负担率，是应交税费与主营业务收入的比率。

2. 税负可以单指增值税税负、所得税税负等，也可以将本年度上交的所有税款加总计算出一个总体税负。

3. 行业税负一般是指某一行业税收总量与税源总量之间的比例关系，是一项反映行业税收经济关系的数据指标。

4. 增值税税负率是指增值税纳税义务人当期应纳增值税税额占当期应税销售收入的比例。

5. 对增值税一般纳税人进行纳税评估，税负率是重要的评价指标，税务机关和纳税人都需要分析企业的税负率是否合理。增值税税负率一般会低于税率，小规模纳税人的税负率就是其征收率，增值税税负率受所属行业、所属地区影响，不同行业性质和地区税负率不同，各地区和行业都有平均税负率，可以判断该指标是否正常。

三、实验内容与资料

根据实验一（财务凭证、发票数据共享）中的数据完成本次实验。本实验的内容为根据已经开具和收到增值税发票的情况，统计税负率与行业税负率进行比对。

四、实验步骤

【第一步】在“基础设置”中的“企业税务信息”，进行企业税务信息设置。红色“＊”标记的内容为必填项目，除此之外，注意行业类别和行业明细需要填写，如图 3 –5 –1 所示。

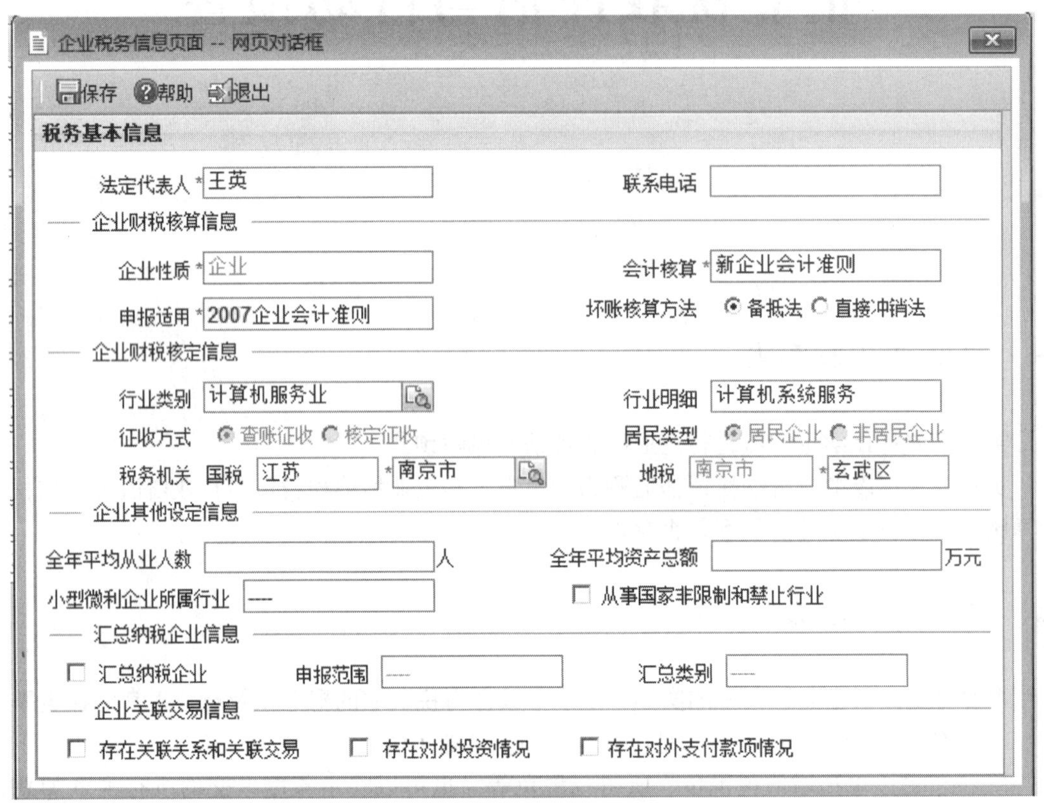

图 3 –5 –1　企业税务信息页面

【第二步】在纳税分析系统中，打开菜单栏中的“基础设置”，设置行业税负率。点击“税种”栏中“流转税”下的“增值税”，再点击菜单中的“新增”按钮，填写行业类型、行业明细、税负率。假设计算机行业的增值税税负率为 5%，则在设置行业税负率时将“税负率”填为“5”，如图 3 –5 –2 所示。

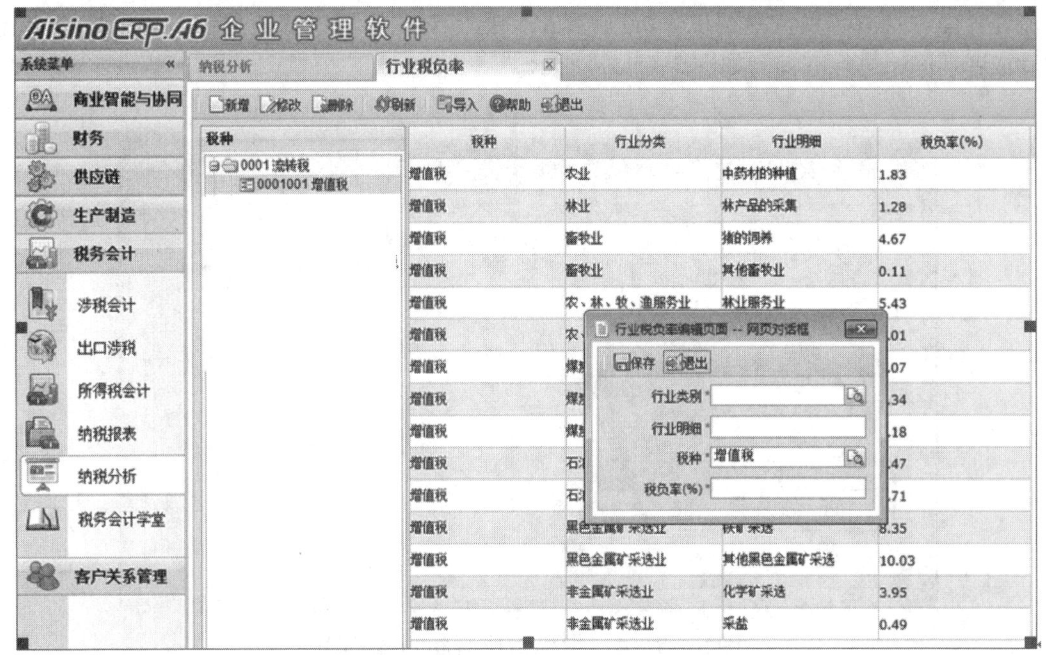

税种	行业分类	行业明细	税负率(%)
增值税	农业	中药材的种植	1.83
增值税	林业	林产品的采集	1.28
增值税	畜牧业	猪的饲养	4.67
增值税	畜牧业	其他畜牧业	0.11
增值税	农、林、牧、渔服务业	林业服务业	5.43
增值税	农		.01
增值税	煤		.07
增值税	煤		.34
增值税	煤		.18
增值税	石		.47
增值税	石		.71
增值税	黑色金属矿采选业	铁矿采选	8.35
增值税	黑色金属矿采选业	其他黑色金属矿采选	10.03
增值税	非金属矿采选业	化学矿采选	3.95
增值税	非金属矿采选业	采盐	0.49

图 3-5-2　行业税负率设置界面

【第三步】在“纳税指标管理”中可以看到，系统已经预置了增值税税收负担率这个指标。所以无须再添加，如图 3-5-3 所示。

序号	税种	项目编码	项目名称	对比标准	变动指标	比率指标	
1	增值税	00001	增值税税收负担率	行业标准值	否	是	(本期应纳
2	增值税	00002	销售额变动率	行业标准值	是	否	(评估期
3	增值税	00003	进项税金控制额	行业标准值	否	否	(期末存货
4	增值税	00004	应纳税额变动率	行业标准值	是	否	(评估期
5	企业所得税	001001	实际税负率	行业标准值	否	是	实际税负
6	企业所得税	001003	所得税贡献率	行业标准值	否	是	所得税贡
7	企业所得税	001004	应纳税所得额变动率	行业标准值	是	是	应纳税所
8	企业所得税	001005	营业收入变动率	行业标准值	是	是	营业收入
9	企业所得税	001006	营业成本率	行业标准值	否	否	营业成本
10	企业所得税	001007	营业成本变动率	行业标准值	是	是	营业成本
11	企业所得税	001008	成本费用率	行业标准值	否	是	成本费用
12	企业所得税	001009	期间费用变动率	行业标准值	是	否	期间费用
13	企业所得税	001010	营业费用变动率	行业标准值	是	否	营业费用
14	企业所得税	001011	管理费用变动率	行业标准值	是	是	管理费用
15	企业所得税	001012	财务费用变动率	行业标准值	是	是	财务费用

图 3-5-3　纳税指标管理

【第四步】打开“增值税对比分析”中的“行业税负率对比分析”，或者在纳税分析业务流程界面，点击“税负率纳税分析”，弹出“指标对比分析过滤”界面，可以按照年度、季度或者期间来进行查询，如图3－5－4所示。

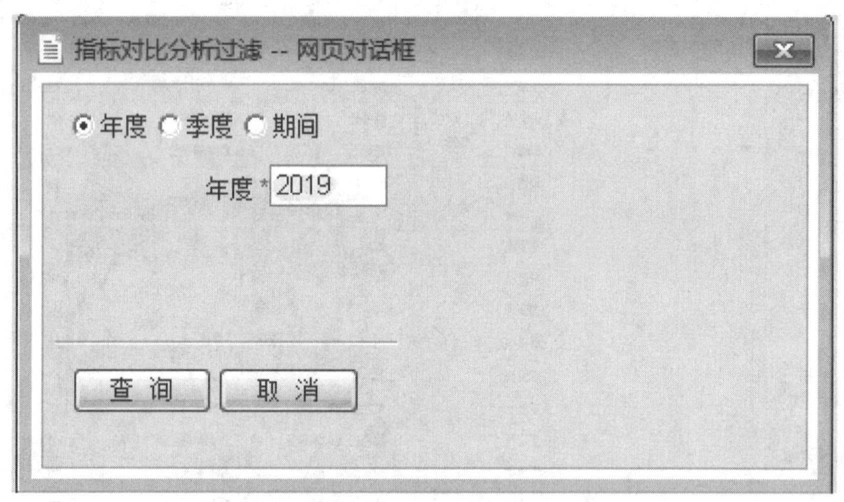

图3－5－4　指标对比分析过滤界面

【第五步】行业税负率对比分析中显示行业税负率和当前税负率及两者之间的差额，如图3－5－5所示。

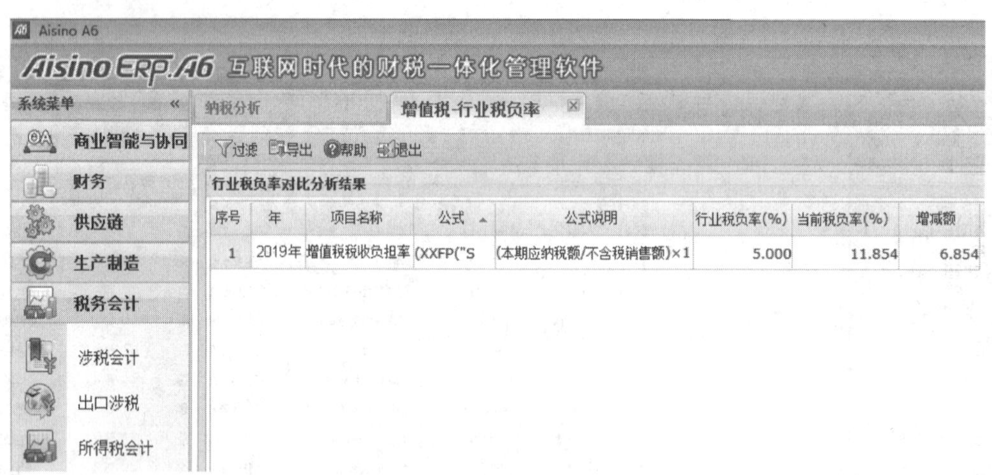

图3－5－5　税负率分析界面

五、实验总结和实验报告

通过本次实验，我们理解和掌握了进行企业税收评估与风险预测。根据实验内容及资料以增值税纳税评估监测为例，学习了本企业增值税税负与行业增值税平均税负计算比对，分析企业的税负率是否合理。应该总结回顾本次实验的过程，检查实验的结果，写出实验报告（或者填制实验报告表）。

实验六

企业财税信息一体化管理

一、实验目的和要求

（一）实验目的

让学生掌握财税信息一体化管理方法，学习财税信息通知、预警和查询的使用。

（二）实验要求

1. 进行销售数据权限控制。
2. 进行应收超额预警设置。

二、实验知识准备

1. 企业信息化管理中权限控制的重要性。企业对于内部信息的保密要求是比较高的，尤其是涉及商业机密的内容。因此在 ERP 系统中，控制各操作员查询和操作内容的范围非常重要。系统通过设置各项权限来实现企业的需求。

2. 财税信息通知包括固定资产到期提醒、库存量提醒、应收应付到期提醒、应收应付超额提醒等内容。

3. 财税信息预警包括固定资产到期预警、低库存量预警、应收应付到期预警、应收应付超额预警等内容。

三、实验内容与资料

1. 公司对销售数据保密要求较高，要求实现如下控制，请根据下述要求进行数据权限设置。

（1）设置数据权限，控制销售部本地负责人王海只能查询客户北京畅联电子有限公司和北京东方威力股份公司的单据，不能查询其他客户的单据。

（2）设置数据权限，控制销售部李英和顾峰只能查询和修改自己录入的销售单据，不能查询对方录入的销售单据。

2. 公司对应收账款管理非常重视，对所有客户都进行了信用额度的设置，如果客户欠款超过信用额度，进行应收超额预警。例如，北京畅联电子有限公司的信用额度为 50 000 元，当此客户的应收账款超过额度时，由系统自动发出预警通知及预警邮件，方便及时进行应收回款的催款。

四、实验步骤

1. 对销售数据的数据权限控制的实现过程。

【第一步】在“基础设置”中设置部门档案和职员档案，如图 3 – 6 – 1 所示。

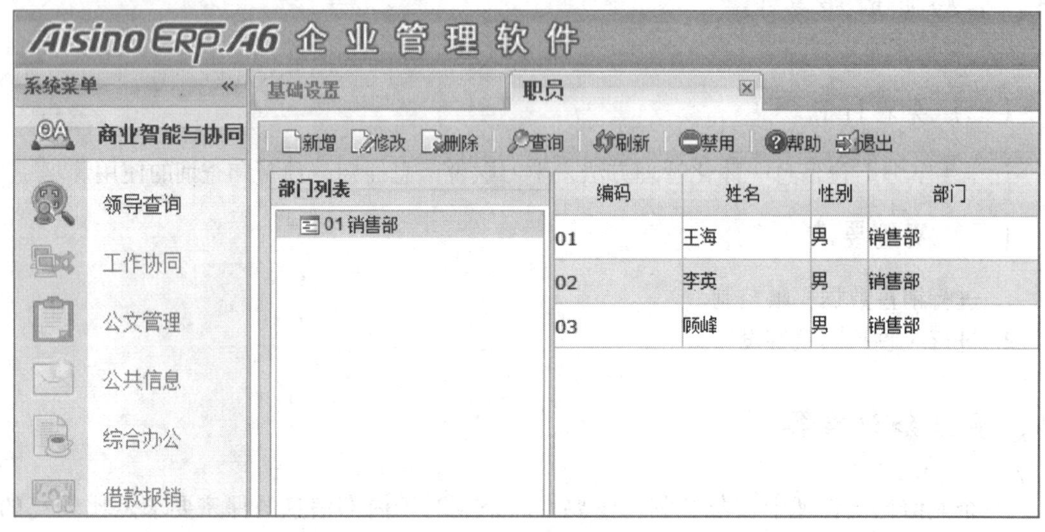

图 3 – 6 – 1　职员档案界面

【第二步】在系统管理中进行用户的新增，增加销售部中三名职员为操作员，注意增加时关联职员，如图 3 – 6 – 2 所示。

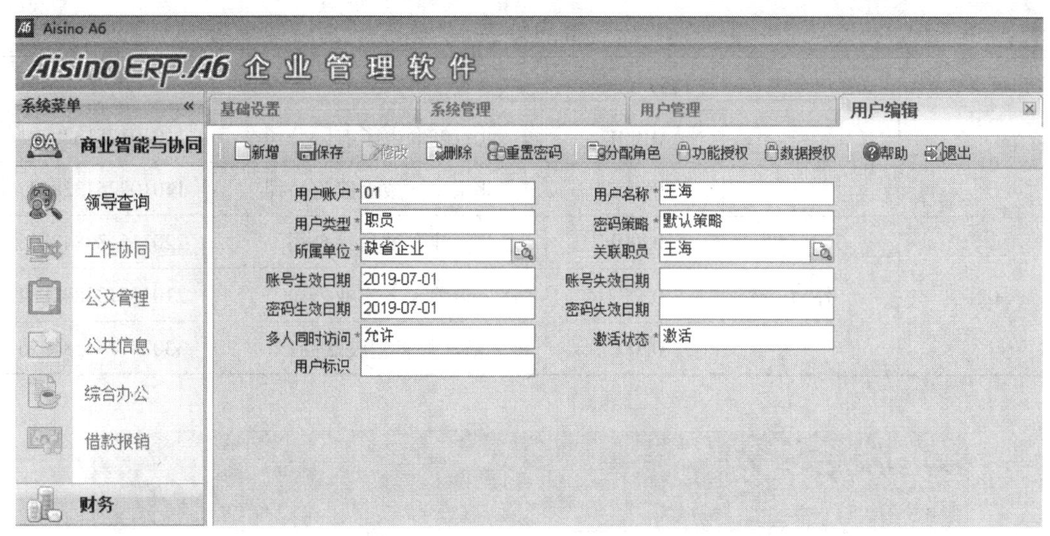

图 3 –6 –2　用户新增界面

【第三步】设置每个销售部的操作员的功能授权，授予销售管理系统操作权限，如图 3 –6 –3 所示。

图 3 –6 –3　用户权限界面

【第四步】客户分类（见表 3 –6 –1）分为本地和外地两大类，并在分类下增加相应的客户档案，如图 3 –6 –4 所示。

表 3-6-1　　客户分类

客户分类编码	客户分类	客户编码	客户名称	客户税号
01	本地	01001	北京畅联电子有限公司	110101251328321
		01002	北京东方威力股份公司	110102251328333
02	外地	02001	天津金诚贸易公司	220115133842835
		02002	天津天龙实业公司	210115133842834
		02003	浙江长青塑胶制品厂	330281144586925

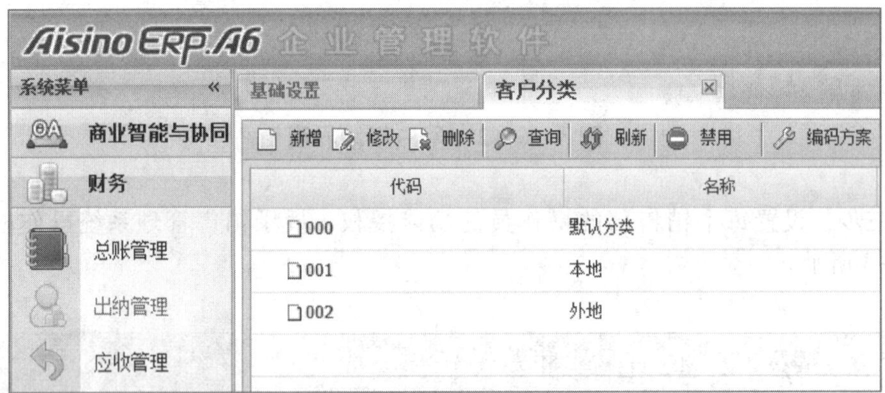

图 3-6-4　客户分类界面

【第五步】在用户管理界面设置客户权限，点击“操作员王海”，再点击“数据授权”。双击“客户”，在“数据权限项目”界面选择两个北京的客户，如图 3-6-5 所示。

图 3-6-5　数据权限授权界面

【第六步】在“用户管理”界面，点击“操作员顾峰”，再点击“数据授权”。选择“数据权限”，双击“操作员”，在数据权限项目界面选择“顾峰”。此操作的目的是，给操作员顾峰授予查看自己录入单据的权限。相同操作步骤给操作员李英授权，如图 3－6－6 所示。

图 3－6－6　数据权限控制到用户的设置界面

【第七步】用操作员李英的身份登录，录入销售订单，一张天津客户的订单和一张北京客户的订单。用操作员顾峰的身份登录，录入一张北京客户的销售订单和一张浙江客户的销售订单。

【第八步】查询数据权限控制的效果。

①操作员顾峰只能查询自己录入的销售订单，不能查询李英录入的销售订单，如图 3－6－7 所示。

Aisino A6

Aisino ERP.A6 企业管理软件

系统菜单 | 供应链 | 销售管理 | 销售订单列表

新增 修改 删除 查看 刷新 查询 格式 审核 反审核 变更 终止 反终止 展开明细 设计 打印 导出 帮助 退出

序号	日期	订单号	客户	部门	职员	制单人	审核状态	审核人
1	2019-07-01	XD2012100004	浙江长青塑胶制品厂			顾峰	已审核	顾峰
2	2019-07-01	XD2012100003	北京东方威力股份公司			顾峰	已审核	顾峰
总计								

图 3－6－7　设置权限后查询销售订单界面

②操作员李英也只能查询自己录入的单据，如图 3－6－8 所示。

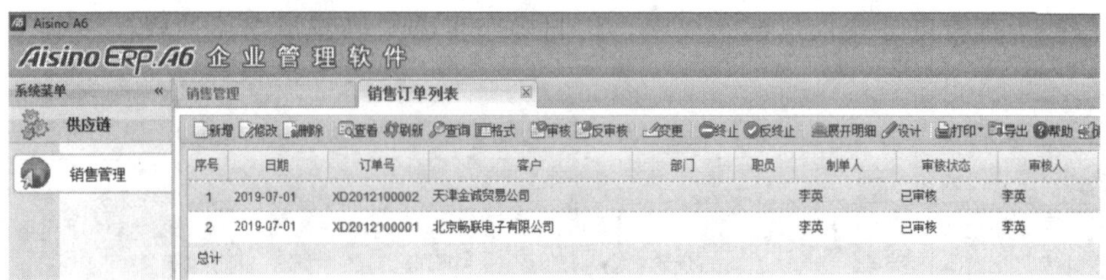

图 3－6－8　查询销售订单列表界面

③操作员王海只能查询北京客户的单据，不能查到其他客户的单据，如图 3－6－9 所示。

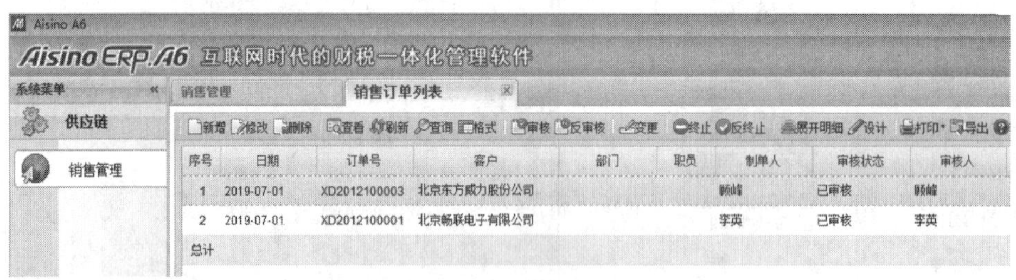

图 3－6－9　控制客户权限后查询销售订单结果

以上查询结果表明，已经达到企业要求的数据权限控制效果。

2. 应收超额预警。

【第一步】设置客户档案中的信用额度，如图 3－6－10 所示。

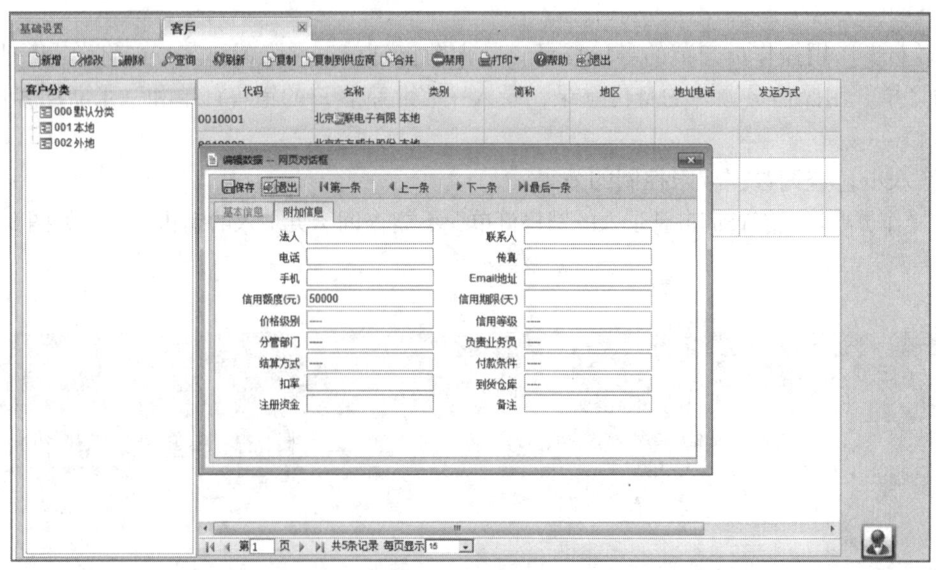

图 3－6－10　设置客户档案界面

【第二步】在基础设置中进行邮件设置。此邮件设置邮件账号、密码及邮件服务器，用于后续发送预警邮件，如图 3－6－11 所示。

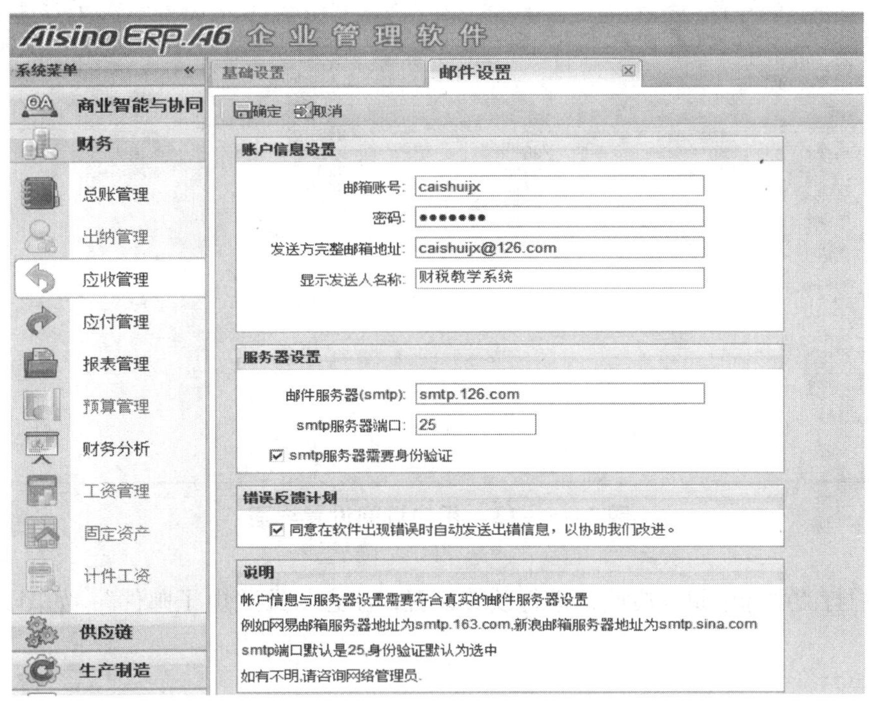

图 3－6－11　邮件设置界面

【第三步】在基础设置、职员档案中设置职员的电子邮件，注意此职员是一个操作员。此处设置邮件用于后续接受预警邮件。如图 3－6－12 所示，设置王海的电子邮件。

基础设置　职员

新增　修改　删除　查询　刷新　禁用　帮助　退出

部门列表：01 销售部

编码	姓名	性别	部门	班组	办公电话
01	王海	男	销售部		
02	李英	男	销售部		
03	顾峰	男	销售部		

编辑数据 -- 网页对话框

保存　退出　第一条　上一条　下一条　最后一条

编码*	01	姓名*	王海
性别*	男	部门*	销售部
班组	---	岗位	
文化程度	---	政治面貌	---
出生年月		办公电话	
电子邮件	wanghai123@163.com	手机	
助记码		家庭地址	
备注		状态*	有效

图 3－6－12　职员邮件设置界面

【第四步】用王海的账号登录软件，在工具中找到“预警/用户订阅”的设置，如图3－6－13所示。

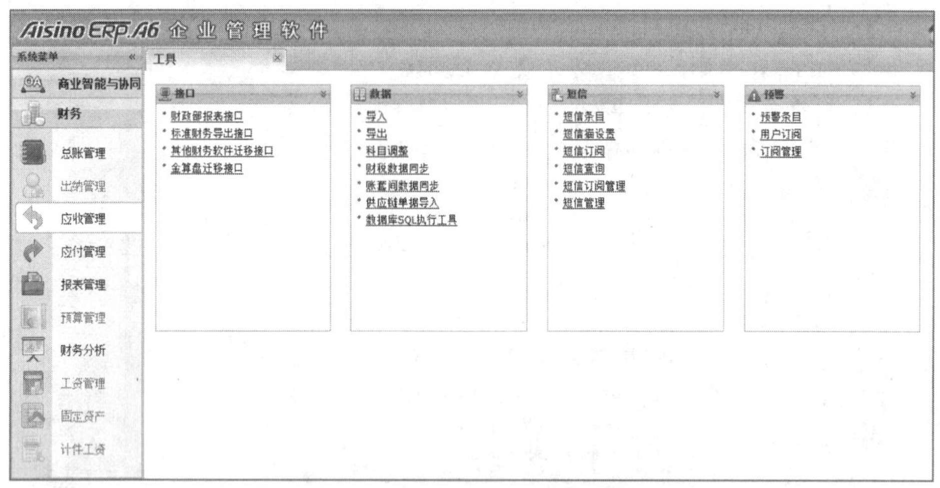

图3－6－13　用户订阅设置界面

在用户订阅中选中超额应收，进行预警设置，注意勾选“电子邮件”，如图3－6－14所示。

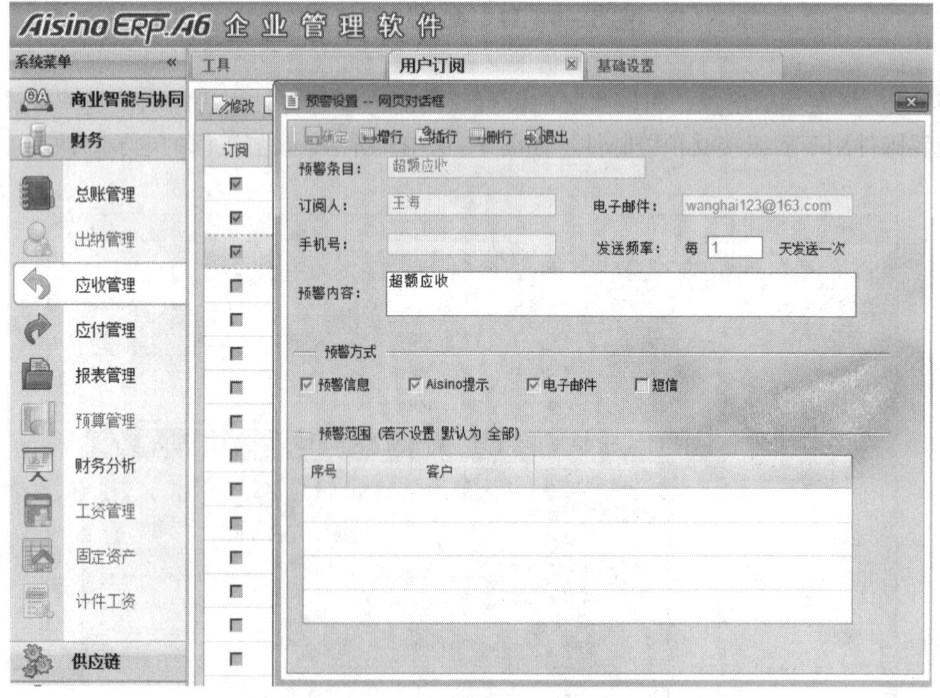

图3－6－14　超额应收预警设置

【第五步】在订阅管理中设置扫描时间。在选择的时间点上，系统会检查应收数据，发现超额的情况会发送电子邮件至王海的邮箱，如图 3－6－15。

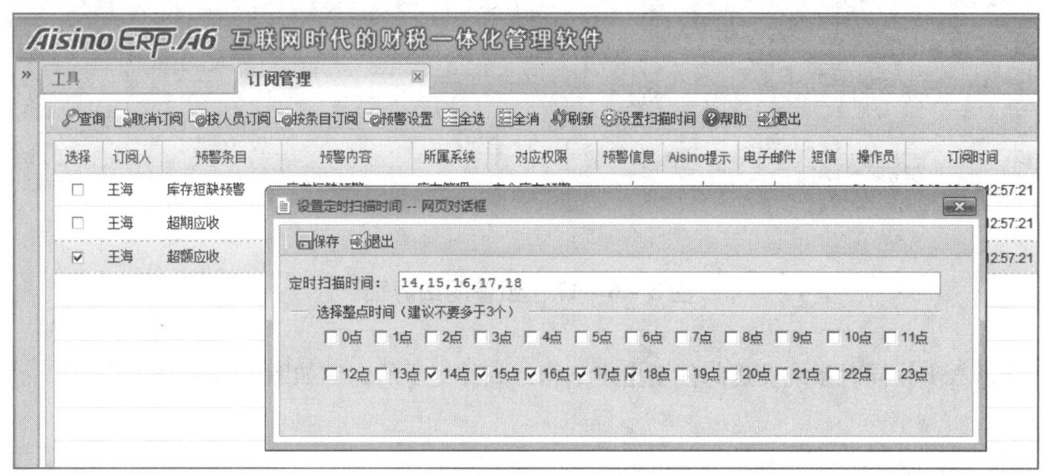

图 3－6－15　订阅管理

【第六步】录入北京畅联电子有限公司的销售发票或者其他应收款。当应收总金额超过 50 000 元，在选择的时间点，系统会弹出消息提示框并发送邮件进行预警提醒，如图 3－6－16 所示。

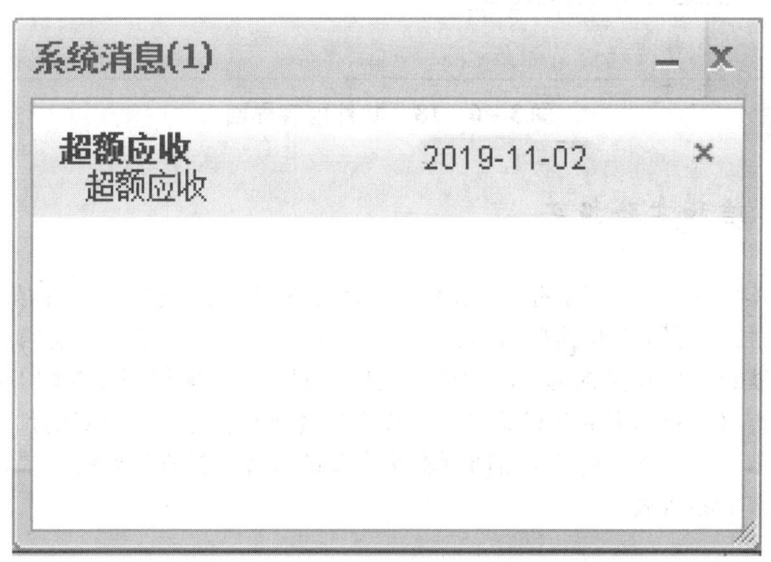

图 3－6－16　系统消息提示界面

【第七步】点击弹出的消息会显示预警的明细内容，如图 3－6－17 所示。

图 3－6－17　预警明细界面

【第八步】同时系统发送邮件至指定邮箱，邮件提示的内容如图 3－6－18 所示。

在账套【实验课书籍测试账套】中，【超额应收】报警：
预警内容：超额应收

客户	目前金额	信用金额	超过金额	币种
北京畅联电子有限公司	58000	50000	8000	人民币

Powerd By A6 from Aisino

图 3－6－18　邮件内容界面

五、实验总结和实验报告

通过本次实验，我们学习掌握了财税信息一体化管理方法，理解了企业信息化管理中权限控制的重要性，掌握了财税信息通知、预警和查询的使用，熟悉了财税信息通知（包括固定资产到期提醒、库存量提醒、应收应付到期提醒、应收应付超额提醒等内容的操作）和财税信息预警（包括固定资产到期预警、低库存量预警、应收应付到期预警、应收应付超额预警等内容）的操作。应该总结回顾本次实验的过程，检查实验的结果，写出实验报告（或者填制实验报告表）。

参考文献

1. 蒙丽珍、陈江宁．财务税务管理一体化实验教程［M］．北京：经济科学出版社，2013.

2. 中华人民共和国财政部网站－政策发布［BE/OL］. http：//www. mof. gov. cn/zhengwuxinxi/zhengcefabu/.

3. 中华人民共和国国家税务总局网站－税收法规库［BE/OL］. http：//www. chinatax. gov. cn/chinatax/n810341/index. html.

4. 安仲文，李静敏．税收管理［D］．大连：东北财经大学出版社，2011.

5. 国家税务总局教材编写组．征管评估［M］．北京：中国税务出版社，2017.

参考文献